教育部高等学校旅游管理类专业教学指导委员会规划教材

酒店客房管理

JIUDIAN KEFANG GUANLI

◎刘 伟 著

重庆大学出版社

内 容 提 要

《酒店客房管理》是一部全面介绍酒店客房运营与管理的大学教材,内容包括客房设计与装修、客房部人力资源管理、客房服务质量控制、个性化服务与客房贴身管家、客房卫生管理、客房部成本控制、客房预算与经营分析管理、客房部安全管理、客房服务与经营管理的发展趋势、手机移动端客房管家系统等。

本书内容全面系统,管理理念和管理方法先进、科学;理论和实践密切结合,案例丰富新颖;体例创新,编写形式生动活泼。针对酒店管理中的热点问题,每章都设有"经理的困惑"板块,并针对这些困惑向国内外酒店及酒店集团总经理等职业经理人征集答案,将这些业界经理的答复以文字、视频的形式,通过二维码呈现给读者,使读者可以零距离地与业界经理们接触,聆听他们在管理中的困惑以及对这些困惑的解答,从而使本书通过"互联网+"变得更加生动,实现立体化教材的编写目标,增强教学效果。

本书还有已经在业界和旅游院校产生广泛影响的配套教学资源——刘伟酒店网,以及微信公众号——旅游饭店内参。其中,"刘伟酒店网"聘请国内外顶级酒店管理专家担任网站顾问,随时回答大家的专业问题和困惑(要求实名登录,并注明自己的学校和单位)。

图书在版编目(CIP)数据

酒店客房管理/刘伟著.--重庆:重庆大学出版社,2018.1(2021.8 重印)

教育部高等学校旅游管理类专业教学指导委员会规划教材

ISBN 978-7-5689-0646-3

Ⅰ.①酒… Ⅱ.①刘… Ⅲ.①饭店—客房—商业管理—高等学校—教材 Ⅳ.①F719.2

中国版本图书馆 CIP 数据核字(2017)第 161766 号

教育部高等学校旅游管理类专业教学指导委员会规划教材

酒店客房管理

刘 伟 著

策划编辑:范 莹

责任编辑:杨 敬 杨育彪　　版式设计:范 莹

责任校对:邬小梅　　　　　　责任印制:张 策

*

重庆大学出版社出版发行

出版人:饶帮华

社址:重庆市沙坪坝区大学城西路 21 号

邮编:401331

电话:(023)88617190　88617185(中小学)

传真:(023)88617186　88617166

网址:http://www.cqup.com.cn

邮箱:fxk@ cqup.com.cn(营销中心)

全国新华书店经销

重庆升光电力印务有限公司印刷

*

开本:787mm×1092mm　1/16　印张:23.5　字数:545千

2018 年 1 月第 1 版　　2021 年 8 月第 3 次印刷

印数:6 001—8 000

ISBN 978-7-5689-0646-3　定价:59.50 元

编委会

总 序

一、出版背景

教材出版肩负着吸纳时代精神、传承知识体系、展望发展趋势的重任。本套旅游教材出版依托当今发展的时代背景。

一是坚持立德树人,着力培养德智体美全面发展的中国特色社会主义事业合格建设者和可靠接班人。深入贯彻落实习近平新时代中国特色社会主义思想,以理想信念教育为核心,以社会主义核心价值观为引领,以全面提高学生综合能力为关键,努力提升教材思想性、科学性、时代性,让教材体现国家意志。

二是世界旅游产业发展强劲。旅游业已经发展成为全球经济中产业规模最大、发展势头最强劲的产业,其产业的关联带动作用受到全球众多国家或地区的高度重视,促使众多国家或地区将旅游业作为当地经济的支柱产业、先导产业、龙头产业,展示出充满活力的发展前景。

三是我国旅游教育日趋成熟。2012年教育部将旅游管理类本科专业列为独立一级专业目录,下设旅游管理、酒店管理、会展经济与管理、旅游管理与服务教育4个二级专业。截至2016年年底,全国开设旅游管理类本科的院校已达604所,其中,旅游管理专业526所,酒店管理专业229所,会展经济与管理专业106所,旅游管理与服务教育31所。旅游管理类教育的蓬勃发展,对旅游教材提出了新要求。

四是创新创业成为时代的主旋律。创新创业成为当今社会经济发展的新动力,以思想观念更新、制度体制优化、技术方法创新、管理模式变革、资源重组整合、内外兼收并蓄等为特征的时代发展,需要旅游教材不断体现社会经济发展的轨迹,不断吸纳时代进步的智慧精华。

二、知识体系

本套旅游教材作为教育部高等学校旅游管理类专业教学指导委员会(以下简称"教指委")的规划教材,体现并反映了本届"教指委"的责任和使命。

一是反映旅游管理知识体系渐趋独立的趋势。经过近30年来的发展积累,旅游管理学科在依托地理学、经济学、管理学、历史学、文化学等学科发展基础上,其知识的宽度与厚度在不断增加,旅游管理知识逐渐摆脱早期依附其他学科而不断显示其知识体系成长的独立性。

二是构筑旅游管理核心知识体系。旅游活动无论其作为空间上的运行体系,还是经济上的产业体系,抑或是社会生活的组成部分,其本质都是旅游者、旅游目的地、旅游接待业三者的交互活动,旅游知识体系应该而且必须反映这种活动的性质与特征,这是建立旅游知识体系的根基。

三是构建旅游管理类专业核心课程。作为高等院校的一个专业类别,旅游管理类专业需要有自身的核心课程,以旅游学概论、旅游目的地管理、旅游消费者行为、旅游接待业作为旅游管理大类专业核心课程,旅游管理、酒店管理、会展经济与管理、旅游管理与服务教育4个专业再确立3门核心课程,由此构成旅游管理类"4+3"的核心课程体系。确定专业核心课程,既是其他管理类专业成功且可行的做法,也是旅游管理类专业走向成熟的标志。

三、教材特点

本套教材由教育部高等学校旅游管理类专业教学指导委员会组织策划和编写出版,自2015年启动至今历时3年,汇聚了全国一批知名旅游院校的专家教授。本套教材体现出以下特点:

一是准确反映国家教学质量标准的要求。《旅游管理类本科专业教学质量国家标准》既是旅游管理类本科专业的设置标准,也是旅游管理类本科专业的建设标准,还是旅游管理类本科专业的评估标准,其重点内容是确立了旅游管理类专业"4+3"核心课程体系。"4"即旅游学概论、旅游目的地管理、旅游消费者行为、旅游接待业;"3"即旅游管理专业(旅游经济学、旅游规划与开发、旅游法)、酒店管理专业(酒店管理概论、酒店运营管理、酒店客户管理)、会展经济与管理专业(会展概论、会展策划与管理、会展营销)的核心课程。

二是汇聚全国知名旅游院校的专家教授。本套教材作者由"教指委"近20名委员牵头,全国旅游教育界知名专家和教授,以及旅游业界专业人士合力编写。作者队伍专业背景深厚,教学经验丰富,研究成果丰硕,教材编写质量可靠,通过邀请优秀知名专家和教授担纲编写,以保证教材的水平和质量。

三是"互联网+"的技术支撑。本套教材依托"互联网+",采用线上线下两个层面,在内容中广泛应用二维码技术关联扩展教学资源,如导入知识拓展、听力音频、视频、案例等内容,以弥补教材固化的缺陷。同时也启动了将各门课程搬到数字资源教学平台的工作,实现网上备课与教学、在线即测即评,以及配套老师上课所需的教学计划书、教学PPT、案例、试题、实训实践题,以及教学串讲视频等,以增强教材的生动性和立体性。

本套教材在组织策划和编写出版过程中,得到了教育部高等学校旅游管理类专业教学指导委员会各位委员、业内专家、业界精英以及重庆大学出版社的广泛支持与积极参与,在此一并表示衷心的感谢!希望本套教材能够满足旅游管理教育发展新形势下的新要求,能够为中国旅游教育及教材建设开拓创新贡献力量。

教育部高等学校旅游管理类专业教学指导委员会
2017 年 11 月

前言

一、酒店前厅管理与酒店客房管理：酒店管理专业的核心课程

《酒店前厅管理》和《酒店客房管理》两本教材是应教育部高等学校旅游管理类专业教学指导委员会的委托而编写的。在此首先感谢教指委主任委员田里教授、副主任委员马勇教授等领导的信任。

笔者一直认为，酒店前厅管理与酒店客房管理是酒店管理专业的核心课程。根据经营的需要，酒店可以不设餐饮部，但不可以没有前厅部和客房部。前厅和客房，一个被誉为酒店的"大脑"，一个被称为酒店的"身躯"，前厅是整个酒店的指挥中心，而客房则是酒店的利润中心，是满足客人核心需求的部门。

2012年，旅游管理类专业与工商管理类专业并列进入一级专业目录，酒店管理随之也从旅游管理专业的一个方向升级为专业。在这种背景下，原有的旅游管理课程体系需要作重大的调整，酒店管理专业需要有自己独立的、能够适应教学改革和人才培养目标的课程体系，因此，本人建议将原有的很多院校开设的酒店前厅与客房管理课程细化为酒店前厅管理及酒店客房管理两门课程，以适应专业化人才培养的需要。

二、本书写作的"指导思想"和"特色"

多年来，本人一直从事旅游与酒店管理的教学和科研工作，先后在高等教育出版社、中国旅游出版社、中国人民大学出版社以及商务印书馆等出版专著、教材40余部，发行量50多万册，受到业界和旅游院校的好评，其间也去五星级酒店担任副总经理，积累了酒店管理的实践经验，这些都为编写本教材打下了良好基础。

新版《酒店客房管理》写作的指导思想是：坚持立德树人，定位国内旅游院校酒店管理专业精品教材，着眼于旅游与酒店管理专业人才培养目标，扎根行业，以先进的理念、实用的方法、丰富的内容、创新的形式、精美的印刷，力争成为本专业的精品教材。

总体而言，《酒店客房管理》具有下述特点。

图文并茂：为了增强内容的丰富性、可读性以及拉近读者与现代化酒店的距离，书中每章都有开章导读。书中部分图片也由本人拍摄,以期为读者提供更多身临其境之感。

理念先进:把握国内外未来酒店管理的发展趋势,引入先进的酒店管理理念。先进的酒店房务管理理念和方法,决定了本套书将成为酒店经营管理潮流的引导者。

内容科学:本书增加了很多计算机管理的内容,以充分体现内容的先进性和科学性。

形式鲜活:在每章"经理的困惑"板块,师生们不仅可以以文字的形式读到酒店行业的经理人对当前酒店行业经营管理的热点问题的看法和答复,还可以通过扫描二维码,以视频的形式观看这些经理的风采,面对面聆听他们对酒店管理热点问题的观点和认识。这是本教材一大亮点。

方法实用:书中很多管理方法和理论为世界著名酒店管理集团所采用,对其他酒店具有较强的指导意义。

"困惑"导入:为了增强可读性,每章都以酒店客房管理人员在实际工作中遇到的困惑,以"经理的困惑"的形式,引入本章内容。并在该章末尾附上国内其他酒店经理人对此困惑的答复。

案例搭桥:书中引入大量客房管理的案例,以加深学生对教材内容的理解,通过案例,搭起理论与实践之间的桥梁。

信息丰富:除了书中正文丰富的内容以外,还在附录中为读者提供了管理表格、程序和标准(SOP)等大量实用的资料。

突出管理:本书既不同于一般只强调理论而忽视实践的空洞教科书,也不同于只有实操而没有理论的枯燥的培训资料,而是在两者之间找到了一个最佳平衡点,主要研究酒店房务的运营与管理问题,既有理论高度和前瞻性,又有很强的实操性。

突出中国特色:中国酒店业经过40年的高速发展以及对于国际酒店业的学习、消化、吸收等几个阶段,现在已经进入创新发展和弯道超越阶段。在借鉴美国的制度化管理、欧洲酒店业的文化特色以外,逐步形成了自身以亲情化为特色、以广州从化碧水湾度假村为代表的"中国服务"和中国式管理理念和管理模式,并取得了巨大成功。

本书作者在浙江大学饭店管理研究所、浙江大学旅游学院、广州市旅游局以及广东省旅游局等单位的支持下,已连续成功举办9期"碧水湾现象研讨会",在国内酒店业界以及旅游院校受到广泛好评。本书突出了碧水湾温泉度假村以及众多国内成功的酒店和度假村企业的经验,选取了他们的大量服务和管理案例,并组织碧水湾度假村等先进旅游酒店和度假村企业拍摄了酒店管理视频,供旅游院校的师生们学习和研究。

在此,要特别感谢广州从化碧水湾温泉度假村、广州南沙大酒店、西安古都文化大酒店,它们专门组织力量,为这套教材拍摄了专业的二维码视频,同时,还要感谢来自洲际酒店集团、香格里拉酒店集团、恒大酒店集团、华美达酒店集团、凯莱酒店集团、美豪酒店集团等酒店及酒店集团的房务经理和总经理们,他们将自己的知识和经验无私地奉献给各位读者。

三、丰富的教学配套资源

本书配套有教学 PPT、教学案例、教学图片、知识拓展视频、测试卷等电子教学资源。选用本教材的老师如有需要，请向作者或出版社索取，也可以登录课程教学网站"刘伟酒店网"获取。

四、一点期望

借此机会，我还想对广大酒店管理专业的大学生们说几句话。

很多人认为，学酒店管理专业没有前途，工作辛苦、待遇低。是的，作为一线服务人员，薪酬也许不高，工作确实辛苦，但大学酒店管理专业的人才培养目标是酒店高级管理者。而酒店服务的经历和经验又是作为管理者必不可少的，是走向目标不可逾越的起点。当代中国酒店业急速发展，不仅需要服务人员，更需要大量既掌握现代酒店管理知识，又具有酒店实践经验的高水平管理人才，所以你们未来从事酒店管理工作，成为高级酒店职业经理人这一过程比在世界上任何国家、任何时候都要快、要短！就从事酒店工作的薪酬而言，到总监、总经理层次，年薪数十万，甚至上百万，是一般企业白领阶层难以企及的。有报告显示：酒店本科毕业 3 年薪酬增长 110% 以上，高职高专毕业生薪酬增长 90% 以上。

因此，作为酒店管理专业的学生，一定要沉得住气，要有长远的职业生涯规划，具有企业家精神和战略思维，目光往前看、往上看！

五、鸣谢

感谢广东金融学院葛朝蕾老师和温嘉颖同学，她们为本教材准备了电子教案、PPT 及配套试题。另外，以下人士参与了本书资料搜集工作：张谦、刘方际远、郭淑梅、陈浩、许雁醒、刘江、刘浩、梁峻峰、段晓、刘蓉娜、胡伟国、卢合洪、曾晓峰、冯郑凭、苏英、吴南、陈木丰、曹艳爱、石飞、章寇球、周成、宋健等。

最后，还要特别感谢深圳市捷信达电子有限公司，他们为本书的编写特别提供了行业领先的酒店管理信息系统(PMS)："捷信达 GSHIS-PMS 酒店管理软件"，从而使本书更加先进、科学，实用性更强（如需要这套教学软件和教材配套教学资源，请发邮件至：1821942859@qq.com）。

广东金融学院教授

2017 年 11 月 9 日于广州

目 录

第1章
客房部概述

珠海长隆企鹅酒店客房

本章将重点介绍客房部的地位、作用及主要任务、客房类型与客房设备。

通过本章学习,读者应该能够:

- 了解客房部在酒店经营中的地位、作用及客房部的主要任务。
- 了解客房的类型和客房的主要设备。

关键词:客房类型;客房设备;客房状态;客房消费;遗留物品

Keywords:Room Types,Room Equipment,Room Status,Consumption,Lost & Found

经理的困惑
——是睁一只眼,闭一只眼呢,还是要严格管理?

酒店一般都要求客房服务员在做房时,要用不同的抹布擦拭不同的部位(浴缸、洗脸盆、马桶等),并禁止员工把刚从房间撤下的脏布草当抹布用。可实践中,据我所知,很多酒店(包括国外的酒店)的很多员工在做房间卫生时,为了图方便、省事,抹布并没有分开,而且总是喜欢用撤下的床单等来擦浴缸,甚至擦马桶,对此,总是屡禁不止。作为客房管理者,应该加以理解,是睁一只眼,闭一只眼呢,还是要严格管理?如何才能有效地防止这种情况的发生?

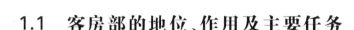

1.1　客房部的地位、作用及主要任务

1.1.1　客房部的地位与作用

首先,客房部是酒店为客人提供服务的主要部门。酒店是以建筑物为凭借,通过为顾客提供住宿和饮食等服务而取得经营收入的旅游企业,其中客房部所提供的住宿服务是酒店服务的一个重要组成部分。由于客人在酒店的大部分时间是在客房里度过的,因此,客房服务质量的高低(设施是否完善;房间是否清洁;服务是否热情、周到、快捷等)在很大程度上反映了整个酒店的服务质量。客人对酒店的投诉与表扬也大多集中在这一部门。

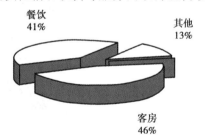

图 1.1　中国 5 星级酒店客房收入在饭店总收入中的比重①

此外,客房部还是酒店取得营业收入的主要部门。酒店通过为客人提供住宿、饮食、娱乐(游泳池、健身房、保龄球、网球、桑拿、舞厅……)以及交通、洗衣、购物等服务而取得经济收入。其中,客房租金收入是酒店营业收入的主要组成部分(图1.1),它反映了客房部在整个酒店经营中的重要地位。

1.1.2　客房部的主要任务

简单地说,客房部的主要任务就是"生产"干净、整洁的客房,为客人提供热情周到的服务。具体而言,有以下几点:

---

① 资料来源:《2016 年全国星级饭店统计公报》(国家旅游局)。

1) 保持房间干净、整洁、舒适

客房是客人休息的地方,也是客人在酒店停留时间最长的场所,因此,必须经常保持干净、整洁的状态。这就要求客房服务员每天检查、清扫和整理客房,为客人创造良好的住宿环境。

由于客房员工具有清洁卫生的专业知识和技能,因此,客房部除了保持客房的清洁外,通常还要负责酒店公共场所的清洁卫生工作。

2) 提供热情、周到而有礼貌的服务

除了保持客房及酒店公共区域的清洁卫生外,客房部还要为客人提供洗衣、缝纫、房餐(Room Service)以及提供满足客人需求的各种服务,在提供这些服务时,服务员必须要礼貌、迅速。

3) 确保客房设施设备时刻处于良好的工作状态

必须做好客房设施设备的日常保养工作,一旦设施设备出现故障,应立即通知酒店工程部维修,尽快恢复其使用价值,以便提高客房出租率,同时确保客人的权益。

4) 保障酒店及客人的生命和财产安全

安全需求是客人基本的需求之一,也是客人投宿酒店的前提条件。酒店的安全事故大都发生在客房。因此,客房员工必须具有强烈的安全意识,平常应保管好客房钥匙,作好钥匙的交接记录。一旦发现走廊或客房有可疑的人或事,或有异样的声音,应立即向上级报告,及时处理,消除安全隐患。

5) 负责酒店所有布草及员工制服的保管和洗涤工作

除了负责客房床单、各类毛巾等的洗涤工作外,客房部通常还要负责客衣及餐厅台布、餐巾等的洗涤工作。此外,酒店所有员工制服的保管和洗涤工作也由客房部统一负责。

1.2 客房类型与客房设备

1.2.1 客房类型

1) 客房类型

总体上说,酒店客房一般有三种类型,即单人房(Single Room)、双人房(Double Room)和套房(Suite)。此外,有些酒店还设有三人房(Triple Room)和可以灵活使用的多功能房间(Multi-function Room)。

(1) 单人房(Single Room)

单人房,单人床(Single Room,Single Bed)。

单人房,大床(Single Room,Double Bed)。

（2）双人房（Double Room）

双人房，大床（Double Room，Double Bed）。这种房间在一些酒店又称为"鸳鸯房"或"夫妻房"（图1.2）。

双人房，单人床两张（Double Room，Twin Beds）。即在双人房里设两张单人床。这种房间通常被称为酒店的"标准间"（Standard Room），我国酒店（特别是中、低档酒店）的大部分客房都属于这种类型（图1.3）。

（3）三人房（Triple Room）

这种房间在一些低档酒店较为常见。

（4）套房（Suite）

普通套房（Suite）：将同一楼层相邻2~3间客房串通，分别用作卧室、会客室。

图1.2　"鸳鸯房"（"夫妻房"）　　　　　　图1.3　客房标准间

豪华套房（Deluxe Suite）：与普通套房相似，只是面积比普通套房大，房内设施、设备较普通套房先进（图1.4）。

复式套房（Duplex）：一种两层楼套房，由楼上、楼下两层组成。楼上一般为卧室，楼下为会客厅。

（5）连通房（Connected Rooms）

一种可根据需要变换用途的房间。如将相邻房间通过连接门转换为单人房、双人房、套房等，以满足客人的不同需要，提高客房利用率（图1.5）。

图1.4　广州香格里拉大酒店：豪华套房　　图1.5　连通房（在两个相邻房间之间以房门连通的多功能房间）

（6）总统套房（Presidential Suite）

通常由5个以上房间组成。总统和夫人卧室分开，卫生间分用。卧室内分别设有帝王床（King Size）和皇后床（Queen Size）。此外，总统套房内还设有客厅、书房、会议室、随员室、警卫室、餐厅、厨房等。一些中、高档旅游宾馆均设有这类"总统套房",其主要用意在于提高酒店的档次和知名度,便于推销。这类房间除了用于接待"总统"等国内外党政要人外,平时也对普通客人开放。位于阿联酋迪拜的 BurjAl-Arab 酒店(burj 音译伯瓷,又称阿拉伯塔),被誉为世界上唯一一家"七星级"酒店,其总统套房面积达 780 m^2,房价 18 000 美元/晚,家具是镀金的,设有一个电影院、两间卧室、两间起居室、一个餐厅,出入有专用电梯(图 1.6)。

图 1.6 伯瓷酒店总统套房

除了上述几种房间类型外,很多酒店还根据客房的朝向将房间分为向内房(Inside Room)和向外房(Outside Room)两种。前者一般位于阴面,光线不好,视野不开阔;后者则处于阳面,采光良好,视野开阔,是一种较为理想的客房。划分向内房和向外房的意义在于可以使酒店对这两种房间收取不同的房价,尤其是旅游旺季,在客房供给比较紧张的情况下,可适当提高向外房的价格。

另外,酒店的客房还可以按其是否带浴室或淋浴来划分。

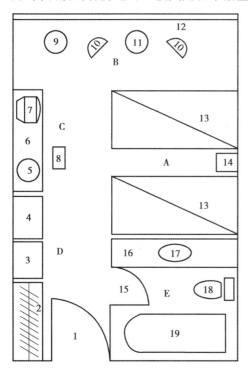

图 1.7 客房设备及布局
1—房门;2—衣柜;3—小酒吧与小冰箱;
4—行李架;5—台灯;6—写字台;7—电视机;
8—软座椅;9—落地灯;10—扶手椅;11—小圆桌;
12—窗帘;13—单人床;14—床头柜;15—卫生间门;
16—云石台;17—洗脸盆;18—马桶;19—浴缸

2)客房类型的表示

为了工作方便,国际上酒店常用下列缩略语来表示不同的房间类型。

- SW/OB:单人房,无盆浴(Single Without Bath)
- SW/Shower:单人房,只有淋浴(Single Room With Shower)
- SWB:单人房,有盆浴(Single Room With Bath)
- DW/OB:双人房,无盆浴(Double Room Without Bath)
- DW/Shower:双人房,只有淋浴(Double Room With Shower)
- DWB:双人房,有盆浴(Double Room With Bath)

1.2.2 客房设备

酒店客房通常分为 5 个功能区域:睡眠空间、盥洗空间、起居空间、书写空间和储存空间,每个空间由不同的设施、设备组成(图1.7 及表1.1)。

表 1.1　客房 5 大功能区域

功能区域	设　备	功能区域	设　备
睡眠空间	床(Bed) 床头柜(Night Table) 床头灯(Wall Lamp)	起居空间	茶几(Tea Table) 座椅(Chair) 落地灯(Standing Lamp)
盥洗空间	浴缸(Bath Tub) 淋浴器(Shower) 淋浴帘(Shower Curtain) 毛布架(Towel Rack) 马桶(Toilet) 电话(Telephone) 洗脸盆(Sink) 镜子(Mirror) 电源插座(Socket)	书写空间	写字台(Writing Desk) 椅子(Chair) 台灯(Desk Lamp) 电视机(TV Set) 电冰箱(Fridge) 梳妆镜(Mirror) 电话(Telephone)
		储存空间	壁橱(Closet) 行李架(Luggage Rack)

图 1.8　睡眠空间

(1)睡眠空间

睡眠空间是客房最基本的空间(图1.8)。这一空间主要有下列家具和设备:

床(Bed)。床是睡眠空间也是客房最主要、最基本的设备。

床的长度通常为 2 m,而宽度则因床的类型的不同而不同。通常,床越宽,越舒适,档次也就越高。另外,关于床的高度,考虑到美观、协调及便于服务员操作等因素,一般应为 40~60 cm。

床头柜(Night Table)。酒店使用的床头柜是一种多功能床头柜,通常都配有音响设备,供客人收听有关节目及欣赏音乐,此外还带有多种控制开关,如:电视机、床头灯、夜灯、走廊灯、房门外请勿打扰灯等的开关,以及时钟和呼唤服务员的按钮等,这样,客人不用下床,便可以完成他想要做的许多事情。但面对如此繁多的控制开关,一些客人反映在夜间识别起来比较困难,常常影响客人休息。针对这一问题,越来越多的酒店开始在装修时设置"一键式"开关(最多只保留夜灯),从而大大方便了客人。

除了安装有音响设备和各种控制开关以外,床头柜上通常还放有一部电话以及便条纸和一支削好的铅笔,为客人通信联络提供方便,酒店常常还在床头柜上放上晚安卡和常用电话号码卡。

床头灯(Wall Lamp)。可根据需要调节灯光亮度。

（2）盥洗空间

盥洗空间指客房卫生间（图 1.9），主要包括浴缸（Bath Tub）、淋浴器（Shower）、淋浴帘（Shower Curtain）、毛巾架（Towel Rack）、马桶（Toilet）、电话机（Telephone）、洗脸盆（Sink）、镜子（Mirror）和电源插座（Socket）。

（3）起居空间

除了套房以外，标准客房的起居空间基本上都位于窗前区，供客人休息、会客、饮食时使用。主要设备有茶几（Tea Table）、座椅（Chair）、落地灯（Standing Lamp）。（图 1.10）

图 1.9　盥洗空间

图 1.10　起居空间

（4）书写空间

标准房的书写空间大多安排在床的对面（图 1.11），主要包括：

- 写字台（Writing Desk）。
- 椅子（Chair）。
- 台灯（Desk Lamp）。
- 电视机（TV Set）。
- 电冰箱（Fridge）。
- 梳妆镜（Mirror）。
- 电话（Telephone）。

图 1.11　书写空间

（5）储存空间

壁橱（Closet）。储存空间的主要设备是壁橱，通常位于客房卫生间的某一侧，供客人存放衣物，里面配有衣架（每床不少于 2 个西服衣架、2 个裙架、2 个裤架，即双人间需配备 12 个衣架）。此外，壁橱还可供酒店存放客房备用的被子、毛毯、枕头等。壁橱内应有照明灯，以方便客人存取物品（图 1.12）。

行李架（Luggage Rack）。位于壁橱附近，通常在写字台靠近房门口的一端（图 1.13）。

除了以上设施设备以外，客房的设施设备还包括：

窗帘（Window Curtain）。酒店客房的窗帘通常有两层：一层为厚窗帘，另一层为纱窗帘。厚窗帘主要起遮蔽、隔声、挡光、装饰和调温作用。就其调温功能而言，既有实际效果，又有心理因素。实践证明，冬天用厚重的暖色窗帘，可以阻止冷空气侵入，有助于保持室内温度；

夏天用浅色的窗帘可以阻止热对流,减少热辐射,降低室内温度。一般来说,窗帘的保温和降温效果可达2 ℃。心理上的调温作用则主要是由窗帘色彩的冷暖变化而产生的。选用厚窗帘时,必须注意要经久耐用,不褪色,可以洗涤。纱窗帘的作用是在挡景的同时,使室内保持一定的光线,因此,它必须具有较高的透明度,能使光线最大限度地通过。

图 1.12　储存空间

图 1.13　客房行李架

地毯(Carpet)。地毯的作用是减少噪声,美化环境。色彩丰富,弹性好的地毯可以使客房显得更加华贵。地毯的质地有很多种,如羊毛的、合成纤维的等。一般情况下,地毯的颜色应该深一些,这样能使室内色彩表现上轻下重,给人以稳定感,并使地毯更加有效地衬托人物和设施。

空调(Air-conditioner)。空调不仅有调温功能,而且还能通风换气,保持空气的新鲜、清洁,起到净化室内空气的作用。

烟感报警器(Smoke-detector)与自动喷淋器(Auto-spray Head)。当房内烟雾达到一定程度时,烟感报警器会自动报警,酒店防灾中心的指示灯自动闪亮,机器驱动自动喷淋器自动喷水灭火。

本章小结

➢ 客房是酒店的心脏,是酒店为客人提供服务的核心部门,也是酒店收入的主要来源。

➢ 客房部的主要任务:保持房间干净、整洁、舒适;为客人提供热情、周到而有礼貌的服务;保障酒店及客人生命和财产的安全以及确保客房设施设备时刻处于良好的工作状态,负责酒店所有布草及员工制服的保管和洗涤工作等。

➢ 客房部管理的房态主要包括客房清洁状态、维修房、停用房、辅助房态、差异房态等。客房员工除了要设置清洁状态(分为清洁、未洁和已检查房三种)以外,还要学会设置和解除维修房、停用房、差异房等,特别是要做好差异房态的管理。另外,做好辅

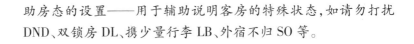

助房态的设置——用于辅助说明客房的特殊状态,如请勿打扰DND、双锁房DL、携少量行李LB、外宿不归SO等。

复习思考题

1.试述客房部的地位和作用。

2.客房部的主要任务有哪些?

3.客房的租借物品通常有哪些?

【案例分析】

新概念客房

全球饭店业经营的难度越来越大,设计师、业主和管理者都绞尽脑汁,既追求标新立异,又讲究舒适实惠,种种新概念客房层出不穷。健身客房、天堂之床、"睡得香"客房、精神放松客房、绿色客房等一系列名目繁多的客房应运而生,特色纷呈。

喜达屋(Starwood)集团下的威斯汀(Westin)酒店品牌经过近两年的努力,已把"天堂之床"(Heavenly Beds)的客房打出名气,而希尔顿集团在美国洛杉矶富豪区的比华利山酒店推出自己的特色概念"睡得香客房"(Sleep Tight)。这一客房中用加厚的床垫,高雅而又不透光的艺术窗帘,闹钟铃响时台灯自动开启,按客人生活习惯设置的闹钟,可调灯箱等,博得高级商务客的青睐。

不久前,希尔顿又推出两种新概念客房,即"健身客房"(Health-fit Room)和"精神放松客房"(Stressless Room)。客房内增设一系列设施,如按摩椅毯、放松泉池瑜伽术教学录像带等。他们先在全美8家酒店推出一间样板房,观察市场反应。客人的反馈意见是,新奇、舒适、印象深刻,有益于身心健康,睡眠效果确实好,为此支付稍高一点的房价也值得。市场的认可使希尔顿集团信心倍增。

著名的雅高集团在巴黎的Sofitel这一高档品牌的酒店中,率先尝试"高科技好客房"的创新,这是雅高集团的第一间新概念客房。客房中,床比"帝王床"还宽,卫生间更大,照明也更好,采用可旋转的液晶显示电视屏幕,遥控芳香治疗系统,环绕音响系统,独具创新的三角形陈设。目的只有一个,那就是让客人感受到非同一般的舒适、安全和快乐。值得一提的是芳香系统,这是在全球酒店业中首先推出"嗅觉识别"的新概念。客房有床头计算机显示屏告知客人多种香型供其任意选择,只要一按键,客房里就释放出客人偏爱的香味飘弥全室,客人在这些特殊配方的香味"熏陶"中,既得到一种保健的治疗,又因香味投其所好而睡得香甜。

【补充与提高】

表 1.2　床的种类及尺寸

类　型	长度(m)	宽度(m)
单人床(Twin-size Bed)	2.0	1.0~1.35
双人床(Double-size Bed)	2.0	1.5
大号双人床(皇后床)(Queen-size Bed)	2.0	1.8
特大号双人床(帝王床)(King-size Bed)	2.0	2.0
加床(Rollaway Bed)	2.0	1.0~1.35

酒店经理人对"经理的困惑"的答复

Re:是睁一只眼,闭一只眼呢,还是要严格管理?

Robert Zhou:香格里拉大酒店行政管家

必须杜绝,严格管理。高星级酒店代表着客人的信赖,对于缺乏卫生安全和将不洁净的环境提供给客人的行为,我们绝不能妥协。其一,工欲善其事,必先利其器。如果我们准备的抹布充足、合理,并方便使用,而且使用去污除尘效果绝对好于客用毛巾/枕袋的抹布(有专业超细纤维抹布)的话,我坚信只有傻子才不会用抹布。其二,我们往往忽略准备充足的抹布。其三,采用科学的案例事实(国外酒店对酒店客房卫生的衡量标准),让他们懂得清洁和卫生安全的区别和重要性。

刘　江:浙江海德华美达酒店行政管家

从职业道德来说我们应该严格管理,从方便员工操作、提高做房速度来说,我们应该睁一只眼,闭一只眼。但从以往酒店管理和客人反映中,我认为还是应该严格管理,杜绝此类不当操作。不要说把撤下的床单、被套拿来擦浴缸、马桶,就是有员工把撤下的床单、被套扔在地毯上,如果被客人看见,不但客人要投诉,而且还会有损酒店形象。另外,如果这样操作对棉织品的损耗也相当大。原本客房内配备的毛巾、浴巾是给客人擦身体的,现在拿来擦马桶、地面,会有很多难以去除的污迹,在与马桶、地面的摩擦过程中也缩短了棉织品的使用寿命。

如何防止此类事情发生:

1.加强员工思想的培训

告诉员工酒店是我们的"家",到酒店的每一位客人都是家里来的"客人",如果我们家里真的来了客人,会拿一条擦过马桶的毛巾给客人使用吗?

2.酒店应给员工配足抹布

酒店应给员工配足抹布,而且抹布要用颜色来区分,哪些抹布擦杯子,哪些抹布擦马桶,哪些抹布擦地面。这样,员工手中有足够的用具,也就不会再使用棉织品了。

3.加强巡查

楼层领班、主管要加强巡查力度,发现有员工在使用棉织品做卫生时要及时纠正。如员工多次违反规定,可采取一些处罚手段,让员工慢慢形成一种习惯。

第2章
客房设计与装修

广东清远熹乐谷度假村:客房设计打破传统,卫生间与卧室之间以油画屏风相隔,体现美感、开放感和通透感,床的摆放也一反常态,不靠卧室主墙,而是背靠与卫生间的隔墙,客人躺在床上就可以直视窗外景色,在卫生间沐浴时,也可以透过屏风和卧室窗户欣赏窗外美景,享受到赏心悦目的度假体验。

本章主要讲述客房设计与装修的一般原则与发展趋势,同时介绍几种有竞争力的特色客房。通过本章学习,读者应该能够:
- 掌握客房及卫生间设计的一般原则。
- 了解特色客房的类型。

关键词:客房设计;特色客房

Keywords:Room Designing, Special Rooms

经理的困惑
——浴室与卧室之间采用玻璃墙客人会喜欢吗?

　　我们酒店已经营了 10 年,最近进行了装修改造,最大的变化就是将卫生间与卧室之间的墙打通换成了玻璃,这样客人在洗澡时,就可以看见卧室(当然,从卧室也能看到卫生间里面),如果卧室的窗户打开或者阳台的门开着,也能看到户外的景色,据说这是一种潮流,不知这种潮流能够持续多久? 还有,客人会喜欢吗?

2.1　客房设计与装修的一般原则

2.1.1　卧室设计与装修的一般原则

为了保障客人及酒店的利益,客房设计应遵循以下原则:

1)安全性

安全性首先表现在对火灾的预防上。为此,客房设计时应考虑以下防火措施。

(1)设置火灾报警系统

烟感报警、温感报警与自动喷洒报警是当前常用的早期报警系统。其中,烟感报警对烟雾反应最为灵敏,温感报警的误报率最低,自动喷洒报警除报警外还能发挥早期防止火灾蔓延的作用。

(2)减轻火荷载

火荷载是指酒店内可燃烧的建筑材料、家具、陈设、布草等的总和。客房设计时应尽量采用难燃或不燃的建筑、装修材料。

　　除了对火灾的预防以外,酒店客房设计时还应注意保护客人的隐私。客房是客人休息的场所,要求安静、不受干扰。有些酒店楼层走廊两侧,客房门对着门,容易引起互相干扰。因此,建筑设计时可考虑将走廊两侧客房门错开。

2)健康性

　　环境直接影响人的健康。噪声公害威胁人的听觉健康;照度不足影响人的视觉健康;生活在全空调环境内,如新风不足、温湿度不当会损害人的身体健康。因此,在客房设计时,必须重视隔声、照明和空调设计,控制视觉、听觉和热感觉等环境刺激。

(1)隔声

客房噪声的来源主要有以下几个方面:

窗外:城市环境噪声。

相邻客房:如来自隔壁房间的电视机、音响设备、空调、电话、门铃、旅客的谈话、壁橱取物、床的嘎吱、门窗开关及扯动窗帘等的声音。

客房内部:上下水管流水、马桶盖碰撞、扯动浴帘、淋浴、空调及冰箱等。

走廊外:如客房门的开关,走廊里客人及服务员谈话、服务小车的推动、吸尘器的声响等。

其他:如空调机房、排风机房及其他公众活动用房。

对于上述可能出现的噪声,在客房设计时都应考虑加以控制。

(2)照明

室内照明的主要作用是为客人提供良好的光照条件,获得最佳的视觉效果,使室内环境具有某种气氛和意境,增强室内环境的美感与舒适感。现代酒店室内照明除了提供视觉所需要的光线外,还有以下几方面的作用:组织空间,改善空间感,渲染气氛,体现特色。

①客房室内照明设计的基本原则。

舒适性:室内照明应有利于客人在客房内进行活动、阅读、会客和从事其他活动,即在生理上能保护人的视觉,在心理上能鼓舞或安定人的情绪。

艺术性:有助于丰富空间的深度和层次,有利于强调空间的特色,能与空间的大小、形状、用途和性质相一致。

安全性:电源的线路、开关、灯具的设置都要有可靠的安全措施。

②照明设计的主要内容。

投光范围:可分为整体照明、局部照明。

灯具位置:应按照客人的活动范围和家具的位置来安排。

灯具的选择:灯具可分为吸顶灯、镶灯、吊灯、壁灯、立灯和活动灯等。每种灯具都用于特定的情况之下,灯具的选择,如造型、色彩是整体的一部分,必须与客房的色调相配,不能孤立对待。

照度的高低:照度是指被光照射的物体表面在单位面积上所受的光量。不同功能的室内环境有不同的照度要求。客房照度包括客房与卫生间的照度两方面,按国际照明协会标准,客房照度应为 100 lux。近年来,有些国家已推荐客房照度为 50~100 lux,以免房内过强的光刺激客人神经,影响客人休息。客房卫生间已发展成为旅客化妆的主要场所,所以卫生间的照度要求越来越高,为了便于旅客化妆,国际照明协会的标准是 70 lux,但实际使用均大于 100 lux,有时在人面部的照度达 200 lux 以上。

(3)空调

空调的设计、选用和安装在保证一定的湿度和温度的前提下,应能使噪声减小到最低程度,并能提供充足的新风,不会使客人在房内感到头痛,威胁客人的健康。

3)舒适感

客房是客人休息的场所,也是客人在酒店停留时间最长的地方。因此,客房的设计一定要使客人有方便、舒适感。提高客房的舒适度可以从以下几个方面考虑。

（1）空间尺寸

一般来讲,客房面积越大,舒适度就越高,酒店客房净高通常为 2.5 m,净高 2.5 m 与开间 3.6~4.2 m 所形成的比例为 1.44~1.68,是接近黄金分割的矩形剖面比例,有利于形成亲切、舒适的客房空间气氛。

（2）家具的摆设

客房家具的摆设是否得当,是否有利于客人行走和在房内的生活起居需要,都会影响客人对客房的舒适感。21 世纪的饭店注重实用功能,客房的设计、家具的摆设一定要给客人以方便、舒适之感。

（3）窗户的设计

客房开窗是为了采光、日照,但与观景也有直接关系。"窗即景框",宜"佳则收之,俗则屏之"。面对绚丽风光,窗越大越能感到环境之优美,舒适感越强,因而,有的高层酒店客房设计落地玻璃窗,使客房与环境融成一片。

窗离地不宜太高,通常不应高于 0.7 m,这样,客人坐在房内沙发或椅子上,就可较好地观赏到窗外景色。

窗户的大小还应考虑酒店所在地的气候条件。一般来讲,炎热地区的酒店宜大,以便使客人有视野开阔,心情舒畅的感觉。而位于寒冷地区的酒店窗户宜小,以便客人在客房内有温暖、舒适、亲切之感,同时还可以在一定程度上为酒店节省能源。

此外,酒店客房窗户的"高宽比"以 1∶2 为好。这样能使客人产生人们所喜爱的"宽银幕画面"的感觉。

（4）装修风格

满足客人需求心理的客房装修风格,也能为客人提供舒适感。归纳旅游者的需求心理,可分为两大类:一类希望客房符合旅客本人的生活习惯与水平,走进客房如回到家中一样方便舒适;另一类则希望客房与旅游地一样具有鲜明的地方特色和异国情调,进入客房能够继续感受新鲜有趣的异族文化。因此,酒店在进行客房设计装修时,应充分考虑这两方面的要求。高档酒店有中餐厅与西餐厅之分,客房的装修也可考虑既有西式客房,又有民族特色的客房,以满足不同客人的不同心理需求。例如,驰名于世的东京帝国饭店既有豪华的西式套间,又有表现浓郁乡土情调的"和式"套间。

4) 实用性

客房布置的好坏,不但会影响服务效率,还会直接影响客人的心理感觉,并最终影响客人感觉中的服务质量。

客房设计与布置要注意实用性,要恰到好处地利用空间,既方便客人在室内的生活起居,又方便服务员的清洁操作。例如,镜子的高度、灯光的亮度等都要适宜。此外,还要选择价廉物美、便于清洁和保护的室内用品和设备。

5) 美观性

客房的装饰布置是一门艺术,在注重实用的基础上,客房的设计和装饰布置还要强调和谐、美观,使客房内的设施、设备、各种用品及其色彩成为一个和谐的整体。为此,一些大酒店甚至设有专职的室内装饰员,负责房间内部的装饰、家具的摆设,室内颜色的搭配,窗帘、壁画、灯光之间的调节等。

**图 2.1 一款失败的但又非常
常见的客房插座位置设计**
(要让客人趴在地上或搬开桌子找插座)

6) 便利性

各种设施设备的安装要考虑客人的需要,要方便客人使用,特别是各种插座的设置,要够用、方便和美观。

21 世纪是互联网时代,各种电器的使用更加普遍,要求酒店客房一要有 Wi-Fi,二要有足够的电源插座,供客人手机、相机等电器设备充电。客人随身携带的各种电器设备越来越多,特别是手机随时都在用,需要不断充电,因此,需要足够多的电源插座,而且这些电源插座的位置设置要合理,床头、写字台必不可少。千万不要设在桌子底下或墙背后,让客人钻到桌子底下或趴在地上,或搬开桌子找插座(图 2.1)。

2.1.2 卫生间设计与装修的一般原则

卫生间是客房的重要组成部分。清晨,当旅客为一天的开始作准备时,最迫切需要的空间是卫生间;傍晚,结束了一天的旅游活动或忙碌的工作,浴室则提供了消除疲劳、松弛身心的最佳场所。随着社会的进步,人们生活质量的提高,卫生间的功能开始走向多样化,已不仅是传统的满足人们生理需求的地方,而且日益成为人们化妆、健身、享受生活、追求美的场所。因此,人们对卫生间的要求也越来越高。

卫生间的设计应注意宽敞、明亮、舒适、保健、方便、实用、安全、通风。

1) 宽敞

卫生间要有宽敞的活动空间,使客人有舒适之感,避免由于空间狭小,使客人活动不便或感觉压抑。另外,还要有足够大的化妆台,供酒店放置各种卫生用品和供客人搁置自带的化妆用品,以满足客人(尤其是女性客人)追求美的需求。

按照我国饭店的星级评定标准,卫生间的面积通常应为 $4\sim6\ m^2$,这与国际上三件套设施卫生间的面积基本一致,但对于豪华卫生间来讲,则远远不够。

2) 明亮

卫生间要明亮,以免客人有压抑之感,尤其是梳妆台及镜面位置要保证足够的照度,以便客人梳妆打扮。

3) 舒适

除了宽敞明亮的空间能够增加卫生间的舒适感以外,其他方面的因素也可能影响卫生间的舒适程度,如色彩问题。有些酒店客房与卫生间的色彩搭配欠协调,使客人在心理上产生不舒适的感觉。如某酒店客房的基调是杏黄,而卫生间的地面、墙壁、洁具采用的却是淡蓝。这样的处理就不太恰当,从暖色调一下子跨到冷色调,会立即给人以冰冷的感觉,而这恰是大多数人淋浴时所忌讳的感觉。

4) 保健

随着社会的进步,人们的保健意识和保健需求越来越强烈。客房卫生间成了很多人的健身场所,因此,在设计卫生间时,就应考虑客人这方面的需求。如在卫生间内购置磅秤;选用具有保健功能的按摩浴缸等。现在,已有越来越多的高档酒店在其客房卫生间内设置冲浪式按摩浴缸,其四周都有喷头,喷射水流冲击人体肌肉,可以起到按摩作用,以消除疲劳,恢复体力。

5) 方便

卫生间内各种设施设备的配备和安装,一定要方便客人。电话、电源插座、毛巾架、香皂架、浴缸扶手架、淋浴器以及卫生纸盒等的安装位置一定要合理。要根据人身活动的规律作为卫生间设计的依据之一,如根据人身活动半径来确定诸如淋浴喷头的高度、淋浴肥皂盒的高度、盆浴肥皂盒的高度、安全把手的位置,以及以坐便器为轴心,手臂的长度为半径,确定电话分机、卫生纸盒等的位置。

此外,为了方便客人,卫生间还应选用镀层良好、平滑易干的优质镜面,使得水蒸气容易蒸发(当然,也可以采用在镜面后安装加热导线等其他方法,使镜面上的水蒸气能够尽快蒸发)。随着老龄化时代的到来,旅游者的年龄也趋向老龄化,为了满足老年客人的需要,一些酒店开始采用 300~400 mm 的低矮浴缸。

6) 实用

卫生间设施设备的选择和安装,要贯彻实用的原则。例如,卫生间的地面材料应用大块巾贴面材料,以减少拉缝。另外,由于担心感染上各种皮肤病、妇科病和肝炎等传染性疾病,尤其是"艾滋病"等各种性病,客人(尤其是我国南方客人)已很少有人使用酒店卫生间的浴缸(有的甚至自带毛巾等个人卫生用品),浴缸便失去了它的作用。因此,一些地区的新建酒店可以考虑在普通客房的卫生间内不安装浴缸,而以淋浴器代之,这样不但节省浴缸的购置费,还可以节约劳动力和清洁保养费用、节省空间,可谓一举多得。

7) 安全

卫生间的设计还应考虑客人的安全需要。国际上许多酒店在卫生间设有紧急呼救钮或紧急电话,也有供客人浴晕时用的紧急开门器。卫生间的电器开关均改为低压电器开关,电动剃须刀、吹风机等插座均标明电源种类,配漏电断路器。此外,要保证卫生间内通风状况良好;浴缸的底部及卫生间地面要有防滑措施;浴缸墙面要有扶手杠。

8)通风

卫生间设计还要考虑通风问题,以便随时消除异味,并使卫生间保持干燥,防止细菌滋生。

2.1.3 色彩的和谐原则

无论是客房还是卫生间,在设计装修时,一定要注意运用好色彩的和谐原则。

有经验的建筑师和室内设计师都十分重视色彩对人的物理、生理和心理的作用,十分重视色彩能引起人的联想和情感的效果,注意使用色彩这一杠杆营造室内气氛,调节和装饰空间环境。例如在地面缺少阳光或其他阴暗的房间里采用暖色,可增添亲切温暖的感觉;在阳光充足的房间或炎热地区,则宜多采用冷色,降低室温感;在酒店大堂、电梯间和其他一些逗留时间短暂的公共场所,适当使用高明度、高彩度色,可以获得光彩夺目、热烈兴奋的气氛;在酒店客房、写字楼等房间,采用各种调和灰色可以获得安全、柔和、宁静的气氛;在空间低矮的房间,采用具有轻远感的色彩来冲淡压抑感,反之则采用具有收缩感的色彩避免使人感到空旷;在同一个房间中,从天花板、墙面到地面,色彩往往是从上到下,明亮渐轻、暗、重,以丰富色彩层次,扩展视觉空间,加强空间稳定感。

在色彩的相互联系中,协调和对比是最根本的联系,如何恰如其分地处理好色彩的协调和对比的关系,是室内色彩环境和气氛创造中的一个核心课题。色彩的协调意味着色彩三要素——色相、明度和彩度之间的接近,从而给人以统一感。而过分的统一又会流于平淡、单调、沉闷、软弱。色彩的对比意味着色调、明度和彩度之疏远,过多的对比使人感到刺激、跳跃、不安、眼花缭乱。问题不在于采用何种色调,而在于如何配色,即如何掌握好协调和对比的分寸。

简单地说,和谐的色彩就是相配的颜色。掌握色调和谐最可靠的原则,就是遵照从自然界找到的色调规律。因此,深色适用于地板、中间色适用于墙壁,而较淡色适用于天花板。这是一个很好的通则,而且很切合实际。

2.2 客房设计与装修的发展趋势

传统的客房设计可能不会给客人留下什么印象,而具有明显个性特征的客房则一定会成为客人津津乐道的话题,为酒店的经营和品牌带来不可估量的作用。

我国酒店设计中的客房平面布置,经历了长期的相互模仿、式样单一的阶段,使很多本应该充满活力和创造性的酒店被克隆成了十分相似的、通俗的面孔。在这种"通俗酒店"中，客房免不了是"最通俗"的部分。这种现象的最坏效果是在认识上影响了一大批酒店建设投资人和经营者，他们形成了一种定式心理，酒店的客房一定是"刀把形"的、客房卫生间总是"黑洞"式的……变成了真正意义上的"标准"客房，而这种陈旧模式所带来的种种不便、不人性、不经济成了规范，迫使客人去习惯它、适应它。

未来酒店要提高竞争力，就必须把握未来酒店设计与装修的发展趋势，增强客房的个性化和特色化设计。

【案例】

杭州某知名高星级酒店的新客房，所有的家具都从人性化、个性化、简约化的角度进行了设计和摆放。衣橱从原来的门背后"搬"入了卧室内，改变了以往的"隔墙有耳"，杜绝噪声互扰，从细节方面真正做到为宾客着想。床靠背上方的床幔设计更是画龙点睛，给整个房间的休闲风格添上了浪漫和唯美，明快、温馨在这里再一次得到了体现。卫生间的变动也很大，一改以往卫生间开门见恭桶的弊病，恭桶位置被移到了侧面，打开门满眼是晶莹透绿，原来是梳妆镜镶嵌在墙纸上。更大胆的是，浴缸墙面安装了大幅的防水雾镜子，前卫而又朦胧，且很好地延伸了卫生间的空间。体重秤也从卫生间内移到了全身镜前，同时也方便了清扫员的清扫，避免了卫生间各种水迹、污迹的沾染，人性化的布置既方便了宾客，又保护了设施，更是一种新观念的拓展。

2.2.1　卧室设计与装修的发展趋势

除了衣柜以外，客房卧室的设计还将出现以下发展趋势。

①客房卧室以及卧室内的床有逐渐加大的趋势。随着社会的发展以及人们生活水平的提高，酒店客人对客房舒适度的要求也越来越高，顺应这种潮流，酒店的客房设计也变得越来越宽敞、大气，新建酒店的客房面积以及卧室内的床将变得越来越大。

②去除移动式小型集中控制器，床上只设床头灯的控制及总掣开关，房内其他灯具就地控制（图2.2）。

③去除节电牌，改为红外线与空调一体化的控制器，房间、卫生间无人时，灯就自动熄灭，有人时就保持正常的照明状态。

④房内灯光向顶灯、槽灯方向发展，摇臂灯及台灯越来越少用（图2.3）。

⑤吧台改顶射灯为背后照明，台面石材化，吧台配电热水壶，有电源插座。

图 2.2　只设床头灯的控制及总掣开关

⑥走火图、房门号码、空调风口工艺化，安装位有上墙的趋势。

⑦房门外有光源不强的局部照明射灯，看房门号及插锁孔更方便。门锁除电子门锁外，

还会出现指纹锁、视网膜锁等。

⑧客房地面改变满铺地毯的传统,常在小过道和窗前用硬地面。

⑨客房配计算机及可移动的计算机桌、椅。

⑩窗帘逐步电动化。

⑪对床本身的关注与改造也是一种趋势。很多酒店开始使用能够改善客人睡眠,具有各种功能的保健床。这场世界范围内的变革起源于1999年喜达屋酒店集团发起的"睡床革命",其睡在"天梦之床"(图2.4)上的理念一石激起千层浪,各大品牌酒店纷纷在替换高质量的被褥和床具后推出新的市场攻势,如君悦的"变革床的品质"、万豪的"重拾朝气"、雷迪森的"令人深睡"、希尔顿的"舒适的睡眠"等。这场"床笫革命"也带来了丰厚的收益,"舒适的床——希尔顿之家"每晚卖到300美元,"万豪之家"每晚卖到260美元,威斯汀则号称向全球提供了3万张"天堂般"的床。

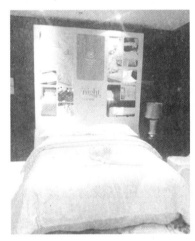

图2.3　床头灯向顶灯、射灯方向发展　　图2.4　喜达屋酒店集团发起的"睡床革命"

⑫客房衣柜设计的创新。

两面都开门的衣柜:大部分客房的衣柜都是一面开门,一面是墙。有一家酒店套房的衣柜设计比较独特,一面对着睡床,一面对着卫生间,两边都设立衣柜门。宾客在卧室脱掉衣服,进入浴室,从浴室出来时,不用再回到卧室穿衣服或者浴袍,而是可以从卫生间直接打开衣柜门,从衣柜内拿出衣物。

带抽屉的衣柜:房内宾客借用小件物品、简单送餐时,需要打开房门接受服务。但宾客沐浴后或者穿着较少衣服时,还要重新穿衣,不太方便。香港半岛酒店就在房门边连通衣柜的地方专门设置一个抽屉,直通衣柜。当宾客需要小件物品或者报纸时,服务人员可以从小抽屉送入,并按提示灯提示,大大方便了宾客。

衣柜内的灯:客房衣柜内的灯大部分都采用了衣柜门碰压式开关。当打开柜门时,灯开启;关闭柜门时,灯熄灭。实际操作中,由于宾客关闭柜门不严或者推拉门的轨道变形等原因,经常出现衣柜灯长开的现象。不仅浪费能源,还存在不小的安全隐患,为了解决这一问题,一些酒店开始在衣柜内设置红外线感应装置,当人们打开衣柜时,灯自动亮,离开时,自动延时结束后,灯自动熄灭。

【链接】

苏州亚致精品酒店(HOTEL ONE)的客房设计

对于商务人士而言,一个精心设计的客房空间可以让他们在频繁的旅行、工作之余,尽情享受专属自我的世界。鉴于此,苏州亚致精品酒店对客房做出突破性的改革——把空间还给主人! 以客人为中心,让酒店设计满足他们真正的需求! 令人耳目一新的 HOTEL ONE 的 Workstation,其原创概念就是"把商务中心带到您的房间",让您可以自在地在房间内工作与休息,享受个人专属的数字天堂。

独特的弧形多功能商务概念桌——Workstation 弧长 180 cm,整合连接各种商务科技用品:笔记本、计算机、iPod、MP3、CD 音乐播放器、打印输出、网线以及客房手机充电器;价值上万元的可升降调整的多功能座椅,可根据人体各部位的舒适度随意调节,37 英寸的液晶数码电视,搭配影音剧院尽情享受立体音响的震撼。笔记本电脑画面可切换到液晶电视上,或是用随身的音乐播放器连接 5.1 声道环绕音响,均可享受绝佳环绕影音情境。可以说,一间客房安装 6 个环绕音喇叭的,这在全球酒店中都是罕见的。另有具备打印、复印、扫描功能的多功能事务机在一旁 24 小时待命;就在伸手可及之处还有 MiniBar 供您随时享用……

把客房分机变成手机,将酒店服务延伸到酒店外,成为当今商务酒店的利器。中国移动通信与酒店合作,在国内首创"亚致一机通",直指国际商务人士市场,让在苏州的客人免去借手机或漫游的麻烦。

"亚致一机通"的客房分机即是手机,酒店 139 间客房均配有手机,客人入住即可把手机随身带着走,除了在酒店外可接听所有打到房间的来电外,还有一键式的 24 小时贴身秘书服务,其中包括为语言不通的住客进行语言沟通等。例如,外国客人不会讲中文,在出租车上与司机讲不清楚,只要一按手机,酒店就能直接与司机沟通。

房间最有特色的设计,可说是那只嵌在门口衣柜中的"管家服务箱"了。需要换洗的衣服、要擦的鞋子和一切临时需要添补的物品可以随时放进去,另一扇门则开在房间之外的走廊里,服务员可以立即取走和放入而不必打扰客人。总之,客人在房内不便时,任何物品的递送都不必开启房间,这是高度人性化的绝妙创意。

2.2.2 卫生间设计与装修的发展趋势

一个酒店卫生间的档次代表了客房的档次,某种程度上也代表了一个酒店的档次。近年来,设计师在卫生间上的着力、业主在卫生间上的投入,明显不同以往。随着消费市场的多元化及新技术、新材料、新产品选择应用余地的加大,酒店卫生间也一改传统千篇一律的老面孔,呈现出多姿多彩的发展趋势,变化远较卧室大。

虽然卫生间的传统布局及设备配置并未发生大的变化,但内容及设施上的升级换代、争奇斗艳,却一刻未停,这使客房卫生间在保有传统功能性、方便性、舒适性、耐用性的基础上,智能化、人性化、环保化方面也取得了与这个时代的发展相一致的长足进步。随着设计技术的提高及大量高档装修材料、灯具及卫浴设备的采用,卫生间美观度、时尚感、洁净度及豪华感,也与日俱增。

1) 布局上的变化

现在新设计的五星级酒店,房间轴线宽度一般做到了 4 200 mm,有的达到了 4 500 mm,长度达到了 9 000~9 500 mm,这给室内设计师的平面设计留下了极大的创作余地——卫生间不再一定是规则的长方形,衣橱也可能做在卫生间一侧,从小走道(或卧室)或卫生间均可取用换洗的衣服;进出卫生间也不再是一扇门,可能是一对移门或平开门(香港四季);坐便器可能像淋浴房那样,有独立的一小间,整个卫生间的整体感更强;卫生间本身甚或有两个出入口,一个到小走廊,一个直通卧室,宾客在使用上更为便捷(成都香格里拉)。总之,在卫生间空间感大大增加后,有些套房的布局开始被标间的设计采用,呈现出多姿多彩、耳目一新的个性化感觉。

2) 风格上的创新

虽然有很强奢华感的欧式或者现代古典欧式,还是某些设计师及新富阶层的最爱,但某些特别现代时尚的装饰材料,如大面积的玻璃(有时是特种艺术玻璃)、镜子、不锈钢、超现代风格的吊灯、壁灯,也开始在卫生间的装修中应用,代替了传统的石材、壁纸、瓷砖(抛光砖)。

3) 功能上的多元化

卫生间最基本的功能是满足客人盥洗如厕、淋浴等个人卫生需求,而在 21 世纪,除了这些基本功能外,卫生间将成为健身与享受温馨的空间,其设施性能、室内装修等都有了相应的改变。

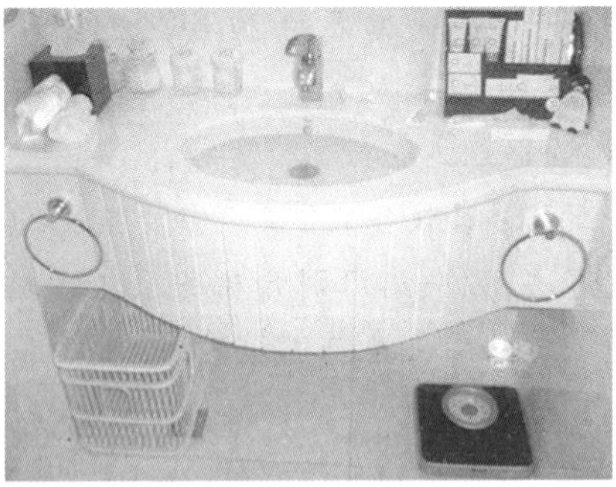

图 2.5 卫生间放置磅秤以迎合客人减肥、健身的需求

在卫生间的诸多功能中,化妆功能将得到进一步强化。台面上可供客人摆放各种自带的梳洗、化妆用品。因此,要求台面要宽阔。此外,一些酒店化妆台除正面使用大面积的镜子外,侧面还设有供化妆、剃须用的放大圆镜,豪华饭店的卫生间镜面后还装有加热导线,以消除镜面雾气。

此外,包括三星级饭店在内的越来越多的饭店还在卫生间放置磅秤和安置吹风机,以满足客人保健和美容美发的需要(图 2.5)。

4) 设施的现代化

现代化的卫生间设施设备将为客人提供更加方便、舒适的享受:

(1)具有保健功能的按摩浴缸

很多高档饭店竞相在豪华套间内设置冲浪式浴缸,以显示档次,其四周与下部设有喷头,喷射水流冲击人体肌肉,起按摩作用,以消除疲劳,恢复体力。

（2）将出现方便、舒适的自动化马桶

客人如厕时，可根据需要调节坐盖的温度。如厕结束后，可自动冲洗下身（水温自动调节），并带有自动烘干装置（图2.6）。

现在的部分便洁器具有自动洁身功能，客人每次方便后，可自动水洗下身，水量可调强弱，还有烘干功能。另外，便洁器的水箱上还将装有一个水龙头，当客人放水冲洗马桶时，它会自动出水，让客人洗手，这些水又会再流入马桶水箱供下次冲洗马桶用。

（3）在卫生间安装音响和电视

为了使客人在使用卫生间（如在浴缸沐浴）时得到彻底的放松和享受，越来越多的酒店除了在卧室内安装音响以外，还将在客房卫生间内安装音响设备，以便为客人提供更加舒适的享受和高标准的服务。除了音响以外，有的豪华饭店甚至在卫生间内安装小电视，方便客人随时收看经济行情、重要新闻、球赛和各种娱乐节目。很多酒店将液晶电视装在台盆后的洗面镜子

图2.6　客房卫生间使用的
全自动微电脑便洁器

上，不使用时，感觉是一面镜子，使用时，躺在浴缸内或洗脸、刷牙时也能观看，实现了功能与美观的完美统一，让人拍案叫绝（图2.7）。

5）卫生间不用排风扇

为了降低噪声，卫生间排风不采用排风扇，而采用管井集中排风。

6）独立的淋浴装置将在客房卫生间装修中大行其道

越来越多的酒店将在其客房卫生间设独立的箱式淋浴间，且多为拼装结构，采用玻璃或有机玻璃箱体。这一趋势将从很多豪华酒

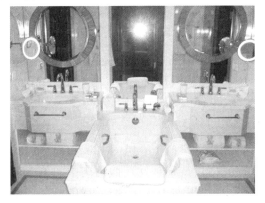

图2.7　Ritz-Carlton 酒店卫生间浴缸
（可以边沐浴边看电视——图中白色
反光处为电视机屏幕）

店及套间发展到普通酒店的普通房间。在一些热带国家和地区，还可能出现用这种独立的淋浴装置代替传统浴缸的趋势。

7）浴缸朝大体量、SPA 化方向发展

虽然在设立淋浴房后，浴缸大部分时间是一个摆设，但国际五星级酒店客房浴缸的配比还是非常高。浴缸在增益一个酒店卫生间的空间感觉及档次形象方面，确有其他卫浴洁具不可替代的优势。近几年，浴缸更是往大体量、SPA 化方向大大发展，浴缸深、宽，可大大增加豪华感，SPA 型浴缸则在别具艺术感的造型及更丰富完善的功能上大做文章。除冲浪、按摩双系统浴缸外，还有泡沫型、瀑布水流型、带溢水槽型浴缸，有些浴缸甚至还带有能使水不断变色的幻彩等功能。

8）卫生间的空间扩大化

卫生间总的发展趋势是面积越来越大。我国饭店星级评定将卫生间的面积定为 $4\sim 6\ m^2$，这与国际上三件套（洗盆、浴缸、马桶）设施卫生间的面积相同，但对五件套设施（增加净身盆和箱式淋浴器）的卫生间来说，需 $8\sim 10\ m^2$。豪华卫生间的经典之作当属香港丽晶酒店的海景套间，其卫生间面积达 $36\ m^2$，拥有豪华的按摩浴缸及独立的桑拿浴室，卫生间三面采用大面积镜子，将迷人的维多利亚港湾风景采用借景的手法尽收眼底，沐浴在按摩浴缸之中，仿佛置身于蔚蓝的大海，令人心旷神怡。

9）卫生间的灯光设计人性化

客房卫生间大部分照明开关集中为一个或者两个，虽然方便了宾客，但客人起夜去卫生间时，一开灯便被刺眼的灯光打消了睡意，个别宾客很难或者需要较长时间才能再次入睡。香港半岛酒店在卫生间照明开关设计上分设了夜晚模式。夜晚去卫生间时，按夜晚模式，卫生间只出现微弱的灯光，既方便客人如厕，又不刺眼。

10）环保节能型洁具将在卫生间内普遍采用

为了节约经营成本，建设绿色环保型酒店，各种节能型卫生洁具将在卫生间内普遍采用。不少坐便器将注明用水量。

11）卫生间的"开放化"

迄今为止，酒店客房的卫生间基本上都是一个"小黑箱"（Little Black Box），而今后的设计将更趋向于有连通外部空间的窗户和回归自然的气氛，特别是在度假酒店中的单人房内更应倡导这种卫生间和卧室相通（可以用玻璃隔开，也可以在卫生间内加 PVC 卷帘），使客人通过落地窗欣赏户外景观的设计风格和理念（参见本章开篇导图：广东熹乐谷度假酒店客房与卫生间设计）。

12）卫生间的设计将更加注重美感、温馨和浪漫

图 2.8　海南三亚凤凰岛度假酒店将浴缸设在卧室外的阳台上，客人可以躺在浴缸中欣赏楼下的海景和美丽的三亚市夜景

卫生间将力图为客人创造温馨、浪漫、富有美感的情调和氛围（图 2.8）。高档、豪华酒店将在洗面台、镜面、浴缸等位置陈设或安装一些特别的工艺品、装饰画、插花等，同时，要为每一件陈设品安装相应的低压石英灯照射。

此外，卫生间的设计与装修还将出现以下变化趋势：

①在卫生间内安装艺术画。

②在卫生间内安装"呼叫"和"请等候"按钮，以便在出现紧急情况或在客人使用卫生间

时有来访客人敲门时使用。

③沐浴液、洗发液改为盒装,挂墙。

2.3 智能技术在酒店设计与装修中的应用

科学技术不断提高,各种现代化、智能化设施设备和管理技术越来越多地应用在酒店的经营当中,为酒店开展人性化和个性化的服务提供了完善周到、可靠先进的技术支持。新建酒店或老酒店改造时,要注意以下智能技术在酒店中的应用。

2.3.1 智能门锁系统

计算机智能门锁的锁舌为防插、防锯的锁舌结构,为防止客人开锁后忘记拔卡,智能门锁将等卡拔出后才开启。一旦转动把手后门立即锁上,防止有人跟踪进门。如果客人未关好房门,门锁会自动报警提示,同时智能门锁可与酒店管理系统接口使用,以实现酒店信息资源统一化、网络管理化。现在酒店内常用的智能门锁主要有 IC/磁卡门锁、TM 卡门锁和射频门锁,同时智能门锁卡还可以一卡多用,可以开门锁、保险箱、取电、付费、乘电梯,具备安全、方便、易管理的特点。

2.3.2 智能保险箱

智能保险箱将智能卡技术、微电子技术、电磁技术和机械制造技术有机地融为一体,是高科技的结晶。有密码、IC 卡、TM 卡、液晶显示等多种规格,其钥匙都采用与开门卡统一的智能卡,安全性高、管理方便,而且可以与房间智能控制器、门锁一起联网到中央监控系统,一旦遭到非法侵犯会自动报警。客人退房时,前台甚至可以看到保险箱的开关状态,提醒客人以免造成遗漏,真正体现“影子”服务(图 2.9)。

图 2.9 客房智能保险箱

2.3.3 智能客房中心

智能客房中心(IGC)由智能门锁、智能卡、智能身份识别器、门磁开关、联网组件(网络控制器、转接器等)、智能管理软件系统组成(包括能源管理系统、服务管理系统、安全管理系统和互动平台等)。通过智能客房中心,酒店可以提升服务细节品质,提供“贴身侍从”般的服务。例如,客人到前台登记入住时,前台员工可以通过远程控制系统,打开房间的灯光和空调;打开电视,带有客人姓氏的问候语映入眼帘,使客人有宾至如归之感,当客人不在房间时,监测系统会及时提醒中心控制人员,通知服务人员进行清洁。退房预告功能可以将客人下楼结款的时间减到最短;特别是当白天房间无人时,如果房门一直处于打开状态或客人晚上入住后门未锁好,智能客房中心会自动提醒服务人员对该房间进行检查,大大提高了安全性能。由于管理系统控制中心界面上包括了正在维修、清洁请求、呼叫请求、V/D 房、V/R 房、维修房、正在清洁、房门打开/关闭、保险箱开/关、客史档案自动弹出、温度显示等二十多项状态显示并可实时查看,使得对客人多种需求的关注程度大大提高,真正体现以客人为中心的关注焦点。

2.4 特色客房

越来越多的客人已经厌倦了长期呈现千篇一律的"标准"客房模式,他们更希望在客房内也能够有一些新奇的享受和经历,能有一些与众不同的收获和感受。因此,饭店应开发各类具有个性色彩的新概念主题客房和各种特色客房,如温馨客房、女性客房、商务客房、度假客房等。为了满足不同客人的偏好,塑造客房卖点,一些酒店则推出了奥运冠军房、无烟客房、中式客房、明星客房、金钥匙执行官房等特色客房,取得了很好的效果(图2.10)。

2.4.1 女性客房

时下,个性化的女性客房、女性楼层颇受青睐。一家酒店在开设女性客房时曾作过市场调查:通常,酒店入住率为70%~80%时,女性楼层的入住率会达到100%。实践证明,女官员和女老总等对女性客房青睐有加。

"安全、卫生、温馨、方便"是女性客人入住酒店时最为关心的问题。因此,女性客房必须体现以上特点。

女性大多比较胆小、敏感,加之单身女性独来独往的习惯,更需要酒店尽量为她们提供一个安心、称心、舒心的住宿环境,确保其个人人身、财物、心理与隐私等各方面的安全,并在接待服务的各个细节上体现理解和尊重(图2.11)。

图 2.10 佛山新湖酒店蜜月房里的鸳鸯床

图 2.11 私密、高雅的女性客房

装修、装饰女性客房时,可以考虑以下做法:

①客房内设置紧急呼叫按钮。

②客房具备良好的隔声效果。

③客房内放置针对女性客人的安全提示说明。

④保持客房干净、整洁。相对而言,女性客人对客房的整洁有序更为关注,因为拥有一尘不染与一丝不乱的居住环境不仅是女性的天性,更有助于她们拥有一份惬意、良好的心境。

⑤客房内放置精美的时尚杂志,供客人休闲时翻阅。

⑥客房中每日准备各种鲜花、干花,视需要提供时令水果。

⑦浴室内配备品牌洗浴用品及女性专用卫生包,以体现对女性客人的贴心照顾。

⑧客房中放置女性客人"度身定制"的送餐菜单,为不愿到餐厅用餐的单身女性客人提供方便(表 2.1)。

表 2.1　女性客房布置要求

区　　域		设施用品配置	说　　明
客房	房间	高档雅致的品牌家具 彩壳电器 环绕音响系统(配时装光碟等) 互联网接口 宽大舒适的床 色彩明快的沙发和靠垫 明亮时尚的走入式衣柜,内备熨衣板、电熨斗 宽大的全身镜 家居化的高品质床上用品 精致的饮具和花草茶等饮品 熏香	提供与国际接轨的中产阶级生活方式 满足女性自恋,兼顾生活与生理基本需求 营造小资情调 免费上网服务
	卫生间	盆栽花木或鲜花 面积宽敞,光线明亮,装饰典雅 光源调节器 化妆镜与化妆凳 品牌卫生用品 女性客人就餐专区	满足女性化妆及生理方面的需要

【链接】

女性客房"万花筒"
——"女性客房"经营集锦

专职管家,温馨服务

住进把 25 层至 27 层 3 个楼层共 28 间客房专门辟为女性客房的上海瑞吉红塔大酒店,会体会到一种独特魅力。暖色调的客房布置、一束幽香的百合花、品种繁多的水果、必备的护肤品和香水以及受欢迎的 ELLE 杂志等。酒店公关部协调员陆小姐告诉记者,在女性客房,服务员会留心果盘里缺少的水果品种来猜测客人的喜好。客人入住后,专门的女性专职管家可以在客房内为客人办理入住登记手续,而且 24 小时服务,甚至可以帮忙熨衣服、打包行李等。

女性客房的硬件配备和软件服务都力求贴近女性。郑州金质大酒店每间女性客房放置了一把贵妃椅;北京温特莱酒店则准备了洋娃娃等小玩具或小饰品,从细节方面讨女宾客的欢心。客人在前台登记时,服务人员若发现单身女宾客或搭伴的女宾客,就会主动推荐其入住女性客房。如果女客人吸烟,酒店则为其他人着想,不建议她们住女性楼层。

女性客房,"男士禁地"?

在瑞士的苏黎世,有"谢绝男士入住"的女性专用宾馆,职员都是清一色女性。上海瑞吉红塔大酒店的女性楼层为了突出特色,则专门设置了女性专职管家。那么,"女性楼层"是否会成为"男士禁地"呢? 一些享受不到这些服务的宾客会不会有不舒服的感觉呢? 记者在采访中了解到,一些酒店的女性楼层会摆出"男士止步"的牌子,如果有陌生男性出现,保安人员会礼貌地询问他是否走错了楼层或提示"这是女性楼层,请您谅解"等。有的酒店则允许男性访客白天到访,晚间则请到专门会客区或茶餐厅。酒店一般不允许男士入住女性楼层,也有酒店允许。还有的酒店在普通客房满员的情况下,会取消女性楼层,不分性别地让宾客入住。

瑞吉红塔大酒店的陆小姐告诉记者,作为五星级酒店,入住女性客房的皆为高端商务女性,事务非常繁忙,接待男宾客都是到特定的场所,所以酒店还没有遇到男访客到来的情况。

房号保密,安全第一

世界各地众多酒店纷纷开设女性客房,除了硬件上考虑女性需求之外,从女性最敏感的安全考虑,通常房间号码对外严格保密,不经客人同意,外来电话不随意接进。

2.4.2 儿童客房

近年来,美国的饭店纷纷为跟随父母出游的儿童单独安排适合儿童特点的用房。

假日饭店集团所属的饭店早在 2001 年就已拥有 1 100 个"孩子套间(Kid-suite)"。这类房间色彩鲜艳,墙上可能是热带雨林的壁画,也可能是别的什么能吸引孩子的东西。但房间较一般客人用房小,房内放的不是常见的单人或双人床,而是双层床。可供两个孩子使用。房内也放有电视机以及电子游戏机等满足孩子需要的物品。波士顿 Ritz-Carlton 饭店则为孩子提供"小皇帝套房(Junior Presidential Suite)",内有孩子浴室、玩具箱、手工艺品以及放有各种健康食品的冰箱。房价每晚高达 700 美元。

The Legoland Hotel 位于加利福尼亚。根据乐高游戏设计的 The Legoland Hotel 是孩子们非常喜爱的旅店,室内的海盗船主题(图2.12),可爱的双层床设计,是不是有点迫不及待呢?

图 2.12　"海盗主题"儿童房

2.4.3　健康客房

近年来,消费者对健康问题日益重视,为了迎合这种需求,提高酒店客房的吸引力和竞争力,国内外很多高星级酒店纷纷提出"健康客房"理念。

所谓"健康客房",是指酒店在健康理念的指导下,通过配备全套健康睡眠用具以及保健设施(如健身设施、桑拿按摩设施等),从而满足客人对健康需求的一种特色客房。很多健康客房以高科技生物产品为依托,为顾客营造一种健康、舒适、人文的休息环境。健康客房的目标客户主要集中于高层次的商务客人,这些人经常在外奔波,工作压力大,精神紧张,不同程度地存在睡眠不足、睡眠质量不高、身体抵抗力下降、疲劳等现象,即处于亚健康状态。正因为如此,一些专为此设计并生产的产品应运而生。珠海市某生物工程科技有限公司推出的"健康睡眠系统"产品,依照人体生理曲度设计,能提供多种舒适的睡眠条件供客人选择。如客房的枕头有 5 种类型,枕芯有 3 种型号,所有产品中都含有获得专利的功能性物质——天年素,它能把来自人体和周围环境的能量转换为生物能并作用于人体。国内一些酒店专门开辟了"健康客房楼层""非吸烟楼层"等,顾客回头率明显高于其他客房(图 2.13)。

图 2.13　可根据客人身体需要调节温度的水床

2.4.4　主题客房

主题客房的类型很多,如新婚客房、民俗客房、海底世界客房、太空世界客房等;酒店还可根据不同历史时代的人文现象进行主题的选择和设计,这种人文现象既可以是现代的,也可以是历史的,甚至是远古的,抑或是未来虚拟的,如史前客房、未来主流客房、企鹅客房(参见第 1 章开篇导图)等;酒店还可以形形色色的历史文化作为主题切入口,设计各具特色的历史文化客房。

【案例】

四川成都的京川酒店是一家四星级三国文化主题酒店。该酒店根据不同的楼层和房间,设立了以《三国演义》重要人物命名的特色客房(主要是套房),如"蜀汉帝宫"(刘备)、"诸葛相府"(诸葛亮)、"关将军府"(关羽)、"张将军府"(张飞)、"赵将军府"(赵云)和"孙府"(孙权)等。客房的布置和布草的配置都相应采用中式格调并赋予三国文化色彩。将客房的家具制作成仿古式样,以古铜色为基调,体现古色古香的雅致和华贵。客房内放置《三国演义》等相关书籍,摆设一些地方特色饰物、书画和相关艺术品,如放置三国人物的泥、陶、瓷、木制雕像的工艺品,以及三国故事的国画、剪纸、皮影灯画和三国人物书签等具有地方特色的艺术品。此外,客房均配备了具有别样三国文化情趣的游戏器具"三国华容道"(这项智力游戏根据"曹操败走华容道,关云长义释曹操"的情节,设置重重障碍阻挠玩者走出华容道,以"棋盘上的三国演义"考验玩者的智力水平)。

宾馆的"诸葛相府"套间则是根据蜀汉丞相、武侯诸葛亮命名设计的。走进正堂,"孔明抱膝长啸"大幅国画赫然在目。此画表现了诸葛孔明年轻时躬耕隆中,胸怀大志,常抱膝长啸,抒发慷慨情怀,足以引起人们对卧龙先生由衷的崇敬和景仰。另一侧书写了杜甫的七言律诗《咏怀古迹》:"诸葛大名垂宇宙,宗臣遗像肃清高。三分割据纡筹策,万古云霄一羽毛。……"高度而中肯地评价了诸葛亮的智慧谋略、高风亮节和万古功绩。吧台上摆放着诸葛亮生动而肃穆的木刻像,一把绘有孔明肖像的团扇,配上他"淡泊明志、宁静致远"的著名格言,点出了诸葛亮高尚的人格操守。可以想象,贵宾下榻此间,自然会期望沾点诸葛灵气,从此智慧超群,宏图大展。

2.4.5 公寓式酒店客房

公寓式客房可将睡觉、做饭、就餐、洗澡、工作集于一室,非常实惠(图2.14)。在美国,这类酒店的房价一般为40~100美元(依档次、城市、地段、预订方式而有所差别)。这与相对应的motel比,价格未必贵,但都要舒适方便得多,这就是公寓式酒店近年来深受市场青睐的缘故。

美国的"多宿"公寓酒店(Extended Stay Hotels),在全球酒店排行榜上排名第14位,并被《财富》杂志评为全球100家快速成长的公司之一。纵观包括motel在内的所有可称为酒店的住宿设施,多宿酒店连锁是最能贴近"家"的现实、最能提供"家"的氛围的实惠酒店,其性价比也很

图2.14 白金五星:广州花园酒店公寓客房

高,能吸引最广泛的大众市场。其单间公寓(Studio)就是指一室加小厨房和卫生间。进门就是小厨房,与客房连为一体,客房26 m²,厨房约占4 m²,另有卫生间4 m²。房间的亮堂得益于顶灯,房内既有吸顶灯,又有两只封罩的大照度日光灯,两种灯全是白光,映照着浅绿缀黄点的地毯、米白色的粉墙和一幅百花展艳的工笔画。房间明亮而简洁,从门角、墙角到卫生间,凡拐弯处均有1 m高的不锈钢包角。两张1.5 m的床,床头搁一小长方桌,上有台灯,另一头是两盏灯,一盏供躺在床上照明之用,一盏供靠在沙发上阅读书报照明之用。宾馆酒店里传统式的圈椅、小圆桌和床头柜等在这里都被淘汰了,取而代之的都是现代家庭中常见的摆设。卫生间配有浴巾4条、毛巾3条、面巾3条。在厨房的洗碗盆边还备了4块白底花格的洗碗布,烘托出温馨的家居感。厨房里有微波炉、电磁灶、特大号冰箱、咖啡壶、烤面包机,碗柜里锅、碗、盆、勺、刀、叉、锯、铲、杯、筛、开瓶器、滴水架等餐具和厨具应有尽有。客房和厨房的插座很多,为客人提供了极大的便利。这样的客房特别适合数人同住,有工夫的可一日三餐都在酒店自己做。白天外出的,也可以舒适地吃顿丰盛可口的早餐。在这里,匆匆一夜的过客是不多的,大都是住两天以上的小群体和家庭。

由于餐饮文化不同,公寓式客房在中国推广有一定的难度,不会像欧美那么普及。这是因为,在中国,无论大小城市,高、中、低档的餐饮都丰富而便利,应有尽有,绝大多数住宿客人毫无必要自添麻烦去做饭;更重要的是中国烹饪方式与西方截然不同,美国酒店放上微波炉和电磁炉即可解决炊事问题,而中国人做饭必须要起油锅,这样就会乌烟瘴气,并且积垢,房间很快就变得肮脏陈旧,这是酒店之大忌。因此,公寓酒店客房如何开拓本土市场,尚需探索。

2.4.6 残疾人客房

残疾人客房的设计要同时考虑行走不便(包括老年人——据联合国人口司预测,到2050年,全球60岁以上人口可能会增长2倍,达到20亿)和失聪、失明残疾人的使用。特殊性的设计有:选用合适的坐便器,旁边设置扶手架(图2.15);卫生间紧急呼叫按钮的选用,保证安全;卫生间电话、手纸盒的位置确定以方便客人取用为原则,可放在前方或侧前方;开关、电梯和电话数字按钮要凸起;设置高低不同的盥洗面台,水龙头变正前方为侧方。另外,残疾人客房最好取消地毯,改为铺设防滑木质地板,方便轮椅行走。

2.4.7 无烟客房

除了上述类型以外,无烟客房也是特色客房的一种。有的酒店会把无烟楼层称为"洁净空气区",在明显位置摆放敬告房客及来访者不要吸烟的告示卡,通常在置放烟缸的地方摆上一盘糖果,盘中附条提醒客人这是无烟客房。酒店还要求装修工人不得在现场吸烟,规定客房服务员不可吸烟(图2.16)。

图 2.15 残疾人客房中的坐便器　　　　图 2.16 酒店无烟楼层告示卡

本章小结

- ➤ 客房设计与装修的原则:安全性、健康性、舒适感、实用性和美观性。
- ➤ 卫生间设计的原则:宽敞、明亮、舒适、保健、方便、实用、安全、通风。
- ➤ 进入21世纪,酒店客房和卫生间的设计和装修呈现出一些新的特点,就卫生间而言,讲究宽敞、开放、以淋浴代替浴缸,以及卫生间功能的多元化、设施的现代化等将成为未来的发展趋势。
- ➤ 各种智能技术将在未来客房设计与装修中得到广泛应用。

复习思考题

1.谈谈你对酒店特色客房的看法。

2.客房设计的一般原则有哪些?

3.如何进行卫生间的设计?

4.简述客房卫生间的发展趋势。

【案例分析】

上海世茂皇家艾美酒店客房设计

近年来,顶级国际酒店品牌相继登上上海大舞台,最引人瞩目的是喜达屋(Starwood)旗下声名显赫的"艾美"品牌——上海世茂皇家艾美酒店(Le Royal Meridien Shanghai)。

酒店位于上海最核心的南京东路,66层的建筑拔地高耸,成为浦西最高的地标,同时也给上海带来了新时代的欧式奢华享受。酒店为世茂大厦8到66层,拥有770间(套)客房,虽然最低房价也要3 300元,但依然一房难求。本文以最能反映酒店水平的客房作一描述。

现代的豪华已不是通过堆金砌银来显示的了。现在有些本土酒店纯粹追求装潢材料的昂贵,这是刚步入富裕时想炫耀显摆的一种偏误心态。对于什么都已拥有和享有的富商大贾来说,赤裸裸的"黄金"反倒显得俗气,而且他们也不会在意和惊奇。现代奢华,是时尚感、舒适感、便利感和安全感的高度融合,时尚中当然包括了装潢设计及其材料和用品,但这些必须紧扣宾客实实在在的需求。

①布局:一个豪华的大床单间,总面积约34 m²,其功能分割为内间卧室23 m²,外间5 m²,卫生间6 m²。卧室是方形的,这在酒店中很少见,约4.8 m×4.8 m,这样床尾留出的空间很大。外间与卧室并无隔离,用12 mm厚的竹纹磨砂玻璃作了遮掩,内外间的区别在于内间为地板,外间地面铺设白底灰纹的意大利大理石。客人进门直接就是外间的宽敞空间,不存在一般房间的玄关。

②材料:这是表现现代装潢时尚的一个重要元素。整个客房的玻璃、不锈钢和镜子组合结构给人以强烈的视觉冲击。卫生间外向的壁面全部由厚玻璃围起,面对卧室的一面是透明玻璃,卧室一面有电动按钮方便升降遮窗。室内的柱子、横杆、把手,乃至台灯,都是锃亮鉴人的高级不锈钢,清新、简洁、赏心悦目。外间橱柜是全立面的镜子,也就是说一进门的右手边等于是明镜为墙了,外间洗脸池上也是大圆镜,在卧室里也有一面落地长镜和一面半身镜。镜子既方便了客人的梳妆整理,也映射出客房的豪华,加大的进深,在视觉上拓宽了客房的空间。

③色彩:这是表现现代时尚风格的又一要素,高雅、简洁、明快是其典型特征。酒店的客房没有姹紫嫣红,没有金碧辉煌,而是凸显出一种淡淡的美,透射出一股柔柔的温馨。客房的四壁由浅米黄、浅灰白和深黑白三种颜色交错的垂直平面勾勒出室内的基本框架。地毯是浅米黄底色上缀深褐与纯白弧形交叠的图案。墙上的画没有动物、植物、人物,而都是现代派的朴素色彩,如床头上方一幅 50 cm×200 cm 的条幅图,就是在白色布纹上自然散撒了落英缤纷的七彩斑点与线条。在这样的色彩环境中,客人感到轻松、宁静和安谧。

④卫生间:这是任何酒店的重头戏,在艾美酒店又别有一番情趣。除了布局上的分隔和金玻璃材料的应用外,在设施上也为客人的便利作了充分考虑。浴室配有盆浴和淋浴两套设备。浴缸除了冷热水龙头外,还有一个固定冲淋器和一个手提冲淋器。而淋浴位置上方安置的是热带雨林式的大冲淋头,边上还有一个手提的移动冲淋器。一间客房的卫生间备了 4 个冲淋器,这是极为周到的。

外间的洗脸区域也很别致。艾美酒店一改卫生用品都放在盥洗台面上的传统做法,而是在客人洗漱站立位置竖起一个分 4 层的玻璃搁柜,除肥皂外的所有洗漱卫生用品都分置在 4 格中,一格放毛巾;一格放牙刷、梳子、口杯等;一格放免费赠送的矿泉水;最上面一格是一个小榕树盆景,颇有情趣。

⑤灯光:任何酒店要真正营造"家"的氛围,顶灯是必不可少的。这既温馨,又便利。一间客房装修得再好,没有顶灯,就很难有家居的感觉。艾美客房的顶灯又与众不同,它是分别通过 9 个小射灯从天花顶上照射到房内各个部分,光线分布均匀、柔和,各个局部都能有顶射光线,但又可分别调控开关,互不干扰。其中卧室 3 个,外间 2 个,洗脸池 1 个(再配 2 盏柱形吊灯),马桶间 1 个,洗浴间 2 个。当然,这种小射灯的安装也有安全保障,不会发生大顶灯意外跌落的危险。

床头两侧各有一盏隐在墙内的读书灯,躺在床上要看书,只需随手将灯拉出,灯光可方便地 360 度自由旋转调节,且能适应任何睡姿和位置。

写字台也是全透明玻璃做的,长 1.4 m。台灯很有趣,是一支像弯刀刀鞘状的不锈钢弧形细杆,内装一只长 70 cm 的回光灯,既照亮整个桌面,又仿似一件艺术摆设。

⑥空间利用:按说,单间 30 多平方米的面积算很大了,但酒店在设计中还是尽量有效利用空间,使客房显得更宽敞。整个客房内除双人沙发外再没有任何笨重、宽大的家具和物品,立体柜面均压缩,且不落地,便于整理、打扫。

冰柜 45 cm×50 cm,离地 10 cm,里面塞满了二十多种不同的饮料,而所谓的"酒柜"就是开放式的两层搁板,规格为 30 cm×75 cm×25 cm,上层放着红酒、香槟、大瓶矿泉水、零食等放不进冰柜的饮料和食品,下层放着杯子、开瓶器、调酒棒等用品。

衣柜高 2.2 m,分两层,上层供挂衣,显然高度太高,于是设计成拉杆形的,只要把拉杆轻轻一拉,整个挂衣架就移出门外,并降到 1.4 m 的高度,取挂衣服比在衣柜里还方便。这样就腾出了下层空间,可放其他行李和细软杂物。

43 英寸的液晶平板电视机嵌入墙内,机前仅有一个窄窄的小柜,放置影音设备。

保险箱放在衣柜一侧不显眼处,保险箱的形状是为商务客人放置手提电脑设计的,宽、扁、深。

交流器的插座配有多种孔眼,还有上下两层宽带上网插口,而这些都隐装在写字台内侧的一个翻盖盒内,需用时翻下,不用时就收缩回盒内。既显得整洁美观,又节省了空间。

问题:对于上海世茂皇家艾美酒店客房的设计,您是否认同,为什么?

【补充与提高】

女性客房的设计与经营

面对面倾听上海宝龙酒店集团总经理夏国跃(龙禧大酒店原总经理、杭州皇冠大酒店原总经理、远洲国际酒店管理公司原执行总裁)谈"女性客房设计与经营的实践"。

方式一:请登录刘伟酒店网—院校服务—视频—女性客房

方式二:扫描以下二维码

夏国跃:女性客房设计与经营的实践

酒店经理人对"经理的困惑"的答复

Re:浴室玻璃墙的问题

Robert Zhou:香格里拉大酒店　行政管家

既然说是潮流,相信很快就会被人们淘汰,很多人都在传统地生活着。像这种潮流,会让他们觉得这种房间缺乏安全感,没有隐私权。洗手间本应是私密性很强的个人空间,谁也不愿接受访客能一览无余地看到自己的私密物品(清洁用品、设施、用具、私人贴身衣物等)。

事实上,就在2016年广州一间新开的顶级奢华酒店最终取消了原样板房的该项设计(尽管卫生间有透明玻璃,墙上装有电动PVC窗帘)。

刘继华:深圳东华假日酒店管理有限公司　客房部经理

据我了解,这种装修设计的确越来越被酒店采纳,越来越为人所接受和喜爱,我想主要是这种设计打破了传统格局,给人以新鲜感。另外,可以使客人感觉空间变大了,房间通透了,没有那么压抑,一定程度上开阔了客人的视野,年轻、时尚、前卫的客户群体最喜爱。

第3章
客房组织管理

　　管理工作是通过设置组织机构和落实岗位职责来完成的,组织机构的设置和客房定员将直接决定客房管理的效率和酒店的经济效益。客房管理人员要掌握科学的定员方法,实现组织机构的精简化、高效化和客房定员的科学化、合理化。

　　除了客房组织机构的设置和客房定员问题以外,本章还将介绍客房管家系统,并对客房管家、楼层主管、楼层领班等管理岗位的岗位职责、素质要求以及如何实现有效的管理等问题加以分析和论述。

通过本章学习,读者应该能够:
- 了解客房部组织机构的设置及各岗位的职责。
- 了解客房管家系统。
- 掌握客房定员的方法。
- 掌握客房经理、楼层主管与楼层领班的管理要诀。
- 掌握酒店试运行期间客房管理的要领。

关键词:客房组织架构;客房定员;客房经理;楼层主管;楼层领班
Keywords:Organization Chart, Staffing, Housekeeper, FL Supervisor, FL Captain

经理的困惑
——客房部配备多少员工才算合理?
　　我是新上任的客房部经理,在工作中,下面的主管和服务员总说人手不够,而人力资源部又说我们已经超编了,客房部到底应配备多少员工才算合适啊?

3.1　客房部组织架构

3.1.1　客房部组织机构设置

　　酒店规模大小不同、性质不同、特点不同及管理者的管理意图不同,客房部组织机构也会有所不同。客房部组织机构的设置同样要从实际出发,贯彻机构精简、分工明确的原则。

　　大、中型酒店客房部的组织机构可参照图 3.1 进行设置。小型酒店可对其进行适当的压缩、合并,去掉主管(或领班)中间管理层。

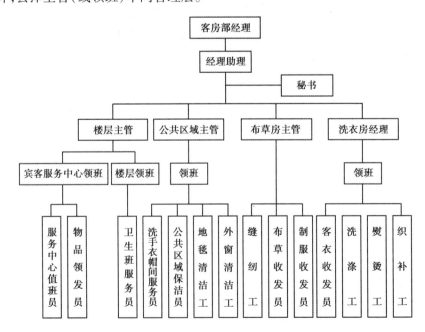

图 3.1　大、中型酒店客房部的组织机构图

3.1.2 客房部各班组的职能

1)房务中心(Guest Service Center)

房务中心既是客房部的信息中心,又是对客服务中心,负责统一调度对客服务工作,掌握和控制客房状态,同时负责失物招领,发放客房用品,管理楼层钥匙,并与其他部门进行联络、协调等。

2)客房楼面(Floor)

客房楼面由各种类型的客房组成,是客人休息的场所。每一层楼都设有供服务员使用的工作间。楼面人员负责全部客房及楼层走廊的清洁卫生,同时还负责客房内用品的替换、设备的简易维修和保养,并为住客和来访客人提供必要的服务。

3)公共区域(Public Area)

负责酒店各部门办公室、餐厅(不包括厨房)、公共洗手间、衣帽间、大堂、电梯厅、各通道、楼梯、花园和门窗等公共区域的清洁卫生工作。

4)制服与布草房(Linen Room)

负责酒店所有工作人员的制服以及餐厅和客房所有布草的收发、分类和保管。对有损坏的制服和布草及时进行修补,并储备足够的制服和布草以供周转使用。

5)洗衣房(Laundry Room)

负责收洗客衣,洗涤员工制服和对客服务的所有布草、布件。

洗衣房的归属,在不同的酒店有不同的管理模式。大部分酒店都归客房部管理,但有的大酒店,洗衣房则独立成为一个部门,而且对外服务;而小酒店则可不设洗衣房,酒店的洗涤业务委托社会上的洗涤公司负责。

3.1.3 客房部主要岗位的职责

1)楼层服务员的岗位职责

(1)早班
①整理工作间、服务车。
②开楼层例会,记录所交代的事项。
③查客衣、统计房态。
④清洁客房卫生。
⑤记录棉织品使用情况。
⑥报告客房内的待维修项目。

⑦清洁、保养清洁工具和设备。

⑧做计划卫生项目。

⑨随时清除客房内地毯、墙纸的污迹。

⑩负责所管客房及客人的安全。

⑪NB、SO、DND 房记录。

⑫检查客房"MINI-BAR"酒水。

⑬清洁楼层公共区域卫生。

（2）中班

主要负责楼层、客房的清洁及开床服务。

①根据中班程序标准,清洁楼层公共区域的卫生。

②做定期计划卫生项目。

③收楼层垃圾。

④维护楼层的清洁。

⑤准时参加晚例会,领取物品,记录有关事项。

⑥开床服务。

⑦检查白班报修房间。

⑧VIP 房间按 VIP 标准开床。

⑨记录 DND 房间。

⑩做走客房。

⑪整理服务车,为早班作准备。

⑫维护楼层公共区域、角间及职工电梯厅的卫生。

⑬检查楼层安全。

⑭收取楼层的餐具,通知服务中心。

⑮为客人提供其他服务。

⑯检查客房内的迷你吧。

⑰负责报告楼层待维修项目。

（3）夜班

①阅读服务员通知本。

②根据领班要求开展工作。

③收取挂于门外的客衣。

④夜间楼层安全检查(每 30 分钟一次)。

⑤检查走客房酒水。

2) 工服收发员及缝纫工的岗位职责

向酒店员工提供干净、整洁的工服。

①严格按照工作程序和标准发放、更换和保管工服(更换制服须征得经理同意)。

②确保所有工服在洗衣房取回后,整齐地依次摆放在衣架上。

③确保离店的员工离职前如数交回工服,并做好记录。

④做好缝纫机的保养工作,保证机器正常使用。

⑤及时并高质量地修补工服、缝纫、钉扣子。

⑥保证工服房的清洁,搞好环境卫生。

⑦服从并完成上级分派的其他工作任务。

3) 布草收发员的岗位职责

负责回收、发放并检查各部门使用的布巾。

①向布草房领班报告从各部门送回的布巾的损坏程度或玷污的情况。

②检查从洗衣房送回的干净布巾,把需要重新洗涤或熨烫的布巾拣出,向布草房领班报告上述情况。

③保持布草的整洁卫生。

④完成主管和领班分配的其他工作。

4) 仓库管理员的岗位职责

负责管理库房,控制客用品、清洁用品的发放,进行成本控制。

①配合上级做好客房部物品管理工作。

②定期检查楼层物品量,适量给予客用品的补充。

③掌握市场信息,订货适用、适量,避免积压。

④以住宿率为标准,发放客用品,严格执行控制程序。

⑤客用品的发放要登记入账,避免丢失和浪费。

⑥熟悉管辖物品的位置,了解物品的性质、应用范围及使用期限。

⑦每月进行物品盘点,及时了解消耗数量。

⑧做好酒水的发放、入账提货工作。制作每月分析报告,控制酒水成本。

⑨完成上级交给的其他任务和工作。

以上是客房部部分岗位的职责。客房其他岗位的职责见以后各相关章节。

3.2　客房定员

客房定员(Staffing)就是在确立客房组织架构的前提下,确定各部门、各岗位工作人员的数量。

客房定员是客房部建立组织机构的重要内容,同时也是影响客房部工作效率、服务质量以及管理费用的重要环节。客房定员不科学,势必导致两个结果:一是机构臃肿,人浮于事,工作效率低,人力资源成本增大;二是职位空缺,员工工作量超负荷,工作压力过大,积极性下降,服务质量下降。因此,客房定员必须科学、合理。

3.2.1　工作定额

要进行客房定员,首先要确定各工作岗位的工作定额,国内外酒店的经验表明,客房部主要工作岗位的工作定额如下:

1)领班(Floor Captain)

一个领班可以有效管理的客房数:
早班(A.M. Shift):(80±5)间
中班(P.M. Shift):(160±10)间

2)服务员(Floor Attendant)

一个客房服务员可以清洁的房间数:
早班(A.M. Shift):(15±3)间
中班(P.M. Shift):(60±5)间

以上工作定额主要是针对星级酒店而言的,一般来说,酒店定员人数与星级成正比。酒店星级越高,服务和卫生标准要求也越高,因此,员工可以有效清洁的客房数也会减少,工作定额也会随之减少,反之亦然。

3.2.2　客房定员的方法

客房部的人员配备通常以班次划分、岗位设置来分区域进行。
首先,根据客房部的工作范围将各职能区域分开。(参见本章 3.1 节客房部组织机构图)。
其次,确定本工作区域所有岗位或工种设置。
再次,明确各工作岗位的班次划分。
最后,根据工作量和工作定额,计算该班次所需要的人数。计算公式是:

$$岗位定员 = \frac{工作量}{工作定额} \div 有效开工率$$

其中,

$$有效开工率 = \frac{员工一年中实际可工作天数}{365} \times 100\%$$

$$= \frac{365 - 周末 - 固定假日 - 年假日 - 病事假}{365} \times 100\%$$

按照组织机构图将以上工作逐一完成之后,就可求出客房部各岗位、各班次所需要的人数。然后将其加总,就可得出整个客房部所需要的人员配备额,即客房定员总数。

【案例】

某度假型酒店有 800 间客房(均折成标准房计),分布在 3~23 楼(其中,3~10 楼主要接待内宾,故要求每层配备早、中、晚班值台服务员各 1 名)。客房清扫服务员的定额:早班 15间,中班 60 间。领班的工作定额:早班 80 间,中班 160 间。假定酒店年均开工率为 65%,员工每天工作 8 小时,实行每周 5 天工作制,且每年除可享受法定节假日 11 天(清明、端午、

"五一"、中秋、元旦各 1 天;国庆、春节各 3 天)以外,还可享受年假 5 天。另外,估计每位员工一年中可能有 5 天病事假。试问,该酒店客房楼层服务员和领班的定员总数应为多少?

解:根据题意可知

$$员工年实际工作天数 = 365 - 周末 - 固定假日 - 年假日 - 病事假$$
$$= 365 - 365 \div 7 \times 2 - 11 - 5 - 5$$
$$= 240 \ 天$$

因此,有效开工率 $= \dfrac{240}{365} \times 100\% \approx 66\%$

(1)服务员人数

① 早班清扫服务员 $= \dfrac{工作量}{工作定额} \div 有效开工率$

$$= \dfrac{800 \times 65\%}{15} \div 0.66$$

$$= 53(人)$$

② 中班清扫服务员 $= \dfrac{工作量}{工作定额} \div 有效开工率$

$$= \dfrac{800 \times 65\%}{60} \div 0.66$$

$$= 13(人)$$

③ 客房服务员 $= 3(人) \times 8(层) \div 有效开工率$

$$= 3 \times 8 \div 0.66$$

$$= 36(人)$$

所需服务员总数:53+13+36=102(人)

(2)领班人数

① 早班领班 $= \dfrac{工作量}{工作定额} \div 有效开工率$

$$= \dfrac{800 \times 65\%}{80} \div 0.66$$

$$= 10(人)$$

② 中班领班 $= \dfrac{工作量}{工作定额} \div 有效开工率$

$$= \dfrac{800 \times 65\%}{160} \div 0.66$$

$$= 5(人)$$

需领班总数:10+5=15(人)

因此,该酒店客房部共需楼层服务员(含台班)102 人,领班 15 人。

需要说明的是,本例中计算"有效开工率"的各项假设条件是比较符合中国国情及国内酒店的实际情况的,因而,所计算的有效开工率值,即"0.66"具有广泛的参考价值,各酒店在定员时,可以直接使用这一参数。

3.2.3　灵活的客房定员方法

需要指出的是,上述定员方法仅供客房管理人员参考,实际定员时,还应考虑各酒店楼层的结构、劳动力市场的供求状况等客观因素。如果劳动力供给状况良好,那么在制订编制时,不妨稍紧一些,以免造成人力资源的浪费以及在开房率较低时造成窝工而影响工作气氛。因此在旺季时,可以征招一些季节性的临时工来缓解一下矛盾。反之,则要将编制做得充分些,以免影响正常的接待服务工作,造成服务质量的下降。

3.3　客房部经理

3.3.1　客房部经理的岗位职责

客房部经理,又称客房管家(Executive Housekeeper),全权负责客房部的运行与管理,负责计划、组织、指挥及控制所有房务事宜,督导下属管理人员的日常工作,确保为住店客人提供热情、周到、舒适、方便、卫生、快捷、安全的客房服务。其主要职责及工作内容如下:

①监督、指导、协调全部房务活动,为住客提供规范化、程序化、制度化的优质服务。

②配合并监督客房销售控制工作,保证客房最大出租率。

③负责客房的清洁、维修、保养。

④保证客房和公共区域达到卫生标准,确保服务优质、设备完好。

⑤管理好客房消耗品,制订房务预算,控制房务支出,并做好客房成本核算与成本控制等工作。

⑥提出年度客房各类物品的预算,并拟出购置清单,包括物品名称、牌号、单价、厂家及需用日期。

⑦制订人员编制、员工培训计划,合理分配及调度人力。

⑧检查员工的礼节礼貌、仪表仪容、劳动态度和工作效率。

⑨与前厅部作好协调,控制好房态,提高客房利用率和对客的服务质量。

⑩与工程部作好协调,做好客房设施设备的维修、保养和管理工作。

⑪检查楼层的消防、安全工作,并与保安部紧密协作,确保客人的人身及财产安全。

⑫拟订、上报客房部年度工作计划和季度工作安排。

⑬建立管家部工作的完整档案体系。

⑭任免、培训、考核、奖惩客房部主管及领班。

⑮按时参加店务会,传达落实会议决议、决定,及时向总经理和店务会汇报。主持每周客房部例会、每月部门业务会议。

⑯处理投诉,发展同住店客人的友好关系。

⑰检查贵宾客房,使之达到酒店要求的标准。

3.3.2　客房部经理的素质要求

客房部经理是酒店最忙碌、最重要的部门经理之一,全面负责客房部的日常管理工作。作为一名客房部经理,除了要有组织领导才能和管理才能以外,还应具备以下素质:

①有一定的房务工作和管理经验。这是做好客房管理工作的基础。

②有强烈的事业心和工作动力。邓小平发表南方谈话时曾说过:"没有一点'创'的精神,没有一点'冒'的精神,没有一股子气呀、劲呀,就走不出一条好路,就干不出新的事业。"强烈的事业心和工作动力是干好每一项工作,尤其是管理工作的基本保证,同时,也是激励下属员工的重要因素之一。因此,客房部经理应该能够进行自我激励(Self-motivated),有在事业上取得成就(自我实现)的强烈愿望。

③有旺盛的精力,强健的体魄,能够胜任经常性的超时工作。

④有较高的业务素质和较宽的知识面。其中包括旅游业基本知识以及房务服务与管理的专业知识(如布草、地面材料、家具、清洁剂和清扫工具以及财务会计、设计、室内外装饰等方面的知识)。此外,还要懂得心理学、管理学等专业知识。不懂业务就是外行,就会出现"瞎指挥"的现象。只有具有较高的业务水平和专业素质,才能使员工信服你,才能赢得员工的尊重,提高员工的服从性,增强管理者的凝聚力,做好各项管理工作。

⑤有优秀的个人品质。为人正直,能公平合理地处理各种关系和矛盾。

⑥有良好的人际关系(Inter-personal Relationship)和沟通能力。管理工作主要是(难度最大的也是)对人的管理,因此,客房部经理应该具有良好的人际沟通能力,包括与下属、与上级、与其他部门的管理人员及与客人的沟通能力。有效地与人打交道并不意味着要对人特别"随和",而是意味着管理人员应该能取得同事的信任和合作,并能获得顾客的认同和好感。

⑦有组织协调能力。能协调好本部门各区域、各班组之间的关系以及本部门与酒店其他部门之间的关系。

⑧有良好的语言表达能力。客房部经理人员要有说服人的本领,要像一位有说服力的推销商那样,能够向自己的下属员工及同事清晰地说明自己的意图。此外,还要有写作能力,能够撰写房务管理的有关文件和工作报告。

⑨有基本的计算机知识和计算机操作能力。现在大多数酒店及客房管理已实现计算机化。酒店内部管理也已实现网络化。各种房务管理表格的制作通过计算机来完成,内部的沟通也通过计算机来实现,因此,客房管理人员必须掌握一定的计算机知识和操作技能(如打字、上网、制作表格等),以适应酒店管理的高科技化。

⑩有一定的外语水平。旅游酒店是涉外企业,为了更好地为外国旅游者提供服务,客房部管理人员必须具有一定的外语水平,能够用简单的英语与外宾交流。尤其是随着中国加入 WTO 以及对外开放的不断深入,酒店将接待越来越多的国际游客,因而,对管理人员的外语水平要求将越来越高。作为客房部经理,必须具有较强的外语交流能力。特别是对于高星级酒店而言,对常住客人和公寓客人中的外国客人的服务交流中,没有外语交流能力,就不可能感受到客人的所思所想,就不可能制订针对客人需求的个性化细微服务举措。

⑪在仪表仪容、言谈举止等方面,有良好的个人修养。经理人员的个人修养是员工的表

率,它不仅反映管理人员的个人素质,也代表酒店的形象和档次。

⑫有管理意识和创新精神。服务人员要有服务意识,同样,管理人员也要有管理意识,这是做好管理工作的前提条件。除此而外,客房部经理还要不墨守成规,有创新精神。

⑬掌握管理艺术。掌握管理艺术会使管理工作变得轻松、有效,使管理工作不再枯燥。

⑭有团队意识。企业的任务和发展目标是由企业各部门和成员共同努力来完成的,单打独斗无法实现组织的目标。因此,作为酒店部门的管理人员,必须具有团队意识(图3.2)。

图3.2　客房管理人员要有团队意识
(美豪酒店集团是一个中高档城市度假型
酒店集团,作为行业的新兵,员工具有很强的团队意识)

3.3.3　客房部经理的管理艺术

当好客房部经理应该注意以下几点:

1)有自信心(Self-confidence)

一个人如果失去了自信心,连自己对自己的工作能力都感到怀疑,就不可能把工作干好。尤其是管理人员,如果缺乏自信心,就不可能赢得员工的尊重,更不可能激励员工,带领员工完成工作任务,实现管理目标。

管理人员要有自信心,但还不至于自信到听不进别人的建议或建设性批评的地步。

2)工作要有主动性

客房部经理要能够把本部门的一切工作安排得井井有条,对于可能发生的不良事件要防患于未然,而不是到处"修修补补",整天四处"灭火",让这些事件牵着鼻子走,忙得团团转。

3)力争有效地利用人力资源,节约劳动力成本

特别是在工资费用比较高的国家和地区,有效地利用人力资源具有更重要的意义。

4)为例行工作建立程序和标准,制订部门岗位责任制

这是提高客房工作质量和效率,使管理工作走上正轨的基础工作。

5) 善于激励员工

经理人员的管理意图是通过部门员工贯彻落实的,因此,要搞好客房部的工作,提高服务质量,必须激励员工的士气,这是实现客房管理目标的手段,也是客房部经理日常工作内容之一。为此,客房部经理必须具有心理学方面的专业知识,能够以最大的耐心、幽默的语言,配以行之有效的管理制度,激发员工的工作热情,调动员工的工作积极性。

6) 让员工参与管理

客房部经理要就客房工作中存在的问题经常与员工进行沟通,交换意见,达成共识,进而采取措施,这也是激励员工,实现管理目标的重要手段。为此,经理人员要鼓励员工发挥想象力,让他们经常给自己提出这样一个问题:做这件事还有没有别的更好的办法?不仅服务员应该经常提出这个问题,负责监督、指导服务员的各级客房管理人员也应如此。一旦员工提出切实可行的合理化建议后,客房部经理要积极地予以采纳,并对提出合理化建议的员工进行表扬。

7) 给员工提供培训与发展的机会

员工不只是会干活的机器,他们在完成本职工作的同时,还希望在业务上得到发展,事业上取得进步,作为客房部经理应该充分理解和尊重员工的这一需求,为员工提供培训与发展的机会。同时,客房部经理还可以将满足员工的这一需求,作为激励员工的手段。

8) 与其他部门的经理多进行沟通,努力与其他部门搞好协调与合作

客房部对客服务质量的好坏,在很大程度上取决于酒店客房部与酒店其他部门(如前厅部、公关销售部、工程部等)的合作及与其他部门的信息沟通。部门之间缺乏信息沟通,势必在工作中造成矛盾和冲突,并最终影响服务质量。因此,客房部经理除了在各种正式会议上与其他部门经理进行沟通外,平时也应与其他部门的同事多沟通,做好部门间的协调工作。

此外,作为一名优秀的客房部经理,还应具备五大管理意识,即创新意识、市场竞争意识、公关销售意识、全面质量管理意识和员工激励意识。

3.4　楼层主管

3.4.1　楼层主管的岗位职责

楼层主管直接对客房部经理/副经理负责,协助客房部经理处理客房的日常事务。
①检查房间的清洁及维修状况,确保客房保持在最佳的出租状态。
②确保楼层各个班次有足够的人员。

③检查员工的工作表现及工作分配。

④确保楼层人员在工作时间内发挥最大的作用。

⑤与本部门的各个小部门密切合作,以达到预期的工作目标。

⑥负责楼层员工的培训工作。

⑦执行并完成客房部经理(管家)制订的各项工作程序和任务。

⑧改进客房员工的工作,提高生产数量和质量。

⑨贯彻、执行管家部的规章制度。

⑩调查客人的投诉,提出改进措施。

⑪完成各项计划卫生清洁项目。

⑫确保每日检查 VIP 房,使之保持接待 VIP 的标准。同时抽查一定数量(20 间左右)的走客房、空房及住客房。

⑬负责楼层领班的排班。

⑭节约物品、控制消耗。

⑮随时向客人提供可能的帮助。

3.4.2 楼层主管的工作程序

1) 白班主管工作程序

①8:00 到服务中心签到,领取钥匙和房态表。

②巡视所管楼层区域。

③9:00—9:10 记录有关事项及客人的特殊要求,接受客房部指派的工作。

④9:10—9:30 传达有关指令,检查员工的仪容仪表及工作准备情况;根据房态,合理调配人员;核对房态。

⑤检查楼层公共区域及可出租房的卫生。

⑥检查、记录维修房的维修进展状况。

⑦检查、督导员工的做房程序、清洁卫生的方法步骤是否符合规定标准。

⑧检查管区所有走客和部分住客房的卫生。

⑨跟查当日计划卫生的落实情况。

⑩报房态。

⑪收取员工做房表,记录未办事项和客人的特殊要求。

⑫15:30 开下午主管例会,交接班。

⑬17:30—18:00 写工作日志及向下一班交代未完成的工作。

2) 中班主管工作程序

①注意了解当日客情房态状况,了解部门交班记录内容。

②检查中班员工仪容仪表。

③合理安排人力,以保证楼层公共区域的清洁卫生。

④注意跟查当日的计划卫生项目。

⑤巡视检查楼层公共区域的安全、卫生。

⑥15:30—16:00 开下午主管会,进行交接班。记录白班未完成的事项和客人的特殊要求。

⑦16:00 开中班员工会,安排中班服务及有关跟办的事项。

⑧16:10 巡视楼层。

⑨19:00—22:00 督导检查夜床的服务质量。

⑩督导员工做楼层其他清洁工作和安全巡视。

⑪23:00 到服务中心收做房表,记录有关问题、事项,并进行交接班。

⑫23:30 写中班工作日志及开夜班员工会。

3) 夜班主管工作程序（00:00—8:20）

①00:00—00:20 了解当天的房态,了解部门交班记录内容。

②00:20 巡视楼层及公共区。

③检查、督促员工的仪容仪表及工作规范。

④检查当日计划卫生项目。

⑤与房务中心保持密切联系,发现特殊情况要及时向值班经理报告。

⑥8:20 写夜班的工作日志及向下一班交班。

3.5　楼层领班

楼层领班是客房部最基层的管理者,是确保客房服务质量和卫生质量的关键人物。有人说,"领班是在夹缝里做人",这话一点也不为过,他们上要对部门经理、主管负责,下要在普通员工中以身作则,所以,工作对于他们而言,来不得半点松懈和怠慢。为了领导基层员工,他们必须有过硬的业务技能。每天清晨,他们总是早早地来到所管辖的楼层,给服务员开会,布置一天的工作事务。除了对员工进行督导、培训以外,领班每天还要负责检查六七十间客房,每间客房的检查项目多达 100 多项,即使思想集中,目光敏锐,手脚并用,也难免有遗漏和疏忽之处,而一旦主管以上的领导发现客房卫生有差错,总是批评领班,领班是绝少听到赞扬声的。正如一位客房部经理所说的:"我要求客房领班检查,检查,再检查,对细枝末节问题要敏感,每天我不批评他们就等于表扬他们。"

由此可见,要当好一个领班并不是一件容易的事,他必须要能够承受工作上、体力上和心理上的多重压力,不仅要掌握过硬的业务技能,还要有一定的管理艺术。

3.5.1　楼层领班的岗位职责

楼层领班(Floor Captain)是客房部最基层的管理人员,其主要职责是检查、指导服务员的工作,确保出租给客人的每一间房间都是干净、卫生的合格"产品"。

①检查服务员的仪容仪表、行为规范及出勤情况。

②合理安排工作任务,分配每人负责整理和清扫的客房。

③分发员工表格、钥匙,并通知 VIP 及有特殊要求的房间。

④检查、督导服务员按程序标准操作。

⑤保管楼层总钥匙。

⑥按照清洁标准检查客房卫生。

⑦检查楼层公共区、角间、消防通道的卫生。

⑧随时检查、督导员工清除地毯和墙纸的污迹。

⑨检查计划卫生项目的执行情况。

⑩确保每日对 VIP 房的检查。

⑪报告房间状态。

⑫检查报修、维修情况。

⑬记录 DND、NNS、SO、NB 房间。

⑭控制客用品、清洁品的发放和领取,严格控制酸性清洁剂的使用。

⑮负责楼层各类物品、床单、巾类的控制。

⑯记录物品丢失、损坏情况,向上级报告。

⑰督导新员工以及在岗员工的培训。

⑱督导员工对服务车、清洁工具、设备的清洁与保养。

⑲负责安全检查。

⑳贯彻、执行客房部的规章制度。

㉑调查客人的投诉,并提出改进措施。

㉒处理客人的委托代办事项。

㉓定期向上级提出合理化建议。

㉔按照部门的临时性指令安排工作。

㉕负责月盘点。

3.5.2 楼层领班的素质要求

客房领班必须有客房服务经验,熟悉客房业务,有较高的业务技能水平,并有一定的管理水平。

①能吃苦耐劳,工作认真负责。

②熟悉客房业务,有一定的工作经验和较高的操作技能。领班的服务技能要高人一筹。如果领班不是全能的多面手,就无法带动全班员工工作。

③有一定的英语水平。

④有督导下属的能力。

⑤具有本岗位较强的专业知识,如清洁知识、布草知识等。

⑥有良好的人际关系能力。

⑦有良好的个人品质,办事公平合理。

3.5.3 如何当好楼层领班

1)做好客房的检查工作

"查房"是楼层领班最主要的工作任务和职责之一,是检验客房产品是否合格的工作步骤,是控制客房产品质量的最后环节,直接影响对客人的服务质量。因此,做好客房检查工作具有极其重要的意义。

客房检查的主要内容有三项,即:清洁卫生状况;用品配备状况;设施使用状况。其中卫生标准包括:一是天花板、墙角无蜘蛛网;二是地板、地毯无杂物、痰迹;三是灯具光亮无尘;四是房间整洁无六害;五是布草干净无破烂;六是卫生间无积垢、无臭味;七是金属器皿无锈迹;八是毛毯、棉被无异味;九是家具整洁无残缺;十是茶具无茶迹、水珠。

2)抓好班内的小培训

客房服务员所需要的服务技能不可能在岗前培训中全部解决,因此,领班必须抓好岗位培训,包括利用交接班时间搞各种服务姿态、敬语和小技能的培训等,这是确保客房服务质量的重要环节。每次培训要有签字记录,这样,服务员就不能以"不会"作为借口了。

3)建立客房用品核算管理制度

这项制度的目的在于控制物耗。客房部团队与散客、内宾与外宾、常住与暂住等不同类型客人的物耗是不一样的,领班必须对其进行统计,摸索规律,在可靠的原始数据基础上,计算出各类客人的物耗比,从而使考核指标有可行性,在保证客人满意的前提下,使楼面库存用品不浪费也不积压,减少客房用品的支出,降低流动资金的占用。

4)讲究工作方法和管理艺术

参见本书第 5 章 5.5 节的相关内容。

领班除了要认真履行自己的职责,做好自己的本职工作以外,还要具备起码的人际沟通能力与经验,即处理好与上级、平级和下级三个方面的关系,这是做好督导工作的前提条件。

3.5.4 领班忌讳

实践证明,以下几种领班是不受员工欢迎的。

(1)亲疏有别类

对下属员工亲疏有别,因为这是不公平的。

(2)不注意聆听类

如果一位领班毫不听从员工对工作的见解,员工将会非常失望,慢慢地就会没有兴趣与领班谈论任何工作情况,积极性受挫。

（3）听喜不听忧类

只喜欢听好消息，而不愿听坏消息，当员工将坏消息报告领班时，领班即大发雷霆或指责员工。

（4）爱讽刺挖苦类

喜欢讽刺挖苦员工，这样会使员工的自尊心受损，容易引起员工的对立情绪。

（5）犹豫不决类

很多员工说他们最讨厌的是每次向领班请示，领班都拿不定主意。

（6）自以为是类

听不进员工的意见。其实，员工提出的实际操作上的意见往往是十分宝贵的、有建设性的。

（7）时间管理不当类

处理事情没有条理，没有轻重缓急。

（8）难觅踪影类

员工工作上遇到困难时，总是找不到领班。

（9）缺乏尊重类

忽视员工的情感，喜欢用不客气的语气指挥员工，对员工缺乏尊重。

此外，在管理活动中，独断专行、粗言秽语、喜怒无常的领班也是不受欢迎的，因而，也是所有领班应该忌讳的。

【链接】

客房基层管理者如何开好班组会

酒店班组会的重要性是毋庸置疑的，酒店基层工作细致而烦琐，员工分散在各个岗位，平常很难有时间集中在一起进行交流和沟通，因此，班前班后这段时间尤其宝贵。

班组会是上情下达、下情上传的重要通道，这点早已成为共识。但是，不是所有的班组会都是富有成效的，很多人干基层管理者很多年，给员工开班组会也有很多年，但是很多时候，班组会毫无生气，每天流于无谓的重复，员工觉得厌倦，基层管理者也觉得苦恼。

那么，如何开好班组会呢？

（1）班组会的内容要以培训为主

班前、班后会应该是培训会，是最基本、最有实效性的日常培训形式。在班组会上，基层管理者可以说案例、讲服务、提要求、传信息等，而不是用来点名、念文件、逐事汇报或者批评某个人，也不能只是简单地分配日常工作，分配工作只是班组会中一个微不足道的组成部分。班前会重传递信息，班后会重总结经验。

由于酒店工作的特殊性，服务员很难有比较集中的时间进行操作技巧、服务意识、服务技巧的培训。也由于班组会时间较短暂，所以最大限度地发挥这段时间的效能就显得尤其重要。班组会上的培训一定要有侧重点，要有针对性，一天几个重点，一天解决几个疑问，日积月累,不管是基层管理者还是员工,每天才都会有所提高。员工的服务技能得到培训提高以后,就越容易在工作中找到成就感。班组会的全部核心就在于提升员工及基层管理者自身的服务意识和服务技能,有了优秀的服务意识和服务技能,才能有令顾客满意的服务行为。

(2)在班组会上激发员工的工作热情、传播快乐

基层管理者组织班组会的首要职责就是激发员工的工作热情、传播快乐。基层管理者应该始终保持一种积极乐观、自信微笑的姿态,尽可能调动起员工的情绪,绝对禁止个人不良情绪在员工之间蔓延。快乐自信是可以感染的,员工的心情好了,自然倾向于更好地完成对客服务。酒店工作相对比较单调,班组会是否成功,关系到员工一天的工作心态。

(3)重视观念的提升

在班组会上,要重视观念的提升。观念是人们内在的信念和追求,是行动的指导,没有先进的观念,就不会有优秀的服务行为。酒店从业人员所需要的观念主要包括职业观念、服务观念和创新观念。在观念的提升过程中,尤其要结合本酒店的企业文化建设,引导员工认同本企业的价值观念、行为准则、道德规范、传统习惯、规章制度、企业形象等。

(4)班组会要生动,让人有所感悟

班组会要生动,要讲究传达方式,切忌表达生硬。没有员工会喜欢枯燥乏味、没有一点儿波澜和惊奇的语言表达方式。

填鸭式的班组会是最不可取的。生动的、让人能有所感悟和马上行动的培训才是最好的培训。其中案例教学是最直接、最生动、最有效的培训方式。基层管理者可以结合本班组、本部门、酒店内部以及外部的案例进行培训,这种方式最能提升员工的工作认知和服务意识。

(5)班组会应该是互动的

班组会在员工和基层管理者之间应是双向互动的,互动越多,员工的参与度越高,班组会效果也就越好。班组会要让员工充分发表意见,达成共识。

(6)要讲究内容的选择

如果是普遍存在的工作问题,可以拿到班组会上占用公共时间。如果是个别问题,则最好在其他时间里采用一对一等小范围的方式。

(7)班组会忌空泛说教

基层管理者最忌认为自己的地位比员工高,有优越感,在组织班组会时带有说教的腔调。基层管理者必须明白,即使是对员工正确的忠告,但这些忠告也经常因带有说教的味道而引起员工的逆反情绪,不被员工接受。

(8)要形成班组会记录

班组会记录是最佳的培训教材,因此,要做好班组会记录,供管理者和班组员工随时翻阅、学习,也可供上级管理者检查。班组会结束后,基层管理者一定要去检查、去落实,尤其要分析班组会上提出的问题的解决程度。只有这样,才能真正提高员工的工作技能,不断改善员工的工作表现,使班组会卓有成效。

3.6 酒店试运营期间的客房部管理

开业前的试运营往往是酒店最忙、最易出现问题的阶段。对此阶段的工作特点及问题的研究有利于减少问题的出现,确保从开业前的准备到正常营业的顺利过渡。客房部管理人员在开业前试运营期间,应特别注意以下事项。

3.6.1 保持积极的态度

酒店进入试营业阶段,很多问题会显露出来。对此,部分客房管理人员会表现出急躁情绪,过多地指责下属。正确的方法是持积极的态度,即少抱怨下属,多对他们进行鼓励,帮助其找出解决问题的方法。在与其他部门的沟通中,不应把注意力集中在追究谁的责任上,而应研究问题如何解决。

3.6.2 经常检查物资的到位情况

实践中很多酒店的客房部往往会忽视协助采购、检查物资到位情况的工作,以至于在快开业的紧要关头发现很多物品尚未到位,从而影响部门开业前的工作。

3.6.3 重视过程的控制

开业前客房部的清洁工作量大、时间紧,虽然管理人员强调了清洁中的注意事项,但服务员没能理解或"走捷径"的情况普遍存在,如用浓度很高的酸性清洁剂去除迹、用刀片去除玻璃上的建筑垃圾时不注意方法等。这些问题一旦发生,就很难采取补救措施。所以,管理人员在布置任务后的及时检查和纠正往往能起到事半功倍的作用。

3.6.4 加强对成品的保护

对酒店地毯、墙纸、家具等成品的最严重破坏,往往发生在开业前这段时间,因为在这个阶段,店内施工队伍最多,大家都在赶工程进度,而这时客房部的任务也最重,容易忽视保护,而与工程单位的协调难度往往很大。尽管如此,客房部管理人员在对成品保护的问题上,不可出现丝毫的懈怠,以免留下永久的遗憾。为加强对酒店成品的保护,客房部管理人员可采取以下措施:

1)积极建议酒店对空调、水管进行调试后再开始客房的装潢

防止水管漏水破坏墙纸,以及调试空调时大量灰尘污染客房。

2)加强与装潢施工单位的沟通和协调

敦促施工单位的管理人员加强对施工人员的管理。客房部管理人员要加强对尚未接管楼层的检查,尤其要注意装潢工人用强酸清除顽渍的现象,因为强酸虽可除渍,但对洁具的损坏很快就会显现出来,而且是无法弥补的。

3)尽早接管楼层,加强对楼层的控制

早接管楼层虽然要耗费相当大的精力,但对楼层的保护却至关重要。一旦接管过楼层钥匙,客房部就要对客房内的设施、设备的保护负起全部责任,客房部需对如何保护设施、设备作出具体、明确的规定。在楼层铺设地毯后,客房部需对进入楼层的人员进行更严格的控制,此时,要安排服务员在楼层值班,所有进出的人员都必须换上客房部为其准备的拖鞋。部门要在楼层出入口处放些废弃的地毯头,遇雨雪天气时,还应放报废的床单,以确保地毯不受到污染。

4)开始地毯的除迹工作

地毯一铺上就强调保养,不仅可使地毯保持清洁,而且还有助于从一开始就培养员工保护饭店物品的意识,对日后的客房工作会产生非常积极的影响。

3.6.5　加强对钥匙的管理

开业前及开业期间部门工作特别繁杂,客房管理人员容易忽视对钥匙的管理工作,通用钥匙的领用混乱及钥匙的丢失是经常出现的问题。这可能造成非常严重的后果。客房部首先要对所有的工作钥匙进行编号;其次,对钥匙的领用制定严格的制度。例如,领用和归还必须签字、使用者不得随意将钥匙借给他人、不得使钥匙离开自己的身体(将通用钥匙当取电钥匙使用)等。

3.6.6　确定物品摆放规格

确定物品摆放规格的工作,应早在样板房确定后就开始进行,但很多客房管理人员却忽视了该项工作,以至于直到要布置客房时,才想到物品摆放规格及规格的培训问题,而此时恰恰是部门最忙的时候。其结果是难以进行有效的培训,造成客房布置不规范,服务员为此不断地返工。正确的方法是将此项工作列入开业前的工作计划,在样板房确定之后,就开始设计客房内的物品布置,确定各类型客房的布置规格,并将其拍成照片,进而对员工进行培训。有经验的客房部经理还将楼层工作间及工作车的布置加以规范,往往能取得较好的效果。最后需把好客房质量验收关。

3.6.7　做好客房的验收工作

客房质量的验收,往往由工程部和客房部共同负责。作为使用部门,客房部的验收对保证客房质量至关重要。客房部在验收前应根据本酒店的实际情况设计客房验收表,将需验收的项目逐一列上,以确保验收时不漏项。客房部应请被验收单位在验收表上签字并留备份,以避免日后闹矛盾。有经验的客房部经理在对客房进行验收后,会将所有的问题按房号和问题的类别分别列出,以方便安排施工单位的返工及本部门对各房间状况的掌握。客房部还应根据情况的变化,每天对以上的记录进行修正,以保持最新的记录。

3.6.8 注意工作重点的转移,使部门工作逐步过渡到正常运转阶段

开业期间部门工作繁杂,但部门经理应保持清醒的头脑,将各项工作逐步引导到正常的轨道。在这期间,部门经理应特别注意以下问题。

1) 按规范要求员工的礼貌礼节、仪表仪容

由于楼层尚未接待客人、做基建清洁时灰尘大、制服尚未到位等原因,此时客房部管理人员可能还未对员工的礼貌礼节、仪表仪容作较严格的要求,但随着开业的临近,应开始重视这些方面的问题,尤其要提醒员工做到说话轻、动作轻、走路轻。培养员工的良好习惯,是做好客房工作的关键所在,而开业期间对员工习惯的培养,对今后工作的影响极大。

2) 建立正规的沟通体系

部门应开始建立内部会议制度、交接班制度,开始使用表格;使部门间及部门内的沟通逐步走上正轨。

3) 注意后台的清洁,设备和家具的保养

各种清洁保养计划应逐步开始实施,而不应等问题变得严重时再去应付。

3.6.9 注意吸尘器的使用培训

做基建清洁卫生时会有大量的垃圾,很多员工或不了解吸尘器的使用注意事项,或为图省事,会用吸尘器去吸大的垃圾和尖利的物品,有些员工甚至会用吸尘器吸潮湿的垃圾,从而程度不同地损坏吸尘器。此外,开业期间每天的吸尘量要比平时大得多,需要及时清理尘袋中的垃圾,否则会影响吸尘效果,甚至可能损坏电机。因此,客房管理人员应注意对员工进行使用吸尘器的培训,并进行现场督导(图3.3)。

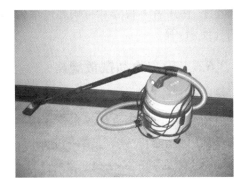

图 3.3 酒店开业期间,客房管理人员要注意对员工进行吸尘器使用的培训

3.6.10 确保提供足够的、合格的客房

大部分酒店开业总是匆匆忙忙的,抢出的客房也大都存在一定的问题。常出现的问题是前厅部排出了所需的房号,而客房部经理在检查时却发现,所要的客房存在着这样或那样的一时不能解决的问题,而再要换房,时间又不允许,以至于影响客房的质量和客人的满意度。有经验的客房部经理会主动与前厅部经理保持密切的联络,根据前厅的要求及饭店客房现状,主动准备好所需的客房。

3.6.11　准备手工应急表格

使用计算机的同时,准备手工应急表格。不少酒店开业前由于各种原因,不能对使用计算机的部门进行及时、有效的培训,进而影响酒店的正常运转。因此,客房部有必要准备手工操作的应急表格。

3.6.12　加强安全意识培训,严防各种事故发生

客房管理人员要特别注意火灾隐患,发现施工单位在楼层动用明火要及时汇报。此外,还须增强防盗意识,要避免服务人员过分热情,随便为他人开门的情况。

3.6.13　加强对客房内设施、设备使用注意事项的培训

很多酒店开业之初常见的问题之一是服务员不完全了解客房设施、设备的使用方法,不能给客人以正确的指导和帮助,从而给客人带来了一定的不便,如房内冲浪浴缸、多功能抽水马桶的使用等。

本章小结

➢ 本章主要介绍了客房部的组织结构、各班组的职能以及各主要岗位的职责和素质要求等。特别是比较详细地论述了客房部经理、楼层领班等主要管理岗位的职责和素质要求,并对如何做好客房管理人员进行了讨论。

➢ 客房组织机构的设计,应该根据酒店规模的大小等因素加以确定。

➢ 客房管理人员应掌握管理的艺术。

复习思考题

1.试画一张大型酒店的客房部组织机构图。

2.客房部各班组的主要职能有哪些?

3.如何进行客房定员?

4.客房部经理应具备哪些素质,应怎样当好客房部经理?

5.依据客房定员方法,分析你所在实习酒店客房定员是否合理。

6.试述酒店试运营期间客房部管理要领。

【案例分析】

一位客房领班谈怎样当好客房部领班①

有人说,领班是"三明治中的夹心",上要对主管负责,下要管理服务员,弄不好就是猪八戒照镜子——里外不是人。我认为只要依照以下诸条去做,便绝非难事。

(1)"下马威"法

"新官上任三把火"是一定要烧的,且要烧得轰轰烈烈。所以,我从卫生班开始抓起:该严的地方就一定要严。比如查卫生该达到什么标准就必须达到,不然就不放责任者回去。有一位服务员想和我闹,结果,我一直让他干到下午6点,完全达标了才让他下班(下班时间是5点)。从此,他在我面前服服帖帖。另外,我还坚持一视同仁的原则。时间一长大家自然服我了。

(2)威信管理法

为提高我的威信,我就努力做好以下两件事:

①工作中服务员能做的,我自己必须能做,且做得更好,比如铺床等技能;服务员做得不好或不能做的工作,我要求自己也能做得好,再如,我努力做好处理客人投诉等需要较高业务水平的工作。

②培训服务员。一是对新服务员的培训,内容有业务知识和操作技能。另外就是淡季培训。对有争议的问题,让大家讨论,共同找出一个最好的答案,如此便能解决很多实际问题,对自己也是一种提高。

(3)按意愿分配不同的工种

服务员上班的动机各式各样。有人是为了赚钱(如外地打工妹);有人家境好,只是混混日子。对前者我多派房间(计件工资制);对后者则安排些较轻松的工作,基本符合了他们个人的意愿,所以各自的工作积极性就被激发起来了。

(4)不吝啬表扬,创造良好的工作氛围

服务员渴望被尊重,我就尽量让下属的这种要求得到满足。那么如何才能满足呢?我认为鼓励和赞扬比什么都有效,一旦碰到称心的事,我就从内心赞扬,毫不吝啬地说出赞扬的话。

我经常表扬服务员,他们的心自然会开朗起来,慢慢地就会营造出一个良好的工作氛围。

---

① 邵德春."酒店领班的管人技巧"(题目为编者所加)[J].饭店世界,1999(2).

（5）"偏心"激励

何谓"偏心"激励？"偏心"激励是指我先通过技能比武和观察平时工作表现等方法找出一位工作出色的服务员作榜样，在平时工作中处处对他偏心照顾，以激励其他服务员达标的一种管理方法。作榜样的服务员有时是一个人，有时是几个人，也可能每个服务员都能成为被"偏心"的对象，只要他有一技之长。比如，通过平时的观察，我发现卫生班A员工表现很好，体现在：床铺得挺括，卫生搞得干净，工作主动，可贵的是天天如此，有时人员不够，要他加班也很爽快。这样，我自然对他另眼相看，他若提出要求，只要是合理的、能够满足的，我都满足他。有次一位资历更深的B员工来质问我："为什么同一要求，照顾A却不照顾他？"我回答B员工："因为目前你的表现还不如他好。比如你卫生打扫得没有他干净等，不信你去看看他打扫的房间！"B员工听后未吭声。第二天查卫生时，我发现B员工打扫的房间比以前干净了很多，我当时就表扬了他。从此B员工的表现也越来越好了。

（6）对服务员犯错时采用不同的批评法

①个别谈话法。有时会出现争吵，等冷静下来后，我便主动找相关服务员进行个别谈话。先静听服务员的申诉，然后站在他的立场考虑表示理解，但也请他站在我的立场考虑问题，求得他的谅解。其实不管什么事，只要双方坐下来，将心里话都说出来，问题就迎刃而解了。有一位干了十多年的老服务员和我发生矛盾，我找他谈话后，他对我心服口服。

②"开玩笑"式批评。对表现一向较好的服务员，偶然犯错时，我用开玩笑的方式提醒他，在一笑之间解决问题。有次一位员工由于一时大意致使两个房间里的地巾忘了补放，在查到第二次时，我笑着说："亲爱的，你好像不喜欢地巾，是吗？"从此以后他打扫的房间再也没有少放过物品，且常将此事说给人家听，说我很幽默，在组里工作很愉快。

③通过第三者批评法。有时，个别资格较老的员工犯了错却不来认错，为避免与他正面冲突，我便在跟他关系较好的员工面前狠狠地批评他，并说："到某某时还不来认错，就让他走着瞧"，我敢保证，这位员工肯定会在此时间前主动来认错。

④表演法。巡查时发现值台服务员在无客人时趴在服务台上，形象不佳，又较普遍，我便在值台例会时，将他们的形象表演出来，让大家在笑声中接受批评。此外，先表扬后批评法、当众表扬批评法等，也颇行之有效。

（7）参与式管理

对有些有争议的决定让服务员讨论，听取意见，让他们参与管理。一旦有些建议被采纳，提出建议的服务员，势必积极响应，带头遵守。我店新楼改建以后进了一批新式床，床架特别重。我在检查时发现有些服务员偷懒，铺床时没有把床拖离床片就直接铺上床单。就这件事，我让卫生班服务员讨论：到底是将床拖离床片铺好呢，还是直接铺好？有两个老服务员提出：还是直接铺好，因为不但省力，而且照样可以将床铺得挺括，其他做新楼房间的人都赞成，于是我就此事向部门经理请示，结果，经理同意了他们的做法（因床太重有人拖不动）。于是这两人的床就铺得特别挺括，有其他人不懂时，还主动指教。

思考题：如何评价这位客房领班的管理艺术？

【补充与提高】

客房部经理要有"五力"

客房部经理的素质除了本章前面所述内容以外,还应具备"五个力",即亲和力、执行力、培训力、协调力和创新力。

（1）亲和力

客房部的工作特点之一是员工劳动强度大,工作简单重复,技术含量不高,相比于前厅部和营销部等部门,客房部员工的文化程度不高,具有大学专科学历的员工比例更低,员工的流动性较大。经理要做好本职工作,首先要想方设法取得员工的信赖,让员工对经理有信任感。因此,经理应从员工角度多为他们的工作和利益着想,采取实际行动去维护部门和员工的合法权益,多为他们讲实话、办实事,才能让员工感受到经理真诚爱护员工的亲和力。

（2）执行力

想要对制订的管理制度、工作规程和安全制度有很强的执行力,就要求客房部经理有踏实和细致的工作作风。

客房部的工作烦琐、枯燥,员工的机动时间少,卫生工作细致,安全责任重大,而部门的各项工作又是由一个个细小的环节构成的,每天、每月、每季要做的工作几乎夜以继日,从不中断。因此,部门各班组的工作执行力度一定要比较到位、扎实。

①应根据各酒店客房的现实情况,确定部门的月度、季度和年度工作目标。经理在制订这些工作目标时要切合实际,制订的工作目标应是能够实现的,不能实现的工作目标只会损害经理的威信。若干次的工作目标不能实现,将极大地降低员工对经理的信任感。

②要用表格化、数字化管理部门工作。正因为客房部的日常工作繁多,要将部门工作做得有序、有效,将每天、每周、每月工作进行表格化和数字化管理是十分必要的。这样对于下属员工的考核和奖罚都有依有据,而且通过表格化和数字化的管理,还能从中获得大量可供研究和分析的资料,制订更有针对性的工作方案,完善客房部的各项管理和服务工作。

③要用"五个常"推进部门的工作。客房部经理的执行力,很大程度就表现在日常工作中的规范化、标准化和制度化方面。要用"五个常"让部门工作更加扎实。

常规范。即对酒店和部门已制订的各项管理和服务制度,要制订学习和再学习的计划,在每年的不同阶段,组织管理人员和员工进行学习,督促和检查实施的情况,维持部门工作的规范化、程序化和制度化。

常检查。即对部门工作地域,包括客房和公共地域的卫生、安全生产,应经常组织检查,以保证各项工作的标准化和正常状态。

常维护。即对部门地域的设备设施应保证日常的维护工作。

常培训。要推进客房服务细微化,有必要将客房部的培训工作日常化,才能适应客人服务的个性化、人性化的需求。

常总结。通过阶段性的工作总结,表彰先进激励后进,对于员工而言,是一种切合自身利益需求的部门举措。

（3）培训力

培训是客房部的一项日常工作,经理应具备综合的培训能力。

客房部培训工作开展的效果,与经理自身的综合素质有极大关系。除了熟悉本部门的业务流程、各项服务和管理规程之外,经理还应具备培训师的资格。一般而言,客房部经理也是酒店的合格培训师之一,其本身除应具备对部门员工直接培训的能力之外,还应有较强的组织培训能力,应针对本部门的培训工作制订每年、每季和每月的培训计划,并对部门级的培训亲自参与,对班组级的培训给予切实的指导。

客房部是酒店三级培训制度的发源地和实践地,部门培训和班组培训是酒店三级培训制度中最基础的两级,许多培训的理念、培训的程序、培训的方法、培训的制度和培训的精彩典例可以说都是从客房部的工作实践中产生的。例如:要制订酒店《客房细微服务工作手册》,就需要客房部长期的工作实践和培训实践,经过不断筛选和比较、归纳和总结,变"个性服务"为"共性规范",将服务实践活动变成具有理论指导的程序化的服务产品。

（4）协调力

客房部管理的范围很广,人员众多,工作区域涉及整个酒店,不仅需要客房部内部,包括楼面、洗衣房、布草间、PA部等部门保持信息畅通,协调一致,而且还要同其他部门保持密切联系,相互合作。只有与各部门的协调工作做好,才能保证提供高效、优质的客房服务。因此,客房经理应具备较强的协调能力。包括:与前厅部经常协调,了解当日的入住率、重要客人入住和每月的营业高峰,以作好各种应对准备;与营销部经常沟通,以了解各种商务活动包括会议接待的情况;与工程部协调,以保证客房维修的工作进度,尽可能多地提供可开房数,增加营业收入;与保安部协调,以确保客房区域安全生产的落实和各种安全设备设施的正常工作;与财务部协调,以保障采购客户用品的品种、数量和质量的落实,同时反映员工的劳动情况,争取"月度开房率超额奖励制度"等奖励制度的实施;与人事部协调,以保证人力资源供给的数量和质量,做好部门人力安排,同时对店级的培训开展与之配合协作;与餐饮部协调,以保证送餐服务的良好和餐饮布草洗涤的正常运转……

（5）创新力

在一个人性化的社会,客人的住店需求更多的是满足其个性化的要求。在个性化服务中,客房部是最主要的阵地。客房服务的个性化发展,很大程度上是依赖于客房部创造性的劳动实践,依赖于部门的领导者——经理的创新力。

客房的创新力可从两个方面着手开发,其一是在酒店现有的客房数量和类型中,发挥想象空间,适应社会各类型的客人需求,将一小部分房间布置成个性化强烈的房间,如新婚房、女性客房、奥运客房、绿色客房。例如在布置绿色客房时,可以与一些绿色环保产品的企业进行合作,互通有无,资源共享,利益共分,做到投入少,收益好,取得共赢;另外组织部门员工参与特色客房的布置,用员工的心灵手巧制作一些不花钱或少花钱的饰品,以营造客房特色气氛,这是许多酒店的客房部已经实验并行之有效的创新举措。除了激发员工的劳动热情之外,也凝聚了部门员工的向心力。其二是对各种服务方法和服务规范的创新。为了适应对客细微服务的需求,尽最大可能让客人感受到客房服务的温馨细微、居家亲情和恰到好处,有的酒店将客房细微服务进行系列化,在长期服务实践的基础上,总结编纂了《客房细微服务手册》,作为各级员工培训和工作时的指导手册。另外,在对客服务方法方面,将千百个个性化的服务案例,依照客人的不同类型进行分类整理,将"个性服务"案例变为具有"共性规范"的服务流程,进而制订部门的日常培训安排,从"部门培训""班组培训"和"现场培训"几个方面加以实施,让员工在对客服务之前就有一套可资借鉴和体会的工作手册。类似这样的服务创新活动是很有实践意义的工作,这些创新活动的开展,与经理的创新力有着十分密切的因果关系。

酒店经理人对"经理的困惑"的答复

Re:客房到底多少人才算合理?

区雪娇:南沙大酒店客房部副经理

合理的人员配置的定义包含两个方面的意思:①人员足够支撑日常工作量;②人力成本在可接受范围内,即不能无限增添人员。

第一点,足够支撑日常工作量的人力,必然是基于客房部的主要工作内容和工作量来定的,大致上可按以下两类来分析:

①固定的、可量化的工作:如客房清洁,其所需人力与开房率和平均清洁效率相关联。

②临时、难量化的工作:如对客服务任务、计划卫生清洁,这部分任务与开房率、客人类型有一定关联性,如开房率高时对客服务任务多,必然占据服务员较多的工作时间,且通常较难量化统计。可通过软件系统记录员工这部分的工作量和工作效率,以统计在不同开房率下这部分的工作占比。

第二点,控制人力成本,避免人力资源的浪费。员工每天的工作量是否饱和必须要能够可视化,否则难以明确人力资源是否存在浪费的现象。在第一点的基础上,明确每一个员工的固定和临时工作量,在不饱和的情况下,再另外分配其他任务,如计划卫生任务。另外,还有利用软件系统简化工作流程或代替人工操作、旺季利用外包人员补充临时人力需求等方法。

合理的人员配置一般都是根据酒店的情况动态变化的,要想时刻维持在合理水平,就要定期评估当下的工作量和人力配置的变化情况,有条件的话,可利用软件系统自动生成的工作量报表数据,如我们南沙大酒店使用蓝豆云报表等来进行随时评估以便及时调整。

面对面观看广州南沙大酒店客房部区雪娇经理谈客房到底多少人才算合理?
方式一:请登录刘伟酒店网—院校服务—视频—客房到底多少人才算合理?
方式二:扫描右边二维码

面对面观看广州南沙大酒店客房部区雪娇经理谈客房到底多少人才算合理?

第4章
客房部人力资源管理

严格的培训是客房服务质量的保障

　　提高服务质量首先要提高员工的素质,包括服务意识的培养、职业道德教育、企业文化的熏陶、管理制度的灌输、专业知识以及技能技巧的培训等。客房部管理人员必须对员工进行多种形式的、长期的、系统的培训。对员工进行培训,不仅是管理人员实现管理目标的重要手段,同时也是帮助员工获得发展的重要途径,是管理者应尽的义务。客房部管理人员不仅要配合酒店人力资源部做好员工的培训工作,而且要善于发现问题,发现各种培训需求,针对部门中存在的各种服务和管理问题,及时提供各种针对性培训。

　　除了培训以外,本章还将讲述员工的评估问题。评估是员工激励的重要手段,是对员工工作全面的总结和评价,同时,也是酒店和部门奖金发放的依据,因此,做好员工的工作评估具有重要意义。

　　另外,员工激励也是客房人力资源管理的重要内容。做好员工激励工作能够提高员工的积极性,发挥员工潜能,改善工作态度,增强工作热情,提高工作数量和工作质量。

通过本章学习,读者应该能够:
- 了解培训的内容和类型。
- 学会制订培训计划。
- 学会对新员工进行入职指导。
- 掌握培训的方法和艺术,成为合格的培训者。
- 掌握对员工工作进行评估的依据、内容、程序和方法。
- 掌握员工激励的方法。

关键词:培训;考核;工作评估;激励
Keywords:Training, Routine Checks, Performance Evaluation, Motivation

经理的困惑

——如何让管理人员快速成长？

酒店业的迅速发展,也给员工的提升提供了很大的空间。酒店有很多的机会和挑战,可却苦于找不到合适的人选,客房主管们也很努力地工作,作为部门管理者我们也尽最大所能去引领他们尽快提升和发展自己,可却发现并不是所有人都可以做经理的,让我想起一句话:有些人带两个月就能看到一生,有些人你把毕生的精力投下去也注定无果。究竟如何才能让这些"慢热"的主管们快快成长并在职业生涯中找到自己的一席之地?

4.1　客房员工的素质要求

良好的素质是客房部员工为客人提供优质、高效服务的基础。客房部要注意选拔高素质的员工,并通过培训,不断提高员工的素质。

4.1.1　客房服务员的素质要求

由工作性质所决定,客房部员工需具备以下素质,在客房部员工招聘和培训时,应加以考查和培养:

1) 身体健康,没有腰部疾病

客房部的工作大都属于体力活,因此,员工必须具有健康的体魄,无论是站立值台服务还是弯腰做卫生,都要求服务员不能有腰部疾病。

2) 工作细心,能吃苦耐劳

客房部的工作主要是清洁卫生工作,包括客房卫生、公共卫生以及洗衣房客衣、布草的洗涤等,因此,要求在客房部工作的员工必须具有不怕脏、不怕累,能吃苦耐劳的精神。

3) 有较强的卫生意识和服务意识

如前所述,客房部的工作主要是做清洁卫生,要做好这项工作,服务员必须具有强烈的卫生意识和服务意识。否则,就不可能做好客房部的工作。

4) 有良好的职业道德和思想品质

因工作需要,客房部服务员,特别是楼层服务员每天都要进出客房,因而,有机会接触客人的行李物品,特别是贵重物品和钱物等。因此,客房部服务员必须具有良好的职业道德和思想品质,以免发生利用工作之便偷盗客人财物等事件。

5) 掌握基本的设施设备维修保养知识

酒店客房内有很多设施设备,如各种灯具、空调、电视、音响、窗帘、地毯、写字台等,这些设施设备的维修通常由酒店的工程人员负责,但对其保养则由客房部负责,客房服务员要利用每天进房打扫的机会,做好对这些设施设备的保养工作。另外,一些小项目的"维修",诸如换灯泡、插电源插座、换保险丝等,也应该由客房部负责,因此,客房部服务员必须有基本的设施设备的维修常识。

6) 有一定的外语水平

有人认为,酒店的前台员工需要学英语,餐厅员工需要学英语,而客房员工不必学英语。其实不然,客房部的员工有时也需要面对面为客人提供服务,因此,作为涉外星级饭店的客房服务员,也必须有一定的外语水平,能够用英语为客人提供服务,否则,不仅会影响服务质量,还可能闹出很多笑话。

【案例】

一天晚上,住在某酒店的一位美国老太太觉得房间内温度太低,有些冷,就叫来客房服务员,希望能给她加一条"Blanket"(毛毯)。

"OK,OK!"服务员连声说。

过了一会儿,这位服务员拿了一瓶法国"白兰地"(Brandy)进房来。客人一见,哭笑不得,只好说:

"OK,'白兰地'能解决我一时的温暖问题,可不能解决我一晚上的温暖问题啊!"

……

4.1.2　客房员工行为规范

除具备以上素质以外,客房管理人员还要教育和提醒客房服务员在工作中注意以下事项:

①不得乘客用电梯。客房员工上、下班及工作时,只能乘员工专用电梯,不得乘客用电梯。酒店员工通道和员工电梯等要与客用设施严格分开,员工必须严格遵守,这是对客人的尊重,也是体现酒店档次的一个重要标志。

②注意服务的礼貌、礼节,遇客要微笑致意。客房管理人员要使服务员意识到服务的礼貌、礼节是客房服务质量的重要组成部分,是对客服务的基本要求,为客人提供礼貌的服务属于自己的本职工作,而非分外之事。

③接听电话时,先通报"Housekeeping, Can I help you?"(这里是客房服务,可以帮您吗?)。与客人通话时,要注意措词、语气。如有要事,应适当记录,并复述一遍。

④因工作需要进入客房时,必须先敲门。敲门时,还应通报自己是客房服务员"Housekeeping",如果三次以后仍没有回答,方可用钥匙轻轻地打开房门。

⑤退出房间时,要站在门边向客人微笑点头致意,出房后轻轻把门关上。这一点很重

要,给客人感受完全不同,一下子就能区分出酒店提供的是优质服务还是普通服务。

⑥尊重客人的隐私权(Privacy)。与客人私生活有关的事情(包括客人的姓名),不得向外人透露,尤其是不能泄露男、女演员、财、政界要人等易于成为评论对象的客人的秘密。另外,不得随意打听客人的年龄、职务、工资等私密问题,也不要轻易询问宾客所带物品,如服装及金银饰品的价格、产地等,以免引起误会。

⑦要与客人保持应有的距离,不可过分随便。不得与客人开过分的玩笑,打趣,不要表示过分亲热,严格掌握好分寸,尤其是对于常住客人,绝不能因为熟悉而过分亲热、随便。

⑧应保持楼层的绝对安静。不可在楼层或其他工作场所大声喧哗,聚众开玩笑,哼歌曲。应客人招呼时不要高声回答,如距离较远,可点头或打手势示意领会意思;如逢宾客开会、座谈、会见时须接听电话,应到客人身边轻声呼叫或请其出场,伸手指示电话所在处。

⑨在岗位工作时,不准吃口香糖,也不允许因工作劳累而靠墙休息。

⑩注意保管好客房钥匙。客房钥匙卡要随身携带,切勿随处摆放,领取或交钥匙时,要做好交接记录。

⑪不能随便接受客人的礼品。假如收到客人礼品,而又无法拒绝,必须附有客人留言来证明是客人送的,客人礼品留言要有他的姓名和房间号码,没有上述证明,服务员不能将礼品带出饭店。

⑫掌握说"不"的艺术。在客房服务工作中,很多情况下,需要对客人说"NO",但客房服务员不能简单地对客人说"NO",生硬地将客人回绝,而应根据实际情况,用委婉的语言进行表达,必要时,要向客人解释,取得客人的谅解。

⑬在工作中不能失态。要有涵养,有耐心,善于控制自己,绝不能随客人情绪的波动而波动,不能与客人争吵。

【链接】

Ritz-Carlton 从招聘开始确保员工的素质

Ritz-Carlton 对员工的重视从招聘就开始了。Ritz-Carlton 相信成功的酒店始于对人才的挑选,每一名成功录取的应聘者都要经过大约七次面试。与其他酒店挑选员工的方式不同之处是,面试者不仅要通过人力资源部筛选、部门经理、部门总监、人力资源部总监、总经理的面试,还要通过专业公司为选拔优质人才为酒店集团特别设计的质量选才测试。通过该测试,可以了解到每一位面试者的天赋及其价值取向。只有那些具有与 Ritz-Carlton 最优秀员工相同或相近的天赋的应聘者才会通过质量选才测试而被成功录用。在长期实践中,他们构建了一个由 54 套面试题构成的科学题库。这些问题与酒店专业和学历都无关,关键是选拔素质和发展潜力,看其是否能适应服务工作、能否融入团队。譬如学历并不高,但忠诚、热情,就可取。凡初步入选者,人人必须经过由各部门总监以上管理高层组成的面试小组的面试,无一遗漏。由于每个考题是由表及里、循序渐进的,所以被招聘的人无法作假。譬如说,考官会问你,你会微笑吗?如果你答"会",那么接下来就会继续问你"你最近一次微笑在何时? 对谁微笑? 效果如何?"

以下是某应聘者的面试经历：

【问题 1】"请你举一次你在团队中调动气氛，让其他人很开心跟着你做一件事的最成功的例子。"由于她尚未就业，就讲述了一个在学校里的例子。考官要求她详细地讲述这个故事。考官自始至终认真倾听。这中间既有对她逻辑思维的判断，也有对她团队组织能力和号召力的评估。

【问题 2】你个性最擅长是干什么事情？在回答后，考官会连续发问："举例说说具体怎么干的？你对完成这件事情的自我评价如何？"

这道题一方面是了解她的个性特长，有利于安排恰当的工作岗位；另一方面，则是对她工作能力和自信心的了解。

【问题 3】你平时的兴趣爱好是什么？当她回答喜欢看书、写写东西时。考官就接着问："你最近看的是什么？有什么体会和感想？你对现实生活有什么启发？"她娓娓道来，考官侧耳聆听。她事后告诉我，讲完后心情好极了，仿佛是在进行一次真诚的互动交流。

4.2　员工服务意识的培养与职业道德教育

4.2.1　服务意识的培养

服务意识是指能够正确把握服务工作的内涵，时刻准备为客人提供主动、热情、周到、耐心、细致的服务的一系列思想和行为方式。有服务意识的酒店员工一进入工作状态，便能自然地产生一种强烈的为客人提供优质服务的欲望，并能主动为客人提供各种恰到好处的服务。就客房部员工而言，每当踏入工作区域的时候，就像走上了舞台，客人是主角，而自己则是配角，时刻关注客人的需求，以满足客人的需要为自己神圣的职责和最大的快乐。

很多酒店服务质量差，在很大程度上就是由于员工素质差，缺乏服务意识造成的。因此，要提高服务质量，必须首先培养员工的服务意识。

1) 正确理解服务的含义

关于服务的含义见表4.1。

表 4.1　"SERVICE"（服务）的含义

S	Smile	微笑
E	Efficiency	效率
R	Receptiveness	诚恳
V	Vitality	活力
I	Interest	兴趣
C	Courtesy	礼貌
E	Equality	平等

2) 树立"客人总是对的"的思想

要求员工具有服务意识，首先就是要求员工牢牢树立"客人总是对的"的思想，并能在实际工作中积极的贯彻这一思想，将其作为指导自己实际工作、处理与宾客关系的基本准则。

在酒店业乃至整个服务业流传着一句格言:客人总是对的。这句话对服务业产生了巨大的影响，对服务质量的提高起到了不可估量的促进作用。但在酒店中，下至普通服务员，上至总经理，很多人并不真正理解这句话:难道客人偷东西也是对的? 客人打人也是对的? 客人逃账也是对的? 对这句话，如果管理人员不理解，就无法说服服务员;服务员不理解，就无法以此指导自己的工作，于是便出现了与客人论"是"与"非"，争"对"与"错"，甚至打架的现象。

那么,应该如何理解"客人总是对的"这句话呢?

(1)"客人总是对的"强调的是一种无条件为客人服务的思想

"客人总是对的"这句话是由被誉为"酒店管理之父"的斯坦特勒(Statler)先生首先提出来的，而后得到酒店业同行乃至旅游业和整个服务业的普遍认可。用它来指导服务工作，强调的是一种无条件地、全心全意为客人服务的思想，而不能教条地理解，否则，便会出现类似"客人偷东西也是对的? 客人打人也是对的? 客人逃账也是对的?"这样的问题。

(2)"客人总是对的"是指一般情况下，客人总是对的，无理取闹者很少

客人离家在外，一般不愿惹是生非，找不愉快，一旦客人提意见，或前来投诉，就说明我们的服务或管理出了问题，重要的是赶快帮客人解决，而非争论孰对孰错。

(3)"客人总是对的"并不意味着"员工总是错的"，而是要求员工"把对让给客人"

员工必须宽宏大量，有时甚至要忍气吞声，无条件尊重客人，不要与客人争论"对与错"的问题。因为客人就是我们的衣食父母。

(4)"客人总是对的"意味着管理人员必须尊重员工，理解员工

既然，"客人总是对的"并不意味着"员工总是错的"，而是要求员工"把对让给客人"，那么，管理人员就必须尊重员工，理解员工。否则，将会极大地挫伤员工对客服务的积极性。

因此，能否正确理解"客人总是对的"这句话，对于搞好酒店经营管理和对客服务工作具有重要意义，是改善服务质量，提高管理水平的重要前提之一。只有正确理解了"客人总是对的"，服务员才能全心全意为客人服务，管理人员才能灵活、妥善地处理各种有关客人和员工的问题。

3) 要有全心全意为客人服务的意识

要求员工具有服务意识，就是要求员工无条件地、全心全意地为客人提供主动、热情、周到、耐心、细致、礼貌的服务。

主动。就是要求服务员对客人的服务要积极、主动,见到客人要主动打招呼,主动问候;想客人之所想,急客人之所急,甚至想客人之未想。客人想到的早已想到,客人还没有考虑到的,服务人员也替他考虑到,做到在客人未提出服务要求之前就服务到位(图 4.1)。

图 4.1   广州从化碧水湾温泉度假村员工看到客人走来,主动迎上前去为客人打伞,并用规范的语言提醒客人小心台阶

热情。就是服务要发自内心,要真心诚意,面带笑容,并注意礼貌用语。

周到。就是全面、体贴,要能够满足客人的一切合理要求,并力图把工作做到前面。

耐心。即不厌其烦,要求服务人员在服务过程中要善于控制自己的情绪,站在客人的角度,理解客人,主动为客人解答各种疑问。

细致。就是要求服务工作一丝不苟,尽善尽美。

礼貌。要求服务员把为客人提供热情、礼貌的服务,当作自己工作的一部分和自己应尽的职责,而非分外之事。服务工作必须热情礼貌,否则,就是半成品,而不是完整的服务产品。有些客房服务员错误地认为自己的工作是清扫和整理客房,而不是为客人提供服务,所以,见到客人不理不睬,缺乏基本的礼貌礼节,这是缺乏服务意识的表现。

4.2.2   职业道德教育

良好的职业道德是员工做好本职工作的必要条件。职业道德并非枯燥的说教,而是有血有肉、实实在在地贯穿于员工整个工作过程之中。

职业道德就是具有自身职业特征的道德准则和规范,它告诉人们在工作中应该做什么,不应该做什么;应该怎样做,不应该怎样做。也就是从道义上要求人们以一定的思想、态度、作风和行为,去待人、接物、处事、完成本职工作。职业道德是员工基本素质的重要组成部分,遵守职业道德是做好本职工作的基本保证。客房部管理人员平时应做好员工的职业道德教育,向员工灌输职业道德思想,增强员工的职业道德意识,形成良好的职业道德规范。

员工的职业道德主要包括以下内容:

1) 对待工作

(1) 热爱本职工作

热爱本职工作是一切职业道德最基本的道德原则。酒店员工应该破除各种落后的旧观念,正确认识旅游业和酒店业,明确自己工作的目的和意义,明确房务工作的重要性,热爱本职工作,乐于为旅游者服务,忠实地履行自己的职责,并以满足客人的需求为自己最大的快乐。

（2）遵守劳动纪律

不迟到，不早退，不随意旷工。严格遵守酒店的请假制度及各项规章制度。

（3）自洁自律

①不利用工作之便贪小便宜，谋取私利。

②不索要小费，不暗示客人赠送物品，客人主动赠送而又婉拒不了的物品，要及时上交。

③不利用工作之便，偷窃酒店及客人财物。

2）对待集体

（1）坚持集体主义

集体主义是职业道德的基本原则，是从业人员进行职业活动的总的指导思想，因而，是衡量酒店员工的最高道德准则。集体主义要求员工的一切言论和行为以符合集体利益为最高标准。员工必须以集体主义为职业道德的基本原则，正确处理个人利益、他人利益、班组利益、部门利益，以及酒店与客人、业主之间的关系。

（2）严格的组织纪律观念

严格的组织纪律是用以约束集体中的每个成员，使大家的活动互相协调，使集体发挥更大作用的有力保证。酒店的分工很细，不同岗位、不同部门的工作内容、规范要求不同，因此，需要一定的组织纪律来统一和协调。另外，如何使员工按照规范要求进行工作也需要组织纪律来保证，否则，这个集体就如同一盘散沙，无法进行集体活动，无法实现集体的目标。培养自己具有严格的组织纪律观念，是集体主义的具体表现，也是集体主义者应有的基本品德。因此，客房部员工应具有强烈的组织纪律观念，自觉遵守部门及酒店的规章制度和员工守则，尤其要注意培养自觉的服从意识。

（3）团结协作精神

酒店的对客服务工作是一个有机的整体，并非某一部门或某一个人做好就能完成，因此，同事之间、部门之间、上下级之间要相互理解，相互支持，加强团结与协作。工作中出现问题时，要努力想办法去解决或弥补，而不是推诿、辩论或争吵；要养成乐于助人的习惯，主动帮助那些需要帮忙的同事，绝不能袖手旁观。此外，为了增强团结协作精神，客房部员工要注意破除本位主义，培养严于律己、宽以待人的品质，善于宽容、理解、尊重和体谅他人，同时，还要注意掌握同事间沟通和协作的技巧。

（4）爱护公共财物

一个关心集体、热爱集体的人，都具有爱护公共财物的品德。爱护公共财物是职业道德的基本要求。为此，客房部员工必须了解所在部门的各种设施设备的特性及使用方法和使用时的注意事项，严格按要求进行操作，同时做好各种设施设备的日常保养工作，养成勤俭节约的良好习惯。

3）对待客人

（1）全心全意为客人服务

客人是酒店所有员工的衣食父母。关心和爱护每一位客人，最大限度地满足客人一切合理、合法的需求，不断改善服务态度，提高服务效率，为客人提供优质服务，是酒店员工应尽的职责和义务。客房部每一位员工都应该有意识地做到对客人笑脸相迎，文明礼貌，热情周到，从每个动作和每句话中展现出高尚的道德行为。在服务工作中时刻摆正自己与客人之间的主、客关系和服务与被服务的关系，贯彻"宾客至上，服务第一"的原则。

一般来说，员工在心情舒畅、工作较顺利和没有利害冲突时，要做到热情友好，宾客至上，是比较容易的，但当个人遇到困难，心情不舒畅，工作不顺利或个人利益与客人利益发生矛盾时，要做到热情友好和宾客至上就不那么容易了。在这种情况下，尤其要克服个人情绪，顾全大局，理智地处理好个人与客人的关系。

（2）诚挚待客，知错就改

员工在工作中，出现失误是难免的，对于因此而给客人造成的不便或损失，应主动承担责任，勇于认错，知错就改，绝不能将错就错，敷衍塞责。

【案例】

老总给我上了一课

郭星

真是很有趣，我上学时总是盼望着快点毕业，离开课堂，迈入社会的大门，挣自己的钱，走自己的路，和别人活得一样精彩。可是，步入社会后，我仍在每天上课，上社会大学的课。那里不允许你缺勤，更不允许你逃课；那里的课堂内容更真实、更丰富；那里的教训也更深刻、更难忘。前不久，我们老总就言传身教，用实际行动教育了我，给我上了生动、难忘的一课。

那是在"两会"期间，我十分荣幸地承接了饭店"两会"接待组的任务。在工作闲暇之余，我和同事们三三两两地坐在一起，交流各自的工作经验。有一次，饭店的总经理来到接待组，看见我们谈得正高兴，便兴致勃勃地加盟进来。一阵热闹的谈话之后，他突然指着桌上的水果说道："客人来了这么半天，怎么也不请客人吃些水果呀？"。"哎！真是没有礼貌，只顾说话，怎么把最基本的礼节、礼貌也忘了呀？"我心里想着，连忙从水果盘里挑了一个最大的香蕉掰了下来，愣头愣脑地递到总经理面前说："您吃个香蕉吧！"总经理接过香蕉笑着说道："哈哈，这不会就是你们为客人提供的服务吧？也不给剥个皮？"瞬间，我的脸红到了耳根，觉得十二万分的不好意思，急忙想弥补，但总经理却挡住了我伸出的双手，笑着对我说："小郭，你别剥了，还是让小薛来剥吧。"当时，我真想找个地缝钻进去！等总经理吃完香蕉后，我赶紧起身接过他手里的香蕉皮，扔到了垃圾桶里。本以为香蕉事件就此结束，可老总又看了看我们说道："纸巾呢？为什么没有人给我递纸巾呀？你们的服务就此终止了吗？我就是想通过一件小事让你们知道什么是服务,什么是服务一条龙,什么是一个简单服务的全过程。你们应该时刻记住,在我们的服务行业里,从业人员最基本的素质就是服务意识,在我们的服务字典里,永远也没有句号,有的只是逗号,是我们对客人关爱的无限延伸。"

如今,"两会"早已经闭幕了,我也早已回到了我原来的工作岗位。但老总给我上的这生动的一课,却给我留下了难以忘怀的印象,这印象将永远铭刻在心间,那就是四个字:服务意识。

4.3 客房部员工的培训

"这两天我们有一批新加入的员工正在接受培训,在这两天的培训中,我们并不是教他们需要在工作中具体做些什么,而是去跟他们解释酒店的信条、理念、哲理;我们的目的是要他们明白他们为什么在这里从事这份工作,同时也让他们知道公司对他们的期望。员工上岗之后我们也会不定时地给他们提供学习的机会。为此,我们酒店还专门设置了培训总监一职,专门负责帮助员工安排学习课程。除此之外,每个部门的主管也要担负起本部门员工的日常工作学习,并列入考评。而且我们还设有质量总监一职,他会将客人的反馈告诉我们运营部门的同事,将客人提出的意见汇总,并加入员工培训的课程之中,及时准确地告诉员工什么才是正确的服务方法。"

——丽思卡尔顿酒店

4.3.1 培训的意义与原则

1)培训的意义

要想让员工的工作达到既定的规格水准,严格的培训是一种必需而有效的手段。培训的意义表现在以下几个方面:

(1)能够提高员工的个人素质

培训是员工获得发展的重要途径,培训可以使员工增强服务意识,提高外语水平,获得专业知识,掌握服务技能和技巧,从而使员工的个人素质得到全面提高。

(2)提高服务质量,减少出错率

酒店员工,尤其是新员工,在工作中经常出错,这就是缺乏培训的表现。没人告诉员工该怎么做、服务质量的标准是什么、遇到一些特殊情况应该怎样处理,因而"错误"百出,客人投诉不断。

(3)提高工作效率

培训中所讲授或示范的工作方法和要领,都是经过多次的实践总结出来的,通过培训,掌握服务的技能技巧和科学的工作程序,不但能够提高服务质量,还可以节省时间和体力,提高工作效率,收到事半功倍的效果。

(4)降低营业成本

员工掌握正确的工作方法,能够减少用品的浪费,降低物件磨损,从而降低营业费用和成本支出。

(5)提供安全保障

培训可以提高员工的安全意识,掌握正确的操作方法,从而减少各种工伤等安全事故。

(6)减少管理人员的工作量

如果员工素质低下,工作中将不断出错,管理人员将被迫"四处灭火",永无宁日。培训将使员工素质得以提高,使客房部的工作有条不紊地进行,从而可以大大减少管理人员的工作量,也使管理者的管理工作变得轻松、愉快。

(7)改善人际关系

通过培训,员工和管理层之间能够相互了解,建立起良好的人际关系。

(8)使酒店管理工作走向正规化

一家酒店设不设培训部,或一个部门是否组织培训工作,在很大程度上反映了该酒店或部门的管理工作是否正规。培训可以使客房部的工作走向正规化、规范化,也可以增强客房部员工的服务质量意识。

值得说明的是,培训的作用是潜移默化的,它对员工和酒店的影响是长期的,可谓"润物细无声",那种鼠目寸光、急功近利,要求培训取得立竿见影效果的思想是不对的,也是不现实的。对此,客房部管理人员应该有个清醒的认识。

2)培训的原则

客房部的培训工作应坚持以下原则:

(1)长期性

酒店业员工的流动性比较大,再加上酒店业也是在不断发展的,客人对酒店的要求也越来越高,科学技术在酒店的应用也层出不穷,因此,对员工的培训不是一朝一夕的事,必须长期坚持。

(2)系统性

培训工作的系统性表现在以下几个方面:

①培训组织的系统性。对员工的培训,不仅是人事培训部的事,也是各个部门的重要工作。系统思想就是根据酒店的管理目标,把酒店的统一培训和部门自行培训结合起来,形成一个相互联系、相互促进的培训网络。部门培训与酒店人事培训部培训的内容和侧重点有所不同,客房部应该加强与酒店培训部的沟通、合作与协调。

②培训参加者的全员性。即客房部员工,下至服务员,上至部门经理都必须参加培训,避免出现服务员经过培训而部门经理却是个"门外汉",结果造成"外行管内行"的混乱

局面。

③培训内容的系统性。客房部每次培训活动应该是酒店及部门长、中、短期整体培训计划的一个组成部分,培训的内容应该与前一次及下次培训的内容相互衔接,避免培训工作的盲目性、随意性,以及培训内容上的相互冲突和不必要的重复。因此,前厅及客房管理人员应该建立培训档案,做好培训记录。

(3)层次性

虽然客房部所有员工都必须参加培训,但由于岗位不同、级别不同、工作内容和要求不同,因此,培训工作要分层次进行。比如,服务员培训、督导人员培训、经理培训等,以便取得良好的培训效果。

(4)实效性

培训工作是提高员工素质和服务质量的重要保障,酒店为此需要投入可观的人力、物力、财力,因此,培训工作不能走形式,必须注重培训效果,客房部管理者必须认真组织,严格训练,严格考核。对于考核不合格的员工不允许上岗,不达要求绝不放行。培训的内容要针对部门服务和管理中存在的问题和薄弱环节加以确定,达到缺啥补啥的目的。

(5)科学性

要按照制订的岗位责任书的内容,利用科学的方法、手段进行培训,不能图省事,采取"师傅带徒弟"的简单、陈旧的方式。

4.3.2　培训的内容与类型

1)培训的内容

客房部员工的培训通常包括以下内容:
①酒店及部门规章制度。
②服务意识。
③职业道德。
④仪表仪容与礼貌礼节。
⑤服务程序、规范与技能技巧。
⑥英语。
⑦安全知识。
⑧管理人员的管理技能。

2)培训的类型

(1)岗前培训

岗前培训包括对新员工的入职指导(Job Orientation)和岗位工作所需要的操作程序、服务规范以及基本的服务技能技巧的训练。客房部必须贯彻"先培训,后上岗"的原则。

（2）日常训练

日常训练即针对工作中发现的问题随时进行培训。它可以在不影响日常工作的情况下，穿插进行一些个别指导或训示，也可利用各种机会对一定范围内的员工进行提示和研讨。其目的在于逐步强化员工良好的工作习惯，提高其工作水准，使部门工作趋向规范化和协调化。客房部的日常训练是一项长期的、无休止的工作，班前班后的会议、部门例会和工作检查等都应与此联系起来。

（3）下岗培训

对于上岗后，在业务、技术、职业道德等方面不称职的员工，要撤下岗位进行培训，直至经严格考核合格后才能上岗。对于经两次下岗培训后，考核达不到要求的，则应考虑调离其岗位。

（4）专题培训

专题培训是对员工就某个专项课题进行的培训。随着工作要求的逐步提高，有必要对员工进行有计划的单项训练，以扩大员工的知识面，进一步提高员工的专业素质。

专题培训的方式和内容可以是灵活多样的，包括：

①业务竞赛。可以是知识性的，也可以是操作性的。业务竞赛是激发员工自觉学习、训练和交流的好方法。

②专题讲座。可根据工作需要，选一个主题，由本部门员工或聘请其他专业人员来讲授或示范，如接听电话的技巧、处理客人投诉的方法、督导人员管理技巧等。

③系列教程。如通过举办初、中、高级英语学习班，来满足不同员工学习英语的需求，提高员工的外语水平。

（5）管理培训（Management Trainee）

管理培训又称为"晋升培训"或"发展培训"，是一种针对有潜力的服务员和管理人员在晋升高一级的管理职位之前所设计的培训项目。管理培训使员工能够有机会了解其他部门或岗位的工作内容、性质、特点，掌握必要的管理技能、技巧，以适应未来管理工作的需要。因此，管理培训实际上是员工在晋升前的热身运动。

【经典案例】

凯悦酒店集团（Hyatt Hotel Group）的培训之道——培训类型与内容①

关于培训的目的，葛兰素史克中国（含香港）区域副总裁张国维有"三品"之说：一是将培训当作"礼品"，觉得某员工表现不错，可能就送其去国外参加一次培训，至于内容怎么样倒不是最关键的；二是将培训当作"药品"，即公司发现员工可能无法胜任某项工作的时候，就通过"吃药"——有针对性的培训来提高其能力；三是把培训当作"补品"，一个员工能胜任自己的工作，但公司希望其能够可持续发展，并承担更重要的工作，于是有预见性和针对

① 赵蕾.凯悦的培训之道[J].饭店世界,2010(1).

性地提供相关培训课程。凯悦正是基于"三品"原则,重视对企业员工的知识、技术、素质培训,才使培训取得了一定的成效。凯悦的员工培训很细致、很全面,也很到位。它是一个系统,一个整体,更是一个企业文化最直接的体现点……

(1)新员工的入职培训

知识和技能双向培训,让员工从了解企业的发展中体会到作为一名凯悦人必备的要求;从标准的站姿到发自内心的微笑;从标准化服务到个性化服务,让每位新员工感受到入职培训的必要性和实用性,感受到从事此职业可以学到很多知识。

(2)员工的补救培训

人力资源部根据酒店整体情况,针对服务中对技能不够熟练,服务意识不强,日常服务中存在一些不足,通过加强操作技能和服务意识双向培训来触动员工的思维和巩固员工的技能,有针对性地提出实施的规范性,避免不必要的矛盾和冲突,从而提高对客服务质量和客人满意度。

(3)强化员工培训

强化培训是为了更好地提高企业的形象、档次,也为了更好地提升员工的服务意识和专业技能,在原有的基础上更高一层,改进不足、提出新的方案。在培训中要加强对员工素质的培训。素质培训是促使员工树立正确的价值观,有积极的态度、良好的思维习惯和较高的目标。因为素质高的员工为了实现目标,会主动地学习知识和技能。

(4)部门的岗前培训

部门的岗前培训也称岗前"洗脑",由各部门按照标准工作流程对员工进行培训。主要由部门经理、部门主管针对培训前一日存在的问题和解决的方法,即今日应避免类似的发生,讲述今日的客情和应注意的问题,并在下一个月着重进行培训。培训内容根据各部门工作性质而定,主要涉及专用礼仪、服务英语以及岗位具体的专项技巧等。

(5)非财务人员的培训

此项培训主要针对部门经理及以上管理人员,主要内容为各项财务报表的培训。主要目标是使中层及以上级别的管理人员能够看懂财务报表,掌握财务报表的内容,提高日常工作的质量和效率。

(6)领导技巧的培训

培训对象主要为刚晋升到管理岗位的各部门领班、主管以及部门经理。由人力资源部对新上任的各级管理人员进行有关沟通技巧、时间管理、工作计划、工作安排以及人员管理等方面的培训。目的是让每一位管理者了解管理者的职责,恰当行使自身工作职能,便于各项工作的顺利开展。

(7)品牌接触培训

作为整个营销环节中的一项,凯悦非常重视对员工进行有关品牌接触的培训。凯悦品牌培训的目的:"每一个员工与客人每一分钟的接触就是品牌建设"。培训涉及"什么是品牌""品牌的含义是什么""品牌建设对酒店整体营销的作用是什么"等,目的是让员工向客人展示最好的状态,使员工明确自己本身就是酒店的一个品牌,从而达到让员工自己管好自己的目标。

（8）优质服务系列培训

整个培训包括"以客为尊""服务换新""服务销售"和"服务专家"四个部分。主要是针对日常工作中的具体服务开展的培训。目的在于提高客人对酒店的满意度，将投诉减到最低，使客人比以前更具信任力和忠诚性。

（9）海外培训

凯悦会不定期组织员工（每一层级均有培训的可能，大多为基层员工）进行海外培训。目的是让员工了解国外酒店经营管理的优点，激发员工创新自身的工作激情。

（10）国内交叉培训

凯悦每年对有潜力的员工在国内同品牌、同档次的酒店进行同级别的交叉培训。目的是让员工体会同级酒店的经营和管理理念，取长补短，开拓思路，从而提高酒店整体的服务质量，取得良好的经济效益。

（11）细节性培训

从员工入职的第一天开始，凯悦便会定期组织员工进行化妆培训、头发护理培训、坐姿培训等一系列的细节培训。目的是为员工注入充分的自信心，使员工在服务过程中更加自信，从而提高客户满意度。

（12）福利培训

凯悦会根据员工的工作情况和实际表现，对员工进行不定期的福利性培训。比如，在Housekeeping 岗位上连续工作 8 年的员工，凯悦会结合其具体情况，对其进行相关的培训，培训后可能不会有相应的考核，也不会在短期内给其调整岗位或是晋级，但却是一项福利。

（13）培训师

每个部门均有专职的培训师。经过部门推荐，经人力资源部认证后，再颁发可在全球凯悦通用的培训师资格认证的证书，员工才能作为培训师在酒店进行培训。培训师分为两种：一种为理论型培训师，一种为实操型培训师。两种培训师均有根据酒店实际情况以及突发事件撰写培训资料的义务，并且定期的、阶段性的培训计划和培训课程均由培训师完成。

在凯悦，培训很重要，但绝不能赶时髦。不能为培训而培训，而必须是为需要而培训，只有根据本单位的实际需要去开发项目、课程和教材，才能起到预期的效果，达到良好的经济效益，也才能真正地吸引培训者。

社会是人的社会，企业是人的企业，市场是人的市场。对于企业来说，根本是人，而不是产品或别的。"培训，是为了你的将来"，这就是凯悦对员工进行培训的终极目标。

4.3.3　新员工的入职指导

对新员工的入职指导（Orientation）是新员工岗前培训的重要组成部分。

新员工在刚步入单位或岗位时，总会有一种紧张和焦躁不安的感觉。因为对他而言，新单位在很多地方是个充满未知数的"黑箱"：这家酒店有发展前途吗？酒店的福利待遇如何？经理和督导人员很凶吗？我的工作职责是什么？我能和其他员工友好相处吗？……这种感觉必定会影响到新员工应付新工作的能力，妨碍他有效地投入工作，尤其是不能和周围的同事、管理人员甚至顾客打成一片。在这种情况下，对工作很难具有信心，而没有信心是不大可能把工作干得出色的。此时,管理人员的职责就是向新员工表示欢迎,帮助他们了解酒店、所在的部门、工作岗位及所要从事的工作,使他们消除疑虑,树立信心。

1)入职指导的工作内容

新员工的入职指导通常包括两方面的内容:酒店介绍(General Property Orientation)和具体工作指导(Specific Job Orientation)(表4.2)。

表 4.2　入职指导的工作内容

（一）酒店介绍（General Property Orientation） "酒店介绍"帮助新员工了解整个酒店的管理机构,并为树立酒店的价值观和经营哲学打下良好的基础。同时,它也帮助新员工了解他所从事的工作对整个酒店的重要性,使员工热爱自己的工作。这部分工作是由酒店人力资源部组织实施的,他们会召集一次新员工会议	通常包括如下内容: • 酒店总经理(或副总经理)致欢迎辞; • 有关部门经理致欢迎辞 • 播放有关酒店的录像或幻灯片,发放有关酒店管理哲学的资料。帮助员工了解他们所扮演的角色对实现酒店管理任务和目标的重要性 • 发放员工手册和其他有关资料 • 讲述酒店有关方针政策和规章制度 • 讨论酒店工作的好处 • 讨论客人与员工的关系 • 填写有关个人表格 • 参观酒店
（二）具体工作指导（Specific Job Orientation） 具体工作指导是由员工所在部门的督导人员执行的。作为前台及客房督导人员,应该认真做好具体工作指导的准备工作,为新员工提供充分的资料和信息,使他们对自己的工作充满信心,并让他们知道,您欢迎他们加入您所在的班组或部门	具体工作指导的内容通常包括: • 与新员工讨论员工手册的有关内容(包括奖励制度,酒店政策,工作程序以及何时休息,何时拿到工资单,当班时应该穿什么样的衣服等) • 让新员工了解他在酒店及客房部组织机构中扮演的角色 • 向新员工发放一本有关他所从事工作的"工作说明书"(Job description),并与他一起讨论有关内容 • 强调新员工将要从事的工作对整个酒店的重要性 • 讨论新员工将要接受的培训 • 向新员工发放"工作评估表"(Performance Evaluation Form) • 向新员工介绍酒店晋升机会(举在酒店内得到晋升的成功者的例子) • 带领新员工参观本部门(切记,在新员工参观的前一天,要通知老员工新员工何时将开始上班。在参观过程中,要向新员工介绍所有工作区和即将与他们一起工作的老员工)

2)入职指导日程安排

对新员工的入职指导,一般可在4天内完成。表4.3是某国际酒店集团对新员工入职指导的日程安排。

表 4.3　新员工入职指导的日程安排（General Property Orientation）

日期	培训内容	培训工具（方式）	培训目的（标）
第一天	①总经理向新员工致欢迎辞 ②介绍集团(酒店)的发展历史 ③介绍集团(酒店)的管理领导 ④介绍集团(酒店)的经营之道、待客原则、企业文化 ⑤介绍酒店的组织结构图 ⑥介绍酒店的远景和战略规划 ⑦大的部门的总监或经理到场,向新员工讲话,并介绍本部门职能	播放集团资料片	①使新员工有受欢迎的感觉 ②培训新员工的自豪感 ③让新员工了解酒店的历史、企业文化、价值观以及发展前景等 ④使新员工了解酒店主要的管理人员
第二天	①向新员工介绍酒店知识 ②讲授酒店服务意识 ③带领新员工参观整个酒店	讲授、参观	①使新员工对酒店产品及酒店行业有全面的了解 ②使新员工对本酒店有直观的认识
第三天	①向新员工介绍酒店各项规章制度(包括安全程序、防火措施、个人的仪表卫生等) ②向新员工发放员工手册。	讲授	使新员工了解酒店各项规章制度
第四天	①介绍酒店接电话的统一标准和技巧 ②安排对新员工的酒店知识和服务意识测试 ③把各自部门的培训者介绍给新员工 ④各部门的新员工由各部门的培训者带入各自的部门	模拟、测试	①掌握酒店接听电话的标准和技巧 ②掌握培训内容,确保培训效果 ③作好部门培训的准备

　　需要指出的是,4 天的时间在整个新员工的职业生涯中只是短暂的片刻,但起到的作用可能会影响员工的终身。入职培训的总目标是使新员工有家的感觉。有家的感觉的员工,会在日后的岗位工作中,通过他们的工作,为来自四方的顾客营造家的感觉。能够在酒店这个家得到关心和爱的员工,一定能给予顾客所有的关心和爱。

4.3.4　新员工的入职培训项目

　　对新员工的入职培训,主要有以下项目(表 4.4)。

表 4.4 新入职员工培训表

培训日期	培训项目（标准与程序）	受训人签名
	客房部规章制度、架构	
	服务员仪容、仪表	
	酒店设施介绍	
	工作区介绍	
	客房部防火措施	
	迎送服务	
	铺床单	
	客房清洁	
	物品摆设	
	吸尘器的使用	
	工作表的书写	
	钥匙的控制	
	报吧程序	
	来访登记	
	工作车、工作间的标准	
	请勿打扰	
	客衣收洗	
	遗留物品处理	
	加床、开床服务	
	客用品租借	
	其他服务介绍	
	杯具清消	
	走房、住房、空房清洁区别	
	清洁剂用途	

【案例】

上海华亭宾馆客房清扫员的入职培训

上海华亭宾馆原为"喜来登"集团管理，近十年来由锦江管理集团接管，但目前还能够看到"喜来登"的影子。

①华亭宾馆的清扫员由指定的主管进行专职培训，一般培训时间为一周或 10 天，然后直接单独上岗，不再安排其和老师傅跟班学习，这样可以确保各项操作的标准。

②新人第一天单独上岗的工作量为 4 间,然后每 3 天递增 1 间,直到达到 15 间量为止。

③由于新人在短时间内上岗会出现各种各样的问题,所以华亭各级管理人员和职能部门都能用宽容的态度,用教育和提醒的方式不断督促新人适应各项管理要求。在没能胜任 15 间的工作量之前,只是对领班提要求,并没有将员工出现的问题责任归咎到管理不到位的问题上来,所以在相对"宽松"的环境下,更有利于新人达到一定的培训效果,也能够留得住新人。

④华亭宾馆客房部每天都有 15 分钟的培训,也是按以上培训的方式拟订出来的,培训内容主要围绕基础性的、务实性的业务技能展开。

⑤华亭宾馆客房部清扫员同样存在大批实习生的问题。虽然按照正式职工的要求必须达到 15 间的工作量,实习生的工资也不高,但是实习生的队伍还比较稳定,其原因是华亭宾馆人事部与学校配合非常默契,如果实习生不能够按照饭店的要求工作,学校则不发给学生相应的毕业证书,这就给部门在实习生的管理上带来了方便。

4.3.5 培训计划的制订

1)发现培训需求

客房管理人员通过分析工作中带有普遍性的问题和根据酒店或部门制订的工作目标与现状之间的差距来确定是否需要培训、何时实施培训和怎样进行培训。

通常在下列情况下需要培训:

- 酒店开业时;
- 新的设备、工作程序和管理制度投入使用时;
- 员工从事一项新工作时(无论是新员工,还是老员工改变工作);
- 管理者想帮助员工在事业上得到发展时;
- 工作效率降低;
- 工作中不断出现差错;
- 各岗位之间经常产生摩擦;
- 顾客投诉较多,或员工工作不符合酒店的质量和数量要求时(在这种情况下,可能需要培训,但也可能不需要培训,因为有些问题并不是因为缺乏培训引起的。比如,对某个员工的工作安排不当或设备出现故障等都可能导致员工工作不符合酒店的质量标准和数量要求);
- 酒店或部门制订的工作目标与现状之间有较大的差距。

2)制订培训计划

确定培训需求以后,就要制订培训计划。一个完整的培训计划应该包括以下内容。

(1)培训目标(Objectives)

即通过培训,受训者应该达到的要求。培训的目标要着眼于提高员工的实际工作能力。

目标不能是笼统的,应该有具体、明确的要求,要规定员工经过培训必须学会做哪些工作和达到什么要求。

(2)培训时间(When)

培训应尽量安排在淡季进行,以不影响或少影响工作为原则。在培训计划中,应明确说明培训的开始日期、结束日期及每日培训的准确时间,以便部门或班组据此安排好工作。

(3)培训地点(Where)

培训地点可以在店外,也可以在店内;可以在培训课室,也可以在受训者的实际工作岗位。但一定要在不受人或物干扰的场所进行。

(4)培训内容(What)

培训内容应根据前台及客房部工作的实际需要、酒店的要求和员工的自身特点、能力确定。

(5)接受培训者及对受训者的要求(Trainee)

说明接受培训的对象(Trainee)及对受训者在受训期间的要求,以确保培训工作取得良好的效果。

(6)培训者(Trainer)

根据培训的对象、培训的内容等实际情况,培训者可以由本部门或本酒店的优秀员工担任,也可聘请店外专业人士担任。

选择合适的人员来担任培训者,是保证培训效果和质量的关键环节之一。并非所有有能力、有技术专长的人都能担当此任。作为培训者,除了要具有自己熟知的所要传授的知识和技能外,还应具有培训他人的特殊素质和才能,具有一定的教学方法和技巧,明确对接受培训者的要求,善于发现受训者存在的问题,并及时进行分析,循循善诱,有计划、有准备、循序渐进地进行指导。此外,作为酒店的培训者,除了专业知识和高超的工作技能以外,还必须对部门和酒店的工作有一股热情,是员工学习的榜样。

(7)培训方式(How)

培训的方式通常有以下几种:
①部门(酒店)内部培训或委托培训;
②"请进来"或"送出去"培训;
③岗位培训或脱产培训;
④课堂讲授或操作示范。

(8)培训所需要的设备、器材(Equipment & Materials)

根据培训的内容,培训工作可能需要幻灯机、录像机、电视机、计算机等电器设备和"白板"、笔等教学器材以及书、笔记本等教学资料。这些均需在培训计划中一一列明,以便做好培训的准备工作。

(9)培训组织(Organization)

培训组织即说明负责实施培训计划的机构和人员。

4.3.6　如何增强培训效果

培训计划制订好以后,就要按计划的内容和要求,用选定的培训方式来组织实施。

培训计划的实施关键是要增强培训效果。培训工作能否取得成效,取决于酒店领导及有关方面和人员能否大力支持,取决于培训组织者能否精心策划,取决于培训者的业务水平和培训艺术,同时也取决于受训者的合作程度。要使培训工作卓有成效,必须做到以下几点:

1) 有关人员能够正确认识培训的重要意义

要做好培训,有关人员(包括部门管理人员、酒店领导及接受培训的员工)必须对培训的重要性和重要意义有充分的认识。这是做好培训工作的思想基础。

2) 部门及酒店领导重视培训,并能给予大力支持

部门及酒店领导不但要认识到培训的重要性,而且必须在人、财、物、时间、道义等方面给予大力支持。这是培训工作得以顺利进行的前提条件和物质保障。在很多情况下,需要部门及酒店领导亲自抓培训。

3) 要使培训工作长期化、制度化

培训工作要长期化、制度化,长年坚持不懈,将其作为酒店发展战略之一。不能随心所欲,想培训了就培训,不想培训就不培训,上面抓了,就应付一下;上面不抓,就放一边。其结果,势必造成员工对培训工作的偏见,使培训的组织更难,培训也起不到应有的效果。

4) 要做好本部门的年度、季度和月度培训计划

各部门要做好培训的计划、组织和管理工作。要根据本部门的工作内容、工作特点,员工的实际情况,配合酒店人力资源部,制订本部门的年度、季度和月度培训工作计划。培训的组织和管理者要切实负起责任,认真制订培训计划,选择不受干扰的地点、最佳的培训时间,挑选高素质的、合格的培训者,确定恰当的培训方式和能够满足实际需要的培训内容。这是使培训取得实效的有力保证。

5) 运用培训的艺术

要使培训取得良好的效果,培训者(Trainer)必须具有较高的专业素质和培训技能。除了认真准备和讲授以外,还要讲究培训的艺术性。

①频繁而短暂的授课,要比偶尔的、为时甚长的授课效果好。

②所选用的学习材料的数量和类型都要适合受训者的需要和水平。

③尽量使用有助于教学的教具。

人的各种感官在学习时能起到的作用是不同的。据美国视听工联合会(Industrial

Audio-visual Association)的一项研究资料：

- 通过"味觉"，可学到 1%；
- 通过"触觉"，可学到 1.5%；
- 通过"嗅觉"，可学到 3.5%；
- 通过"听觉"，可学到 11%；
- 通过"视觉"，可学到 33%。

因此，当人的感官功能充分运用时，学习的效果就会好得多。所以，培训者在任何时候均应尽可能多地使用足以调动学员感官作用的教学用具（如黑板、幻灯机、投影机、录音机等）来辅助他的教学。以提高学员的兴趣，加深印象，增强学习效果。

④尽量增加实践课程，鼓励学员自己动手。

一个人记忆某项知识的相对可能性是不同的。研究表明：

- 通过阅读，可记住 10%；
- 通过听课，可记住 20%；
- 又看又听，可记住 50%；
- 自己复述一遍，可记住 80%；
- 一面复述，一面动手做，可记住 90%。

由此可见，鼓励学员动手，对于帮助学员记忆、提高学习效果有极大作用。

⑤注意培养学员的学习兴趣。

一个人的学习效果，在很大程度上取决于其对所学知识或事物的兴趣。提高学习效果的捷径在于激发和培养这种兴趣。为此，培训者必须了解学员的学习动机和内心想法，强调培训对于学员工作及个人发展的重要性。另外，对于受训者在培训中的良好表现，要不断给予正面表扬和支持，这不仅可以激发受训者的学习兴趣，而且有助于他们记住所学的东西，并鼓励他们在工作中加以运用。

⑥增强学员的信心。

由于学员的程度和知识背景及工作经验不同，各人掌握培训内容的难易程度就有所不同，有时会遇到挫折，这时，作为培训导师应给予理解和帮助，帮助学员树立信心。批评和失去耐心只能让学员降低信心，延缓学习速度，甚至失去学习的兴趣。

⑦掌握授课的技巧。

A.做好讲课的"开场白"。"开场白"的目的主要是引发学员学习兴趣和自觉性。它能够密切培训导师与受训者之间的关系；消除受训者的紧张感和受训者心中的某些疑问（如培训者是谁？培训要持续多久？培训包括哪些项目？培训后要达到什么水平？等等）。如果开场白组织得不好，则以后的讲授也很难被受训者所接受。

在组织开场白时，培训者可以采用一种行之有效的"INTRO"方法。

I—启发兴趣（Interest）。可以采用下列方法来引发学员的兴趣。

- 讲一个笑话。
- 援引一个有关的事件。
- 援引（或编造）一个令人感兴趣的"亲身经历"的事件。

- 向受训者提问。
- 操作示范或展示有关物品。

N—讲清培训的必要性(Need)。强调为何要开设培训课程和受训后对酒店及个人有什么好处。

T—阐明授课的主题(Title)。

R—说明授课的范围(Range)。

O—讲清培训的目标(Objective)。

虽然开场白应包括上述五个部分,但培训者往往需要非常巧妙地将这五点结合在一起,用几句话交代清楚。

B.在开始授课之前,先复述一下听课者已经学过的内容。一是起复习和巩固所学内容的作用;二是可以使所学内容连贯起来,便于理解新的培训内容。

C.每一小节教学内容应该是"三明治"式的,即一部分激励学员学习兴趣的材料,一部分激励学员运用已学知识的材料,中间夹一层佳肴——知识或技能的精华。

D.善于运用提问技巧。提问有三种类型。

- 测试性提问:用来考查学员已达到的知识水平。
- 启发式提问:用来激励学员"自行思考"。
- 传递性提问:用来使所有学员在小组中互相问答,交换资料,增强相互了解。

适时、适当地提问,对于增强培训效果具有重要作用。提问不仅要求学员回答"是"或"否",而且要回答"何故"(Why)、"何处"(Where)、"何时"(When)、"何物"(What)、"何人"(Who)及"如何做"(How)。提问的重点应该放在所培训内容的"关键点"和"难点"上。

E.有幽默感,善于运用幽默生动的语言进行培训。幽默的授课语言对于提高学员的学习兴趣和培训效果会起到意想不到的好作用。

F.一一列举或复述所有关键点,使学员得到再次巩固已学知识或技能的机会。

附:有效的培训者(表4.5)

表4.5　有效的培训者

- 有自信心
- 向员工表示自己喜欢培训工作
- 鼓励员工思考如何将培训内容运用于其工作之中
- 鼓励员工为自己树立培训目标(set goals in training)
- 鼓励员工提问题
- 鼓励员工寻找完成工作的更好的方法
- 认真听取员工的意见
- 对员工所取得的即使是很小的进步都予以赞扬
- 把自己所取得的经验,甚至犯过的错误都拿来与员工交流
- 要有幽默感,并将幽默作为一种培训工具

6) 作好培训的考核和评估

培训结束后,还应通过笔试、口试或实际操作测试等方式对受训者进行考核,以确定是否达到了培训的目标,同时征求参加培训员工的意见,收集他们对培训的看法,并从培训的内容、方式、组织管理和培训效果等方面进行评估,总结经验和教训。

向员工提的问题可包括下列内容:

- 本次培训对你的工作有所帮助吗?
- 教材是否适用?
- 教学方法是否满意?
- 培训者是否鼓励你提问题?
- 你感兴趣的内容和不感兴趣的内容是什么?
- 你对改进培训计划(课程)的意见是什么?
- 你是否已有信心独立工作?
- 在你的工作岗位上,你感到紧张吗?

培训课程评估表参见表4.6。

表 4.6　培训课程评估表

请将你所接受的这期培训作一评估,你诚恳的意见将会帮助我们改进今后的培训工作,谢谢!
1.目标:课程是否达到了目标
达到□　　　　　　　部分达到□　　　　　　未达到□
2.教材:教材是否适用
适用□　　　　　　　一般□　　　　　　　　不适用□
3.教学方式:教学方法是否满意
满意□　　　　　　　比较满意□　　　　　　不满意□
4.培训内容:培训内容是否于工作有利
是□　　　　　　　　一般□　　　　　　　　否□
5.评论
1)你感兴趣的内容:
2)你不感兴趣的内容:
3)其他:

7) 做好培训的激励

为了增强培训效果,还应做好培训的激励工作:

①做好培训的考勤工作。对于出勤情况好,听课认真的员工予以表扬,而对于迟到、早退,甚至无故不参加培训者,予以批评或惩罚。

②将培训同使用相结合。根据每个员工的具体条件、个人愿望和工作需要,实行定向培养,定向使用,并把培训成绩作为是否录用的依据之一。

③将培训同晋升相结合。对于积极参加培训,且培训成绩优异的员工,在晋升时,优先予以考虑。

【经典案例】

客房部的班前会
——凯宾斯基一道亮丽的风景

每天清晨,在凯宾斯基饭店客房部办公室外走廊的一角,一准儿会传出清脆、悦耳、整齐的朗读英语的声音,这就是客房部楼层服务员的每日班前会。

班前会的第一项内容:教员工英语。随着饭店业竞争的日益激烈,员工提高英语会话能力势在必行,"每日两句"早已成为客房部班前会的开场白。每个月底还要进行一次英语考核,目的就是要尽快提高员工的英语水平,更好地为客人服务。

英语朗读过后,一位位员工大姐被轮流叫到队列的前面,让大家去点评。原来这是班前会的第二项内容,检查员工每日的仪容仪表。其用意在于引起员工对仪容仪表的重视,将良好的精神面貌展现在客人面前,让客人看到的永远是最美最好的。

第三项内容是在客房部行政副管家杨森先生的倡议和指导下,开展"每日教一项"的活动,即每日在班前会上培训一项对客服务的技巧,或是一项处理问题的方法。客房部的每日班前会,既交接安排了各项工作,又成为一个开放的课堂,大家从中学到了很多知识,积累了许多经验。随着时间一天天过去,每日班前会已融入了客房部员工的工作与生活,成为人们感情沟通的桥梁、信息来源的渠道、学习知识的园地和展现英姿的舞台,它还是我们全体员工的凝聚力所在。

(高文燕:凯宾斯基饭店客房部)

4.4 客房部员工激励

客房有些员工具有较高的文化水平和外语水平,具有较好的服务技能和技巧,但在工作中就是不表现出来,工作缺乏积极性、主动性、服从性、合作性差,工作质量低,这就是缺少激励的表现。为了充分发挥员工的潜能,调动员工的积极性,客房管理人员必须学会激励员工,掌握有效激励员工的方法。

4.4.1 客房部员工激励的方法

1)实行有激励性质的工资奖励制度

(1)计件工资制

计件工资制即按照楼层服务员每日打扫的客房数量计发工资。客房产品比较单一,适宜于采用计件工资制计发工资。如果客房部员工缺乏工作积极性,可以按照多劳多得的分配原则,采用这一激励方案。

（2）等级工资制

等级工资制是指打破工资一成不变的状况,启用工资等级制度,将员工按工作技能、知识及工作表现分为初、中、高级,通过考核拉开员工工资差距,从而激励员工不断进步。

（3）高质奖励方案

具体做法如下:通过领班每天查房,当场视员工所清洁的房间状况,根据评定标准评出A—优、B—良、C—中、D—差。登录在黑板上以直观的形式告知员工当天的工作情况;并且当月统计,与员工的出勤天数以及每天平均的做房量相结合,在当月住房不低于80%的基础上对于符合做房总量在前10位,优良率在85%以上,平均每天做房在10间以上的员工,分别给予一定的奖励,对于当月做房效率最低的给予处罚。为了避免领班在评估时出现偏差的现象,可制订一系列保障措施,例如,各班组一个月内有三次评估出入太大的,则取消本班组员工的评定资格,同时给予领班甲类过失处罚,与此同时,采取主管、助理、经理不定期抽查,酒店质检人员每日抽查等方式有效地促进领班的工作。激励范围的扩大,保障制度的完善,可以有效地调动楼层服务员的工作积极性,确保楼层工作效率和卫生质量。

（4）争取酒店对月度超额住房率给予单项奖励

客房部应根据部门运作的实际情况,制订"月度超额住房率奖励方案"供酒店管理当局批准实施。每家酒店的年度预算指标是经业主或董事会批准执行的,但每月住房率一般不会均等。而在业务高峰入住率超出年度平均住房率的月份,员工都会付出超常的劳动。客房部为完成工作任务相对来说是被动性地运作,没有主动调整工作的权限空间。如果考虑到客房部员工的劳动强度和劳动特点,酒店管理当局可以给予月度超平均住房率的相应奖励。

2）实行免检制度

这是一种角色激励法。即通过给予表现较好的员工及具有一定资质的员工自做、自查、自检、自报完成一间客房的清洁、查房的权利,来达到节约人力成本、激励员工的目的。该制度首先可由符合条件的员工自己申报,部门进行审核,完成提名工作,同时对被提名的人员进行为期一周的系统培训,培训后安排在特定的楼层独立上岗。对于一个月内抽查结果优良的,部门申请奖励。实施这一制度,由于事先需给员工进行系统的培训,因此员工的进步较大,同时由于给予了员工充分的信任,员工得到一定程度的尊重,积极性被充分调动了起来。

实施免检房激励制度时,酒店要注意为具有"免检房资格"的员工合理地规划好未来的职业发展。这也是企业培养员工、为员工职业生涯做一个长远规划的负责任的行为。被评为"免检服务员"的员工应享有与众不同的荣誉、薪资、福利、地位、奖励和优先的晋级机会。

另外,员工获得免检房资格,并不代表永久性地拥有免检房资格和待遇优先资格。主管、经理要不定期、不定时地对其清洁后的合格房进行抽查,并设定免检率的最低底线,发现有超过一定百分比的房达不到免检标准时,应取消服务员的免检房资格和待遇,以保证服务员"免检资格"真实有效的"圣洁"性。

3) 评选"先进班组"

评选"先进班组"是一种集体激励方案。通过对班组的出勤率、仪容仪表、卫生质量、服务质量、班组纪律、成本控制、培训学习等内容的评定,员工当月的表现及班组的整体表现既作为评选先进班组唯一条件,又作为对员工及领班半年的评定参考条件。这样能将各区域的员工与领班有效捆绑起来,荣辱与共,共同品尝成功的喜悦、失败的苦恼。

4) 实施"好人好事举荐制度"

一些著名酒店实施"好人好事举荐制度",这对于被举荐者和举荐者本人都不失为一种很好的激励手段和制度(表 7.2)。

5) 竞争激励

竞争激励实际上也是荣誉激励。得到他人承认、荣誉感、成就感、受到别人尊重,是著名心理学家马斯洛需求层次中的高级需求。客房部服务人员中主要是青年人,他们争强好胜,上进心强,对荣誉有强烈的需求,这是开展竞赛活动的心理基础。根据客房部的特点,可以开展一些英语口语竞赛、服务知识竞赛、服务态度竞赛和服务技能技巧竞赛等。通过组织这些竞赛,不仅可以调动员工的积极性,而且还可以提高员工的素质。

6) 情感激励

在一个部门里,如果大家感情融洽,互相关心,互相爱护,互相帮助,就一定会形成一个强有力的战斗集体,从而为客人提供良好的服务。因此,客房管理人员必须重视"感情投资"。

在运用情感激励这一规律时,管理人员要注意做好以下两方面的工作:

①注意启发和诱导职工创造一个互相团结、互相帮助的环境。

②以身作则,对员工热情关怀、信任、体贴。对他们做出的成绩,要及时给予肯定;对他们的缺点,诚恳地帮助改正;对他们工作中遇到的困难,要尽力帮助解决。特别是当员工家庭或个人生活遇到什么不幸或困难时,对其给予同情、关怀,以至于在经济上予以支持和帮助,员工对此会铭记在心,感恩戴德,从而起到极大的激励作用。在关键时刻,对员工伸出同情与援助之手,比平时说上一千句、一万句激励的话要管用得多!

7) 晋升与调职激励

人人都有上进心理,所谓"不想当元帅的士兵不是好士兵!"。利用人们的上进心理,给予员工职位的晋升,无疑是一种极为有效的激励方法。

除了对工作表现好的员工晋升以外,还可以通过在部门内部调换员工的工作岗位来激励员工。通常有两种情况:一是个别管理者与职工之间由于下意识的偏见、古怪习性或意外事故的发生而引起尖锐的矛盾,如通过协调或其他方式仍无法解决,可将该职工调离本班组

（岗位），以调动矛盾双方的工作积极性；二是员工与管理者之间虽然不存在矛盾，但目前的工作岗位不适合他本人，不能充分发挥其个人专长和才干，通过调换工作岗位，不仅可以充分利用人力资源，还可以激励员工，极大地调动员工的工作积极性。

8）示范激励

"没有良将就没有精兵。"客房部管理人员要以身作则，以自己的工作热情、干劲去影响和激励下属员工。

"榜样的作用是无穷的"，一个组织的士气和精神面貌很大程度上取决于其领导成员。有什么样的管理者，就有什么样的下属员工。没有一流的管理人员，就不可能有一流的酒店和一流的服务员，因此要造就一流的员工，客房管理人员首先应该从各方面严格要求和提高自己，把自己塑造成为一流的管理者。

9）换位激励法

换位激励法是一种通过临时调换工作岗位，使员工有机会了解不同岗位的工作内容、特点，体会与自己原有工作岗位联系密切的岗位及人的难处，进而激励员工在以后的工作中相互理解、相互支持的一种员工激励方法。

【经典案例】

我当一天领班

在杭州开元之江度假村，一个名为"我当一天领班"的活动正在如火如荼地开展着。从行李房到总机，从主二楼到闻涛阁，活动共分为三个阶段：首先，整个房务部对员工进行为期一周的领班培训；其次，各个部门每天安排一位员工当临时领班，处理领班事务和突发事件；最后，在活动快结束期间，开展评估活动，谈谈心得体会，选出最好的"临时领班"。在短短两个月的"我当一天领班"活动中，度假村的员工和领班都学到了很多。许多员工在这次"我当一天领班"活动中都认识到了领班工作的重要性和不易性，原本轻视领班工作，认为领班工作"不过如此"的想法也都渐渐不翼而飞了。

在谈到本次"我当一天领班"的活动初衷时，度假村房务部总监说："这次举办'我当一天领班'活动，一是为了让一些老员工能参与管理，在完成本职工作的同时，提高一些管理能力。在轮番当领班的同时，有意识地让他们进行良性竞争，比比到底谁做得最好，此外还能杜绝一些老员工平时对领班工作抱着一种'不过如此'的不良情绪。二是通过'我当一天领班'活动，让一些新员工能认识到与老员工之间的差距，促使他学习老员工的工作经验和管理方法。在当领班的整个过程中，也能自觉查找工作上的不足，在以后的工作中，犯错误的概率也就会大大降低。"

不同职务　不同感受

近两个月的"我当一天领班"活动即将落下帷幕，在大家的相互交流上，员工们都说出了自己心中不同的感受。

来自员工：

"以前我总以为当领班是一件轻松容易的差事，但一天的领班工作下来，我才发现领班的工作其实很烦琐，有些细节我们以前都没有注意到。以后我一定要配合领班的工作。"一位员工这样说道。"我当一天领班的开展，无形之中改变了我原有的工作习惯，领班比一般工作更需要耐心、细心、责任心，从中我学到了很多，也让自己在处理问题上更加成熟了。""做员工只要每天按照领班分配好的计划做好事就行了，而领班就不同了，不仅要分清事情的主次，还要考虑每个员工的工作性质和能力来分配当天的工作，真的很不容易。"

来自领班：

"之前有些员工对我们的工作内容不了解，有时候觉得我们很空，工作的时候还不配合，自从这个活动办了以后，我和员工之间的交流沟通多了，在工作配合上也更默契了，有时候他们在工作之余还会来协助我们的工作，今后的工作方便了许多。""是的，以前有些员工的工作比较马虎，经常会出点小差错，他们自从当过一天临时领班后，工作明显比以前认真了，在客房卫生上也注意了许多。"几位领班凑在一起，也表达了自己的感受和看法。

来自房务总监：

"活动虽然只办了两个月，效果却比较显著，很多员工把平时自己忽略的部分都注意了起来，对自己工作也更加认真仔细了，同时领班在给员工讲解领班工作和职责时，也很好地对自己以前的工作内容进行了梳理，更杜绝了一些领班混日子的不良作风。可以说，这次活动既给了普通员工一次展示自身能力、锻炼自己的机会，也给领班们一些自我督促。"

换位思考　共同进步

两个月的"我当一天领班"活动时间虽然不长，但大家都从中收获了许多宝贵的经验。从员工到领班，再从领班到员工，时间虽然只有短短的一天，但这一天比听一次培训课、开一次部门会议要有用得多。正是这样的换位思考才让员工能从领班的角度去好好审视自己的工作，继而认识到自身的不足和疏漏，在以后的工作中不会只考虑自身因素，更会从领班的角度去想事情、做事情，把一些自己平时遗忘、疏忽的地方通通补上。

10) 其他激励方式

①深入基层。了解员工的思想状况和需求，让员工有苦有怨有地方诉，有人可以倾吐、发泄，缓解他们的焦虑情绪。

②安排好实习生和新员工的"月度评优"制度。为了不让月度新员工评优陷于单调，在评优的基础上，再单设"月度新员工进步最快"评选。这样能让那些能力较低又没办法在短时间内争得优秀的员工也得到激励，并在部门的"员工成长历程"板报上亮相，这对于克服这些弱势员工的自卑心理无疑是一项有积极意义的工作。

③根据员工兴趣，举办各种培训班。有的酒店根据员工兴趣，举办员工参加的"调酒培训班""英语口语培训班"等，或让员工制作各种客房饰品，以达到发挥特长、增长知识、提高工作兴趣的目的，也是十分可行的。这种培训班与其他培训班不同，不具有强制性，是完全根据员工的兴趣举办的。

④安排、分配好部门资源,包括培训、出外学习、酒店内部岗位轮训等,拓宽员工视野,提高自信心。

4.4.2 员工激励应注意的问题

在员工激励中,客房部各级管理人员要特别注意以下问题。

1) 要尊重、理解和关心职工

在工作上要严格要求员工,但在生活上则要理解员工、关心员工、尊重员工,以"情"动人。所谓理解员工,就是要理解职工的精神追求和物质追求;关心员工,就是要心系员工,尽可能解决员工的实际困难;尊重员工,就是要尊重员工在酒店的主人翁地位。只有员工真正感到自己受到了尊重,真正是酒店的主人,他们才会以主人翁的精神积极工作。

【案例】

北京建国饭店的总经理连续两个钟头站在职工食堂门口,一次又一次地拉开大门,向来参加春节联欢会的职工点头致意,说:"您辛苦了!"中外方经理们头戴白帽,腰系围裙,一溜站在自助餐台后,微笑着为职工们盛菜打饭,使职工心里涌起阵阵暖流,使员工的心与企业贴得更紧。被誉为超五星级的福建悦华酒店规定:管理者见到员工时必须首先向员工打招呼或问好,从总经理到部门经理概莫能外,总经理数十年如一日,几乎每天早晨坚持在酒店门口迎候员工上班,送去清晨最美好的祝愿,"悦华给了员工一个家的氛围和环境,员工也把悦华当成了家"。

2) 要经常为职工"理气",使职工"气顺"

有些员工之所以缺乏工作热情,主要是因为"气不顺",一怨分配不公;二怨有些管理者搞特殊化;三怨官僚主义令干群关系疏远。对此,管理者应根据实际情况,认真分析,采取改进措施,为职工"理气"。

3) 多一些培训、指导与实干,少一些指责、惩罚与埋怨

常常听到一些客房管理者埋怨服务员没有清理好房间,引起客人的投诉;埋怨设备维修差,以致经常出现问题;埋怨某处卫生差,从而影响了酒店形象;埋怨服务员素质不高,从而使酒店软件管理跟不上……如此种种,好像我们的管理人员有许多理由"横挑鼻子竖挑眼",于是,埋怨、指责与惩罚便成了家常便饭。殊不知苦口并非都是良药,埋怨、指责与惩罚只能在管理者与员工之间竖起一道墙壁。正如一位酒店员工所言:

"试想,我们背井离乡、千里南下,以极大的热情投身酒店行业,哪一个不想将工作干得出色、圆满?哪一个不想得到领导和宾客的认可与赞扬?又有哪一个不想让自己的青春年华闪耀光芒?出现问题、客人投诉,服务人员本已在自责愧疚之中,若我们的管理人员不问青红皂白,劈头盖脸地埋怨、指责,岂不使其乱了方寸,增加精神包袱,产生逆反心理?"

　　因此,工作中出现问题,客房部管理者首先应进行自查、自纠,对自己的管理工作进行反省,问问自己到底给予了员工多少培训、多少指导? 管理中还有哪些失误? 哪些漏洞? 而不是一味地去埋怨、指责与惩罚员工。

　　虽说惩罚是一种"负强化"激励手段,在一定条件下能够起到一定的积极作用,但管理者要记住:惩罚只是一种手段,而非目的,不能滥用,否则,不仅起不到激励作用,反而会引起对抗情绪,不利于团队精神的形成。有些客房管理人员工作方法简单粗暴,不管三七二十一,动不动就使用手中"惩罚"的大棒,结果使部门(班组)内一片怨声载道。因此,管理者在管理实践中应该遵循的原则是:在正强化能解决问题的情况下,尽量少用或不用惩罚手段。

4) 激励要遵循公平性原则

　　客房部管理人员在对员工进行物质激励时,一定要注意公平原则,否则不但起不到激励作用,反而会挫伤员工的积极性,甚至造成矛盾,影响团结。事实证明,下属对领导者的能力和工作水平低大都可以原谅,而对领导者不能一视同仁,处理问题不公平,则往往表现出不能容忍的态度。

5) 激励要有针对性

　　员工激励要有针对性,即针对不同的情况,采取不同的激励方法。如有些员工原本确有认真努力去工作的想法,但由于工作在一种松散的环境氛围之中,久而久之便养成懒散的工作习惯,管理者一旦发现这种趋势,就必须加强劳动纪律,严格工作制度。又如,有的员工原本工作热情很高,但因承受不了同事的冷眼与讥笑,工作热情渐渐冷却。这时,管理者就要考虑通过各种方法,营造良好的、积极向上的企业文化氛围。

6) 表扬和肯定是激励员工最好而且最有效的办法之一

　　大多数经理人认为金钱是最能激励人的要素,事实却不尽然。员工最想要的,其实是在他们圆满完成任务的时候,被他们认为重要的人所重视。激励员工最好的办法就是老式的肯定和表扬。对大多数员工来说,几句表扬的话就可以激起一股满足的暖流,点燃工作的激情。

【经典案例】

上海利园国际大酒店的员工激励

(1)建立一整套"亲情服务,用心做事"的奖惩机制

　　在利园,员工争先恐后地为宾客创造惊喜,为何员工乐意做感动宾客的"分外事"? 利园建立了一整套"亲情服务,用心做事"的奖惩机制,要求员工每天必须做一件感动宾客的事,并写成案例,优秀案例还可获奖励。通过案例积分,员工还可以参加酒店服务大奖的评选。在每月举办的利园大学堂上,获奖员工与大家一起分享案例,优秀员工获颁证书和奖金。

（2）抓员工激励与抓质量考评"两手硬"，消灭群体惰性

若管理制度不到位，企业内部就会形成"群体惰性"，而这种顽疾会对酒店服务质量带来致命的影响。作为管理者，要精心制订切合实际的岗位管理制度，赏罚分明，遏制和消除群体惰性。为此，利园设计了全员量化指标考核体系，可依据各部门职责的不同，统计出各个岗位易出现质量问题的薄弱点。一旦发现问题即以照片形式呈现并发给当事人，警醒员工恪尽职守。

4.4.3　客房部员工的过失行为与纪律处分

针对员工工作中的过失，给予一定的纪律处分，也是员工激励的方法和组成部分。一方面，客房部员工应该按照酒店的规定，严格要求自己，避免工作中出现过失。另一方面，客房部管理人员也可以运用酒店赋予的管理权限，根据酒店的规定，给予过失员工一定的纪律处分，对员工进行"负激励"，以消除或减少工作中的各种过失。

客房部员工在工作中的过失，根据其严重程度的不同和所造成危害的大小，分为"轻微过失""严重过失"和"极端过失"，可分别给予"口头警告""书面警告""辞退或开除"等不同的纪律处分。

客房部员工列入"轻微过失""严重过失"和"极端过失"的过失行为可参见表4.7。

表 4.7　客房部员工的过失行为与纪律处分

轻微过失：口头警告	● 当班时，不保持仪表的整洁及制服的整齐 ● 当班期间聚堆聊天、打闹、高声喧哗或发出不必要之声浪 ● 工作时间看报纸、吸烟 ● 在员工食堂以外进餐 ● 不使用酒店指定之员工通道 ● 搭乘客用电梯 ● 下班后，无故逗留在酒店内 ● 不遵守更衣室或值班宿舍的规定 ● 当班时吃东西 ● 工作散漫，粗心大意 ● 当班时，办理私人事务，打私人电话 ● 随地吐痰或乱丢杂物 ● 对客人无礼（视严重程度可列为严重过失） ● 迟到或早退 ● 未按规定佩戴员工证 ● 上下班不打卡 ● 违反规定携带私人物品上岗 ● 偷带酒店物品出店 ● 拒绝酒店授权之有关人员检查手袋等 ● 在酒店范围内粗言秽语 ● 因疏忽或过失损坏酒店财物程度较轻 ● 违反酒店有关制服管理的规定，穿酒店制服上街或回家

续表

轻微过失: 口头警告	• 挑拨打架事件情节较轻 • 提供假情报、假资料或隐瞒事实,情节较轻 • 擅自标贴、涂改酒店各类通告及指示 • 未经许可,擅自将酒店物品搬往别处 • 酒后当班,带有醉态 • 散布虚假或诽谤言论,影响酒店、客人或其他员工声誉 • 擅取酒店物品自用
严重过失: 书面警告	• 旷工 • 擅自脱岗 • 当班时打瞌睡 • 对上司不礼貌,违背或不服从主管或上司合理的工作安排或指令 • 因疏忽而损坏酒店或客人财物,罚款 1~10 倍 • 擅自使用专供客人使用的设备及物品 • 对客人粗暴或不礼貌,与客人争辩 • 向客人索取小费或其他报酬 • 偷食酒店及客人之食物 • 委托他人或代他人打钟卡 • 拾遗不报 • 在酒店内赌博或变相赌博
极端过失: 即时辞退或开除	• 贪污、盗窃、索贿、受贿、行贿 • 侮辱、谩骂、恐吓、威胁他人,与客人吵架 • 私换外汇 • 利用或参加黑社会组织 • 组织、参加或煽动罢工、斗殴、聚众闹事 • 使用毒品、麻醉剂或兴奋剂 • 蓄意损坏酒店及客人财物 • 玩忽职守,违反操作规程,造成严重损失 • 经常违反酒店规定,屡教不改 • 连续旷工三天或一个月内累计旷工两次 • 触犯国家法律,造成刑事责任

对于犯有"轻微过失"的员工,可给予口头警告。员工若第二次出现轻微过失,则应由部门主管或领班向过失员工签发"过失单",并记录在案。

对于犯有严重过失者,可由客房部经理向过失员工签发"警告通知书"(表4.8),如再次出现严重过失,则向其发出"最后警告"。对于犯有严重过失的员工(三次以上的轻微过失,将被视为严重过失),可视情节轻重分别给予临时停职、降职、降薪、记过、留店察看、劝退或辞退处理。客房部员工的严重过失由部门经理签批后,报酒店人事部备案。

客房部员工如犯有极端过失,将被酒店立即辞退或开除。另外,如员工被"最后警告"后,再次出现严重过失,也将视为极端过失。对员工的辞退、除名由酒店人事部签批后,报总经理批准;开除则由总经理批准后报职工代表大会通过。

表4.8　警告通知书

警告通知书
员工姓名:_____ 入职日期:_____ 员工工号:_____ 职　　位:_____   先生/女士: 　由于您在_____年_____月_____日_____ _____ _____ _____ 经调查属实,决定给予您第_____次书面警告及记录存案,并按规定扣除_____天基本工资及奖金 资金_____元。   希望您接到此信后,尽快改进,不得重犯,特此通知。 受警告员工:_____签名　_____日期 部门经理/主管:_____签名　_____日期 人事培训部经理/副经理:_____签名　_____日期   _____ 正本:个人卷宗　　　　　　　　　第一副本:财务部 第二副本:部门主管　　　　　　　第三副本:员工

4.5　客房管理人员的管理艺术

有一则深具哲理的寓言,描述北风与太阳斗智的情形。

【案例】

北风自恃风力高强,要太阳俯首称臣,太阳不甘示弱,争论不休,最后看到前面有一行人徐徐而来,于是其以行人作为比斗的对象,看谁能使行人脱衣即为赢家。北风杀气腾腾,不断施展其强烈剽悍的雄风,但只见行人把衣领越拉越紧,虽然几乎不堪折磨,却死活不肯轻易松手,最后北风眼见无功,只得罢手。接着轮到太阳施展身手,只见太阳露出笑脸,缓缓施展其魅力,于是寒气消失,光辉普照,但见路人们愉快地将大衣脱了下来。

由此可见,要实施有效的管理,仅靠权力是不够的,客房部管理人员在管理工作中应该像太阳一样,注意掌握和运用管理艺术,这样才能进行有效的管理,才能实现自己的管理意图和管理目标。同时,也会使管理工作变得轻松愉快,甚至成为一种乐趣,而不是一种枯燥无味,甚至十分痛苦的负担。

4.5.1　善于树立自己的威信

1)全面提高自身的素质

全面提升专业水平、管理才能和个人修养,只有这样,员工才会佩服你、尊敬你,继而服从你。

①专业素质:包括专业知识和专业技能。一般来讲,管理人员的专业水平应在服务员的前 10% 之列。

②管理水平:客房部管理人员必须掌握一定的管理理论和管理知识,并不断总结经验,提高自己的管理水平。

③言谈举止等方面的个人修养。

2)以身作则,靠榜样影响下属

榜样的力量是无穷的。要求员工做到的,自己首先要做到,规定员工不能做的事,自己也绝不"越轨"。

3)不搞官僚主义

官僚主义只能使干群关系疏远,有百害而无一利。有位客房领班在服务员工作时,竟然让其放下手中的活,命令她为自己打开水喝,这样的领班怎么能让员工心服、口服,进而在行动上服从呢?

4)有敢于承担责任的勇气

管理人员越是设法推卸责任,就越得不到员工的敬重。

5)希望并支持下属取得突出的成绩

希望并支持下属取得突出的成绩,不仅能够赢得服务员对你的敬重,树立个人威信,而且能够调动员工的工作积极性。

4.5.2　加强与员工的沟通,重视感情投资

有位酒店管理者曾经说过:"如果你把员工当牛看待,他想做人;如果你把他当人看待,他想当牛。"因此,为了激发员工的工作积极性和主人翁意识,必须发扬民主精神,重视与员

工的沟通。

客房管理人员不仅要把上级的指示传达给下属,而且要注意倾听下属的心声,把下属的意见和建议及时、准确地反映给上级管理者。在作决策时,要多与员工沟通,因为决策的最终执行者还是下属员工,经过员工充分讨论的、科学合理的决策,有利于员工的贯彻执行,也有利于提高员工的服从性。除此而外,作为客房管理人员,还应该通过举办文、体等多种类型的活动,加强与员工的感情交流。一个好的管理人员并不是整天板着面孔,动不动就挥舞训斥的皮鞭、处罚的铁棒对待下属的人。在严格管理的同时,还必须平易近人,重视感情投资,这样才能取得下属与他合作的诚意。从某种意义上说,感情投资是严格管理的基础。

4.5.3　创造良好的人际关系环境

客房管理人员要有良好的人际关系能力,不仅自己要与员工建立良好的关系,而且要努力在自己所管的部门内创建良好的人际关系环境,使员工之间建立良好的关系。从而使自己所在的部门内部有一种团结、合作、轻松、愉快的工作环境和气氛,这对工作的开展有极大的好处。

4.5.4　善于运用语言艺术

客房管理者要有良好的语言表达能力,善于运用语言艺术;要能够轻松地利用简洁明确的,甚至是十分动听的语言进行商讨、动员、指挥、劝导同事或员工,使下属能够在感情上发生共鸣,进而采取你所要求的行动。相反,如果你说话枯燥乏味,只知单调地重复上级指示,再加上令人厌烦的口头语,必然会引起同事们的反感和员工的逆反心理,甚至最后把事情办糟。

此外,客房管理者还应该具有一定的幽默感,善于利用幽默的语言和幽默感来增进与员工的感情。幽默感是人际关系的润滑剂,它以善意的微笑代替抱怨,避免争吵;幽默使人活得更轻松、愉快。所以,"美国人可能相信自己这样,或不相信自己那样,但每个人都相信自己具有幽默感"。安东·契诃夫也曾说过:"不懂得开玩笑的人是没有希望的人,这样的人即使额高七寸,聪明绝顶,也算不上真正有智慧。"幽默会使员工更喜欢你、信任你。员工希望与幽默的人一起工作,乐于为这样的人做事,因为与他们一起工作有一种如沐春风之感。

4.5.5　讲究表扬和批评的艺术

表扬和批评属于奖惩激励的方法。使用这一方法时,要注意艺术性。

1)表扬和批评的方法,要因人而异

对员工的表扬和批评,要根据不同对象的心理特点,因人而异,采取不同的方式方法。有的人爱面子,口头表扬就有作用;有的人讲实惠,希望有点物质刺激;有的人脸皮薄,会上批评受不了,有的人相反,不狠狠地触动就满不在乎……因此,为了收到好的效果,就得讲究

方式方法。有的人听到会上表扬他,很高兴,但也有人就怕在大小会上表扬他,担心大家从此对他高要求,或另眼相看,或打击讽刺,因而压力太大,对这种人只要拍拍肩膀,说一句"你工作得不错",他就会明白上级对自己是了解的、满意的、信任的、赏识的,也就满足了,这种方法称为"个别认可",此外,还有"间接认可""会议认可""家庭认可""张榜认可"等多种形式,只要运用适当,便可收到良好的效果。在采用批评等负强化措施时,也要注意因人而异。对于惰性大、依赖心理强的人,采用"触动式批评";对于自尊心强的人,采用"渐进式批评";对于经历少、不成熟、较幼稚的人,采用"参照式批评";对于性格内向、善于思考、比较成熟的人,采用"发问式批评"(表4.9)。

表 4.9　表扬和批评的艺术

员工类型	表扬(批评)的方式
爱面子	口头表扬
讲实惠	物质奖励
脸皮薄	私下批评
脸皮厚	会上批评
惰性大、依赖心理强	触动式批评
自尊心强	渐进式批评
经历少、幼稚、不成熟	参照式批评
性格内向、善于思考、比较成熟	发问式批评

2) 批评要掌握好时机

批评要在自己和员工情绪都稳定时进行,但批评也不能拖得时间太长,以免使员工有"秋后算账"之错觉。

3) 批评员工时,要注意态度诚恳,语气委婉

作为管理人员,经常要对下属员工针对其工作进行批评教育,但批评一定要语气委婉,态度诚恳,尤其要注意尊重员工的人格,杜绝一切粗言滥语和不文明的管理行为。比如,经理在查房时,经常会发现某处不符合卫生标准,如果经理当着服务员的面把它擦拭干净,并且告诉他:"这儿很容易积灰,要多抹几遍,明天做房时就不会再有这么多灰了",第二天检查房间时,你会发现他接纳了意见,并特别注意把昨天检查的那个地方擦拭得十分光洁。相反,如果不尊重员工,一味训斥,员工也不会尊重你,得到的往往是不服气的争执或沉默,你将因此而失去威望,失去员工对你工作的合作与支持,甚至有些员工可能还会用欺诈的手段与你暗斗,消极怠工。

4)批评要对事而不对人

不要对员工有意无意地进行人身攻击或借题发挥。

5)要注意聆听

好的管理者首先要学会聆听。批评员工时,要注意听对方的解释。

6)勿在下属和客人面前批评员工

批评员工一定要注意时间、地点和场合,尤其不能当着其下属的面和客人的面批评员工,否则将极大地挫伤员工的积极性,伤害员工的自尊心,使其无"脸"管理下属,严重的还会因此而失去人才。

7)学会"保留批评"

对于部下的缺点、错误,不一定都要运用批评的武器,有时候,不批评比批评能收到更多更好的效果。在下列情况下,通常需要"保留批评":

①缺点是偶尔发生的,且员工本人已经意识到自己的错误;

②你的用意旨在伤害、打击对方,或借此一泄心中之恨。

批评的结果,是"成功"的,有三条标准可以衡量:一是部下行为的改变是朝着我们想要的方向进行;二是能保证被批评者的自尊;三是与部下的关系仍完好无损。

8)"三明治批评"法

美国玫琳凯化妆品公司在初建时只有9个人,20年后的今天,该公司已经发展成为拥有20万名员工的国际性大公司。它的创办人兼董事长玛丽·凯被人们称为"美国企业界最成功的人士之一"。

玛丽·凯一直严格地遵循着这样一个基本原则:无论批评员工什么事情,必须找出一点值得表扬的事情留在批评之前和批评之后说,而绝不可只批评不表扬。这就是管理学上的"三明治"批评法。中间夹的火腿肉是批评,两头的表扬是面包。

玛丽·凯说:"批评应对事不对人。在批评员工前,要先设法表扬一番;在批评后,再设法表扬一番。总之,应力争用一种友好的气氛开始和结束谈话。"

有一次,她的一名女秘书被调到了别处,接任的是一位刚刚毕业的女大学生。新来的女大学生打字总是不注意标点符号,令玛丽·凯很苦恼。有一天,玛丽·凯对她说:"你今天穿了这样一套漂亮的衣服,更显示了你的美丽大方。"那位女秘书突然听到老板对她的称赞,受宠若惊。玛丽·凯于是接着说:"尤其是你这排纽扣,点缀得恰到好处。所以我要告诉你,文章中的标点符号,就如同衣服上的扣子一样,注意了它的作用,文章才会易懂并条理清楚。你很聪明,相信你以后一定会更加注意这方面的!"

从那以后,那个女孩做事明显地变得有条理了,也不再那么马虎,一个月后,她的工作基本上能令玛丽·凯满意了。

4.5.6　注意工作方法

1) 严格而不是一味严厉

格者,规范、标准也。酒店首先要有"格",管理中则要严守其"格"。任何一支队伍,严明的纪律、规范都是它力量之所在。没有制度、职责、规范,或者虽有而并未认真执行,势必一盘散沙。这样的酒店是不会成功的。但严格不等于严厉。领班对服务员常常疾声厉色,稍不满意,便发雷霆之怒,动辄以处分相威胁,甚至听见风,便是雨,情况并未搞清楚,就下结论,也不给下属申辩、说明的机会,过分追求言出如山的效果,误以为这便是果断、有魄力,反而伤害了员工,走入了管理的误区。

事实上,任何一个员工都十分关注上司对他的印象与态度,因为这对他的工作与发展十分重要,也都有在团体内获得友谊与尊重的需要,有些人还特别看重"面子",训斥无疑会使他觉得遭受重大的挫折,当训斥的依据又非事实时,这种挫折感会变得格外沉重。如果与下属建立起相互信任、相互尊重的关系,就会使对方都感到轻松,获得一种安全感,增加工作的热情、信心与情趣,经理的愤怒,对部属的训诫有时是必要的,但要慎重、慎用,一味严厉则不可取。

2) 发号施令但不要忽略给予帮助

酒店要保持高的服务水准,当然会对各部门、各岗位提出各种工作要求,而且,客房部常常会有许多临时性的工作,要求服务员在规定的时间内高质量地完成,经理人员在分配任务、发布指令时,不应忽略帮助服务员排除工作中的困难,忽略了帮助,常使下级员工感到经理对他们不关心、不体谅,给其造成一种心理压力,甚至误认为上级有意刁难,极易造成上下级之间的信任危机。

3) 维护权威,但不要拒绝听取员工意见

强调坚决执行指令,维护领导者的权威,绝不能导致忽视倾听员工的意见。作为客房管理人员,应鼓励员工进言,以改进管理。倾听员工的抱怨,让员工有发泄不满的渠道,远比压制好。连任曼谷东方饭店总经理 24 年的库尔特·瓦赫特意先生认为:曼谷东方饭店之所以一直被评为世界十佳饭店之冠,是因为有三大法宝。其中之一便是培养员工的忧店意识,倾听员工的牢骚,鼓励员工对旅馆提出各种问题,他说:"管理需要有一种愉快的不满情绪,否则大家都将会睡着。"

4) 作好解释与沟通

与倾听同样重要的是解释,重大的问题,固然要向员工作出解释,一些看似细小的问题,也应注意与有关人员交换意见,进行充分的沟通,以免使服务员不理解或产生误解和挫折感,影响工作积极性和工作任务的完成。

4.5.7 与员工保持一定的距离

客房管理者在其管理活动中,要反对官僚主义,因为官僚主义会使上下级关系疏远,但这并不意味着要使官兵"打成一片""融为一体"。有位美学家曾经说过:"审美要有'审美距离'。"同样,管理工作也要有"管理距离",即:管理者与被管理者之间应该保持一定的距离以维护自己的权威,只有这样,管理者才会摆脱干扰,放心管理;被管理者也不会认为管理者不够人情味。

【案例】

"工作的时候别叫兄弟"

管理是个严肃的话题,不能掺杂太多的人情味,具体到语言也是如此。以前管理员工我的感情投资比较多,觉得员工管理就是人心换人心,所以管理过程中很偏重人性化,不管是上班时间还是业余时间,我都会与员工打成一片,"老兄""哥们""老乡"的称呼不断,一时间员工都觉得我平易近人,没有架子。可是后来我渐渐发现了这种言语在拉近我与员工距离的同时也暴露了很多的不足,比如像会议、报告、培训等严肃的场合员工开始散漫,不听从领导安排;当员工犯错误的时候也不会有正常的恐惧心理,觉得靠个人和领导的不平常关系就能被"赦免",而当你按正常手段给予处罚时,他又会十分不满,在背地里说你是"两面三刀",那时候真是"哑巴吃黄连"啊。

所以我觉得作为一个领导,在工作的时候一定不可以跟员工称兄道弟,要保持应有的威严,让员工知道领导者是平易近人的,但同样也是铁面无私的,要做到工作的时候没有人情,工作之外没有距离。

4.5.8 勿犯"一、二、三、七式错误"

不知你是否有过以下类似的经历? 你的上司给你布置任务,要求你解决公司内部的某个问题。于是你立刻开始像一位经过严格训练的 MBA 那样开展工作。你仔细研究了当前的形势,找出了问题所在,把你的发现和解决方案推荐给上司,列出一套可行的新方案,然后找到适当的人选来负责执行。

1 个月过去了,什么事情都没有发生;又 1 个月过去了,还是没有任何进展;6 个月之后,问题还是没有得到解决。

问题到底出在哪儿呢?

答案非常简单:你犯了"一、二、三、七"式的错误。

你没有意识到,所有成功的项目都必须经过七个阶段:第一个阶段是评估,第二个阶段是找出问题,第三个阶段是制订方案。但这些只是前三个阶段,而实施方案是在第七个阶段,所以在具体实施之前,你还必须经过三个阶段。

不幸的是,许多人都没有注意到第四、第五和第六个阶段——也就是说服同事们接受你的新计划。在第四个阶段,你的主要工作是说服上司,要征得上司的支持;在第五个阶段,你的工作是说服同级,征得同级同事的支持;在第六个阶段,你的工作是说服下属,得到他们的支持。这三个阶段是开始具体实施的前提,只有在完成了这三个阶段之后,你才能真正地落实自己的工作。

要想引起别人的关注,你首先必须投入大量的时间和精力去说服别人。你可以想象自己正在进行一场广告宣传,你的目标就是吸引上司、同级和下属们的注意。否则的话,你就是在犯"一、二、三、七"的错误。你不可能从一直接跳到七,中间哪怕少一个阶段都不行。

4.6　对客房部员工的考核与工作评估

为了提高服务质量和工作质量,必须实施并加强对员工的日常考核和定期评估工作(图4.2)。否则,将会出现有令不行,工作涣散,服务质量恶化的状况。

4.6.1　日常考核

前厅部和客房部各级管理人员平时应做好对下属员工工作表现的观察与考核记录。这不仅是提高服务质量和工作质量的重要手段和途径,同时也是对员工进行客观、公正地评估的基础。

考核应该逐级进行,涉及部门内包括管理人员在内的每一位员工。领班对服务

图 4.2　考核和评估是客房管理的重要内容

员进行考核,主管对领班进行考核,而部门经理则对主管进行考核。如果服务员工作质量出现问题,领班没有发现,或没有处理,或没有在考评表中予以反映,就是领班的失职,主管发现后就要对领班进行扣分,而如果主管没有发现,或没有处理,则部门经理发现后,要对主管进行扣分和处理,其结果除了对当事人进行批评教育以外,还将在每月业绩奖中予以体现。当然,管理者任何时候都应明白,考核、评估只是手段而已,提高服务质量和工作质量才是最终目的!

考核的内容可以因考核对象的不同而不同,对服务员的考核包括员工的出勤情况、仪容仪表、服务态度、客人投诉情况、工作差错情况、违反店规店纪情况、与其他员工的合作程度、对管理人员的服从性以及工作的责任心与自觉性等。而对管理人员的考核则还应增加现场督导和管理情况、财产管理情况及考评工作执行情况等。

为了增强考核工作的客观、公正性,考评员还应在考评表的背面写明扣分的理由和出现的问题,使被考评者心服口服,而且,这也是日后对员工工作进行评估的客观依据。

4.6.2　工作评估

对员工的工作评估,就是按照一定的程序和方法,根据管理者预先确定的内容和标准,对员工的德、才表现和工作业绩进行的考查和评价。客房部员工的工作评估可以定期进行,也可以不定期进行。

1)评估的作用

(1)能够激励员工更好地工作

通过工作表现评估,能充分肯定员工的工作成绩及良好表现,这是对员工所做工作的肯定,能够激发员工的进取心。

(2)有助于发现员工工作中的缺点和不足,以便采取相应的管理措施

如果属于员工工作态度不端正、努力程度不够,应分析原因,解决问题,帮助员工端正,改进工作。如属于缺乏专业知识或技能技巧不熟练的问题,则应确定进一步培训的需要,并纳入下一步的培训计划。

(3)为今后员工的使用安排提供了依据

评估可发现各方面表现突出,并有发展潜力的员工。可对这类员工制订发展计划,提出更高的要求,为今后提升职务或担任更多更重要岗位的工作打好基础。通过评估,也可发现不称职、不合格的员工,为保证工作质量和服务质量,应调动或解聘其工作或职务。

(4)有助于改善员工和管理人员的关系

评估能够加强员工与管理者之间的双向沟通,促进他们的相互了解。认真、客观、公正的评估,能够对员工起到激励作用。但上级管理人员对下属带有偏见的、不够客观公正的评估,也会恶化员工和其上级管理者之间的关系,对日后工作的开展造成不利的影响。

2)评估的依据和内容

对员工评估的依据是酒店"岗位责任制"或"工作说明书"中对该岗位员工的基本要求(包括工作职责、标准、任务等)以及员工对岗位职责的履行情况。

评估的内容包括被评估者的基本素质、工作业绩、工作态度等:

- 专业知识
- 理解能力
- 语言能力
- 进取精神
- 责任感
- 工作的自觉性
- 工作数量
- 工作质量
- 服务态度(有无微笑服务)
- 礼节礼貌

- 仪容仪表
- 与上司之关系
- 与同事之关系
- 个人品德
- 考勤及守时
- 合作性
- 服从性
- 工作能力
- 其他

对于上述内容,在考核时,可以根据其重要性的不同,给予不同的权数进行打分,以全面、客观地反映该员工的整体素质。

3)评估的程序和方法

(1)填写评估表

对员工的评估通常为每年一次,评估的表格一般由酒店统一设计和印制(表4.10)。为了为年度评估提供依据,使年度评估更为准确,同时也为了进一步激励员工努力工作,客房部也可以对员工进行月度评估,月度评估的形式和内容以简单为宜。

表 4.10　员工工作表现评估表

EMPLOYEE PERFORMANCE EVALUATION REPORT

员工表现评估报告

To be completed two months after the employee's staring date,transfer date or promotion date. 由部门经理在员工上任、调转或升职两个月后完成。 Name of Employee 员工姓名：　　　　　Employee Number 员工号： Position 职位：　　　　　　　　　　Department 部门： Hire Date(New Employee) 聘用日期(新员工)： Promotion/Transfer Date 提升/调转日期：		
1.INDUCTION AND TRAINING 入职培训		
1.1　Outline the efforts which have been made to induct and train the employee in this new position.	简述对新员工入职所做的引导及培训	
1.2　Outline the employee's response to the training given.	简述员工对所做培训的反应	
2.WORK PERFORMANCE 工作表现		
2.1　Job Knowledge Does this employee understand and recognize the specific duties?	业务知识 该员工是否懂得工作的具体任务和责任？	
2.2　Job Interests How much enthusiasm has this employee shown in the job?	工作兴趣 该员工对工作表现出多少热情？	
2.3　Job Performance Is the quality and quantity of work up to the standard expected?	工作表现 该员工的工作质量和数量是否达到所期望的标准？	

续表

2.4	Job Attitude Is this employee responsive to suggestions and instructions? Does he/she cooperate willingly and work well with others as a team?	工作态度 该员工对建议和指示是否作出反应？是否愿意同别人在工作中合作？	
2.5	Ability To Learn How fast does this employee understand and follow instructions within a given time period?	学习能力 在指定的时间里，该员工理解和执行指示有多快？	
2.6	Adaptability Is this employee able to meet changed conditions with ease and accept them willingly?	适应能力 该员工是否能轻松地适应变化了的情况并愿意接受变化？	
2.7	Personal Grooming/Appearance	仪容和仪表	
2.8	Attendance & Punctuality	考勤及守时	
2.9	Conduct	品行	
3.SUITABILITY 适用度			
3.1	Comment on the suitability of the employee for this job and for the Department.	对员工是否胜任工作及所在部门进行评估。	
3.2	If you consider the employee suitable for passing probation explain why.	如果您认为此员工可以通过试用期,请阐明原因。	
3.3	If you consider the employee unsuitable for the position what?	对您认为不称职的员工您如何打算？	
4.GENERAL COMMENTS 全面评估			
	In addition to the remarks you have made, list areas for performance improvement which have been discussed with and agreed to by the employee. 请您在对员工所作评估之外,通过与员工讨论并争得员工同意,列出该员工需要在哪些方面进行改进。		

5.PROBATION RECOMMENDATION—New Employee Only　试用期意见——只用于新员工	
I recommend that this employee's employment,as discussed above, □ be terminated prior to the expiry of the probationary period as he/she does not meet our minimum requirements; □ be extended for a further ＿＿＿＿＿ days to allow us to more full evaluate him/her; □ be ratified,and he/she be confirmed as a permanent employee of the Shangri-La; 如上所述,我建议对此员工的聘用 □ 由于其不符合我们的最低要求应在试用期满之前终止合同。 □ 再延期　　　　日后再作评估。 □ 批准正式为××××的雇员。	
6.THE EMPLOYEE'S COMMENTS:员工意见	
      　　　　　　　　　　　　　　　　　　　　　　Signature 员工签字	
7.AUTHORIZATION 批准	
Immediate Supervisor's signature ＿＿＿＿＿＿＿ 直属督导签字 Date ＿＿＿＿＿＿＿ 日期	Division Head Approval ＿＿＿＿＿＿＿ 部门经理批准 Date ＿＿＿＿＿＿＿ 日期

Please return to the Human Resources Department no later than 14 days before the expiry of a new employee's Probationary period.

请在新员工试用期满前 14 天将此表交还人力资源部。

　　为了使评估更加客观、准确,可以采用定性和定量相结合的方法。比如,可对上述评估表中的每个项目确定权重,对 A、B、C、D、E 不同档次,确定不同的分值,最后加总,就可得到该员工的整体评估分,再按照总评分的多少划分为不同的档次,作为月度或年度奖励的依据。

　　(2)评估面谈

　　评估表填写好以后,评估者(部门经理或主管)要与被评估者进行面谈,就评分表上的各个项目及评分情况逐条向被评估的员工解释说明。被评估者可以在面谈时对他的评估意见提出不同的看法,并与评估者进行深入的讨论。如不能取得一致意见时,可由人事部约见该员工,听取其意见,并作适当的处理。

　　另外,为了取得良好的面谈效果,评估者应当掌握一些面谈的方法和技巧:

　　●批评应注意对事不对人,切不可进行人身攻击。

　　●尽量不要涉及其他员工,尤其不要在面谈的员工面前批评其他员工,以免人为地制造矛盾和员工之间的不团结。

● 面谈时要集中精神,注意聆听职工的谈话,以便建立起双方相互信任的沟通渠道。面谈时心不在焉,会使员工对评估者的诚意产生怀疑,继而失去信任。

● 谈话的用词要合适,尤其是在对职工进行批评时,必须注意选用恰当的词汇。切忌在被评估者情绪激动时,对其提出对抗性的指责,以免双方情绪对立而使面谈无法进行。

● 评估应该实事求是,当被评估者对评估结果感到不满意时,应向职工解释清楚。如属必要,可以修改评估结论并再作讨论。

● 面谈过程中,要强调职工的长处,即使是表现欠佳的职工在结束面谈时也应该用积极的话语加以鼓励。但是,对于职工的不足之处,也应该严肃地向他指出。

● 评估者应该极力创造轻松和谐的面谈气氛,以利于双方的自由沟通。

4) 评估注意事项

(1) 评估必须客观、公正

评估者对评估工作必须严肃认真、客观公正,以日常考核和员工的工作表现为依据,绝不能主观臆断,凭印象或个人好恶进行。

(2) 注意选择面谈地点

与被评估者进行面谈时,选择的地点要安静,不受其他人或各种噪声的干扰。

(3) 鼓励对话

评估过程本身就是为酒店经营管理活动提供反馈信息的途径和上、下级之间的沟通渠道。单向性的评估容易引起职工的不满,最终使员工的工作情绪与评估的宗旨背道而驰。因此,与被评估者面谈时,应当鼓励被评估者提不同意见或看法,而不能压制。

(4) 不能有报复思想

评估的目的是向被评估者实事求是地指出缺点,提出改进的方法和努力的方向,热情地肯定优点,提出发展要求和希望。切忌将评估当成整人的"秋后算账"。有些管理者平时对员工工作中出现的缺点和毛病,不及时指出和提出善意的批评,而是积累起来,在评估时进行"秋后算总账",这样做是极其错误的,难以实现评估的目的,无法对员工起激励作用。

本章小结

➢ 客房部人力资源管理的主要内容包括员工的招聘、培训、使用、激励、考核和评估。其中,做好员工培训具有重要意义。

➢ 为了使培训工作取得成效,客房部培训工作应该坚持长期性、系统性、层次性、实效性和科学性的原则,同时要做好培训的考核和评估工作。

➢ 客房员工的培训还应包括对新员工的入职指导(New Employee Orientation)。这是一项非常重要而又常常被管理者忽视的管理工作。入职培训通常包括两方面的内容,即酒店介绍(General Property Orientation)和具体工作指导(Specific Job Orientation)。

➢ 客房部管理人员还必须实施并加强对员工的日常考核和定期评

估工作。否则,将会出现有令不行、工作涣散、服务质量恶化的状况。

➤ 员工激励是提高客房工作数量和工作质量的重要手段。客房员工的激励与其他部门员工的激励有共性,也有其特殊性,客房管理人员应该探索有效的客房员工的激励方法。

➤ 作为有效的管理者,客房管理人员还应在工作中不断地学习、总结和掌握管理艺术,这会使你的管理工作更加轻松、有效,使你的上下级关系更为融洽,使你所管理的团队更具有凝聚力。

复习思考题

1.客房管理人员应该掌握哪些管理艺术?

2.如何培养员工的服务意识?

3.对客房部员工进行培训的意义表现在哪些方面?

4.简述对客房部员工进行培训的内容与类型。

5.如何对新员工进行入职指导?

6.如何制订培训计划?客房部员工工作评估的依据和内容有哪些?

7.试述客房部员工工作评估的程序和方法。

8.如何对客房部员工进行激励?

【案例分析】

这样的激励方法,管用吗?

上海一家酒店,为了激励员工,决定"把每天的入住率通报都贴在员工食堂门口,让全饭店人都关注饭店的营收。甚至连员工食堂的阿姨也知道,需要让每一名宾客满意,酒店才会有回头客,才会有较高入住率,大家才会有奖金发。"

对张榜公布入住率,管理层也曾犹豫过。有人担心说,若入住率只有30%,贴出来有点儿难看,不利于鼓励士气。但酒店高层态度非常明确——当全体员工都有忧患意识之时,就是饭店勇往向前之时。正是人人关注饭店营收,每位员工也就成为了关注宾客满意度的"大堂经理"。

问题:你认为酒店这种激励方法管用吗?

【补充与提高】

新员工入职指导检查表

为了重视对新员工的入职指导,使这项工作走向规范化,客房部管理人员或酒店可以设计一种"新员工入职指导检查表"(New Employee Orientation Checklist),发放给每一位新员工和负责进行入职指导的管理人员,以便确保完成所有入职指导活动(指导结束后,新员工和指导者都必须在表上签字)见下表。

New Employee Orientation Checklist
新员工入职指导检查表

New Employee Orientation Checklist
新员工入职指导检查表
Name of Employee _____   Position _____   新员工姓名   工作岗位   Department _____   Supervisor _____   部门   督导   请在表中方框内打"√",并在方框右边的短线上注明完成时期。

PART I:Introduction
 介绍
 □_____ Welcome to new position(give your name, find out what name the employee prefers to be called, etc.)
 欢迎到新的工作岗位(作自我介绍;问新员工如何称呼)
 □_____Tour of property
         参观酒店
 □_____Tour of department work area
         参观部门工作区域
 □_____ Introduction to fellow employees
         向老员工介绍新员工
 PART II:Discussion of daily procedures
 讨论日常工作程序
 □_____ Beginning/ending of work shift
         每一班的上下班时间
 □_____ Break and meal periods
         工间休息和用餐时间
 □_____ Uniforms
         介绍工作服
 □_____ Assignment of locker
         安排更衣柜

□_____ Employee meals(if any)

介绍工作餐情况

□_____ Parking requirements

员工车辆停放要求

□_____ First aid and accident reporting procedures

急救及事故报告程序

□_____ Time clock or"sign-in log"requirements

上班打卡及签到制度

□_____ Other

其他

PART III:Information about salary/wages

工资及奖金政策

□_____ Rate of pay

工资

□_____ Deductions

扣减情况

□_____ Pay day

工资发放日期

□_____ Overtime policies

加班政策

□_____ Other

其他

PART IV:Review of policies and rules

讲解酒店有关政策规定

□_____ Safety, fires, accidents

酒店安全/火灾/事故

□_____ Maintenance and use of equipment

设备的使用和维修

□_____ Punctuality

准时上班

□_____ Absenteeism

旷工的处理

□_____ Illness

病假政策

□_____ Emergencies

紧急情况的处理

□_____ Use of telephone

电话的使用

续表

☐ _____ Leaving work station
脱离工作岗位

☐ _____ Smoking/eating/drinking
工作时间抽烟/吃东西/喝饮料

☐ _____ Packages
酒店福利政策

☐ _____ Vacations
休假制度

☐ _____ Other
其他

PART V:Employee Handbook/Related Information
员工手册及有关资料

☐ _____ Received and reviewed
收到且已看过

☐ _____ Review of employee appraisal process
讲述员工工作评估过程

☐ _____ Review of organization chart
介绍酒店组织机构

☐ _____ Review of job description
讲述工作说明书

☐ _____ Review of department's responsibilities
介绍部门工作职责

☐ _____ Review of all benefit plans
介绍奖励计划

☐ _____ Discuss performance standards/expectations
讨论工作要求和标准

☐ _____ Discuss career path possibilities
讨论工作前途

PART VI:Miscellaneous
Orientation Procedures

其他项目 _____

_____

I certify that all the above activities were completed on the date indicated.
兹证明上述项目均已在指定日期完成。

Employee _____   Date _____
员工   日期

Supervisor _____   Date _____
督导   日期

酒店经理人对"经理的困惑"的答复

Re:如何让管理人员快速成长?

罗伟霖:古都文化大酒店副总监

①作为部门的管理人员要想快速提升自己,首先要对自己的工作充满激情,必须参加人力资源部组织的管理知识培训,必须精通本部门的业务知识。其次主管要给员工制订一个工作目标,要求员工在一定的时间内完成这个目标,这个目标必须具有可操作性,例如:部门的人力资源管理,部门的成本控制,要学会如何激励的员工,认可他们的工作,学会如何与主管、员工和客人沟通,做正确的事、正确地做事。

②主管要给你一些授权,让你有机会参与制订部门的计划与决策。你还必须熟知除自己部门之外的酒店产品知识,熟知如何处理客人投诉、如何组织有效的员工培训。关注互联网上有关酒店专业方面的资讯,了解国际国内酒店业的发展动态,利用假期或休息日到同类酒店去参观了解与自己部门相关的先进管理做法,借鉴利用其来提高自己部门的工作效率。条件允许的话也可以参加业内的专业知识培训,多和有成就的同行交流,取长补短,相互学习。

③学会作每月的工作计划和工作总结,从计划和总结当中发现自己哪些地方尚未考虑周全,以便在下一个计划当中规避风险,提高效率。

面对面观看西安古都文化大酒店罗伟霖总监谈:如何让管理人员快速成长?
方式一:请登录刘伟酒店网—院校服务—视频—如何让管理人员快速成长?
方式二:扫描以下二维码

面对面观看西安古都文化大酒店罗伟霖总监谈:如何让管理人员快速成长?

第5章
房务中心管理

　　房务中心是客房部对客服务的指挥和协调中心,要掌握和管理好客房状态(清洁、维修、停用及其他特殊房态)、处理房间消费(小酒吧、洗衣、租借、赔偿等)的记账、管理客房设备和耗品、统计服务员工作量等,并为客人提供物品租借、失物招领及特殊服务(送花、报纸、叫醒等)。

通过本章学习,读者应该能够:
- 了解房务中心的主要工作内容。
- 掌握房务中心与酒店其他部门沟通的内容。
- 掌握房务中心的管理方法。

关键词:房务中心;客房状态;客房消费;遗留物品
Keywords:Guest Service Centre, Room Status, Consumption, L&F(Lost & Found)

经理的困惑
——对于客人的遗留物品该如何管理？

　　客房员工在查房时，经常会发现客人的遗留物品，但是对于遗留物品的管理，各酒店有不同的做法，到底怎么样管理才算科学、合理呢？我比较困惑。首先，是遗留物品的保管问题。发现遗留物品应该保管在房务中心呢，还是像一些酒店一样，保管在前台或保安部？其次，发现遗留物品要主动通知客人来领取呢，还是被动地等客人来找？再次，是遗留物品的保存时间问题，是要长期保管，供客人来认领呢，还是要规定一个时间，超过这个时间段，则声明酒店有权自行处理？如果有固定期限，这个期限应该是多长？最后，遗留物品的处理问题。对于长期(或超过保管期限)无人认领的遗留物品，酒店应该如何处理？是酒店没收呢，还是发给拾获者？

5.1　房务中心

5.1.1　房务中心的职能

房务中心的主要职能如下：

1) 信息处理

　　凡有关客房部工作的信息几乎都要经过房务中心的初步处理，以保证有关问题能及时得以解决或分拣、传递。

2) 对客服务

　　由房务中心统一接收服务信息，并通过电话机、手机等现代化手段，向客房服务员发出服务指令。即使房务中心不能直接为客人提供有关服务，也可以通过调节手段来达到这一目标。

3) 员工出勤控制

　　所有客房部员工的上下班都要到此签名，这不仅方便了考核和工作安排，而且还有利于加强员工的集体意识。

4) 钥匙管理

　　客房部所使用的工作钥匙都集中于此签发和签收。

5) 失物处理

整个饭店的失物和储存都由房务中心负责,这大大方便了失物招领工作的统一管理,提高了工作的效率。

6) 档案保管

房务中心保存着客房部所有的档案资料,并必须作及时的补充和更新整理,这对于保持有关档案资料的完整性和连续性具有十分重要的意义。

为了及时了解和处理客房服务和管理中随时出现的各种问题,掌握宾客和员工的动态,客房管理人员,特别是主管,应将自己的办公室设在房务中心内。一些客房主管将自己隔绝起来,根本不管每天发生什么事情,也不知道宾客中、员工中每时每刻发生的各种各样的问题,这样不利于管理工作。

5.1.2 房务中心的运转

1) 房务中心员工的岗位职责

①接听电话,随时回答客人的提问,满足客人的要求。
②负责客房钥匙的收发。
③负责各组的签到。
④协助客人借还接线板、吹风机。
⑤随时接收、登记与包装遗留物品并每月清点上报客房经理。
⑥管理各种表格。
⑦向工程部提出维修请求,及时发送报修单。
⑧记录酒水使用情况,发放每日报纸。
⑨分派鲜花、报洗地毯。
⑩做好开门情况的记录。
⑪接听电话,完成上级交给的各项任务。
⑫负责服务中心的清洁工作。
⑬接待客人并尽可能满足客人的要求。
⑭做好各种交接及一切工作记录。

2) 房务中心的运转

房务中心 24 小时为客人提供服务。可设一名领班或主管负责日常事务。服务中心每天三班倒,根据酒店规模的大小和客房数量的多少,每班可设 2 位或 2 位以上接听电话及处理相应问题的服务员,另外,当然也要设相应的专职对客服务人员。

从某种意义上讲,客房服务中心的主要工作是接听客人有关客房服务需求的电话。因此,在客房服务中心工作的员工必须具备话务员的素质,能够用礼貌、悦耳的声音接听客人电话,回答客人问询。否则,必将影响服务质量,损坏酒店的形象。

【经典案例】

"你的声音听上去太硬……"

某年 5 月,因为身体的原因我从楼层调到了房务中心工作。初来房务中心时,我想自己在楼层工作五六年了,而房务中心也是客房部的,应该没什么问题。谁知,没多久主管就找我谈话了,非常委婉地对我说:"房务中心虽然只有简单的三部电话,但却像窗口一样反映了整个客房部的精神面貌,声音的把握和调节非常重要。你的声音听上去太硬、太直了。回去调整一下好吗?"

初听主管的话,我心里还挺疑惑,觉得不可能吧! 因为自我感觉蛮好的。回到家以后,我利用手机的呼叫拨号功能,把声音录下来听了一下。天哪,竟有一些"大老爷们儿"的感觉。知道自己的问题后,我就在业余时间利用手机不停地练习与调整。慢慢地我竟从中总结出了一些心得:①如果音调过高,会给人不成熟及情绪冲动的印象;②声音太弱,会给人不肯定的感觉;③语速过快,会降低客人的重视程度;④发出呼吸声,会让人有不稳重的感觉;⑤粗声粗气,会给人粗俗之感;⑥语调末尾上升会给人信心不足、有恳求他人的感觉;⑦声音颤动(有时因呼吸不规律而造成)会让人误认为你紧张或害羞。

而要想克服以上的问题,就要注意:

- 音调适中,不可过高或过低;
- 声音浑厚,不要很轻弱;
- 说话清晰,要毫不含糊;
- 要有节奏感,不单调。

当把这些心得运用到工作中以后,我再去询问主管的意见时,我从主管的微笑中已知道了答案。(刘郑红)

5.1.3　房务中心与各部门的沟通

1) 沟通的原则

客房服务中心是客房部的"控制指挥中心",很多工作内容需要与各部门的各个岗位进行沟通协调。

房务中心与其他部门、岗位的沟通与协调应遵循以下原则:

①当与对方无法沟通、协调时,应向其上一级主管沟通。当沟通协调的对象无法沟通、协调,如:服务员通知不到,信息阻塞、中断时,应向上一级领班沟通协调,领班沟通不到时,再向更上一级主管沟通,以此类推,直到沟通有效为止,并说明向更上一级沟通的原因,以免双方误会(与其他部门沟通也一样)。

②与对方沟通时,提供必要的帮助。沟通协调前,要尽量掌握对方的职责能力,并提供必要的帮助,以防对方事情处理不妥而引起麻烦。

③保持良好的沟通态度,心平气和,有耐心。无论任何情况,沟通的态度必须心平气和、有耐心,尽量多用"请"字、"谢"字和用商量的口吻,即使对方不耐烦,态度不好,也不要受其感染,仍然要保持冷静,以免事情向不好的方向发展。

④遇到沟通障碍时,先解决问题,不可推卸责任。遇到沟通协调的事情难以分清责任时,要先尽力解决,后报告上级进行区分,千万不要在有能力处理的情况下不处理或推卸责任。

2) 沟通的艺术

房务中心协调和沟通的对象很多,沟通讲究的是迅速、愉快。如何才能做到这两点呢?

首先,房务中心人员要把自己当作一名内务公关员来看待。面对各色各样的人物,为了达到沟通愉快、有效的目的,就得采取不同的应对手段。很多酒店的房务中心人员不要说有什么手段,在自身的心理素质这道门槛都还没有跨过,害怕、畏缩、妒忌、不服气、不愿受委屈、喜欢斗气、相互攻击、出言不逊、不耐烦、易受不良情绪感染等心理不健康因素还未能消除,房务管理者应该鼓励房务中心员工平时多看一些励志方面的书籍、资料,把沟通、协调的对象当客户看。

其次,要学习酒店的公关人员为了客户或相关人员的沟通畅顺、愉快,而采用了哪些基本、必要的公关手段,掌握这些手段,即便今后离开本职岗位,也会在自身的人际交往中受益匪浅。

3) 沟通的内容与方法

①房务中心与楼层的沟通、协调

客房服务中心与楼层同属客房部管理,相互之间沟通协调更是频繁、紧密。日常工作除了自身要提供直接信息给楼层,还要充当其他部门为楼层传递信息的"二传手"。具体而言,房务中心通常有以下事项需与楼层沟通协调。

a.要获得楼层实际房态时:发现前厅与服务中心计算机房态有差异时可呼叫楼层领班或服务员亲临房间进行检查核实。

b.客房维修、保养时:客房的工程维修事项、地毯清洗及各类坏房不能开出时,要详细记录,并通知相关人员前往处理(维修事宜下单通知工程部维修,地毯、沙发清洗通知PA部领班处理)。

c.前厅报C/I、C/O时:此时要立即记下对方的工号、房号、时间并立即通知楼层,不得延误。在C/O时要根据时间做相应的跟踪、跟催工作。

d.客房有遗留物品、损坏物品时:如果客人未离开酒店,应立即通知前厅派人至楼层将物品拿到前厅交予客人,不可延误并做好记录。如果客人已离开酒店则应立即通知领班交到服务中心登记保管,有损坏物品时,需立即记录并通知领班前往处理。

e.收到客人服务信息时:要问清客人的地点、房号、姓名、要求,并立即做好记录;马上通知该区域服务员提供服务;在规定的3~5分钟内需再确认一次此服务是否完成。

f.接到会议订单时:要根据订单时间、级别、要求、人数等通知楼层领班作茶、饮具(茶杯、杯垫、纸杯、纸巾、茶叶、茶壶、托盘、电热壶)及派员准备,通知PA领班作卫生、台、椅、派员等准备,会议结束时,要提醒领班检查会场。

g.接到 VIP 入住及特殊人员入住时:要通知楼层领班了解信息,按要求派发鲜花、水果、赠品并及时作检查、迎送、布置等工作。

h.天气变化,大风、阴雨、潮湿、闷热时:大风及下雨要提醒楼层员工关窗,提醒领班到酒店外围观察、检查在住客人的窗户及外挂物,并及时做好相关布置工作。

i.上级有关指令需通过房务中心传达到楼层时:应立即做好记录,通知到楼层员工和领班予以执行。

j.为楼层发放酒水时:要下午 3 点准时通知一名楼层领班到前厅收银台拿酒水消耗单,然后由两名楼层领班到楼层酒水仓按酒水单上所耗酒水领取、发放到各楼层,房务中心收回酒水单做当日酒水统计时,要进行核对。

②与前厅的沟通协调

a.房务中心接到前厅各类订单时:预览订单、表格上各个项目是否填写完整,了解各类注意事项后,在订单、表格上签名,并写上签名时间,然后归类挂在信息板上,根据时间、日期对相关人员作提示、布置。

b.前厅为客人查询遗留物品时:迅速查阅遗留物品登记本,根据客人反映的时间、品名、特征、检索登记本上的结果,如果检索到有此客人描述的物品,则按遗留物品处理程序进行处理;如果没有检索到此客人描述的物品,应请客人再稍等一下,向其他人员(如楼层领班、员工、主管)了解情况;如确实没有,则应向主管报告,同时请客人留下联系电话,待次日把主管的处理结果向客人反馈。

c.接到前厅送来的报纸、杂志时:点清数量并检查是否分类,然后签上时间、名字以作签收;在规定的时间内如没送来,应跟进并问明原因。

d.收到前厅送来房务中心需中转给客人的物品时:检查"中转"单上的物品名称、数量、双方客人姓名、留言、资料是否齐全,与实物是否相符,核实无误后签收、暂存(不明物品及违禁物品一律不得转递、暂存),再根据"单上"资料、时间通知领班作相应的转递处理。如果在注明的时间内未能中转到指定的对方,则立即反馈到前厅,由前厅联系客人请示意见。而房务中心对"中转"物品 3 天内无结果的,要暂存登记到客人的遗留物品簿,以便追溯并记下时间、工号、序号及有关内容。对 VIP 鲜花、水果、派送也属中转之例,应及时通知领班、主管跟进。

e.前厅向房务中心报 C/O、C/I 时:要求重述房号、工号给对方,以免听错,然后迅速通知楼层,在规定的时间内(3 分钟)如楼层没完成,则必须重催、跟进,以免延误客人时间而投诉。

f.接到入住紧张需要赶房的信息时:立即与楼层领班沟通,反馈房态情况供前厅参考,并通知主管组织人力跟进。

③与 PA 部的沟通协调

a.调拨或借送较多、较重物件时:呼叫 PA 领班提供协助,告知对方的沟通对象、地点、时间、所需人力等情况(此情况暂限于客房部本部)。其他部门有此现象需要协助时,可告知对方向本部门主管、经理沟通协调。

b.楼层及其他部门报洗地毯、沙发时:作好专用记录,把地点、性质转告 PA 部领班,经PA 部领班确认后,回复对方的处理时间和需要协助的有关事项。

c.接到有关区域来电求清洁的信息时：了解对方人物、地点、事物性质做好记录,立即把详情通知 PA 领班做好准备派员前往处理。若中班无领班,先通知楼层领班跟进,再直接通知 PA 员到达现场。

d.有会议或团体接待或团体用餐、上级来店检查、督导时：有会议接待时,提前通知 PA 领班按要求摆设台椅、借齐物件(如台布、围裙)备齐用品,搞好卫生间和会场卫生;团体用餐时则提醒餐厅洗手间岗位储水、重点清洁。上级或团队来店参观检查、督导等活动时,应提前提醒 PA 领班尽快搞好各岗位卫生,作好检查完善工作,作好重点岗位(大堂、外围、洗手间等)巡查保洁工作。

④与工程部的沟通协调

a.有会议接待时：根据会议要求,检查灯光、电器设备,通知工程部调试音响、麦克风,调试视听设备、悬挂横幅,开启空调设备,以保会议召开期间设备运转正常。

b.客房部维修项目：客房的维修项目,影响开房的要在当班时间内跟踪并提醒领班跟进后转 VC 房。让工程部尽快维修好并报告主管,以免维修房过夜。在住房产生的维修,要第一时间通知楼层领班和工程部前往查看维修处理;不能在短时间内解决的,要征求客人意见与前厅协商是否换一个房间,尽力满足客人。其他公共区域的维修,要及时传达到工程部,做好记录和跟踪。

⑤与餐厅的沟通协调

a.有会议接待时：有些会议安排餐厅服务员或大堂吧服务员,作茶水服务,借用围裙、台布等布置用品。房务中心要提前通知餐厅管理人员作好物品及派员准备。在会议召开期间该员工用餐及离岗时一定要通知楼层领班或主管调配人员顶替,方可让其离岗。

b.接到客人要求送餐的电话时：在餐饮营业时间内先建议客人参考服务指南中的点餐单,如没有合意的餐式,则可了解客人房号、贵姓,请客人稍等,说明马上派人为其点餐,并做好记录。立即打电话到餐厅,由餐厅派部长或致电到房间为客人点餐。5 分钟内再致电餐厅咨询此事是否办妥,客人用餐后立即通知餐厅人员前去收餐(无餐厅人员时可叫楼层服务员收出餐具)。如果客人未通知收餐具,应在送餐进去的 1 小时左右,致电该客人,询问什么时候方便可以进来收餐具。尽量在客人用餐后收出餐具、残羹,以防食物异味在房间过夜而影响环境。

⑥与保安部的沟通协调

a.接到楼层有醉酒客人的信息时：无论醉酒客人在通道上,还是在客房内,都应在接到此信息的第一时间把情况告诉保安部,由保安部派人上楼层协助楼层服务员和领班处理问题,保障员工的职业安全和客人安全。加强巡视以及预防破坏、消防事故发生。

b.接到楼层有闲杂人员逗留或房间内有聚会,人员过多或嘈杂时：通知保安部派人至该区域了解情况,对闲杂人员或嘈杂声要及时制止;房内聚会、人员过多要重点巡视管理,了解情形,防止安全事故发生。

c.深夜有客人叫女服务员进房服务时：在通知服务员的同时要通知保安部立即派人陪同服务员前去服务,服务员进房时,保安员可在门外一边观察,遇有客人关门而服务员仍在房内时,要婉言制止不让关门。服务员服务完毕后,方可让保安员离开。

⑦与财务部的沟通协调

a.酒水统计报表与房态表:每日上午 10 点前房务中心核实此两项报表呈送财务部,对财务审计出的问题,要认真解答并找出原因给予修正。

b.请购物件和领料时:下请购单要列明物品的规格、生产商、数量、使用部门,对可能混淆的物品要在备注栏内说明清楚,并与采购沟通,对紧用物品在 3 天内未购回的,要询问采购原因并上报本部门经理,以免误事。

c.物资、酒水报损事宜:食品酒水过期时提前一个月撤出,提醒楼层每月 1—3 号做此项工作,过期未撤出报损的,由楼层负责按进货价认购。物资破旧不能用时,每月 5 号前集中写报损单经部门经理核实,签署后交副总认可,然后由财务派人鉴定,对报损后另作他用的应打上"已报损"标志,并与其他物资分开,以免混淆。报损后作废品处理的,在盘点报表相应栏作消数处理。

【经典案例】

叫醒失误的代价

小杨是刚从旅游院校毕业的大学生,分配到某酒店房务中心是为了让他从基层开始锻炼。今天是他到房务中心上班的第二天,轮到值大夜班。接班没多久,电话铃响了,小杨接起电话:"您好,房务中心,请讲。"

"明天早晨 5 点 30 分叫醒。"一位中年男子沙哑的声音。

"5 点 30 分叫醒,是吗? 好的,没问题。"小杨知道,叫醒虽然是总机的事,但一站式服务理念和首问负责制要求自己先接受客人要求,然后立即转告总机,于是他毫不犹豫地答应了。

当小杨接通总机电话后,才突然想起来,刚才竟忘了问清客人的房号! 再看一下电话机键盘,把他吓出一身冷汗,这部电话机根本就没有号码显示屏! 小杨顿时心慌了,立即将此事向总机说明。总机告称也无法查到房号。于是小杨的领班马上报告值班经理。值班经理考虑到这时已是三更半夜,不好逐个房间查询。再根据客人要求一大早叫醒情况看,估计十有八九是明早赶飞机或火车的客人。现在只好把希望寄托在客人也许自己会将手机设置闹钟进行叫醒。否则,只有等待投诉了。

早晨 7 点 30 分,一位睡眼惺忪的客人来到总台,投诉说酒店未按他的要求叫醒,使他误了飞机航班,其神态沮丧而气愤。早已在大堂等候的大堂副理见状立即上前将这位客人请到大堂咖啡厅接受投诉。

原来,该客人是从郊县先到省城过夜,准备一大早赶往机场,与一家旅行社组织的一个旅游团成员会合后乘飞机出外旅游。没想到他在要求叫醒时,以为服务员可以从电话号码显示屏上知道自己的房号,就省略未报。

酒店方面立即与这家旅行社联系商量弥补办法。该旅行社答应让这位客人可以加入明天的另一个旅游团。不过,今天这位客人在旅游目的地的客房预订金 270 元要由客人承担。接下来酒店的处理结果是:为客人支付这笔订金,同时免费让客人在本酒店再住一夜,而且免去客人昨晚的房费。这样算下来,因为一次叫醒失误,导致酒店经济损失共计 790 元。

点评：

因为一次叫醒的失误，酒店竟为此付出790元的代价，可谓"花钱买教训"！

由本案得出的教训和应采取的改进措施有三条：

一是缺乏岗前培训（或培训不到位）。所有新入职的员工，都应该接受部门安排的严格的入职培训，使其掌握部门服务程序、操作标准和规范。

二是所有"新手"上岗，都应当由"老员工"或领班带班一段时间，关注他们的工作情况，包括哪怕接一次电话的全部过程。比如与客人对话是否得体、完整，是否复述、是否记录等。必要时要做好"补位"工作。

三是所有接受客人服务来电的电话机都必须有来电显示屏，并有记忆功能。这样既利于提高效率、方便客人，也可防止类似事件的发生。

5.2 房态的控制与统计

5.2.1 房态控制

客房部所管理的房态主要包括客房的清洁状态、维修房、停用房、辅助房态、差异房态等（图5.1）。

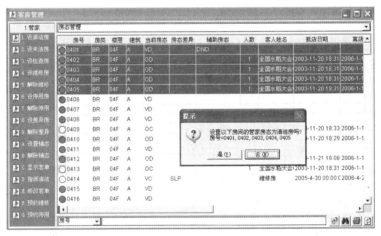

图5.1 房态的管理

①设置清洁状态房态：客房的清洁状态分为清洁、未洁和已检查房三种。

②设置和解除维修房：如需维修某个房间，则可将其在计算机上设置为维修房；维修结束后，可用"解除维修"指令解除维修。

③设置和解除停用房：由于种种原因需要停用某个房间时，可通过计算机将其设置为停用房，并输入预计复用日期、停用类别、停用原因等。

④设置和解除差异房态：当前台计算机系统记录的房态与客房部查证的房态不一致时，出现了差异房态（Room Discrepancy），又称矛盾房。

- 当前厅为占用房、管家为空房时，称为 SKIP 房(走单房)
- 当前厅为空房、管家为占用房时，称为 SLEEP 房(睡眠房)

房态差异主要是由于前台对客人抵店和离店未及时进行计算机操作，或者真的出现了客人逃账或者未通知前台而出现的酒店自用房。

通常，对于前台的空房，差异房态标记为 SLP；对于前台的住客房，差异房态标记为 SKP。

解除差异房态时，在房态管理视图中，选中已标记为 SLP 或 SKP 的矛盾房，单击命令区中的"解除差异"即可恢复为正常的一致房态。

⑤设置辅助房态：辅助房态用于辅助说明客房的特殊状态，例如请勿打扰 DND、双锁房 DL、携少量行李 LB、外宿不归 SO 等，在管理上提醒要特殊关注，一般对在住客房指定辅助房态较多见，对于有轻微故障的坏房，在客房紧张时可以标示为可以出售的"毛病房"，以区别于不能出售的"维修房"(图 5.2)。

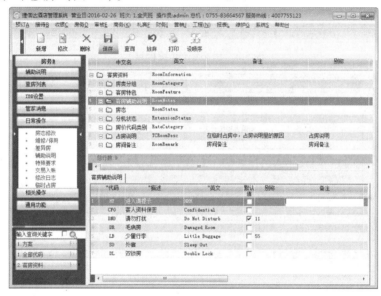

图 5.2　设置辅助房态

5.2.2　房态统计

1)按建筑和楼层统计

客房计算机管理系统可以按建筑和楼层统计 VC、VD、VI、OC、OD、OOO、OOS 等各种房态的实时房数，这种统计可用于安排客房服务员做清洁工作(图 5.3)。

2)按房类统计

除了按楼层统计以外，还可以按房类统计当前各类房态的房数(图 5.4)。

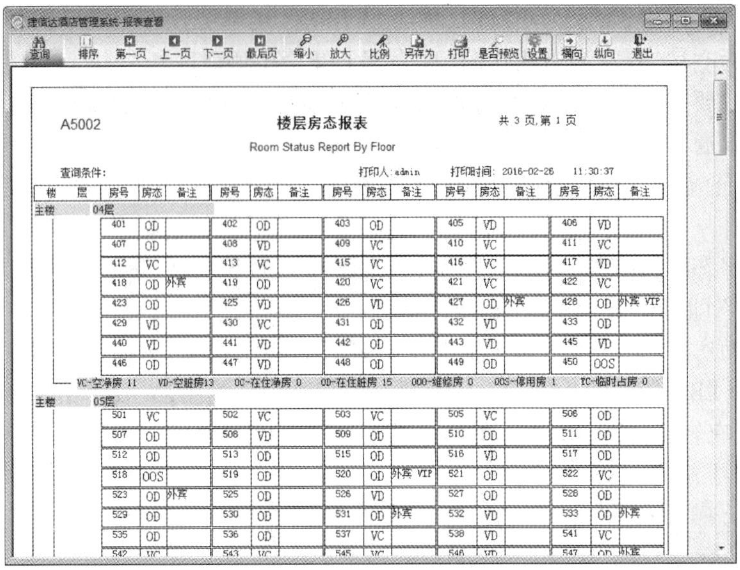

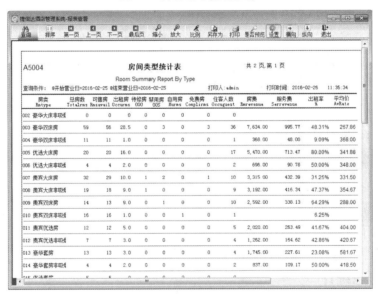

图 5.3　房态统计（按楼层）

图 5.4　房态统计（按房类）

5.3　客房消费与在住客人查询

5.3.1　客房消费

客房消费项目包括小酒吧等（图 5.5）。

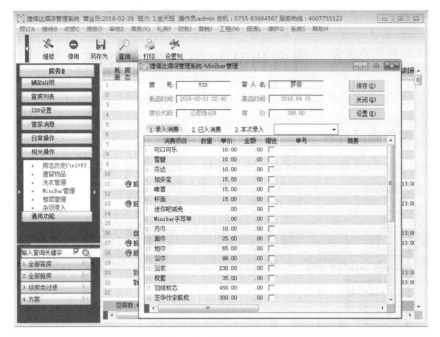

图 5.5　客房消费项目

5.3.2　在住客人查询

在管家的在住客人视图中,可以查询在住客人,并且可以穿透查询详细的客单资料和客历档案(图 5.6)。

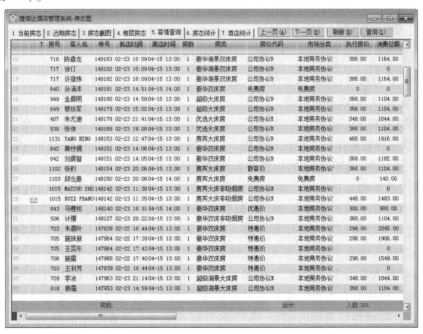

图 5.6　在住客人查询

5.4 遗留物品与租借物品管理

5.4.1 遗留物品管理

客房部要负责登记客人遗留物品的拾获情况、处理情况、认领情况(图 5.7)。

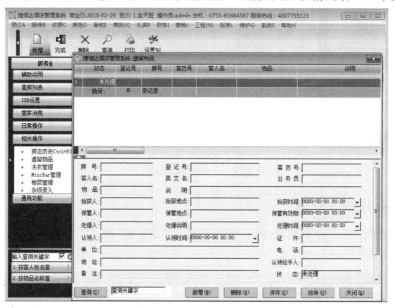

图 5.7 遗留物品管理

客房员工在查房时,经常会发现客人的遗留物品。对于客人的遗留物品,酒店方面要通过相应的制度保障,加以妥善处理。

通常,客人遗留物品应该由客房部统一管理,酒店内客人遗留物品通常主要来自客房,因此由客房部统一保管在操作上也比较方便。服务员在查房时若发现遗留物品,应在第一时间(争取在客人退房前)通知到前台,以便客人及时领回物品。

对于客人遗留物品是否应主动送还给客人,以洲际为代表的欧美酒店和以香格里拉为代表的亚洲酒店有不同的处理方法。欧美贵族式服务酒店主张应将遗留物品主动迅速送到客人手中,甚至形容为当某客人旅游完刚入家门,即遇到所入住酒店行李生搭乘火车将他遗失的物品亲自送至客人家中,令客人无比愉悦,享受"尊贵之体验"。亚洲式管理的酒店要求 L&F 通常等待客人自己主动索取,经核实后退送,原因简单到可以解释为回避客人之隐私或不悦,如果此遗留物对客人真的非常重要的话客人会回电查询的,为送还遗留物而擅自联系到他的家庭/公司或预订系统的做法,极可能引起不悦及不必要的事情发生。例如,许多客人不愿公开自己入住酒店的行踪、行程、私人活动等。

当然,如果客人离开酒店不久,酒店就应尽量主动联系客人,而非坐等客人回来找,这不仅能够尽量减小客人的损失,也可在很大程度上减少客房部文员的工作量。

对于不能及时归还给客人的物品保管问题,酒店通常分为食品、药品、普通物品以及贵重物品几大类,分别有不同的保管期限。如食品类通常为 3 天,统一放置于客房部的大冰箱,无须入库;药品则为一周;部分酒水类归入贵重物品,通常 6 个月进行一次处理。

每年年末将所有已过领取期限的而无人认领的遗留物品列出清单,重新盘查贵重物品并提交管理层审议,可捐献或发给拾获者,也可在员工活动中进行拍卖或抽奖。

5.4.2　租借物品管理

除了遗留物品以外,客房部还要负责登记客人租借物品及归还情况(图 5.8)。

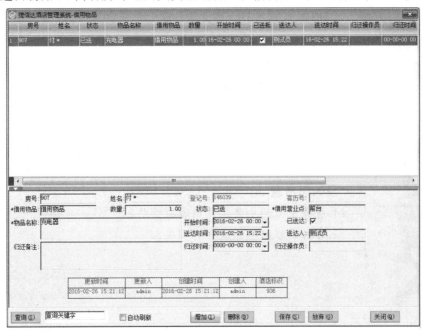

图 5.8　租借物品管理

租借物品通常由房务中心统一管理,客房部为客人提供的租借物品通常包括以下内容(表 5.1)。

表 5.1　客房租借物品

茶具(Tea Set)	吹风机(Hair Dryer)
电熨斗(Iron)	剪刀(Scissors)
烫衣板(Ironing Board)	指甲刀(Nail-Clippers)
充电器(Charger)	各类枕头(Pillow)
调压器(Adaptor)	活动衣架(Hanger)
插线板(Socket)	计算机音箱(Sound Box)

本章小结

▷房务中心是客房部对客服务的指挥和协调中心,主要包括:对楼层服务人员的调配;客房状态的控制与统计;客房消费与在住客人查询;客人遗留物品与租借物品管理等。

▷客房部管理的房态主要包括客房清洁状态、维修房、停用房、辅助房态、差异房态等。客房员工除了要设置清洁状态(分为清洁、未洁和已检查房3种)房态以外,还要学会设置和解除维修房、停用房、差异房等,特别是要做好差异房态的管理。另外,做好辅助房态的设置——用于辅助说明客房的特殊状态,例如,请勿打扰DND、双锁房DL、携少量行李LB、外宿不归SO等。

复习思考题

1.房务中心的主要工作内容有哪些?

2.客房的租借物品通常有哪些?

【案例分析】

如果可乐过期了,我该怎么办?

昨晚,值班,23点。

我正开开心心地在酒店经理人网站的论坛上看帖。

突然前台服务员对我说:1110房间客人声称其房间冰箱内的可乐过期了,他喝完觉得肚子痛,并扬言要打话到电视台把我店曝光。

客房部会在客人退房查房时非常仔细地检查其房间内的酒水,每日也都会有领班检查房间内是否有过期饮料。而且每星期客房部都会检查客房内和库存酒水有无时间长的,有就会发给餐厅,因为那儿的出货量较大。再一个就是可乐的保质期是18个月,在这么长的时间里经过这么多次检查,出现过期可乐很难。

为了给自己争取思考的时间。我让前台服务员和客人讲值班经理现在不在,她会马上设法联系到值班经理,并且如果方便的话值班经理会亲自到您的房间处理此事的。客人应允。

先去客房部,看看自己家的可乐都长的什么样子。发动客房部所有当班人员检查出厂日期。发现基本上出厂日期都是 2004 年以后的,最早的是 2003 年 9 月和 10 月的,并且已寥寥无几。

在去其房间的途中,心里还在盘算着如果可乐真的过期了,我该怎么处理……

1110 房间,两个大汉 VS 我。

没想到接过客人手中表面已被刮得很花的底部已严重凸起的可乐就露出一个惊喜的表情。出厂日期 2002 年 10 月 30 日,保质期 18 个月——到 2004 年 4 月 30 日。没,没过期。顿时觉得自己身形高大了不少。

"先生,可乐没有过期。"

客人甲从我手中拿回可乐"怎么没过期,你算算……那也快到期了。"

"要不我给您换一瓶。"我欲把可乐拿走。

客人乙把可乐拿在手里"你走吧,我要给电视台打电话,什么破酒店"……

从楼上下来后我一直在想——如果可乐真的过期了,我该怎么办呢?

【补充与提高】

管理:制度比敬业更重要
——客人找不到东西的现象再也没有发生过

在一家酒店里,一位员工接到一位台湾客人的电话,说自己不慎在酒店里遗落了一包回家祭祖时从祖坟上带来的泥土,这包故土对于他来说非常珍贵,请工作人员一定要帮他找到。这位员工翻遍酒店所有的垃圾袋,最后找到了那包泥土。毫无疑问,那位台湾客人自然非常感激。

可有一次,我问一酒店的经理:"你们酒店发生过类似的事情吗? 如果有的话,你们的员工又是怎么做的呢?"

经理摇了摇头,笑呵呵地说:"我们的酒店从来不会发生这样的事情。"

很奇怪,我问:"难道你们从来没有遇到过丢了东西的客人吗?"

他回答说:"怎么会没有呢? 不过,我们酒店有规定,在客人退房以后,服务员如果发现客人遗落下来的东西,一律要保存。不管值不值钱,哪怕只是一张废纸,也要完整无缺地保存下来。少则 3 天,最长保存一年。这样做的目的,就是怕无意中扔掉客人有纪念意义的东西。"

他们的做法非常好。我接着问:"你们是怎么想到要出台这样一个制度的?"

经理回答说:"刚开始时,我们也没有这样的制度。每次碰到遗落东西的客人,负责客房部的经理就得挨个问、一遍遍地找,有时还因为找不到而引起客人的不满。有了几次这样的经历后,客房部经理就向高层递交了一份报告,大意是说,与其等客人丢了东西再去寻找,不如先把客人遗留下来的东西保留一段时间,这样既显示出对客人的尊重,也给酒店的工作人员节省了精力和时间。"

"酒店采纳了客房部经理的建议,专门腾出一个房间做保管室,将客人遗留下来的东西进行编号保存。这样的制度一出台,客人找不到东西的现象就再也没有发生过。工作人员可以有把握地对需要寻找失物的客人说:'请您放心,只要是遗落在我们酒店的东西,我们都已经为您妥善保管好了。'这种做法赢得了很多客人的心,也为酒店带来了良好的口碑。"

同样是对待客人遗落物品的问题,两相比较,前面所讲的那家酒店员工的表现诚然让人感动,但毫无疑问,他们的管理者并没有做到位,因此才让问题一再发生。而提出建立客人遗留物品保管制度的客房部经理,才是一流中层的做法。这个案例给很多管理者一些很好的启示:

第一,只有制度化,才有规范化和专业化。执行只有在制度的保障下才能到位和高效。

第二,当问题出现时,员工所想的可能是现在如何解决它。作为一位管理者,应该想到如何彻底解决它,让类似的事情再也不要出现,这时候,就需要有制度上的保证。

酒店经理人对"经理的困惑"的答复

Re:对于客人的遗留物品该如何管理?

Robert Zhou:香格里拉大酒店行政管家

①主张由客房设立L&F中心统一收存发放。因为他们的运行环节最少,这样也就最清楚入住期间房间发生的一切,所以能更迅速、有效地作出连贯的链接和及时的反馈及行动。

②关于遗留物品的处理方法,很多酒店做法不一:欧美贵族式服务酒店主张应将遗留物品主动迅速送到客人手中,甚至形容为当某客人旅游完刚入家门,即遇到所入住酒店行李生搭乘火车将他遗失的物品亲自送至客人家中,令客人无比愉悦,享受"尊贵之体验"。亚洲式管理的酒店要求L&F通常等待客人自己主动索取,经核实后退送,原因简单到可以解释为回避客人之隐私或不悦,如果此遗留物对客人真的非常重要的话客人会回电查询的,为送还遗留物而擅自联系到他的家庭/公司或预订系统的做法,极可能引起不悦及不必要的事情发生。例如,许多客人不愿公开自己入住酒店的行踪、行程、私人活动等。

③通常物品3个月(非包装保质期食品除外)的固定期限,贵重物品6个月,现金/卡等由财务部保管。

④无人认领的物品,酒店判断有价值的物品将赠送给慈善部门或拾获者。

James Kong：上海锦江汤臣洲际大酒店行政管家

有关客留物品，不同酒店可能有不同的政策和规定，但本人主张如下：

①普通客留物品由客房部保管，不主动追溯客人，期限为 3 个月（食品和有保质期的物品除外；已申领物品除外），有价值的通用物品超过保存期后赠送给拾获者，其余的集中丢弃处理。

②贵重物品经客房部登记后交由前台保险箱存放，由保安和前台合作开启，由 GRO 主动追溯客人，每月核对，保留期一年，过期后也发放给拾获者（特殊物品除外，如证件、银行卡、现金等），或酒店管理当局决定处理方式。

③此种做法的理由和原则是：

第一，发放给拾获者是鼓励拾获者在第一时间上交。

第二，让客人找回不慎遗落的物品。

第三，贵重物品的多方联合保存是确保其安全的一种方法。

凡不符合以上原则的行为，将视作违反规定并不予赠送给拾获者。遵守该原则的拾获者将可以得到酒店方面的奖励。

第6章
客房服务质量控制

　　将VIP客人的头像与酒店融为一体,制作成精美的画框摆放在客人下榻的房间,这是东莞三正半山酒店真正"触动客人心灵"的酒店客房VIP接待服务。

　　酒店客人大部分时间是在客房度过的,因此,客房服务质量在很大程度上反映了酒店的服务质量。服务质量管理是客房管理的是三大任务(服务、卫生、安全)之一。客房部应通过建立适当的服务组织模式和有效的激励机制,鼓励员工为客人提供热情、主动、高效、个性化的服务。

通过本章学习,读者应该能够:
- 了解客房服务项目及其服务规程。
- 掌握提高客房服务质量的途径。
- 学会对客房服务和管理中常见问题的处理方法。

关键词:服务项目;服务质量
Keywords:Service Items,Quality of Service

经理的困惑

——客人的要求合理吗？

某日，入住我们酒店 1808 房的客人张先生头天登记时提出需要酒店 7 点钟叫醒他，以免贻误飞机航班。早晨 7 点整，房务中心文员小孙根据前台下达的 Morning Call 通知单，准时给张先生打叫醒电话。可能是张先生旅途劳累，睡得太沉，打了几次都没人接，于是，小孙便通知楼层服务员前去敲门提醒。楼层服务员来到房门口，看到门上悬挂着"请勿打扰"的牌子，便一声不响地回到了自己的岗位。

8 点多钟，客人一觉醒来，发现已经耽误了航班，不禁大发雷霆，马上向大堂副理投诉酒店叫醒服务不及时、不到位，给他造成了一定的经济损失，要求酒店赔偿。作为客房部经理，我该怎么办？客人的要求合理吗？

6.1　客房服务项目及其服务规程

6.1.1　客人住店期间的服务项目及服务规范

1) 客房小酒吧(Mini-bar)

为了方便客人，大部分酒店都在客房内安放了冰箱，一些高档酒店还在客房内设有小型吧台(图 6.1)，以向客人提供酒水、饮料和一些简单的食品。

为了加强对这些食品和饮料的管理，饭店应设计一份记有冰箱内(或吧台)食品、饮料的种类、数量和价格的清单，并要求客人将自己每天饮(食)用的食品、饮料如数填写(表 6.1)。酒单一式三联，第一、二联交结账处作为发票和记账凭证，第三联作补充酒水食品的凭证。

客房服务员每天早晨对其进行盘点，将客人实际饮用的数目通知前台收款(Cashier)处，随后，对冰箱中所缺饮料予以补充。

提供客房小酒吧服务时，客房服务员应注意以下事项：

图 6.1　客房小酒吧

①如发现客人使用过小酒吧时，应核对客人新填的酒水耗用单。

②如客人填写有误,应注明检查时间,待客人回房时,主动向客人说明并更正;如客人没填写,应代客补填并签名和注明时间。

③如客人结账后使用了小酒吧,应礼貌地向客人收取现金,并将酒单的第一联作为发票交给客人,收取的现金连同酒单的第二联记账凭证及时交给结账处。

④领取和补充小酒吧的酒水和食品时,要检查酒水的质量和饮料、食品的有效保质期。

有些高级饭店对客房内的冰箱采用计算机管理,当客人从冰箱里取出一瓶饮料后,冰箱内的开关信号将指示机器驱动,结果将使总服务台收款处该客人账单上的账目自动增加。但这种装置也有缺点,譬如,客人取出一瓶啤酒后,发现商标不中意,便放回原处,但这时计算机已经记下了这瓶啤酒的账。

表 6.1　客房迷你吧酒水单
Mini Bar Voucher

Guest Name(姓名)：＿＿＿＿＿＿＿＿

Room No.(房号)：＿＿＿＿＿＿＿＿

Date(日期)：＿＿＿＿＿＿＿＿

STOCK 储量	ITIEM 品名	UNIT PRICE 价格 RMB	CONSUMED 消耗数量	AMOUNT 金额
2	Martell VSOP　金牌马爹利	28.00		
2	VSOP Remy Martin　VSOP 人头马	28.00		
2	JW Black Label　黑牌威士忌	38.00		
2	JW Red Label　红牌威士忌	38.00		
2	Gordon's Dry Gin　哥顿毡酒	28.00		
2	Grant's 格兰威士忌	38.00		
2	Imported Beer　进口啤酒	15.00		
2	Juices　各式果汁	8.00		
2	Coca Cola　可口可乐	8.00		
1	Sprite　雪碧	8.00		
2	Watson's water　屈臣氏蒸馏水	8.00		
2	Chocolate　巧克力	20.00		
4	Mineral Water(Imported)进口矿泉水	20.00		
1	Local Beer　本地啤酒	8.00		
2	Wine　葡萄酒	25.00		

第一联：客户(白)　第二联：前厅(红)　第三联：存根(黄)

Please indicate daily the number of items you have consumed and kindly sign this form and leave it on your mini bar.The amount will be added to your room account.

请将您每天消费的饮料记入本账单并把账单放在吧台上收费金额将记入贵账户。

＿＿＿＿＿＿＿＿＿＿　　　　　　＿＿＿＿＿＿＿＿＿＿

Guest Signature　　　　　　　　　　　Room Attendant

2) 房膳服务(Room Service)

房膳服务在欧美国家旅馆业中称为"Room Service",它是指应客人的要求将客人所点之餐饮送至客房的一种餐饮服务。常见的房内用餐有早餐、便饭、病号饭和夜餐等项目,其中以早餐最为常见。

提供房膳服务时,酒店要设计专门的房膳服务餐牌,摆放在床头柜或写字台上,上面标明房膳服务电话号码。另外,提供房膳服务,通常要收取20%~30%的服务费。

房膳服务的方式有好几种。在一些大饭店里,这项服务是由餐饮部负责的,餐饮部设有房膳服务组,由专职人员负责提供房膳服务,在另外一些饭店,房内用餐则是由餐厅服务员送到楼层,再由楼层服务员送进客房,采用这种服务方式的饭店,要求客房服务员必须熟悉菜单,并掌握一定的餐厅服务技能。

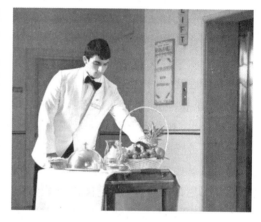

房内用餐可以用托盘提供,也可以用餐车送上(图6.2),这要视所送餐食饮料的多少而定,如用餐车送餐,要小心谨慎,以免因地毯不平或松动而翻车。另外,送餐时,必须使用保温、保暖、保凉和保持清洁卫生的用具。

提供房膳服务时,要注意及时将客人用过的餐具和剩物撤出(一般在1小时后,征得客人同意后撤出),以免影响房内卫生和丢失餐具,收东西时,要注意清点餐具并检查有无破损,同时还要注意随手更换烟灰缸、玻璃杯,擦净桌上的脏物,以保持房内清洁。

图 6.2　酒店为客人提供的房膳服务

最后,用餐完毕,不要忘记请客人在账单上签名。

另外,为客人提供房膳服务,还应注意方法的多样性。例如,香港某酒店客房送餐菜单中,有一项深受客人欢迎的特色项目是"让客人自己创新"的内容,客人能够设计挑选他们喜爱的餐食(包括调味汁、制作方法等)。对许多住客来说,"自己创新"是仅次于在自己家中做饭的美事,结果,这项业务约占该酒店客房送餐服务订单的40%。

【经典案例】

我在丽嘉酒店提供房膳服务

我上班不久,订单便接踵而至,今夜的任务似乎异常艰巨,尤其是因为一位服务生没有打电话解释一下就不来上班,这让我们有点措手不及。斯蒂芬和我开始为一位重要客人——本酒店的所有者之一——准备水果盘。这时,我们发现一位服务生正在房间里检查煤气壁炉出现了什么问题。当我们返回厨房时,我提醒斯蒂芬说,应该找一位工程师进行检修,以确保壁炉安然无恙。对于自己能够想到这一点,我略感欣慰。不过,对于当晚稍后出现的一个问题,我未能做到尽心尽职。

其间,某位客人点了一些开胃小吃、一碗汤、半瓶价格相对低廉的酒水。由于知道我曾有过的失败经历,斯蒂芬认为,这对于我而言是一个大好机会,我可以借此练习开启酒瓶。为保险起见,酒吧侍者建议我事先用一瓶自酿葡萄酒进行演练。当我成功地开启了酒瓶之后,斯蒂芬和我便朝客人房间走去。

"哈哈,两个人来就为送一碗汤!"客人说道。这是一位女士,也是本酒店的常客。

"坦率地说,我们中有一位正在接受培训,请您猜猜是哪一位。"我笑着说,揣摩着自己的诙谐能否恰如其分地体现出一种从容的热忱和优雅。随后,我边开启酒瓶边和她聊起她的孙子。她品了品酒,然后我为她倒了满满一杯,并向她介绍送来的各种餐饮。对自己所做的一切,我有些扬扬自得。就在这时,这位女士对我们说:"你们当中正在接受培训的这一位,盘子和银器不应该放在桌子中央,这样客人用餐时够不着。"她说得对,等我展开桌面拼板,她的晚餐就会距离其座椅超过一臂之遥了。我对此表示歉意,并迅速进行了相应的调整。

我的第一次独立送餐在不知不觉中到来,这是我一直期待的重要时刻。通常,新员工在独立送餐之前还应再接受好些天的培训。但由于订单堆积过多,而斯科特和迈克尔正在餐厅里负责为歌唱家艾尔萨·凯特(Eartha Kitt)举行75周岁生日宴会作准备,我必须独立为客人送餐。当然,对此我很乐意。仅仅是一份简单的汉堡包而已,我成功地将其送至一位身着牛仔服、赤着脚、非常和蔼的客人那里。这一次,我记得将他的餐盘放在适宜的位置。

下楼途中,我发现上面的大厅里有一位客人茫然地站在那里,便走上前询问:"您好,请问能为您效劳吗?"

她用结结巴巴的英语问道:"请问投币电话机在哪里?"幸好我非常清楚电话机的位置,便将其带到电话机旁,而不是仅仅为其指一指方向。她高兴地说:"谢谢你!""别客气。"我回答道,一种为客人提供帮助的自豪感油然而生。这时,我突然想起,丽嘉酒店的首选回答方式是"愿意为您效劳"。看来,我还有许多东西要学。

随着订单像雪花一样纷纷而至,我正式开始独立承担送餐任务。其中大部分任务我都顺利地完成了。但是,当我为一位有些正统的年长绅士送餐时,显得手忙脚乱,简直像围着客人跳了一圈舞。首先,我走到客人面前,以便为他让开床边的狭窄过道;他走到桌子旁边签单时我又绕到他身后;当我离开时,我意识到自己在给他单据时没有给他笔,他是用自己的笔签的名,而我现在正拿着他的笔离开房间,为此我又折回去,伸手将笔递给他。完成这场"双人舞"后,我微微地鞠了一躬。

斯蒂芬不在身边跟着,心里又异常兴奋,于是我接受了马利安的指示,独自送一份相对复杂一些的东西,其中包括半瓶Beaune红葡萄酒。当我到达客人房间时,面带倦意、身着西服、脚穿短袜的商人声称自己记得是订了一整瓶酒。我知道此时此刻惺惺作态地作过多解释无济于事,很明显他只想马上就着嗞嗞作响的热牛奶喝下第一口红葡萄酒。尽管他可以先吃沙拉,但牛排很快就会凉了。

于是,我火速下楼取了一整瓶酒,并且途中一直在思考如何对客人并加以补偿。是否应该为其免费提供这瓶酒?我觉得自己没有这个胆量。我在走廊内匆匆咨询了另一位服务生帕特里克·勒加尼厄(Patrick Legagneur)。我问道:"我还能做些什么来弥补过错?"帕特里克认为,如果他没有点甜点,可以免费送他一份。但是,他补充说:"道歉就足够了。"

带着整瓶酒返回客人房间的途中,我遇到了斯蒂芬,他提议与我一同前往客人房间开启酒瓶。我婉言谢绝了,因为我想自始至终独立完成这项任务。返回客人房间时,我深表歉意,客人说"没关系",并且他似乎的确并不在意。我提议开酒瓶,他婉言谢绝了。天哪,他是否了解我的开瓶经历?我想不太可能。他可能仅仅希望轻松一下,不希望有人打扰。毕竟,他的房间给人一种家的温馨感觉。

我为他留下了瓶塞钻。回到厨房后,我仔细检查酒水单,发现了混乱的原因:酒水单中半瓶酒的酒箱编号很容易与整瓶酒的酒箱编号混淆。之后的数天内,我一直想通过正规的质量事故报告单或是打电话告知迈克尔,以提醒同事们注意上述可能出现的混淆。遗憾的是,我始终无暇顾及这一点。

当夜的送餐工作渐近尾声,斯蒂芬和我开始准备早餐餐桌。之后,我们上楼去巡视走廊,一边清理散放的餐桌,一边闲聊着今夜发生的事情。

3)洗衣服务(Laundry Service)

旅游者离家在外,生活很不方便,再加上每天的旅游和商务活动安排都很紧,而自己的衣服又得勤换洗,自己动手洗衣服费时又费力,因此,饭店一般都向客人提供洗衣服务,且大型酒店一般都设有自己的洗衣房。

酒店向客人提供的洗衣服务,从洗涤方式上讲,有三种类型:干洗(Dry-cleaning)、水洗(Laundry)和烫洗(Pressing)。其中,干洗的一般是一些高档衣料以及毛织品、化学纤维衣物、绸缎真丝等。从洗涤速度上讲,可以分为"普通服务"(Regular Service)和"快洗服务"(Express Service)两种,每种服务都要在规定的时间内完成,普通服务一般在早上9点以前收取衣服,当天送回,快洗服务则要求收到客衣后3~4小时内洗完送回,由于快洗服务会为洗衣房的工作带来不便,因此,一般要加收一倍的服务费。

无论是干洗、水洗还是烫洗,也不管要求普通服务还是快洗服务,都要求客人预先填好洗衣登记表(表6.2)。

表6.2 洗衣清单

Laundry 水洗　　Dry cleaning 干洗　　Pressing 烫洗

For services please touch 3(洗衣请按内线3)		
Room No.房号	Name 姓名	Signature 签名
	Date 日期	Time 时间　　AM/PM 上午/下午
Special Instructions　特别指示		
□Same Day Service: Collected by 11:00 Delivered on Same Day	□Express Service (4 hours):Latest collection by 14:00 Delivered on the Same Day.50% surcharge.	□Pressing Service (1 hour):Pressing is available from 7:00 to 18:00　□Overnight Pressing Returned by 8:00

续表

□普通服务:上午11点前收取的衣物即日可送回	□加快服务(4个小时):下午2点前收取的最后的衣物,即日可送回,50%附加费。	□烫洗服务:早上7点至晚上6点收衣1小时内送回。	□隔夜烫洗于早晨8点归还。

Guest Count 贵客点数	Hotel Count 酒店点数	Laundry Items 水洗项目	Price RMB 价目 Laundry 水洗	Shirts Return T恤衫交回	□On Hanger 挂起 □Starch 浆 □Folded 折叠
		Normal Shirt 普通恤衫	26		
		Blouse 女装恤衫	26		
		Sport/T-Shirt 运动衣/T恤	20	Plus 15% Surcharge 加 15%服务费	
		Jacket 外套	38		

Guest Count 贵客点数	Hotel Count 酒店点数	Laundry Items 水洗项目	Price RMB 价目 Laundry 水洗	Amount 金额	
		Dress 连衣裙	43		
		Skirt 短裙	26		
		Pants/Jeans 西裤/牛仔	32		
		Shorts 短裤	20		
		Pyjamas(2pcs) 睡衣裤(两件/套)	26		
		Night Gown 睡袍	26		
		Undershirt 内衣	12		
		Underpants 内裤	12		
		Socks/Stockings(Pair) 短/长袜(对)	8		
		Handkerchief 手帕	8		

Guest Count 贵客点数	Hotel Count 酒店点数	Dry Cleaning/Pressing Items 干洗/烫洗	Price RMB 价目	
			Dry Cleaning 干洗	Pressing 烫洗
		Suit(2pieces)西装(两件/套)	78	42
		Jacket/coat 外套	48	26
		Slacks/pants 西裤	32	16
		Shirt/Blouse 恤衫	32	16

续表

Guest Count 贵客点数	Hotel Count 酒店点数	Dry Cleaning/Pressing Items 干洗/烫洗	Price RMB 价目	
			Dry Cleaning 干洗	Pressing 烫洗
		Skirt 短裙	32	16
		Skirt (Full peated) 有褶短裙	62	36
		Dress 连衣裙	68	36
		Dress (Evening)/Tuxedo 晚礼服	85	45
		Vest 背心	20	10
		Sweater 毛线衣/羊毛衫	38	16
		Tie/Scarf 领带/领巾	16	10
		Overcoat/Long coat 大衣	88	36

Remarks：

1.Should the list be omitted or not itemized, the Hotel count will be taken as correct.

2.All Laundry/Valet/Dry Cleaning, is accepted by the Hotel at the owner's risk. While the utmost care will be exercised by the Hotel, the liability of the Hotel is limited to TEN times the value of the Laundry/Valet/Dry Cleaning charges. The Hotel shall not be responsible for any further loss or damage how so ever arising.

3.Shirts will be folded and blouses will be on hanger unless otherwise requested.

说明：

1.如客人未填写衣物数量，将以本饭店所计数量为准。

2.本饭店在正确的洗涤操作下若造成衣物的任何损坏，最高赔偿额不超过衣物洗熨单价的 10 倍。衣物上的装饰品和衣兜里的物品损坏或遗失，酒店概不负责。

3.送衣时，除有特殊要求，男装衬衫将以折叠方式送回，女装衬衫将挂架送回。

这张表可置于写字台上或与洗衣袋一起放在壁橱里，客人有洗衣要求时，要在上面注明自己的姓名、房号、日期、所需洗涤各类服装的件数，并标明要求提供普通服务还是快洗服务。服务员进房收取衣服时，要仔细核对表中所填需洗涤衣服的数目是否与客人放进洗衣袋的衣物相符，同时检查一下口袋内有无物件、纽扣，有无脱落、严重污损、褪色、布质弱软不堪洗涤等情况，发现问题应向客人指明，并在登记表上注明。

为了避免一些不必要的麻烦，饭店方面还应在印制的洗衣登记表上注明在洗涤过程中出现某些情况时的处理方法，如关于洗涤时客衣缩水或褪色的责任问题以及如出现洗坏或丢失情况时的赔偿问题(按国际惯例，赔偿费一般不超过该件洗衣费的 10 倍)。鉴于很多客人待洗衣服的价值远远超过洗涤费的 10 倍，如衣服损坏或丢失，按洗涤费的 10 倍进行赔偿远远不能补偿客人的损失，酒店可考虑推出"保价洗涤收费方式"，即按客人对其所送洗衣物保价额的一定比例收取洗涤费。

【经典案例】

洗衣单引起的思考

最近，在某酒店投宿，早餐时，因西装袖口沾上了油污，想送酒店洗衣房洗涤，但仔细看过洗衣单的"说明"后,却打消了原来想洗衣的念头。

洗衣单说明栏注:"……如有任何于洗熨过程中损坏或失去纽扣或饰物,本酒店概不负责。"

这条说明分为两个部分:一是"损坏";二是"失去"。先说"损坏",据我所知,由于科技的发展,纽扣制作的材料呈多种多样、日新月异的趋势,酒店洗涤人员不是某学科的专家,不可能全部识别它的材料是否能水洗以及是否耐高温,是否会引起其他的化学变化等。所以,在培训中,许多酒店洗涤人员就会被告知:除了多掌握专业知识外,遇到没把握的情况时,采用先剪下来再洗的方法,就不存在"损坏"的问题,更不应该损坏后"本酒店概不负责"。至于"失去"纽扣,其实说白了这个"失去"就是"遗失",酒店等于在说,我丢失了你的纽扣是不赔的!

这家酒店平时的信誉情况我不太清楚,假设我真的"中头彩","损坏或失去"纽扣,洗衣契约中已白纸黑字地写得明明白白,找酒店是白搭,接下来就为补齐纽扣而奔波忙碌去吧。

再看洗衣单说明栏注二:"任何衣物的丢失损坏,其赔偿将不超过洗熨费的10倍。"

该酒店西装洗涤的收费是每套12元。本人西装极其普通,但从商店买来也要900元,也就是说,如果酒店丢失了我的衣服,赔偿上限是120元,拿到120元应额手称庆,但反过来问一问,120元能补偿西装的损失吗?更不要说有些国外客人几千美元的高档西装了。

丢失客人的衣服,赔偿不超过洗衣费的10倍,这一点在国外比较流行,我们酒店写上这一条应该说也是符合国际惯例,问题是国外洗衣收费也贵,洗衣费与赔偿费的差距也没有国内这样大。

洗衣单上这些说明,从表面上看,酒店维护了自己的利益,但客人的利益没有受到充分保护,于是,我因此而打消了洗衣的念头,是否会有许多人有我这样的心理呢?客人如遇到以上诸"说明"中的一项,虽然只有自认倒霉,但他又会对酒店产生什么样的印象呢?

有些饭店现在推出保价洗涤,也即客人可以开出自己衣服的价值,洗衣价也按比例相应上升,这样,客人、酒店利益两不误,各家酒店不妨一试。

(中国香港　闵惠斯)

洗烫干净、平整的客衣送回时,应根据洗衣单存根联仔细核对清楚,比如衣物的件数、房号、客人姓名等。随后,将客衣送至客房,请客人查收,待客人点检清楚后再离房,并向客人道别。最后,在存根联上注明送衣日期、时间,并签上姓名。

4)托婴服务(Babysitting)

住店客人外出旅游时,带小孩有时会感到很不方便,为了解决这个问题,很多饭店都为住店客人提供托婴服务,客人外出或有商务应酬时,可以把小孩交托给客房部,由客房部委派专人照管(或由客房女工兼管),并收取适量服务费。

照看婴儿(或小孩)时要注意按客人的要求进行,不要随便给小孩吃东西,尤其要注意小孩的安全。

5)擦鞋及其他服务

客人需要擦鞋高级酒店一般都为客人提供擦鞋、钉纽扣和缝补等服务。以此为客人提供方便,并提高服务质量。

服务时,会将鞋放在壁橱内的鞋筐内(或打电话到房务中心),服务员做房时,应将鞋筐里的鞋子收集起来,并在擦鞋服务单上写清房号。擦完后,要按房号将鞋子连同鞋筐放回客人房门口或壁橱内(图 6.3)。

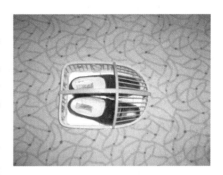

图 6.3　擦鞋服务

另外,遇雨雪天气,客人外出归来,鞋子上易沾有泥泞,此时,服务员应主动要求帮客人擦鞋,这样做不仅会使客人满意,又可以避免弄脏酒店和房内地毯。

6) 手机充电服务

在当代社会,手机已经成为人们的生活必需品,酒店为客人提供手机充电服务已经成为酒店服务的必不可少的服务项目。酒店应该准备好各种常用手机的充电器,满足客人的需要。为客人提供手机充电服务以及免费 Wi-Fi 服务,已经成为住店客人的基本需求。

7) 叫醒服务

叫醒服务通常由酒店总机房话务员(或房务中心文员)提供,但在很多情况下,当话务叫醒无效时,客房部应通知楼层服务员上门叫醒,否则,可能引起严重后果。本章"经理的困惑"提到的案例很好地说明了这一问题。案例中,小孙的失误在于没有追踪楼层服务员是否叫醒了客人,楼层服务员的失误在于缺乏经验,没有将其遇到的"请勿打扰"的状况及时反馈,致使服务中断,而主管应承担督导不力的连带责任。房务中心也应以此为契机,针对 Morning call 服务进行专题讨论,分析各种可能出现的情形,制订相应的完美解决方案。这样做,相信酒店不会再发生叫醒服务方面的投诉。

6.1.2　客人离店时的服务规程

客人离店时的服务规程包括以下三个方面。

1) 客人离开楼层前的准备工作

①确切了解客人离店的时间以及乘坐的交通工具。

②检查客人有无委托代办事项。如有,是否办妥? 该送总台的账款单是否已结清,以免错漏。

③如有清早离店的客人,要问清是否要准备早餐? 是否需要叫醒?

④如客人要求代叫行李员搬送行李,应问清何时搬送以及行李件数,并立即通知前厅行李组做好准备。

2) 客人离开楼层时的送别工作

①客人出房时,应向客人微笑道别,并提醒客人是否有遗忘物品。

②为客人按电梯键,电梯到达楼面,应用手挡住电梯活动门,请客人先进入电梯并协助行李员将行李送入电梯内放好。

③当电梯门即将关闭时,要面向客人,微笑鞠躬告别,欢迎客人再次光临并祝旅途愉快。

3) 客人离开楼层后的检查工作

①客人离开楼层后,应迅速入房仔细检查。

②如发现客人离房前使用过小酒吧酒水,应立即告知结账处,并将酒水单送前台。

③同时检查房间物品有无丢失,设施设备有无损坏,如有应立即报告大堂副理,以便及时妥善处理。

④如发现客人有遗留物品,应立即追送,如来不及,应按有关程序处理。

⑤作好离店客人情况记录,送客房部存档备查。

6.2 客人类型和服务方法

酒店的客人来自世界各地和社会各个阶层,由于他们的身份地位、宗教信仰、文化修养、兴趣爱好、生活习惯、社会背景等各不相同,因而对酒店的服务有不同的要求。了解他们的需求特点,提供有针对性的服务,是客房管理者和服务人员做好对客服务的前提。

6.2.1 按旅游目的划分

1) 观光旅游者

特点:这类客人以游览为主要目的,对自然风光、名胜古迹最感兴趣,最大的要求就是住好、吃好、玩好。喜欢购买旅游纪念品,喜欢照相,委托服务较多。

服务方法:应根据其进出店时间,注意做好早晚服务工作。如早上叫醒服务要准时;晚上调节好室温。接受客人委托服务要主动热情、保证质量、及时周到,努力为客人创造一个良好的居住环境,使他们能有充足的精力、愉悦的心情完成他们的旅行活动。另外,要主动介绍自然风光,名胜古迹,风味餐馆和本地区,本城市及酒店商品的工艺美术品、土特产品和旅游纪念品等,便于客人购买。

2) 商务散客

据统计,全世界所有饭店客源中,商务旅游者占了53%,其支出至少占全球旅游观光消费的2/3。因此,了解商务客人在商务旅游中的需要和偏好,对饭店经营者至关重要。随着我国国民经济的迅速发展,国内商务散客逐渐成为饭店业的重要客源之一。

特点:对饭店的设施设备要求很高,如完备的商务中心,先进的通信设备,喜欢高档、单人客房,同时希望房间的布置有特色而非千篇一律。消费水平较高,对服务要求高,希望饭店提供的服务快速、高效,有个性化。这类客人有公务在身,注重仪表仪容,常常要早出晚归;有的住户则在客房办公,住店时间一般较长。这类客人的文件较多,且要求严格保密;来访客人较多;他们最怕打扰,工作时要求安静;他们对生活上要求较高,晚上需要娱乐活动,常利用公务之余外出游览参观,委托服务较多。

服务方法:对于商务客人的房间来讲,设备设施应充分考虑办公条件,如宽大的办公桌、舒适的座椅、明亮的灯光(写字台台灯的功率最好为 60 W。一般来说,写字台的台灯如果采用普通灯泡,其功率必须超过 40 W,特别是对于商务客房而言,更是如此。一些酒店为了节能,采用 25 W 的灯泡,光线昏暗,客人无法正常工作)、充足且种类齐全的文具用品和个人卫生用品(最好有发胶、摩丝类用品)、先进的通信设备(如 Internet 接口)、传真机。尽量向他们推销高档客房,要为他们提供优质的洗衣服务和美容美发服务,洗熨衣服、擦皮鞋等服务速度要快。服务员不要乱翻乱动他们放在房内的文件,否则会引起抱怨。有客人来访,必须事先征得其同意。敌对国家或商业竞争对手,不要把他们分在同一层楼。茶水供应要及时。不要轻易进房打扰他们。有舞会或其他夜间娱乐活动不要忘记告诉他们。

目前,国内商务客人相当一部分为企业、公司的营销人员或管理者。他们对饭店客房档次的要求因职别的不同而不同,要能为他们解决各种交通工具的订票问题,喜欢住熟悉的饭店和曾住过的房间。住店期间,一般访客比较多,希望饭店能提供热情、周到、适时的访客服务。

【链接】

国际商务旅客的需求特点

美国运通公司对来自 14 个国家及地区的 1 400 名商务旅客进行了调查,结果表明:

整体而言,受访者认为房间提供上网服务和免费早餐几乎具有同样的吸引力,其中 29% 的受访者表示上网设施是酒店最具吸引力的增值服务;26% 的受访者选择免费食物;16% 的受访者选择商务中心;13% 的受访者喜欢贵宾式的入住/退房办理手续服务;12% 的受访者喜欢免费使用健身中心。

调查显示,欧洲人比较喜欢免费早餐——42% 的瑞典人、36% 的德国人和 34% 的法国人选择此项为他们最喜爱的酒店增值服务。相对所有受访者,美国人(40%)、墨西哥人(39%)和日本人(35%)最欣赏有上网设施;而亚洲人则比其他各国受访者更重视商务中心设施,29% 的新加坡人、24% 的中国香港商务旅客和 23% 的日本商务旅客选择此项为最具吸引力的服务。另外,18% 的加拿大人和德国人以及 17% 的美国人特别希望可免费使用健身房。

3) 会议旅游者

特点:人数较多,住店时间长,客人活动集中,有规律,会场使用多,时间抓得紧,客房服务任务重,要求严格。这类客人身份地位较高,有专长,多属高级知识分子或政府官员,生活上要求高级享受,爱买旅游纪念品,会议间隙或晚上要求有娱乐活动。

服务方法:分房要根据主办单位要求,尽量售出高级客房,但要集中,一般要安排在同一楼层或按照组别安排房间。会议期间,要分派有关人员和客房班组专门负责,讲清任务、要求、方法等,妥善安排好会议室或会场出租。有时一天同时召开若干小组讨论会,会出现会议室周转不开的情况,酒店客房要充分挖掘潜力,利用客房或公共场所临时布置代替。要根据人数和需要,安排好茶水,放好桌椅,布置好主席台,做好通信和扩音机设备工作,清扫整理好会议室。两次会议间隙,要做好清扫工作,保持会议室清洁整齐。客房布置打扫要及时,保证茶水供应和房间整洁,室内信封、信纸、墨水等要保证供应,便于客人会议期间使用。客人用过的会议文件和抄件要严格保密,不得随便乱翻乱动。遇有在会议室或客房签订合同,服务员要事先布置好,主动增添桌椅。夜晚有娱乐活动不要忘记告诉他们,以便调节客人生活。平时多介绍名胜古迹,旅游纪念品(包括工艺美术品、文物复制品)和其他高档商品。

另外,会议结束,众多客人几乎在同一时间回到房间,此时服务要求较多,因此设房务中心的饭店最好能提供短时的楼层值台服务,对回到楼层的客人以示欢迎,同时回答客人的问询,并应客人的要求,为客人提供各项服务。

4)蜜月旅游者

特点:要求住"蜜月房"(大床间);房间干净、卫生、僻静,不受干扰。对当地风景名胜及旅游纪念品感兴趣。

服务方法:为他们安排"蜜月房"(切忌为其安排有两张床的"标准间"),客房整理一定要做到整齐、美观、恬静。必要时,按照客人的要求和风俗习惯,布置好"洞房",房间布置要气氛热烈、美观、大方,举行婚礼时要送结婚纪念品,组织客人和服务员表示祝贺。

5)休闲度假者

休闲度假客人一般住店时间相对较长,消费水平较高,比较喜欢房间布置有家居氛围,服务要求比较多,洗衣、客房送餐、小酒吧、委托代办、托婴服务等均会出现。喜欢有丰富多彩的娱乐项目,喜欢同服务员打交道,希望得到热情随和而非呆板、规矩的服务。另外,度假饭店多为开放式建筑布局,客人来度假都很放松,希望饭店在为宾客提供一个轻松自由的休闲环境的同时,能保证客人的人身财产安全,因而要求客房服务和管理工作外松内紧,防止不法分子混入饭店给客人造成伤害。

6.2.2 按宾客身份划分

1)体育代表团

随着各种国内、国际体育赛事的频繁举行,运动员也成为饭店经常接待的客源之一。体育代表团是客源类型中比较特殊的一种,这种特殊性主要是由他们所从事的职业造成的。运动员入住一般人数较多,行动非常统一,他们在参加比赛前一般要聚集在一起进行战术讨论,观看比赛录像,因此需要有宽敞的、配备录像设备的会议室。另外,紧张的比赛会使他们特别需要一个安静、舒适的休息环境,这就需要服务人员在工作中坚持"三轻",减少进入客房的次数,打扫房间要及时;同时还应配合饭店保安人员保护他们免受记者、球迷及"追星族"的骚扰。

2) 新闻记者

由于职业关系,新闻记者的生活节奏比较快,因此要求讲究服务效率,并且对服务比较挑剔。他们把房间既当卧室又当办公室。东西摆放比较杂乱,希望房间里有完备的通信设施,齐全的办公用品,准时得到当天的报纸等。考虑到这类客人一般都比较敏感,服务方面要特别留意。

3) 政府官员

政府官员入住,服务及接待标准要求很高,重视礼仪,店外活动比较多,店内活动较少,服务要求一般由随行人员传达给饭店,且经常会出现一些即时需要,要求饭店尽快作出反应,安排妥当。住店期间不希望服务人员过多进入房间。对安全要求极高,任何安全隐患都应绝对避免。要求有高质量的个性化服务。

4) 外国专家

特点:这类客人一般受国内学术机构邀请来华作学术报告或有其他科研任务,有的则与国内厂家、企业有合作项目而长期住在酒店。他们多属高级知识分子,接触上层人士多,工作废寝忘食,对图书馆及有关科研机构和科技报纸杂志感兴趣,平时话不多,但风趣幽默,一般住店时间较长,对礼仪要求严格,讲究身份地位,住房条件甚高。

服务方法:尽量安排高级僻静的客房给他们,最好带有会客室,平时不要打扰他们,尽量保持安静,用餐时要注意提醒他们。写字台和书房一般较乱,书籍很多,但整理房间时未经客人要求不要随便动。科技杂志和寄来的图书资料要及时送入客房。平时可告诉他们有关图书馆、外文书店或新华书店的地理方位和路线,便于他们购买书籍。他们要外出活动时注意叫醒。有客人来访要事先通知,做好茶水、毛巾供应。

5) 长住客人

一般来说居住时间超过一个月的客人都称为长住客人。他们大多为一些国内和国外商社客户。这些公司在饭店长期包租一些客房来建立办事机构,派有常驻人员,有些甚至提出特别的设施摆设和安装要求,希望一切都舒适方便。长住客人不仅将客房作为住宿场所,而且作为接待客人、办公、商务洽谈的场所,期望得到清洁、舒适、安静、安全以及热情周到的服务,希望有"家"一样的感觉。

为长住客人服务,应注意以下几点:

①细心观察客人的生活习惯,熟知他们的房间、姓名、性格、爱好等。

②做好来访客人的接待工作,要像对待住店客人一样热情有礼。如来访客人多时,要主动送上座椅,并主动询问被访的住客还需要提供什么服务,同时迅速提供。要记住:尊重来访客人,就是尊重住店客人。

③在服务细节上多下功夫,如节日送鲜花水果,生日送蛋糕。

④服务人员要相对稳定,以便客人熟悉,产生亲切感。如员工有替换和新员工上岗,也要做好交接和培训,不使客人感到陌生。

⑤对长客的服务要主动、热情,为他们创造良好的工作和生活条件。

⑥客房管理人员要经常征询意见,发现问题,及时解决。

6.2.3　按年龄划分

1)儿童

儿童客人虽然在客人中的比例不高,但服务好、关注好儿童宾客,对提升宾客满意度和回避风险会产生积极作用。安全、卫生、舒适是让他们满意的重要标准。

儿童宾客根据年龄可以分为婴儿、幼儿和儿童,酒店服务的重点也有所不同。比如婴儿入住,酒店可以增加浴盆、消毒器、奶瓶及奶瓶保温器等,并做好床铺、沙发的保护措施,避免便溺污染。幼儿和儿童入住,都要特别关注安全,可用安全防碰条做好桌面、家具边缘的防护工作,以免碰伤他们;用安全插头插入他们容易触到的电源插座,防止触电;多与家长交流,提醒设施设备存在的安全风险,共同做好防护措施。除安全外,客房内还需配备一些生活用品,比如儿童用的小马桶、玩具、洗漱用品等。为防止儿童涂鸦污染墙壁和家具,可配备小黑板或多配备一些纸张。

2)青年住客

特点:一般以观光、修学和增长见识为目的,暑假期间来的最多,往往三五人结伴而来。他们精力旺盛,白天多外出活动,晚上也喜欢出去走走看看,手里钱不多,对饮食和住宿条件要求不高,一般要求参观游览的地方要多,客房为他们服务的速度要快。

服务方法:注意叫醒服务。另外,服务员要有多方面的知识,能够正确回答他们的各种问题。

3)老年住客

特点:此类客人一般动作迟缓,行动不便,要求舒适、安静,服务要求热情、周到、亲切。

服务方法:客房楼层要保持绝对安静,住店期间要热情迎送、帮拿行李,上下楼时服务员要多搀扶,多介绍著名历史古迹和美酒佳肴。

6.2.4　按性别划分

按性别划分,可以划分为男性客人和女性客人。酒店在为女性客人提供服务时,应注意以下几点:

①除住客事先约定同意接听的电话外,总机为每位女性住客提供电话保密服务。

②在女性楼层内配备女性服务员和女性保安人员。

③告诫员工不向外界透露有关本酒店接待的单身女性客人的饮食、住宿、娱乐等方面的

习惯、癖好,切实维护住客的个人隐私和人身安全。

④对有需要的女性客人选派经验丰富的服务人员提供"贴身管家"服务。

⑤举办各种生活时尚 Party。单身职业女性最重要的人际关系是群体或朋友关系,而不是婚姻或亲戚关系,她们热衷于参加各种社会活动和社交活动。举办各种生活时尚 Party,定期邀请著名专家、学者开设系列讲座,内容包括个性化形象设计、社交礼仪、美容健身、家庭园艺、厨房烹饪等,甚至还可延伸到心理咨询、医疗保健、家庭理财、法律顾问等,以满足她们在个人涵养和生活情趣方面的需求。

⑥ 女宾客由于性别原因与男宾客在消费习惯上存在一些不同。在服务上应该差别对待,比如女士入住客房,要撤出剃须刀等非女士用品,适当添加化妆棉、擦手纸、毛巾等物品;根据头发的长短,决定是否添加梳子、扎头绳;根据宾客衣服的多少,适当增加衣架数量;卫生间云台上准备一个小盘子放置客人的化妆品;明显位置可放置温馨天气提示,提供穿衣指数;发现女性生理周期时,可配备红糖、大枣、暖水袋等。

6.2.5　按国别划分

1)外国客人

表 6.3 外国客人的特点与服务要求。

表 6.3　外国客人的特点与服务要求

特　点	服务要求
①文化修养较高,注意礼貌礼节,彬彬有礼 ②多有晚睡晚起习惯,比较随意 ③对客房卫生及设施非常敏感,尤以年长一些的女宾为突出 ④消费水准高,服务要求也较多,如洗衣服务、擦鞋、房内送餐服务等,房内小酒吧消耗量较大 ⑤欧美客人喜欢喝冰水 ⑥习惯电话服务,希望服务要求能尽快满足 ⑦重视个人隐私,不希望看到有楼层服务台(有受到监视的感觉) ⑧希望保持楼层绝对安静	➤为客人服务时要特别注意尊重客人的隐私 ➤注意服务时的各种礼貌用语 ➤在服务过程中要注意做到"三轻" ➤客房部还应注意为客人供应冰水(外宾楼层可设制冰机) ➤为外国客人安排房时,不要安排烟味重的房间

在为外国客人服务时,还应注意语言沟通艺术,避免因文化背景的差异,引起客人误会。

【案例】

"您出去呀"

早上七点半,住在某四星级酒店的美国客人珍妮照常收拾好文件,提上公文包,锁上房门,准备到公司驻本地办事处上班。当她经过酒店楼层服务台时,一位女服务员正在值台,见有客人走过来,使用中文问候道:"小姐,早上好! 您出去呀!"珍妮由于长年在中国工作,中文较熟悉。听到此话,她停下了脚步,正视着女服务员说:"你是新来的?"女服务员点了下头。接着珍妮问道:"你说'小姐,早上好'我懂,那你说的'您出去呀'是什么意思?"服务员一看客人面容严肃,意识到可能自己的话伤害了客人,忙解释道:"在我们中国,平时遇到朋友都习惯说'你出去呀、你去哪里等'表示对朋友的关心,没别的意思。"听到此解释,珍妮说:"没别的意思? 我懂中文,你不用说了,我懂!"服务员听到珍妮说的话后,又微笑解释了一遍,可珍妮还是不理解。联想到在公司驻本地办事处工作时,主任约翰经常怒气冲冲地指着下属说"你出去",珍妮认定这位女服务员是在骂她,是要她滚出这家酒店。她越想越恼火,待要发作,又想到要赶去上班,只得作罢。临走时,她愤怒地对女服务员说:"不听你解释了,我要赶去上班,回来再投诉你!"说完气呼呼地走了。

2)国内客人

大部分国内客人对楼层服务台的依赖性较强,不善于使用房内的服务指南通过电话要求酒店提供服务,希望有楼层值台服务员,并希望服务员随叫随到。特别是因公出差的国内客人,常需会客服务,因此,对于国内客人住宿的房间,要注意多观察,随时准备为客人提供服务。

此外,国内客人大都有午睡习惯,因此在这段时间,绝对不要进房打扰客人,否则,将引起客人的极大不满,甚至惹怒客人,影响客人一天的学习、工作、生活。

6.2.6 按入住次数划分

1)对初次入住宾客的服务

初次入住酒店的宾客不熟悉酒店情况,酒店也不熟悉宾客的情况,宾客对酒店既有新鲜感也有陌生感。对于这种初次入住酒店的宾客,服务的第一印象十分关键。

针对初次入住的宾客,客房部要做好信息的收集,利用和宾客的接触,比如行李服务、用餐、公共区域等各环节,捕捉宾客服务需求,并将相关信息传递到责任部门,积极提供各种细微服务,进一步加深和提高客人对酒店的良好印象。

2)对回头客的服务

回头客对酒店情况、服务比较熟悉,与部分酒店人员也十分熟识。酒店回头客既认可酒店的产品和服务,同时又具有喜新厌旧的特点。因此,做好回头客的服务工作,既简单又有挑战性。

做好回头客服务首先要建立回头客档案。详细的档案可使每一个新老服务人员都能有章可循,使所提供的服务始终如一。在收集宾客档案时,不要将宾客临时的要求错认为他的习惯,继而提供多余的服务,令服务多此一举,甚至让客人啼笑皆非。此外,在为回头客提供细微服务时,还应根据实际情况灵活变化,给宾客新鲜感甚至惊喜,避免重复无新意的服务,让客人感觉呆板。

把握时机,为回头客提供方便。比如在酒店房间紧张时也应满足其住房需求;能为回头客提供快速入住和快速退房服务;在客人外出用餐时,及时进房整理,送上客人喜欢看的报刊等。

以上只是对饭店常见的客源类型及其基本需求作一简单分析,随着饭店业的发展,客人的需求会呈现更复杂化、多样化的趋势,需要我们从业人员不断地总结经验,真正站在客人立场上准确把握客人需求,为客人提供更完美的服务。

【经典案例】

客房虚拟 VIP 接待小组[①]

××大酒店根据客源市场的分析,定位于商务会议型酒店,以该店原有的服务模式,VIP的接待只有个别优秀的服务员才能担任,造成工作被动的局面。酒店专门召集了曾经担任过数次重要接待的 VIP 服务员进行商讨,经过 2 个月的酝酿,客房部正式成立了楼层 VIP 接待小组,成为一支重要的"虚拟团队"。其优势在于最大化地利用现有的服务人员,不用增加酒店人员编制,且操作灵活,该小组成员平时各自立足于本职岗位,如遇重大接待及 V3 级以上客人入住酒店,由部门经理指定组长召集小组成员各赴 VIP 接待岗位,担任重大活动的接待工作。2 个月的集训中,小组成员接受餐饮知识、客房服务程序及标准、VIP 客人接待服务程序、VIP 房间的布置标准以及 VIP 房的插花、水果及食盒的包装和酒店专业英语知识的学习,并由部门培训老师制订相关专业技能的考核表及业务知识试卷,培训结束后对每位受训员工进行笔试和实操考试。在接到会议接待通知后,VIP 接待小组在组长的规划下进行接待预案的制订,着力于对宾客需求的了解,由小组成员各尽其责,有的收集宾客的个人喜好,有的负责房间的艺术插花,有的负责水果的包装,还有的进行房间个性化的布置。根据酒店所提供的宾客入住时间表,每个 VIP 服务员都被分配在贵宾所下榻的楼层做好专项服务。

通过 VIP 小组成员进行的实操,小组成员已成为顾客"专职管家",如发现客人有过敏体质,VIP 服务员会提前在房间放上一个除异味的炭包和一碟切好的菠萝皮,以起到净化空气的作用;床上有多余的枕头,说明客人喜欢高枕头……通过对信息的捕捉,对服务作出相应的调整,以最大限度满足 VIP 顾客的个性化需求。

6.3　影响客房服务质量的常见问题

"但是我没有想到的是,早上 4 点钟的时候,我被闹钟吵醒了,将我从刚刚进入深度睡眠的愉悦状态中拉了出来。我醒来时吓一跳,感到迷惘困惑。我在极力回忆是不是有什么会

① 李榕.虚拟 VIP 接待小组[N].中国旅游报,2005-12-21.

议、活动或其他什么理由需要我 4 点钟就醒来。当我完全清醒的时候,我意识到根本毫无理由可言,这只是上一个房客设定好的闹钟。我气愤无比:为什么酒店服务员不检查一下闹钟,确保下一位房客不受干扰呢? 这个时候重新入睡已非常困难。类似的'闹钟噩梦'故事,去年至少发生了三次。"

——Robert Nedry

以下问题是很多客人在酒店常常会碰到的问题,也是令客人非常恼火的问题,严重影响着酒店对客服务质量和客人的住宿体验,应该引起酒店设计及经营管理者的高度重视。

6.3.1 电视无法打开

1)问题

很多客人都有这样的经历:睡觉前躺在床上想看看电视,结果按遥控器,没反应;不得已下床直接按电视机开关,依然不出现电视画面;再检查电源插座,好像没问题;苦思不得其解时,突然想起床头柜上还有个电视开关(有经验的客人才会想到),再按一下这个开关,依然没有反应……还有的酒店客房电视安装了机顶盒,床头柜上(或电视机前)摆放了 2 个遥控器,要看电视,先要按机顶盒遥控开关,很多客人没用过机顶盒,根本不知道哪个是电视遥控器,哪个是机顶盒遥控器,即使知道,面对几十个红、绿、蓝、黑按键,也不知道如何操作。出现这种情况,客人完全崩溃,气不打一处来,睡意全无。

还有些档次不高的酒店盲目求新潮,电视功能繁多,遥控器复杂,客人研究半天也收看不到电视,只好在楼层喊服务员或打电话到客房服务中心请求帮助。结果,服务员只得放下手中的工作,楼上楼下疲于奔命,特别是遇到旅游团或会议团的时候,每个房间都打开门,找服务员开电视,令人哭笑不得。有时,除了少数几个有经验的服务员以外,其他服务员也不知道怎么操作(很多酒店客房服务员都是上了年纪的大姐、阿姨)。

2)对策

(1)将床头柜的电视机开关置于开启状态

之所以出现按了电视遥控器没反应,按了电视机开关仍然开不了电视的现象,原因是电视床头柜控制开关处于关闭状态(也许是上一个客人随手关的),因此,要在做房程序上明确规定,服务员在做房时,不但要检查电视等设施设备功能是否正常、好用,还要确保将床头柜上的电视开关置于开启状态。

(2)电视遥控器应置于床头柜,而不应放在电视机前

不少酒店要求服务员将电视遥控器置于电视机前,这是很不合理的。一般客人看电视是在睡觉前,躺在床上看会儿电视,因此,遥控器放在床头柜是最方便的。如果将遥控器置于电视机前,客人就会因找不到遥控器而着急(实际上体积不大的黑色遥控器放在黑色的电视机屏幕前,客人确实很难发现),即使发现遥控器在电视机前,也不得不下床去拿,这么来回折腾,客人也没有了睡意。

（3）酒店客房尽量不要使用机顶盒

机顶盒不能明显地改善电视画面质量，但给客人使用电视平添了很多麻烦，而且使用机顶盒后，电视频道之间的转换速度明显降低，给客人带来诸多不便，因此，除非必需（或者能够明显改善电视的画面质量），否则，酒店最好不要使用机顶盒。

（4）不要盲目赶潮流，增加电视机的功能

特别是一些中低档酒店，不应盲目赶潮流，追求时尚。否则，不但没有提高服务质量，反而把客人搞晕，把服务人员折腾得够呛，无形之中，还增加了经营管理的成本。

6.3.2　电话无法打出

1）问题

很多时候，客人入住登记进入酒店客房后，发现需要服务，于是想打电话到客房服务中心（或总服务台、总机），但却找不到电话号码簿，好不容易找到了，却在一本厚厚的电话号码簿里找不到服务中心的电话号码在哪里。或者，想告诉异国他乡的朋友，自己住在哪个酒店，但当亲友问及酒店和房间电话时，自己却瞠目结舌，无言以对。

2）对策

将酒店常用电话（包括本机、本酒店电话、总机电话、总台电话、服务中心电话、送餐电话等）印制在客房电话机的面板上（图 6.4）。

图 6.4　为了方便客人使用，酒店常用电话应印制在客房电话机面板上

6.3.3　电脑上不了网

1）问题

现代社会，人们已经离不开网络，无论是商务客人，还是观光客人；无论是会议客人，还是度假客人，都期望在酒店住宿期间，能够方便地上网，浏览新闻、收发邮件、上网聊天、娱乐冲浪，酒店也深知这一需求趋势，要么在客房配备计算机，要么提供网络接口，但是，在提供网络接口的酒店，通常需要客人改变 IP 地址，输入账号密码，客人要么不知道如何获取账号密码，要么不会改变 IP 地址（毕竟不是每个客人都是 IT 专家），好不容易改变了 IP 地址，却没有账号密码；等拿到了酒店提供的账号密码，还是上不去，询问的结果是：与其他客房客人的账号密码重了（另一位客人正在使用）；好不容易可以上网了，无意中取消了某个酒店提示性的对话框，结果又上不去了。折腾了几十分钟，最后还得请酒店服务员来帮忙，而服务员也不会，又得打电话找工程部技术人员来解决，等搞好了，也该吃饭、睡觉了，或是结账离店了。更要命的是，可能已经过了客人应该收发邮件的时间，因此而耽误了客人重要的商务活动。

2)对策

①与电信部门合作,确保酒店有足够的账号供每个客房的客人使用。

②通过上网指南,清晰地标明上网步骤。虽然很多酒店都在写字台上提供了上网指南,但这些"指南"的编写并没有站在普通客人的角度,内容不够明了、详细、准确。酒店应该认真设计上网指南,所提供的上网步骤应该人性化,十分清晰、明了。

③对酒店员工进行上网培训。当客人在客房上网遇到困难时,不仅工程部的员工能够帮助客人解决,而且大堂副理以及酒店客房服务人员和管理人员都应该能够为客人提供帮助,解决客人上网的技术问题。为此,需要对客房部员工进行培训,使他们能够掌握上网技术,以便在最快的时间之内,为客人解决问题。

6.3.4 关灯需要满屋跑

1)问题

很多客人都有这样的住宿体验:夜深了,看完电视已迷迷糊糊要睡觉了,关了床头灯,发现落地灯还亮着,翻身下床关了落地灯;又发现写字台灯还亮着,走去关了台灯;又发现走廊灯还亮着,找到走廊灯关了;又发现卫生间灯还亮着,关了卫生间灯;又发现位于床头柜下面的夜灯还亮着,等把这些灯全关了,屋内一片漆黑时,又摸不到床在哪里了。等上了床以后,已经睡意全无。

2)对策

出现这种情况,客人是很无奈的,给客人带来极大不便,然而却是在酒店普遍发生的。建议在客人床头柜设计客房总开关,在客人睡觉时,只要关掉总开关即可。

6.3.5 闹钟在客人熟睡时突然自鸣(客人未曾设置)

1)问题

最令客人恼火的是,客人在未曾设置闹钟的情况下,客房内的闹钟却在客人午睡时或半夜熟睡时突然响起,使客人再也无法入睡,严重影响了客人下午或第二天的工作和身体状态。

2)对策

出现这种情况的原因,一般是上一个住客设置了闹钟。因此,在房间摆放闹钟的酒店可以要求服务员做房时,要调好闹钟。检查钟表的准确度和音量,确保闹钟时间准确、音量合适,并且闹钟在新的顾客入住时是关闭的。从而防止闹钟无端响起,影响客人的休息。

其实,现代客人都是手机不离身,而手机都有闹钟功能,如需要,客人可以自己用手机设置,再说,酒店总机也提供叫醒服务,因此,完全没必要在客房摆放闹钟。

6.4　提高客房服务质量的途径

【案例】

　　"踏入金棕榈,从大堂到房间、从泳池到空中花园,你所能碰到的每一个服务员,不管他(她)在做什么,都会稍停下手上的工作,望向你,然后,给你一个或是灿烂,或是羞涩,或是恬淡,但却透出无比真诚的微笑。

　　正是这一笑,使你的心与这个酒店一下亲切了许多,一下子放松了,有了回家的感觉……"①

6.4.1　客房服务质量的基本要求

1)真诚

　　是否真诚,反映的是服务员的服务态度问题。要为客人提供最佳服务,首先要突出"真诚"二字,要实行感情服务,避免单纯地完成任务式的服务。客房服务员为客人提供的服务必须是发自内心的:热情、主动、周到、耐心、处处为客人着想,也就是"暖"字服务。饭店许多服务质量差的现象发生,究其原因,都是由于服务人员的态度不好造成的,服务态度不好,主要是缺乏真诚和热忱,表现在实际工作中,就是对待客人没有微笑,不使用敬语,甚至与客人争辩。这里有一个心理因素,认为客人是人,自己也是人,我为什么要服侍他,将人与人之间的关系和社会角色之间的关系混在一起。客房部的每一个员工都要调整好自己的心理角度,把饭店的客人当成自己请来的朋友一样,以主人的身份来接待客人,替客人着想,这是提供优质服务的保证。

　　真诚服务,实际上也是感情服务,是在用"心"为客人提供服务,体现在细枝末节之处和服务过程的各个环节之中。下面这一案例可以很好地说明这一点。

【经典案例】

一只没有清洗的茶杯

　　某大学的刘教授出差去桂林,住在四星级的桂湖饭店,在参加完一整天的会议之后,晚上回到房间,发现床头柜上有一张留言条,仔细一看,是客房服务员留给自己的,内容如下:

桂林桂湖饭店
GUILIN PARK HOTEL

---

　　①　王健生.记三亚亚龙湾金棕榈度假酒店[N].中国旅游报,2005-09-26.

电访阁下

YOU WERE CALLED

先生、太太、小姐

MR.MRS.MISS 尊敬的刘教授_____

房号

ROOM No.224#_____

于   上午   下午

AT_____11:00_____AM_____PM

由:先生/太太/小姐

BY:MR./MRS./MISS 管家部办公室_____

电话号码

TEL.No.:内线"80"_____

请复电话

□PLEASE RETURN CALL_____

再来电话

□WILL CALL AGAIN_____

留言

MESSAGE:您好!

_____因不知您是否保留杯里的茶,故没有帮您清洗杯子,如需清洗,请随时

与我们联系。给您带来的不便,敬请谅解。

日期

DATE:_____祝您在我店入住愉快!_____

当值职员

CLERK:_____2017 年 3 月 27 日_____

李丽

看了这张留言条和放在一旁自己只喝了一口的茶,刘教授心里非常感动,心想,这里的服务员可真心细,工作这么认真,处处替客人着想。又一想,服务员是怎么知道这杯茶不是酒店提供的普通茶叶泡的,而是客人自己带来具有特殊功效的保健茶呢? 噢,肯定是从茶杯里茶水的颜色上判断的! 这么一想,他更为服务员的细心、真诚所感动。刘教授在国内外住过很多高星级酒店,几乎每一家酒店的房间里都有一张"征求客人意见表",他从来没有填过,可这次,他忍不住提起笔来,在"征求客人意见表"上表达自己对服务员的感激和对酒店服务的赞赏之情。

2)"微笑"

微笑服务是客房员工为客人提供真诚服务的具体体现,是服务工作所要求的基本礼貌礼节,是优质服务的基本要求。微笑不仅是热情友好的表示,真诚欢迎的象征,而且是旅游

者的感情需要,能给旅游者带来宾至如归的亲切感和安全感。

"在日本的酒店,楼层很少能见到酒店员工,但有一点感受却很深,就是一旦有一位员工为你服务,肯定是始终面带微笑,彬彬有礼,让客人有一种很舒服的感觉。而且,无论你出现在酒店哪里,无论你遇到酒店里任何职位的员工,他们都会面带微笑,给你让道并驻足向你点头打招呼,总是很亲切。"

——广东温泉旅游协会考察团赴日考察印象

3) 礼貌

客房服务中的礼貌、礼节,是客房服务质量的重要组成部分,也是客人对客房服务人员的基本要求之一。

礼节、礼貌是两个不同的概念。礼节是向他人表示敬意的某种仪式;礼貌是待人谦虚、恭敬的态度。礼节、礼貌就是饭店员工通过一定的语言、行为和程式向客人表示欢迎、尊敬、感谢和道歉。

礼貌待客表现在外表上,就是客房服务员要讲究仪容仪表,注意发型服饰的端庄、大方、整洁,挂牌服务,给客人一种乐意为其服务的形象;在语言上,要文明、清晰,讲究语言艺术,注意语气语调,服务中始终以从内心发出的微笑相迎;在举止姿态上,要文明、主动、彬彬有礼,坐、立、行和操作均有正确的姿势。

【案例】

"礼貌服务+真诚服务=温馨服务"

客房是住店宾客的主要休息场所,客房服务员要承担宾客大部分的日常生活服务,因此,做好客房个性化温馨服务作用重大。客房服务员必须在礼貌服务中切实做到热情迎宾送客,例如:接到住客通知后,应及时作好迎接准备,宾客一到楼层要致词欢迎:"您好!欢迎,欢迎!"如:碰到节假日迎宾时,应对每一位宾客特别问候:"新年好""欢迎光临""圣诞快乐""欢迎你到来"等,对于老、幼、病、残的宾客,应及时搀扶,给予关心和帮助,对于重要宾客(VIP),主动上前引领帮助宾客提携行李物品,同时要察言观色,予以必要的帮助。宾客离店时,要心怀感激之情告别,"感谢光临""欢迎再来",语调要亲切柔和,感情要显得诚恳真挚,目光柔和,面带微笑,使宾客忘掉旅途的劳累,温柔体贴的话语使宾客真正享受到"宾至如归"之感。

4) 高效

效率服务就是快速而准确的服务。在客房对客服务中的很多投诉都是由于缺乏效率而引起的。因此,国际上著名的酒店集团都对客房各项服务有明确的时间限制。例如,希尔顿饭店集团对客房服务员的要求是:在 25 分钟内整理好一间符合饭店卫生标准的客房。

6.4.2 提高客房服务质量的基本途径

1)培养员工的服务意识

员工的服务意识是员工的基本素质之一,也是提高服务质量的基本保证。很多情况下,客房部服务质量上不去,服务员遭到客人的投诉,并不是因为服务员的服务技能或操作技能不熟练,而是因为缺乏作为服务员所必需的服务意识,不懂得"服务"的真正含义和服务工作对服务人员的要求,这正是我国很多酒店员工所欠缺的。客房部很多工作是有规律性的,客房管理人员可以将这些有规律性的东西制订为服务程序和操作规范来保证服务质量,但也有很多问题或事件是随机的,正确处理这些问题,要求服务员必须具有服务意识,必须掌握服务工作的精髓。

【案例】

丽思卡尔顿酒店员工的服务意识

《世界酒店》杂志曾采访过丽思卡尔顿酒店集团区域副总裁兼上海浦东丽思卡尔顿酒店总经理 Raniner J. Burkle 先生,谈到丽思卡尔顿酒店员工的服务意识,他说道:"我常跟员工们分享的一个小故事:当有顾客推门进入酒店的瞬间,这个时候刚好我们酒店的工程人员爬上一个梯子准备换灯泡,而恰在此时门童因故不在。那么请问,这个工程人员是马上放下手中的工作,去接待进门的顾客,还是继续自己手头换灯泡的工作?我们想通过这个小故事教导员工,在此类情况下,我们首要任务是要照顾好我们的客人,换灯泡这些工作可以等服务完客人之后再进行。"

这就是倡导"以绅士淑女的态度为绅士淑女服务"的世界顶级酒店集团员工的服务意识。

2)强化训练,掌握服务技能

客房服务员的服务技能和操作技能是提高客房服务质量和工作效率的重要保障,也是客房服务员必备的条件。客房管理者应通过加强训练,组织服务技能竞赛等手段,提高客房服务员的服务技能。

3)为客人提供"微笑服务"

要使客房员工为客人提供微笑服务,必须使员工认识到:
①微笑服务是客房服务质量的重要组成部分,是客人对酒店服务的基本要求。
②为客人提供微笑服务是对酒店员工的基本要求。
③笑脸常开会使您的服务生辉。
④微笑服务会讨得客人的欢心,使你工作愉快。
⑤是否为客人提供微笑服务,反映一个人的礼貌、礼节和整体素质。

⑥微笑服务会使你保持良好的心态,使你永葆青春。

⑦面带微笑会帮助你建立良好的人际关系,助你事业成功。

4)为客人提供"无 NO"服务

服务要说"NO",很容易,要不说"NO",则非常不容易。但若能把"无 NO"服务上升为一种企业文化,成为员工一种行为准则,那就是酒店在竞争中的一把利器。

【案例】

一天,上海某酒店一位客人着急地来到大堂,问是否可以提供苹果手机的充电服务。当时,苹果手机刚刚推出,酒店没有配备这种充电器。按照一般的服务原则,有则有,无则无,最多告诉客人附近哪里有可能买到这种充电器。但在大堂经理陈文盈眼中,这恰恰是"无 NO"服务的好机会。那位商务客人如此着急,意味着手机电池耗完后无法与外界联系,也许会失去一笔大生意。陈文盈不仅一一致电工程部、IT 部寻求解决办法,而且还积极寻找有苹果机的员工借用。当一名员工气喘吁吁地把自己的充电器送到大堂时,这位客人感动不已,在连声道谢的同时,也订下了下次入住酒店的日期。

5)为日常服务确立时间标准

服务质量是与一定的服务效率相联系的,服务效率是衡量服务质量的重要标准之一,客人所需要的服务,必须在最短的时间内为客人提供,尤其是商务客人,惜时如金,时间观念极强。因此,为了提高服务质量,客房部必须为各项日常服务确立时间标准,并以此作为对服务员进行监督、考核的标准。

以下客房服务项目及其时间标准可供参考(表 6.4)。

表 6.4　客房服务项目及其时间标准

服务内容	标准时间(分钟)
补充客房用品(如茶叶、开水、信纸等)	2~3
取冰粒	4
特别用品	5(如变压器等) 15(如 VCD 机等)
客房送餐服务	10
加床(含婴儿床)	8
请速打扫房(赶房)	30
领取客人遗留物品	15

【经典案例】

金海湾大酒店客房服务"六快"

五星级的汕头金海湾大酒店与 ISO 9004-2 国际标准——《服务指南》接轨,通过强化服务的时间观念来提高服务质量,推出了充分体现服务效率的"十二快"服务,其中,涉及客房服务的有:

①接听电话快:铃响两声内接听电话。

②客房传呼快:2 分钟。凡向客房服务中心提出的任何要求,服务员必须在 2 分钟内送到客房,如送开水、茶叶等。有些在 2 分钟内提供不了的服务,服务员也必须在 2 分钟内到达客房向客人打招呼,然后尽快解决。

③客房报修快:5 分钟内处理好小问题。如更换灯泡、保险丝、垫圈以及设施设备运转中的各种操作性问题等。这就要求酒店设有 24 小时分班值岗的"万能工",粗通水、暖、电、木、钳等各个工种。对于重大问题,一时不能解决的,也要安慰客人,并给予明确的回复。

④客房送餐快:10 分钟。酒店规定,员工电梯必须首先保证送餐服务,即使有员工想去低于送餐的楼层,也必须让送餐完毕后再返下。

⑤回答问询快:立即。为此,酒店就客人常常问到的问题,对员工进行全员培训。

⑥投诉处理快:10 分钟。小问题,10 分钟内圆满解决;大问题,一是先安慰客人,稳住客人,10 分钟内给予回复。

6) 搞好与酒店其他部门的合作与协调

要提高客房服务质量,还应做好与酒店其他部门的合作与协调,特别是前厅部、工程部、餐饮部、保安部等部门。客房部与这些部门的联系密切,客房部的对客服务工作必须得到上述部门的理解和支持。同样,客房部也必须理解和支持上述部门的工作,同时,加强与这些部门的信息沟通。

7) 征求客人对服务质量的意见,重视与客人的沟通

客人是服务产品的消费者,对服务产品的质量最有发言权,最能发现客房服务中的薄弱环节,因此,征求客人意见,重视与客人的沟通,是提高客房服务质量的重要途径。

征求客人意见,可通过以下两种途径进行:

(1)设置客人意见表

为了及时征求客人意见,让客人有机会对客房服务质量发表意见,客房部和酒店可在客房放置意见表。事实上,几乎每家酒店都在客房内设置有"客人意见表"(表6.5),但对客人意见表的管理却大都存在问题,管理人员不够重视,服务员只对客人的表扬意见感兴趣(可以据此领取奖金,获得上级管理者的表扬和认可),而对批评意见则置之不理,或随手扔掉,使客人意见表流于形式。

表 6.5 客人意见表

1.接待 RECEPTION

	满意 Good	一般 Average	不满意 Poor
■大堂副理 Duty Manager	☐	☐	☐
■接待处 Receptionists	☐	☐	☐
■行李员 Bellboys	☐	☐	☐
■询问处 Information	☐	☐	☐
■电话员 Operator	☐	☐	☐
■结账处 Cashier	☐	☐	☐

意见 Comments：＿＿＿＿＿＿＿＿＿＿＿＿＿＿＿＿
＿＿＿＿＿＿＿＿＿＿＿＿＿＿＿＿＿＿＿＿＿

2.客户服务 GUEST ROOM

	满意 Good	一般 Average	不满意 Poor
■洁净 Clean	☐	☐	☐
■设施 Facilities	☐	☐	☐
■服务 Servics	☐	☐	☐
■洗衣 Laundry	☐	☐	☐

意见 Comments：＿＿＿＿＿＿＿＿＿＿＿＿＿＿＿
＿＿＿＿＿＿＿＿＿＿＿＿＿＿＿＿＿＿＿＿＿

3.餐厅 RESTAURANTS

	满意 Good	一般 Average	不满意 Poor
■一楼餐厅 1st Floor	☐	☐	☐
■二楼餐厅 2nd Floor	☐	☐	☐
■西餐咖啡厅 Coffee Shop	☐	☐	☐

意见 Comments：＿＿＿＿＿＿＿＿＿＿＿＿
＿＿＿＿＿＿＿＿＿＿＿＿＿＿＿

4.康乐 RECREATION FACILITIES

	满意 Good	一般 Average	不满意 Poor
■游泳池 Swimming Pool	☐	☐	☐
■卡拉 OK Karaoke	☐	☐	☐
■桑拿健身 Sauna & Fitness	☐	☐	☐
■桌球室 Snooker Room	☐	☐	☐
■三楼餐厅 3rd Floor	☐	☐	☐

意见 Comments：＿＿＿＿＿＿＿＿＿＿＿＿
＿＿＿＿＿＿＿＿＿＿＿＿＿＿＿

5.阁下订房是通过
DID YOU MAKE YOUR RESERVATIONS REQUEST THROUGH

■直接向酒店办理
　Directly with the Hotel　☐
■旅行社办理 Travel Agent　☐

■单位介绍 Company Referral　☐
■参加会议
　Conference Attendance　☐
■其他途径 Others　☐

6.阁下为何选择本酒店
WHY DID YOU CHOOSE OUR HOTEL?

■以前住过
　Previous Experience　☐
■酒店声誉 Hotel Reputation　☐

■他人推荐
　Personal Recommendation　☐
■广告 Advertisement　☐
■其他原因 Others　☐

续表

7.对酒店的总体评价 GENERAL COMMENTS	8.阁下对酒店的其他意见和建议 FURTHER REMARKS OR SUGGESTIONS:

	满意 Good	一般 Average	不满意 Poor	
■卫生清洁 Cleaniness	□	□	□	
■服务态度 Service	□	□	□	
■维修保养 Maintenance	□	□	□	姓名 Name:
■收费标准 Charges	□	□	□	房号 Room No.:
■总体评价 General Comment	□	□	□	入住日期 Date of Visit:
				通信地址 Address:

对客人意见表的管理应注意以下几点：

①客人意见表的设计应简单易填。

②统一编号、月底收集汇总,禁止乱撕乱扔,并以此作为考核服务员工作好坏的重要依据。

③可将客人意见表设计成自带胶水,可由客人自行密封的折叠式信封状表格。由于客人意见涉及客房服务员的工作质量,因此,具有一定的保密性质,为了防止对不利于自己的意见进行"截流",可将客人意见表设计成自带胶水,可由客人自行密封的折叠式信封状表格。不少酒店已将其设计成折叠式信封状表格,但是,表格并不自带胶水,酒店也不在客房内为客人提供糨糊或胶水,使得客人意见表失去了保密作用。

当然,为了提高客人意见表的回收率,酒店也可以请求客人直接将意见表交给大堂副理或客房管理人员。但这样做会给客人带来不便,一般客人不到万不得已,也不会这么做,而一旦到了"万不得已",客人必须反映意见时,也不会采取填写"客人意见表"的方式,而会直接找客房管理人员或大堂副理口头投诉。

除了在客房设置客人意见表以外,为了激励员工为客人提供更加优质的超值服务(a service that is truly above and beyond the guest's expectation),还可在客房放置一张针对服务员的"表扬卡"(Customer Delight Card),对于收到表扬卡的客房员工,管理方面应以某种特殊的方式给予表扬或奖励,成为其他员工学习的榜样(表6.6)。

（2）拜访客人

客房部经理定期或不定期地拜访住店客人,可以及时发现客房服务中存在的问题,了解客人的需求,便于进一步制订和修改有关清洁保养的标准和计划。同时,这种拜访也会增进与客人的感情交流,是客房部改善宾客关系,提高客人满意度的重要途径。

表 6.6　表扬卡

(Customer Delight Card)

尊敬的客人：

　　您好！

　　感谢您下榻于大连香格里拉大饭店。我们很想知悉在您逗留本饭店期间，是否得到了超前服务。如果您能抽出时间填写此表扬卡，以帮助我们认可及鼓励为您提供超前服务、令您喜出望外的员工，我们将不胜感激。这对于被您提名表扬的员工有着极其重要的意义，谢谢！

你得到的超前服务是＿＿＿＿＿＿＿＿＿＿＿＿＿＿＿＿＿＿＿＿＿＿＿＿＿＿＿＿＿＿＿

＿＿

为您提供该服务的员工是＿＿＿＿＿＿＿　提供该服务的日期是＿＿＿＿＿＿＿＿＿＿＿

您的名字是＿＿＿＿＿＿＿＿＿＿＿＿　房间号或联系电话是＿＿＿＿＿＿＿＿＿＿＿

为您方便起见，您只需将此卡交给您下榻饭店的任何员工即可，

他们会非常乐意为您将卡片投入指定的信箱。

8) 重视细节服务，做好留言工作

酒店服务说到底都是细节服务，细节服务是客房服务质量的重要体现。其中，重视并做好对客人的留言工作，则是细节服务的重要内容。客房服务员要通过"客房留言条"，加强与客人的沟通。

【案例】

"小便条"是一把双刃剑

五楼 514 房间曾长住过一位姓王的客人。一次客人在留言条上告知，马桶坏了。清洁员小汪在整理房间时发现了该留言，马上报修，修好后，小汪在留言条的下方注明："尊敬的王先生，您房间的马桶已修好。"语言不多，却一目了然地体现出一种有问必答、有难必帮的负责精神。就这样，清洁员小汪每次都按照客人出门时的留言，一一认真办理，同时每次都将办理结果回馈在客人的留言条上。一来二往，这种认真负责的细节服务令住客十分满意，临离宾馆时将一封封热情洋溢的表扬信交到大堂副理处，一再表示自己的感激之情。

客房服务的特点是"暗服务"，与餐厅服务员面对面的服务不同，客房服务员通常不接触客人（客房清洁卫生工作要求服务员在客人外出时进行），这就减少了与客人沟通的机会。实践证明，通过在客房放置"客房留言条"这种书面形式，加强与客人的沟通，是一个非常行之有效、能够从内心感动客人的情感沟通方法，对于提高客人感觉中的服务质量，增强客人对酒店的好感，加深客人对酒店的良好印象，都具有重要的意义。国内很多酒店通过这种方法，鼓励客房服务员与客人进行沟通，都取得了良好的效果，心与心之间的沟通，拉近了客人与服务员之间的距离，使服务员的服务增加了感情色彩，也使他们的服务更加专注、用心和细微化。

"小便条"的功效就在于它的出其不意与情感沟通。但是,毫无疑问,同许多个性化的服务形式一样,小便条服务也要把握好一个"度"的问题。

有一位长住客人,两个月来每天都收到同样的小条,上边写着:"知道您很劳累,特将您的袜子洗好,晾在晾衣绳上,祝好!"

显然,当客人第一次看到这样的便条时,当然很感动,但如果天天如此,客人会觉得酒店服务员有毛病,只会说这一句话;或者,时间一长,客人也不会欣喜,倒是觉得应该如此。要是有一天换了服务员,不知道这件事,而终止了为客人洗袜子的服务,反而觉得是服务质量下滑了。由此可见,"小便条"服务就像一把双刃剑,不能不引起我们的思考。

9)加强对员工在仪表仪容与礼貌礼节方面的培训

服务员的仪表仪容与礼貌礼节不仅体现员工的个人素质,而且反映酒店员工的精神面貌,是客房部对客服务质量的重要组成部分。管理人员必须加强对员工在这方面的培训。

【登录:刘伟酒店网(www. LiuweiHotel.com)—院校服务—视频—手语舞:广州从化碧水湾温泉度假村员工礼仪。或扫描二维码,观看广州从化碧水湾温泉度假村客房部员工仪表仪容与礼貌礼节培训】

二维码:广州从化碧水湾温泉度假村客房部员工仪表仪容与礼貌礼节培训

酒店员工在这方面存在的常见问题有以下几点。

(1)礼貌礼节方面

①称呼礼节。

称呼客人时不使用"先生""太太""女士""小姐"等敬语,而用"男的""女的""老头""老太太"等词语。

②接待礼节。

● 客人抵达时,不热情、主动地问候客人。

● 遇到客人不主动问候或向客人微笑点头致意。

● 接待客人时,不全神贯注,常用粗鲁和漠不关心的态度待客;不与客人保持目光接触,而将眼光注视着计算机屏幕或别的目标,甚至与其他服务员闲聊。

● 和一位客人谈话太久,而忽略了其他需要服务的客人。

● 歧视客人。对外国人热情接待,而对国内客人,则态度冷淡。

(2)言谈举止方面

①站立时。

● 无精打采,倚靠门窗家具,或单腿站立。

● 单手或双手插在衣兜或裤兜内。

● 双臂抱于胸前或交叉于身后。

● 脚在地上划来划去,大腿小腿晃来晃去。

● 站立姿势难看,不规范,未能做到肩平、头正、两眼平视前方,也未能挺胸、收腹。

- 向客人指示方向时,手势不够规范,用手指或笔杆指点。谈话时手势过多,幅度过大。

②行走时。

- 走得过慢或过快。
- 摆臂过大或双臂僵直。
- 抱臂行走。
- 低头或昂首行走。
- 行走时不够轻稳,晃肩摇头,上体左右摇摆。

③说话时。

- 为客人提供服务或与客人交谈时,缺乏微笑。
- 在客用区域内与同事扎堆聊天,说家乡话。
- 与客人谈论自己的私事。
- 与客人或同事争吵。
- 随意打断客人的谈话,不等客人把话讲完就作应答。
- 与客人谈话时左顾右盼,将头低下或玩弄手指,或捏揣衣服。
- 与同事议论客人的短处或讥笑客人不慎的事情(如跌倒、打碎物件等)。
- 与客人谈话时,流露出厌烦、冷淡、愤怒、僵硬的表情。

10) 强调"隐形服务"

客房服务应以不打扰客人为原则,强调"隐形服务"和"暗服务"。丽思卡尔顿酒店集团的创始人里兹常说:"人们喜欢有人服务,但是要不露痕迹。"

【案例】

小木棍的妙用

泰国一些好一点的酒店都有一种跟踪服务,即客人入住后,楼层服务员会在客房门口底下立上一根火柴棍大小,与房门颜色接近的小木棍。巡查的服务员以小木棍立着还是倒了来判断客人是否在客房里,当小木棍立着的时候,服务员一般不去敲门整理客房,而只有当小木棍倒了,客人不在房间里,服务员才会进入客房整理房间。

11) 为客人提供个性化服务(见下一章内容)

【经典案例】

上海清水湾大酒店客房员工的待客行为规范

清水湾大酒店倡导员工将"亲情文化"外化为举手投足间的待客行为规范,具体浓缩成如下 10 个要点:

①仪表:衣履整齐洁净,发型规范,胸牌端正完好,不交叉手臂,不把手放在臀部或者

口袋中,不咀嚼食物,不随意倚靠,遵守酒店仪容仪表修饰标准,展示自己最佳的仪容仪表。

②微笑:始终向与你目光相遇的客人微笑。微笑必须发自内心,而不是刻意迎合服务标准。

③问候:与客人作眼神交流,友好地微笑。客人抵店时,向他们打招呼;客人离店时,向他们表示感谢,并欢迎他们再次回来入住。

④让路:与客人相遇时要止步,侧身礼让并致微笑和问候,要留给客人最大的空间行走。不要与其他同事簇拥在一起。

⑤起立:居坐时遇客人来访要主动起立,微笑,问候并热忱服务。

⑥优雅:在客人活动场所要动作轻缓、言语低调、举止优雅。铃响10秒内接听电话,电话结束后要等客人先挂电话才可轻轻挂断电话。

⑦关注:目光要始终关注客人,尽量预先察觉并提前满足客人的需求。关注客人的同时,尽可能快地完成每一项与客人的互动,并保持礼貌和令人愉快的肢体语言。

⑧尽责:不对客人说"不"。遇有自己不能解答的问题或不属于自己岗位职责的事宜,要主动联系办理;遇有客人咨询店内场所,不仅要指明去向,还要尽可能陪同前往。告诉客人你的名字,让他们知道有专人在处理他们的问题。

⑨致歉:为自己或同事的失误向客人真诚道歉,并要使投诉的客人立即得到安抚;及时快速采取补救行动,尽最大可能让客人满意,并予以复核。

⑩保洁:维护酒店环境整洁,遇有烟头、纸屑等废弃物要主动拾捡,发现有摆放不当物品要主动恢复。

以上10大要点是针对我国酒店服务,特别是客房服务中普遍存在的问题提出的,具有很强的针对性和实用性,酒店全员推广贯彻待客行为规范,大大促进了广大员工通过以更加亲和的人格魅力对客交往,为清水湾"亲情文化"特色增添异彩。

6.5 客房部常见问题与对策

在客房服务和管理中,常常会碰到一些"特殊问题",灵活、正确地处理这些"特殊"的常见问题,不仅是提高客房服务质量的一个重要方面,而且也是提高管理效率和管理水平的重要途径。

6.5.1 客房服务中的常见问题与对策

1)"哪把牙刷是我的?"

在酒店住宿,双人房的客人经常感到头痛的是分不清"哪把牙刷是我的",给生活和个人卫生带来不便。这一问题应该引起酒店管理者的重视。

传统的双人房内都配备两套大小、色彩、图案完全相同的水杯、茶杯、毛巾、浴巾、手巾以及牙刷、梳子等客用品。这给住宿客人带来极大的不便，分不清哪些是"自己的"，哪些是别人用过的，每次使用前都要回忆一下，认真地想一想，即使这样，还是常常用错，总有一种不安全感。为了体现个性化服务，同时，为了方便客人，使客人有一种安全感，酒店"标准间"客房内客用品的配备应以色彩和图案区分开来。

2）客人不在时，来访者要求进入客人房间

为了客人的安全，当客人不在房间时，不应让来访者进入客房，更不能让其将旅客的行李携出，此时应耐心地向来访者做好解释工作。但如果住客离开前有留言，允许某访客进入其房间时例外。不过，此时应问清来访者的姓名、单位，查验其证件，确认该客人就是住客指定的来访者，同时，请其在会客记录上登记。

此外，无论是否允许来访者进入客房，都应做好对访客的接待工作，因为从某种意义上讲，"访客＝住客"，得罪了访客就等于得罪了住客，而且在很多情况下，该住客就是由访客介绍来的，或是由访客负责接待，费用也是由访客支付的。

3）来访者查询住房客人

应先与住客电话联系，征得住客的同意后，再告诉访客："客人在××房间等候。"

4）遇有醉酒客人，要加以妥善处理

一般来说要注意两点：一是细心照料；二是注意安全。发现有醉酒客人，要首先扶其进客房，并视醉客的情绪进行适当的劝导，令其安静，必要时，要在床前摆放垃圾桶，以便呕吐。有的醉酒客人会大吵大闹，甚至破坏家具，这时，服务员应通知保安人员将其制服，安排其回房休息，同时要注意保持警惕，观察房内动静，以免家具被破坏或因吸烟而引起火灾。

另外，客房服务员如在楼层走廊遇见醉酒客人，切忌单独扶其进入房间，甚至为其解衣休息，以免醉客醒后发生不必要的误会。例如客人投诉钱包被窃，服务员将很难解释。

5）住店客人要求延住

如客人要求延住，应敬请客人与总台接待处联系，办理有关手续。如当天酒店已订满，可耐心向客人解释酒店困难，求得客人的谅解。如果客人执意不肯离开，则宁可让即将到店的客人住到别的酒店，也不能赶走已住店客人。

6）客人离店时，带走客房物品

有些客人或是为了留作纪念，或是想贪小便宜，常常会带走毛巾、烟灰缸、茶杯、书籍等客房用品，这时应礼貌地告诉客人："这些物品是非纪念品，如果您需要，可以帮您在客房部联系购买。"或巧妙地告诉客人："房间里的××东西不见了，麻烦您在客房找一下，是否忘记放在什么地方了。"这时切忌草率地要求客人打开箱子检查，以免使客人感到尴尬，下不了台，或伤了客人的自尊心。

【案例】

追回浴巾

客人退房时，将客房内的用品带走的事时有发生，福建省西湖大酒店大堂陈经理运用了心理学基本原理，成功地解决了浴巾追讨问题。

①让客人觉得你是信任他的。即明知是这位客人拿走了浴巾，也要表现出信任他的态度。陈经理对客人说："×先生，对不起，在您的房间里少了一条浴巾，我们的服务员找不到，请您帮我们回忆一下放在哪儿了？"。这其中的"我们的服务员找不到……"没有责备客人，而是把错留给了酒店；"请您帮我们回忆一下……"又给了客人以信任。

②善于"拐个弯"。客人回答说："没见到"，于是陈经理就拐个弯说："那么请您回忆一下，是否您的亲戚在这儿洗澡时，不小心把浴巾一块带走了？如果是这样的话，您替他付费也行。"这时，客人开始盘算这条浴巾是否值得付费。

③给客人台阶下。客人经过思考回答："亲戚也没拿。"陈经理又恳切地说："那么麻烦您进房间帮我们查找一下好吗？"并在客人真的进房"查找"时，服务员立即退出，这样就给客人一个台阶。接着客人从旅行包中取出浴巾，放在沙发背后，出了房门后，反而批评服务员："你们是怎么搞的嘛？浴巾就在沙发背后也看不见！"

④给客人留面子。陈经理的责任在于追回浴巾，而不是评价客人素质。他热情地与客人握手道别，并欢迎他再来。

7）遇到同事或下属与客人争吵时

应马上劝阻，并让当事人离开。然后向客人道歉，并了解事情的经过。同时，注意在客人面前不偏袒自己的同事或下属，更不应为他们辩解。听完客人的意见后，应再次向他表示歉意，并说明我们将会作进一步的了解，以消除客人的怨气。

8）服务员擅自将客人的行李搬出房间

很多情况下，客人结完账后，行李仍然暂时留在房间；有时，预计离店的客人接近或已过了中午12点时，仍然不见回酒店结账，这时，客房服务员容易犯的一个错误是：在客人不在客房的情况下，擅自将客人的行李搬出房间，结果，常常引起客人的强烈不满或投诉。

【经典案例】

结账"退房"以后

一位住店客人某日中午要乘火车回乡，提早于上午10点到总台办了退房手续。他认为中午12点以前，客房的使用权仍旧是他的，因此把整理好的行李放在客房内，没有和楼层服务员打招呼，便外出购物去了。

近中午，客人返回酒店准备取行李，谁知客房门开着，他发现已有新客人入住，而自己的行李已不知去向,便到楼层服务员处询问,才得知行李已被放到总台。

"你怎么能开房门让新客人进去呢? 行李丢了谁负责?"他质问楼层服务员。

"你既然已办理退房手续,为什么不和我联系?"服务员申辩道:"新客人是经过我和总台联系后才进去的,我好意把你的行李寄存到总台,有什么不对!"

……

其实,上述案例中所出现的问题,责任完全在酒店一方。属于酒店内部协调和管理问题。首先,客人结账时,只需到总台办理结账手续,楼层服务员没有权利要求客人在办理结账手续时通知她。诚然,客人迁出时,楼层服务员要查房,但应由总台员工通知服务员,而不应要求客人通知楼层服务员,显然,这家酒店的总台员工并没有将客人的离店信息通知楼层服务员。其次,客人结账时,总台员工应要求客人交回房间钥匙,这样,客人便不会轻易将行李留在客房内,即使需要将行李暂时留下,也会首先征得酒店同意,因而也就不会出现案例中令人尴尬的场面。此外,事件发生后,楼层服务员应主动向客人耐心解释,并请求客人的原谅,而不应与客人争吵或申辩,这是服务员的态度问题和修养问题。

为了防止出现上述情况,客房部除了加强与总台的沟通与协调以外,还应随时掌握预计离店客人的动向,必要时,与预计离店客人提前沟通,了解其离店的确切时间和特殊的服务要求。

6.5.2　客房管理中的若干问题与对策

1)"骚扰电话"的防范与处置

近几年来,酒店半夜的骚扰电话一直困扰着经营管理者,其恶劣的影响一是造成宾客休息不好而大范围投诉;二是败坏社会风气和酒店名声;三是由此而可能引发酒店治安和违法犯罪案件的增多。虽经政府有关部门多次打击,但此势头有增无减,且有从南向北,从大城市向中小城市,从高星级宾馆向中小型酒店蔓延的趋向。

对于这种现象,绝大多数客人深恶痛绝:半夜里急促的铃声,惊醒客人的梦境,被强制性地剥夺了睡眠的权利,倘若被吵醒后辗转不能入睡,其恼火程度可想而知。如果酒店经营者对此不闻不问、放任自流,甚至有一种求之不得的想法,那么酒店的品位将会降低,酒店在社会上的形象将会受到严重损害,酒店的治安形势也会越来越严峻。因此,加强对客房骚扰电话的防范,是当代酒店客房管理面临的一项新任务。

纵观骚扰电话,其进入客房的途径无非有外线转接和内线自拨两种。外线转接一般较容易发现和控制,其影响面也较小;内线自拨则危害较大,骚扰者往往按楼层一个客房一个客房地拨过去,倘无成交,大有绝不罢休之势。防范的重点也是此类电话,对此类电话的防范可采取以下措施:

(1)拒绝为骚扰者办理入住登记手续

内线骚扰电话一般来说应是按正常登记手续办理入住客房者所为,针对这种情况,前台接待人员应以客满等为由,拒绝接待此类"客人",拒绝为他们办理入住登记手续。

骚扰者通常具有以下特点:

①大多为年轻女性；

②穿着入时，比较暴露；

③经常出入酒店；

④在酒店住宿时间较长。

前台接待人员可据此发现疑点，一旦确认她们的身份，则可拒绝为其办理入住登记手续。

（2）劝其离店

骚扰者一旦入住酒店，常常会露出一些蛛丝马迹，一旦暴露其身份，可委婉地劝其离店。以下两种方法可以帮助酒店管理者确认其身份：

①楼层服务员在日常服务过程中，应注意从其日常生活规律中发现疑点。骚扰者通常具有与众不同的生活规律和特征，楼层服务员应善于从日常服务中发现疑点。

②由总机接线员进行防范。当接线员接到防范此类电话的指令后，重点在晚上10点后至凌晨，随时监视（或专人监视）总机电脑屏，如果出现某房作为主叫连续向其他客房拨号时，及时通知值班经理，排除旅游团队和会议房后，查阅此房入住人员资料，即可基本确认。此外，如果值班经理在值班经理房接到此类电话或客人接到电话后当即投诉，则值班经理也可通知总机找出主叫方。

发现骚扰者以后，酒店应先对其进行电话警告，告知不得骚扰酒店宾客的休息，给骚扰者一个其活动在酒店保安部门的控制下的明确信息，当骚扰者发现已无机可乘时，便会自动离去。

针对骚扰电话，还有一些酒店在电话线上安装开关，让宾客决定睡眠之前是否关掉电话，这种做法虽然也可以有效地防止此类电话对客人的骚扰，但会对客人带来麻烦，还可能对宾客的商务活动带来不便，因为谁也没有一觉醒来打开电话开关的习惯。此外，这种做法也不能消除因骚扰电话而造成客人对酒店的不良印象，因此并非上策。

【案例】

广州中国大酒店
防范暗娼活动的"十项措施"

为了有效防范暗娼活动，五星级的广州中国大酒店在酒店内部管理上，以娱乐中心为重点，健全与完善各项制度，一直坚持实施了十项措施：

①严格执行宾客住宿入住登记制度，这是把好安全第一关；对国内人员入住酒店的，原则上集中在八楼、九楼住宿，便于管理与加强监督。

②通过电话总机控制间从外线或大堂两边八个公共电话打入房间的电话，经过计算机询问答对住客姓名才给予接线。

③大堂酒吧主要留给住客使用。

④把好电梯口及在各公共场合设立的二十九个保安岗，消灭监控死角，严防有"吃夹偷"（即既是暗娼又是盗窃分子）的暗娼和其他违法犯罪活动。

⑤运用现代化先进的电视设备进行监视，即在楼层通道口设立监视电视进行监控。

⑥对有卖淫行为的暗娼在保安部审查时，给每一个暗娼进行公开照相及加上文字存档，

给予阻吓。

⑦安排便衣保安巡查,发现可疑女子,要予监视。

⑧对凌晨一两点钟才进入酒店或离店的单身女子有礼貌地进行盘问,然后通过计算机进行检查是否属实。

⑨为逃避监视,暗娼、嫖客活动的手段越来越狡猾,我们抓获一宗嫖客为暗娼租房,然后进行鬼混。有些则入住后,在房间内往楼层房间逐个房号打电话进行"性骚扰",我们通过总机对分机进行截查。

⑩酒店外宾医疗室与员工医疗室发现性病患者,及时报告。

2) 叫醒服务的"双保险"问题

叫醒服务是酒店为客人提供的基本服务项目之一。传统酒店的叫醒服务都是由酒店客房部为客人提供的。由客房服务员逐个在需要提供叫醒服务的房间敲门叫醒。随着酒店设施设备的不断更新,越来越多的酒店开始使用计算机自动叫醒,由总机接线员将客人需要叫醒服务的时间和房间号输入计算机,届时,计算机将提供自动叫醒服务。在实际操作中,很多酒店为了确保叫醒服务"万无一失",采取计算机叫醒和人工叫醒同时提供的"双保险"叫醒服务。其实,是没有必要的,这是对酒店人力资源及设施设备的浪费。酒店投资采用计算机自动叫醒,目的就是为了提高工作效率,减少员工工作量,进而减少人力资源成本,如果计算机叫醒取代不了人工叫醒,还不如取消计算机叫醒,而直接改为人工叫醒,因为采用"双保险"制,一是没有必要;二是还会增多服务的环节和程序,进而增加服务成本。

事实上,在采用计算机叫醒服务时,只有在下列情况下,人工叫醒才是必要的:

①计算机出现故障,无法提供正常的叫醒服务。

②计算机叫醒失误,需要采用人工叫醒及时予以纠正。

③计算机叫醒无效,客人没有应答。此时,需要通知客房部服务员及时上门提供人工叫醒服务,确认客人已经起床。

3) 因酒店设备问题致使客人受伤时

住客在酒店常常因酒店设备而导致伤害,对此,酒店应予以重视,应加以妥善处理,否则,将引起客人的极大不满和法律诉讼,使酒店陷于被动,对酒店产生极为不利的影响。

①首先安慰客人几句,然后马上挂电话请医生来为客人治疗,随即向主管、经理汇报。

②视客人的伤势,领班陪同,主管或经理带上水果、食品到房间探病问候。

③对所发生的事情向客人表示不安和歉意,讲一些安慰和道歉的话。

④对该房的客人在服务上给予特殊的照顾。

⑤马上通知维修部门对该房的设备进行检查维修。

⑥做好事情发生的经过记录。

4) 客房服务要以方便客人为宗旨

客房服务要处处以方便客人为宗旨。很多不合理的规范、"约定俗成"的做法,要以方便客人,满足客人需求为出发点,加以大胆改进。

【案例】

会"减肥"的遥控器

于先生因工作需要常年出差在外,有一次,他入住某三星级饭店。进房后,他往床上一躺,便习惯性地把手伸向床头柜,想拿电视机的遥控器。他摸了半天也没找到。偶一抬头,他发现遥控器放在电视机上,于是,他就起身去拿,并躺回床上。当他拿起遥控器一按,发现电视机没有图像,于先生想当然地认为电视机的电源开关没开,便又起身去开,当他再按遥控器时,电视机还是没有图像。于先生记起床头控制板上还有一个电视机的电源开关,便弯腰打开电源。当又一次按下遥控器时,电视机仍然没有反应。他刚想抓起电话机投诉坏电视机时,忽然记得刚才自己动过电视机的电源开关,便再次起身去打开电视机的电源。等他回到床上再按遥控器时,久等的图像终于显现,但于先生没有了看电视的兴致。于先生索性下床,在整个客房转了一圈后,打电话找来客房部经理,开始诉说客房的种种不是:

遥控器可以减肥:来回三趟才能看上电视——放在电视机上;

卫生间的烟灰缸:客人倒坐在恭桶上才能使用——放得太靠里;

电话副机:光着身子出来才能接听(洗澡时)——安装在恭桶与洗脸台台面之间;

卷纸架:扭曲身子才能找到(或瞎子摸象般乱抓)——安装在恭桶后面的墙上;

……

面对于先生的数落,客房部经理的脸涨得通红,并由衷地说:"于先生,您给我上了生动的一课,您是我遇见的最好的一位老师!"

分析:

客人是最高明的老师。当客人投诉或抱怨时,所有饭店从业人员不能简单地认为是客人的刁蛮或挑剔。他们可能不知道饭店服务与管理的原理与要求,但他们知道什么是令其方便与舒适的。

本例中的于先生的一席话虽然有点尖酸刻薄,但他诉说的是目前大多数饭店的现实情况,这类现实带给客人的确实是种种不便。实际上,类似的情况还很多,如沐浴液、洗发液远离浴缸,香皂远离脸盆等。这充分说明许多饭店在"隐含服务"方面的欠缺,也说明饭店追求的只是设施设备的拥有,但不在乎设施设备是否方便客人使用。这种没有充分考虑客人需要的服务肯定难以令客人满意。

6.6 客房服务创新

进入21世纪,酒店竞争将更加激烈,酒店的经营管理和服务必须进行全方位创新。客房服务创新不仅是提高服务质量的重要方法,也是提高酒店竞争力的重要手段。客房管理者必须发动客房部所有员工对客房服务理念以服务的方式、方法、程序、内容等进行全面创新,从而给客人带来全新的住店体验。

本节将主要介绍几种客房服务创新的方法、思路和案例。

6.6.1 创新服务,注重细节

客房部可在客房内根据一年四季的变化不断变换问候卡,如"愿您拥有夏日的浪漫与激情,"又如"尊敬的宾客,您一路辛苦,赶快给家人报个平安吧"等暖人心肠的问候与关爱。亦可遇到住客生日,赠送玩具小熊猫、小松鼠等人见人爱的小动物玩具以替代常见的巧克力,其效果可能会带给客人更多的惊喜。若在 VIP 客房的布置中,在客厅显眼处摆上一缸活泼的金鱼,附着翠绿的珊瑚草,这充满生气及灵性的小金鱼又会给客人带来多少惊喜;又如在新婚房中摆放象征着纯洁爱情的玉兰花或百合花,置放些花生、红枣等寓意着客人"永结同心、早生贵子"的吉祥物,定会带给客人更多的体贴与亲情,让客人实在地感受"家"的温馨。

6.6.2 要以方便客人为前提

不少饭店强调客房内四方形电话机线应绕机一圈布置,以求美观,但客人使用过程中极不方便,容易绊起电话机,应予调整。又如浴帘的拉启,杭州萧山宾馆客房部原来的做法是在浴缸的尾部拉开,靠近莲蓬头一侧拉拢,为的是防止客人浴水外溅,打湿坐厕盖。但细细琢磨,客人冲淋前大多喜欢调试水温,不得不先拉开浴帘,造成不便。因此,从方便客人的角度出发,他们将浴帘重新改为靠近莲蓬头一侧拉开。做夜床时,原先按规程应将客房中的床头灯亮度调至微暗,以营造就寝气氛。但随着现代社会客人的夜生活越来越普遍,客人进房后往往一下子还未打算入睡,昏暗的灯光通常会令客人不舒服,客人不得不自己动手重新调高亮度。为适应客人这一消费习惯,宾馆已将夜床服务规程加以修改,规定开夜床时将床头灯亮度调至最高挡,以利营造明亮舒适的居家气氛。再如,某酒店最新改造的商务客房中,管理者在物品布置上特意在写字台靠近计算机接口插座及不间断电源插座附近留有空位,以方便商务客人摆放随身携带的计算机设备,体现宾馆对客人的细心关爱。

6.6.3 节能降耗,分析费用

客房管理中应在不影响服务质量的前提下尽可能节能降耗。为此,一些酒店客房部已尝试将所有客房的水位调低(不影响正常冲厕),将洗脸盆水龙头适当调小,节水效果较显著;将所有公共区域的灯泡换成节能灯或感应灯,以利节电;提倡循环利用,如鼓励员工使用纸的正反双面,文件也是正反双面打印,利用旧文件、旧的打印纸作草稿纸;客房部还可坚持不懈地回收干净的一次性消耗品外包装盒,以便二次利用;将报损的床单制成婴儿床单、枕芯套或体重秤套;在客房卫生间墙上以及床头柜上,张贴或置放节能卡,动员客人尽量减少毛巾或床单、枕套的更换洗涤,以利节约水资源、洗衣粉和减少污水的排放,保护水资源。

6.6.4 推行"中式管家服务"

三亚亚龙湾五号度假别墅酒店推行"中式管家服务",并为此举办了新闻发布会。

亚龙湾五号度假别墅酒店推出的"中式管家服务"是"英式管家服务"和"菲佣服务"的

发展和创新。据酒店董事长介绍,酒店充分吸收了中国古代豪门宅院由一个管家统领一个仆人群的传统服务模式,在服务中加入了亲情等中国传统文化元素,最终提炼出了一种独具特色的"中式管家"服务新模式。

"中式管家"目前主要包括私人管家、贴身保姆、高级厨师和专职司机四项服务内容。管家与贴身保姆、高级家厨、专属司机共同组成一个服务小组,管家主要负责安排及统筹其他三人的工作和各部门之间的协调,同时还要具体负责客人的行程安排、景点介绍与组织聚会、宴会、代购机票等其他委托服务;贴身保姆主要负责日常起居清洁、烹饪家常菜、洗衣(水洗)、擦鞋、婴儿看护、海边游览、物品租借、代收物品、叫醒等 24 小时个性化贴身服务;高级家厨负责别墅内家宴、聚会、烧烤等高档烹饪;专属司机每天免费提供 10 小时专车服务。另外,根据客人需求,酒店还在此基础上提供保安、清洁工、园丁、财务等公共服务。

6.6.5 为客人提供"枕头菜单"

为了改善住店客人的睡眠质量。很多酒店开始在枕头上打主意,提供有多种功效和特点的枕头,供客人选择(图 6.5)。

图 6.5　广州从化碧水湾温泉度假村根据客人的个性化需求为客人提供的枕头菜单

【经典案例】

创新服务＝雅禾国际大酒店的辉煌！

一家地理位置、服务功能皆不占优势的酒店，开业6年后，不仅创造出淡季不淡、客房出租率85%的奇迹，还将很快输出管理。雅禾国际大酒店，靠什么取得了今天的成绩？

亮点一：花瓣床

与雅禾相识，缘于一次出差。开始关注它，缘于迈进房间的第一步。电梯门打开时，楼层服务员早已在门旁恭候。快走几步，服务员提前打开门。走进房间，放好行李，才一回身，服务员已把拖鞋放在脚边。此刻，桌上噗噗的声响提示着水恰巧烧开了。

晚上，回到房间，几片花瓣、一张字条，唤醒了我久违的感动。娇艳的玫瑰花瓣，拼出一颗赤诚的"心"，在洁白的床单的映衬下，醒目、真诚。床头柜上，有一张小小的字条，"工作了一天，您一定累了吧？到房间后洗个热水澡好好休息，把奶和水放在此处，便于您饮用。"署名：您的管家小王。称不上清秀的字体，也无华丽的辞藻，带出的却是一股春风拂面般的温暖，又一次被感动。

"其实，雅禾的花瓣做床是从2004年开始的。"雅禾国际大酒店副总经理范颖回忆说，2002年开业的雅禾国际大酒店，地理位置、服务功能皆不占优势。雅禾国际大酒店位于日照市老城区的西南角，属于新老市区交界地，也是城乡交界处。由于酒店是在写字楼的基础上改造的，因而先天上布局就不太合理，大堂不大，房间也不大，尤其在功能上，会议室建设的不健全，使得雅禾从开业之初就丢掉了会议市场。而在最初的两年，这些硬伤险些将雅禾逼入绝境。2002年到2004年，雅禾先后交由三家酒店管理公司经营，效益都不好。2004年，雅禾毅然结束了与酒店管理公司的合作，决定自主经营。

既然拼实力、拼硬件，雅禾拼不过。小家碧玉型的雅禾，就要在软件上下功夫。切入点在哪里？

2004年底2005年初，自主经营的雅禾首先确定了服务精神：亲亲雅禾，用心做家。

范颖说，当时，酒店管理层的出发点十分朴实，就是怀着感恩的心把每一位客人照顾好，把客人当家人，用真情打动客人，用行动让客人体会到这种心情。"2004年末，我们首先在客房开展了细微化服务。"范颖解释说，之所以首先选择客房部，也是觉得客房服务很枯燥，而且不容易显成效。服务员总是在默默地工作，很少面对客人。"我们鼓励客房服务员创意性地做床，2008年还专门开设了创新奖。"范颖说，到现在雅禾客房的花瓣床已经形成了几十种花型，对于花瓣床，酒店也不打算作出具体化的硬件规定，只要不乱、不杂，不弄巧成拙，尽量不重复就好。几年的摸索，雅禾的"花瓣床"也逐渐地形成一种规律，第一次住店的客人，通常就用玫瑰花瓣做成"心"形，第二次，就可以在花里写上一句话，做个笑脸，用绿叶衬托花瓣等。

亮点二：小纸条

"花瓣床"很容易被复制，今天，仅就山东省内，不少酒店都在提供"花瓣床"服务，造型也并不比雅禾单调。那么，雅禾所独具的特色又在哪儿?

从日照返京，三张楼层管家写给我的小纸条被我郑重地存放起来。一张是小王的，提醒我"洗个热水澡好好休息"，另外两张是小潘的，提醒我"春暖乍寒，外出时加件小外套，以免着凉!""出门在外的工作很辛苦，多喝点开水有益身体健康。"三张薄薄的纸，一颗急客人之所急的心，温暖、贴心。下一次来日照，还住雅禾，我对自己说。

"推出小纸条，也是想建立一种客房服务员和客人间沟通的渠道。一开始，有人提出是不是不要客房服务员写，怕字体不好看。我们说，不，一定要服务员自己写。字好不好看不重要，重要的是一颗为客人服务的心，写什么也由服务员自己决定，只要是想对客人说的话，都可以在小纸条上写出来。"苑颖说。慢慢地，开始有客人回应小纸条了，一句简单的"谢谢""您辛苦了"，可以让整个楼层的服务员们都跟着兴奋好几天，"回馈"被服务员们细心地珍藏起来。再后来，客人跟服务员成了朋友，下次来雅禾，即便不住这层，他们也会找到这个服务员，问候一声，聊上几句，临走时，也要当面跟服务员道别。客房服务员们觉得，自己的工作客人看到了，干劲更足了，服务自然也越来越好了。

亮点三：客房配书

"别的酒店，床头柜上放的是电话、水等，我们不，我们放书，根据客人性别、习惯的不同，书也有所不同。女士的房间里，我们会放一些美容、健康方面的书，管理者的房间，我们会提供管理方面的书。而且这些书都是一小段一小段的，小故事，大道理，短时间内就能看完，也有客人看着好买走的。"苑颖说，酒店的高管们出差时都有一项任务，就是逛书店，现在流行什么书，他们一清二楚。

亮点四：提供 GRO 服务

"我们还配备了客户关系主任，也就是 GRO，客人进门，他们要奉上一杯茶或是冰水、一条热毛巾，让客人解解暑，暖暖手，客人退房时，又会送上免费的矿泉水。GRO 把客人送到门外，询问客人对酒店的评价，并做好记录，给客人回馈。"

亮点五：总台配客用计算机

"我们在总台配了一台计算机，也是让客人入住或者退房的时候利用等候的时间上上网。后来，我们干脆推出了免查房服务，现在，90%的客人都能享受此项服务。"

亮点六："联房卡"

"几位客人同时入住时，我们会提供联房卡，告诉客人您同来的朋友都住在哪几个房间，方便客人间联系。"

本章小结

➤住店客人大部分时间是在客房度过的,因此客房服务质量是保障客人在酒店获得舒适、方便的住宿体验的重要因素,也是客房管理的主要任务之一。

➤客房服务项目主要包括:迎送服务、客房小酒吧服务、房内用餐服务、洗衣服务、托婴服务、茶水服务、擦鞋以及其他委托代办服务,客房管理人员要为每项服务确立程序和标准。

➤客房服务的基本要求是:真诚、高效、礼貌、微笑。

➤为了提高客房服务质量,必须加强对客房服务员的培训,确保员工具有良好的仪表仪容和礼貌礼节,同时,不断提高员工的服务意识和服务技能,为不同类型的客人提供针对性的个性化服务,另外,还要与前厅部、工程部、公关销售部等相关部门做好信息沟通。

➤客房服务创新是提高酒店服务质量的重要方法,也是锻造酒店核心竞争力的重要手段,酒店管理人员要发动员工对客房服务的方式、方法、内容等不断创新。

复习思考题

1.如何针对不同类型的客人提供不同的服务?

2.如何提高客房对客服务质量?

3.客房部与其他部门沟通与协调的主要内容有哪些?

4.如何对客房服务进行创新?

【案例分析】

锦江集团如何管理"宾客意见书"

为了树立对客人、对员工重视理念,锦江集团制订了《宾客意见书标准手册》,对宾客意见书的概念、设计、内容、文字、纸张、尺寸、克重、印刷、标准格式到发放、摆放位置、收取、反馈、处理、统计、分析及存档等程序都作了明确的规定和统一。公司为突出中国人的酒店管理集团特色,采用的是中文在前,英文在后的格式,名称也经过反复推敲,改为"君赐良言,不胜感激",体现了中国文化,也避免了冷冰、生硬的感觉。

《宾客意见书》有统一的汇总表格,对客人反馈的意见进行分类统计和分析研究,以此作为衡量评价酒店经营管理与服务质量。客人只要填了《宾客意见书》,无论是批评、表扬,还是建议等性质,酒店均要给予客人有总经理签名的书面回复。酒店员工受到客人表扬,也要给予员工有总经理签名的感谢信。《宾客意见书标准手册》中要求酒店将客人的表扬信复印一份,连同总经理的感谢信一并给予员工,并在酒店宣传栏中张榜公布,以起到激励员工的作用。

昆仑饭店房务部员工吕巧赛在收到总经理亲笔签名的感谢信后说,"我心里特别特别感动,我在昆仑饭店工作了两年,这是前所未有的!我要将感谢信珍藏好,这是总经理对我的鼓励。我的心情特别好,我要更加努力地为客人服务好。"

问题:你如何评价锦江集团对酒店《宾客意见书》的管理方法?

【补充与提高】

碧水湾温泉度假村:将感情化服务做到了极致!

某大学刘教授陪友人考察广东从化碧水湾温泉度假村(注:属于暗访,事先未通知酒店方)。当车辆到达酒店停车场后,立即有人上前为其开门,并亲切问候。刘教授想了解一下度假村的经营管理情况,提出要见他们的经理或主管,迎宾人员立即答应,随后就有一个着黑色制服的管理人员前来广场回答刘教授提出的有关问题。

这时,在温泉部门口的一位迎宾员小姐见客人在太阳下站立谈话,马上送来一把伞,关心地对客人说,"天很热,我帮你们遮一下阳"。而另一位迎宾员则主动用托盘为客人送来几杯矿泉水,关切地提醒客人喝点水降温。刘教授暗自赞叹这家酒店服务真好。然而,让刘教授感动的更好的服务还在后头。

当刘教授在温泉部员工的引导下进入更衣室更衣时,一位员工发现了他肩膀上贴的一块膏药,立即关切地问道:

"先生,您这里怎么了?"

"哦,没关系,是前段时间在一家景区滑草时不小心摔伤的。"

"哦,不要紧吧,小心点,我帮您撕下来,不过泡温泉对它的疗养是有好处的。"

随即,这位员工将刘教授引导到温泉池。

然而,事情并没有到此结束。当刘教授泡完温泉再次来到更衣室准备更衣时,一位服务员拿着钥匙为刘教授打开更衣柜,并问道:

"先生,请问您贵姓?"

"姓刘。"

"您就是刘先生啊?您是不是肩膀滑草时摔伤了?"

"是啊,你怎么知道的?",刘教授记得刚才接待他的不是这位员工。

"哦,我们领班说的,我们都知道了。请您先不要换衣服,稍等一下。"

不一会儿,这位服务员回来了,手里拿了两片伤痛膏药,告诉刘教授,"这是我们为您准备的膏药,我帮您贴上吧。"随即亲自为刘教授将膏药贴在肩膀部位,并关心地提醒刘教授注意不要剧烈运动,注意保护好伤痛部位。刘教授心里十分感动。

等刘教授换好衣服准备离开时,这位服务员又来到了刘教授身边,这次,他手里拿着一包用塑料袋包装好的中草药,告诉刘教授,"这是我们为您准备的艾叶,可以治疗您的肩伤。"更让刘教授感动的是,他还将艾叶的使用方法详细地用手写在一张巴掌大的纸条上(其清楚、详细的程度绝对不亚于许多药品包装盒上的"使用说明",参见右图),然后将其放在一精致的小塑料袋交给刘教授,并再次详细地口头告诉刘教授艾叶的使用方法及治愈肩伤的注意事项。

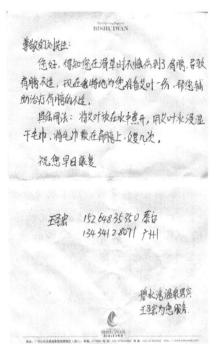

**碧水湾温泉度假村员工亲
笔写给客人的草药的使用方法**

这是把客人当亲人,在用心为客人提供服务啊!

当刘教授换好衣服来到休息室时,服务员马上为他送来了一碗水果汤,并对他说"听说您肠胃不好,这是厨房特别为您做的,对您的肠胃有好处。"

"你们怎么知道的?"刘教授纳闷。

"哦,您在泡温泉时,无意中说到的",服务员微笑着说。这时,刘教授才想起来在泡温泉时,随意问了一下旁边的一位领班:"请问,肠胃不好应该泡哪种温泉池啊?",一定是这句话引起了他们的注意和重视。

真是太不可思议了,他们在处处留意对客人的服务信息啊!而且服务反应如此之快,真令人惊讶!

临走时,一位服务员又送来了一张手写的纸条,上面写着针对刘教授肠胃不好的养生之道(见下图左)。

碧水湾的感情化服务到此仍然没有结束。几个月以后,刘教授因工作需要从广东去千里之外的新疆担任某五星级酒店总经理,有一天早上,正在开晨例会时,突然收到了一条发自广东的手机短信。发短信的人正是几个月前为其服务的广东从化碧水湾温泉度假村温泉部的那位员工,上面写着:"刘先生,您好!我是那个在碧水湾实习过的实习生,请问一下,您的肩伤恢复得怎么样了,康复了吗?请多保重。"

这样的服务,怎么能不让客人感动呢!在晨例会上,刘教授当即将这一短信读给各位参加晨会的各位总监和酒店高级管理人员听,并将这一典型的服务案例讲给大家,在座的各位深受感触,纷纷表示碧水湾是我们学习的榜样!

碧水湾的感情化服务依然在继续。大约半年以后,刘教授再次光顾碧水湾温泉度假村,这次温泉部的员工知道了刘教授的身份,一样的亲切笑容、一样专业规范的服务、一样感人至深的亲情服务……临走时,刘教授又一次收到了温泉部员工手写的问候与祝福,还有一包永远散发着中草药香与关爱之情的"艾叶"(见下图右)。

左:碧水湾温泉度假村员工关
爱客人的养生建议

右:碧水湾温泉度假村温泉部员
工再次写给客人的关爱纸条

酒店经理人对"经理的困惑"的答复

Re:客人的要求合理吗?

姜东皓:北京中旅大厦客务部经理(北京客务经理协会理事)

这种情况明显属于酒店工作人员未按操作程序操作给客人造成麻烦的情况。首先高级管理人员应当马上出面直接向客人道歉,并且帮助客人马上改签机票,避免损失的扩大化,在对方情绪过了暴躁期后安排免费膳食借机再次向客人致歉并说明酒店已经安排了叫醒服务只是遇到了这种罕见的"叫而不醒"的极特殊情况,随后跟办的工作人员经验不足未敢违背客人的意愿导致延误了客人的行程,随后根据对方的身份、客户重要性、情绪和态度的具体情况向对方施以免费膳食、免费送车、免当日房费并扣减已经发生房费等安抚手段,佐以当班负责领班、主管和直接责任人直接当面向客人正式道歉,并许诺下次为客人做特殊礼遇安排等手段;如果不得不涉及赔偿金额的棘手问题,避免正面答复,应向对方说明按照酒店的规定这种情况是由服务员承担全部责任,希望客人能够接受酒店利用现有和未来资源来善后此事的方案;如果上述方法均无效没有商量的可能,向客人说明:酒店已按客人需要多次实施叫醒服务,因客人悬挂免打扰提示故无法敲门及进入,属于客人自身原因造成行程延误,酒店不承担责任,酒店已经作好应诉的准备。

刘继华:深圳东华假日酒店管理有限公司客房部经理

首先我们来分析一下我们的错误在哪里:

①楼层服务员见客人挂着"请勿打扰"的牌子,应该及时反馈信息给房务中心文员小孙,而不是一声不响地回到自己岗位,没有了任何的反应。

②房务中心文员小孙在 3~5 分钟内没有得到楼层服务员的信息反馈时,应该及时回呼该楼层服务员了解情况,以便及时地跟进此事。

③如果房务中心文员小孙有及时跟进此事的话,这种情况可以及时反馈给大堂副理,由大堂副理和保安主管共同前往客人房间叫醒客人,就不会出现文中所说的情况了。因此,客人投诉、发脾气、索赔也是情理之中的事情。换位思考,如果是我们遇到这样的情况可能也会有和这个客人一样的情绪。因此,作为客房部经理,应该去了解我们的员工是否清楚地知道遇到这样的情况该如何处理,是我们的运作程序有漏洞还是培训做得不够? 是否要重新制订新的运作程序和培训?

第 7 章
个性化服务与客房贴身管家

管家服务起源于法国,完善于英国,是酒店个性化服务的极致。

规范化服务是保证客房服务质量的基本要求,但规范化服务只能满足客人的共性需求,而不能满足每位客人的特殊服务需求。因此,规范化服务只能维持客房部最基本的服务质量,要使客房服务质量上一个台阶,必须为客人提供个性化服务。

个性化服务是未来酒店服务的发展趋势,也是酒店业竞争的重要手段,而贴身管家服务则是高级酒店为 VIP 客人提供的重要服务项目,同时也是客房部个性化服务的重要形式。

通过本章学习,读者应该:
- 了解个性化服务与"贴身管家"的基本概念。
- 认识客房部提供个性化服务与"贴身管家"的意义。
- 了解"贴身管家"的服务内容和服务方式。

关键词:个性化服务;"贴身管家"
Keywords:Personalized Service,Hotel Butler

经理的困惑

——"一样的"个性化服务：怎么不见好评如潮？

我是一家酒店的客房部负责人，不久前，听了一位酒店专家讲了这样一个服务案例：他有一天入住广州的一家酒店，台子上的一张手写小便签引起了他的注意，上面写着"尊敬的＊＊＊，我是本房间的服务员，如果您有什么需求的话可致电＊＊＊，祝您住店愉快！服务员小张"，专家觉得非常温馨，对这个个性化服务也是予以了高度好评，多次在给酒店从业人员的上课中讲到。听了这个案例后，我觉得这是一个可以实施的优质个性化服务，因此马上就在客房内开展了。为此，我们设计了一张打印有上述文字的卡片，取名"专职服务员联系卡"，还特意贴上了服务员照片，并进行了塑封，但是从宾客的反响来看却并没有出现好评如潮的现象，我有些困惑……

7.1 客房部个性化服务的实施

【经典案例】

"我的艾菲尼亚"计划

位于纽约的艾菲尼亚酒店（Affinia Hotel）创造了一种在线式的"我的艾菲尼亚"计划（图 7.1），该计划拥有一套可供顾客在线选择的"简介图标"，可用来准确发现顾客的需求，以便告知艾菲尼亚酒店怎样做才能令人舒适。

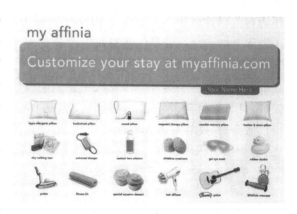

图 7.1 "我的艾菲尼亚"计划

"许多公司通过发送电子邮件来获取顾客的反馈信息，但这种做法仅仅局限于客房中可以使用的东西。"该酒店市场营销经理摩斯说。这种简介图标允许顾客从六种枕头中选择一种。"当你入住艾菲尼亚酒店时，床上是否放着适合你的枕头？"摩斯问道。这就是"我的艾菲尼亚"所要做的事，也就是说，顾客通过选择发声吉他、胶制眼罩、笔记本电脑通用充电器来反馈自己的个性化信息。

"我的艾菲尼亚"允许顾客选择他们偏爱的个性化简介图标，吉他、电吹风、枕头、瑜伽垫子、体重秤和训练计划、步行指导和计步器的徒步工具箱、用于郊游的毯子和自带酒水工具箱、笔记本电脑通用充电器和室内水疗都包含在"我的艾菲尼亚"所描绘的细节当中。

客人也能够使用"我的艾菲尼亚管理员"来定制诸如浪漫和惊喜的一些项目,包括纸托蛋糕、生日蛋糕、巧克力浸泡的草莓和香槟。

对工作人员办理业务来说,这个计划并非是大的改变,但由于传递信息相当的简单,恰好使为顾客办理业务的过程达到了自动化,"事实上,这有助于进一步加强顾客和酒店的联系。"摩斯说。

为客人提供个性化服务,不仅是提高客房服务质量的重要途径,而且是未来酒店管理的发展趋势。

要使顾客高兴而来,满意而归,光凭标准的、严格的、规范化服务是不够的,只有在规范化的基础上,逐渐开发和提供个性化服务,才能给客人以惊喜,才能让客人感觉到"宾至如归",才能使客人"流连忘返"。

要为客人提供个性化服务,客房服务员必须在日常服务中,注意观察客人的需求特点,还应加强与前厅部的联系,建立并充分利用客历档案(内容包括客人的姓名、性别、年龄、出生日期、婚姻状况以及通信地址、电话号码、公司名称、头衔等基本资料;客人旅行的目的、爱好、生活习惯;宗教信仰和禁忌;住店期间要求的额外服务等)。

7.1.1 称呼客人姓名

称呼客人姓名也是为客人提供个性化服务的一个重要方面。在国外,有一句谚语:"A guest's name is music to his ears."(客人听到别人称呼他的姓名,就如同听到音乐一般美妙。)对客人以姓氏相称,是对客人的一种尊重,是承认客人的与众不同,表明酒店对客人的一种特殊关照。凡是服务质量好,受到客人称赞,给客人留下深刻印象的酒店,无一不对每位住店客人以姓名相称。如连续10多年被评为世界第一的泰国曼谷东方饭店,其引以为荣的主要服务特色之一就是能够对每一位预订客人和住店客人做到以姓氏相称,增加亲切感和客人对酒店的认同感和归属感。我国大连的香格里拉大饭店也要求其员工对每一位住店客人以姓氏相称。当客人办理完入住登记手续后,总台人员会迅速将客人的资料传递到有关接待部门,如行李服务处、客房楼层、房务中心、电话总机等,以便这些部门的员工在为客人提供服务时,能够对客人以姓名相称,增强人情味和个性化色彩,拉近酒店与客人之间的距离,增加亲切感。如当客人打电话到房务中心时,对方会说:

"您好,房务中心。可以为您效劳吗?"

"……"

"您是1704房的刘先生吗?我们马上派人去您的房间,好吗?"

"……"

7.1.2 了解、识别和预测客人的需求

满足客人提出的需求不足为奇,能捕捉到连客人自己都没想到而又确实需要的需求,才是服务的真功夫。了解、识别和预测客人的需求,这是为客人提供个性化服务的基础。"客

人想到了,我们替客人做到,客人没想到的,我们要替客人想到而且做到",只有这样的服务,才能使客人感到意外的惊喜,才能体现个性化服务。比如,发现客人走向电梯,服务员上前一步,为客人按亮电梯开关;看到客人买水果回来,主动送上水果刀;客人在会议室开会,钢笔突然没有墨水时,及时从身后递上一支笔⋯⋯

【经典案例】

发现客人的需求之后

这是我们酒店一个真实的个性化服务案例。

进入一间续住房,房间状态是这样的:有好多书籍堆放在写字台上,桌面上有许多凌乱的文件,书桌下有一些卷成团的面巾纸;房间没有打开冷气;电视机上放着客人的身份证;茶几上有几瓶啤酒;床头柜上有一份精美的小礼物;行李柜面上有三个凌乱的塑料袋;一双皮鞋倒在房间正中的过道上;客人将放在迷你柜处的电热水壶拿到落地灯插座处使用⋯⋯

客房服务员清理完房间后,让回房的客人看到了另一番情景,非常感动。

服务员做了如下判断和服务:

①书桌上的文件没有打乱顺序,而且依次适当整理好,还在此配放纸和笔,以便客人使用。

②将垃圾桶移动位置(视客人的生活习惯需求而灵活地变动)。

③客人有可能是感冒了,增配一盒纸巾。

④礼品和啤酒说明会有小聚会,刚好客人的身份证放在电视机上,一看果然是客人的生日,请示上级,赠送鲜花和生日蛋糕。

⑤增加一床棉被。

⑥将鞋子整齐地摆放到行李柜前面容易看到的位置。

⑦将塑料袋整齐折叠放好在行李柜面上。

⑧马上通知工程部师傅修复迷你柜处的插座,将电热水壶放回原来位置并烧一壶开水,之后还留言告诉客人该插座可以正常使用。

⑨对客人房间进行喜庆的布置,如:用小花点缀及折叠不同的饰物摆放等。

⑩最后留下一张温馨的提示卡片,提醒客人注意休息,并建议客人感冒严重的话,可以到酒店医务室或附近的粤海医院就诊。

从以上打扫续住房提供的服务来看,只要服务员在"情"和"细"上多下工夫,充分理解客人的需求,学会观察客人和分析客人,了解客人的喜好,就能推动客房个性化服务的开展。
(孙丽君)

由此可见,在饭店服务中,只要服务人员有心,就能发现客人的服务需求,进而为客人提供更加细致温馨的服务,使客人感受到酒店对他的特别关怀。

7.1.3　将自己的姓名留给客人

同样是为了增强个性化色彩和与客人之间的亲切感,客房部还可要求当天为客人提供客房服务的服务员将其姓名以某种方式告知本楼层客人,使客人真正感到宾至如归(表7.1)。

表 7.1　欢迎卡

> **欢迎卡**
>
> 　　尊敬的宾客,希望我为您整理的房间能使您在入住期间感到如在家般的舒适。为使您入住期间更加方便、愉快,欢迎您随时使用房间电话拨打"3"——饭店宾客服务中心,告诉我您对房间服务和清洁方面的个人要求。
>
> 　　再次感谢您选择入住大连香格里拉大饭店!
>
> 　　最美好的祝愿来自于您今天的房间服务员＿＿＿＿＿＿＿＿
>
> **Welcome Home!**
>
> While you are here as our guest, I have taken great pride in preparing your room. It is my wish that you feel as comfortable here as you do in your own home. Please let me know if there is anything I can do to make your stay more enjoyable.
>
> I can be reached through our Guest Service Center at extension 3.
>
> Thank you for choosing the Shangri-La Hotel , Dalian
>
> 　　　　　　　　　　　　　　　　　　Your room Attendant ＿＿＿＿＿＿＿

另外,服务员在服务过程中给客人的任何留言,都应签上自己的姓名。

7.1.4　个性化服务的全面实施

要使个性化服务在酒店全面落实,并取得切实的成效,必须采取以下措施。

1)完善一套激励机制

保持个性化服务的持续性需要依赖于基层管理人员和员工高度的敬业精神和良好的职业习惯。而高度的敬业精神和良好的职业习惯需要酒店有一套行之有效的激励机制来保证。山东新闻大厦采取"用心做事报告会"的形式,让用心做事的员工把自己的个性化服务案例在报告会上宣讲,然后进行评比。这种形式的好处在于员工现身说法,用员工教育员工,同时,通过宣讲,让其他员工从中学到个性化服务的方法。作为宣讲的员工,本身就是一种自我精神激励。然后通过评选,酒店颁发物质奖励进行肯定。这种激励机制保证了个性化服务的持续性。

2)实现两个转化

①偶然性向必然性的转化。通过对于个性化服务案例的分析、推介,实现由个别员工出于"偶然性"的个性化服务,向全体员工有意识的"必然性"的个性化服务的转化。个性化的服务案例为岗位员工提供了个性化服务的方法和学习的榜样。

②个性化向规范化的转化。通过对于个性化服务案例的全面分析,对于其中反映客人普遍需求的服务,实现由"个性化"的服务向"规范化"服务的转化。往往一些客人个性需求也许是客人的共性需求。客房管理人员应对个性化的服务案例进行认真分析,研究个性化服务是否是客人的普遍需求,衡量推广的难度和可行性。某酒店有一个客房部员工在清理房间时主动为客人脱落纽扣的衬衣缝补纽扣。客房部分析认为这是客人的共性需求,而且容易操作,随后作为规范化服务在部门中推广。总之,个性化服务转化为规范化服务是服务

质量的一个飞跃。

【案例】

将个性化服务推广成标准化服务:错了吗?

有客人提出了一个建议,说他喜欢自然醒,最好开夜床的时候窗帘能够留个缝,那样第二天早晨就会有光线从窗帘缝里照进来,就能自然醒过来了。本来如果将客人的这个建议登记进他的个人档案,下次等他入住的时候提供这个个性化的服务,绝对是一次成功的服务,但是这家酒店却修改了开夜床的服务规范,规定开夜床时窗帘都要留一条缝,结果还没实施多久就引起了多位客人的投诉,最后这个改动也只能草草夭折了。

点评:并非所有的个性需求都是客人的共性需求,因此,也能将针对某个客人的个性化服务都转化为酒店的标准化服务。这家酒店所犯的错误就是没有正确区分个性化服务和标准化服务,将个别客人的需求等同成了大众的需求,自然而然会导致失败的结果。

3) 提倡"三全",即全员参与、全过程控制、全方位关注

提倡"三全"是做好个性化服务的必然要求。个性化服务不仅是对基层管理者和一线员工的要求,也是对酒店全体员工的要求。一线员工的对客个性化服务离不开二线员工甚至管理人员的帮助。没有部门与部门之间的合作,没有其他员工的参与,个性化服务也许只停留在员工的心里,很难实施。

4) 注重"三小"

"三小"即"生活小经验""宾客小动向"和"言谈小信息"。"生活小经验"是提供个性化服务的依据和源泉,掌握更多的生活小经验会采取正确有效的个性化服务。关注媒体小消息,会为个性化服务提供指导。"宾客小动向"和"言谈小信息"是提供个性化服务的线索,客人的一举一动和客人的谈话可以提供许多有价值的信息。

5) 强调"五个环节"

五个环节,即客历档案的建立和使用、宾客信息的快速反馈、创建优质的内部服务链、关注长住客人和续住客人的生活习惯、不断激励和培训,塑造员工良好的职业习惯。

7.1.5　不断挖掘和发现个性化服务中的好人好事

酒店实施个性化服务是一项系统工程,酒店不但要倡导员工为客人提供个性化服务,还要采取措施,不断挖掘和发现个性化服务中的好人好事,予以激励。香格里拉集团在其管理的酒店内放置"我听说的好人好事"推荐表(表7.2),是一种很好的做法。不仅对提供了个性化服务的员工是一种激励,可以使其提供的个性化服务长期保持下去,同时,通过这种活动,对部门和酒店其他员工也是一种很好的带动和示范作用,有利于创造良好的个性化服务氛围和企业文化。

表 7.2 "我听说的好人好事"推荐表

广州香格里拉大酒店
"GOOD THINGS I HEAR" NOMINATION FORM

"我听说的好人好事"推荐表

NAME OF NOMINEE
被推荐人姓名:_____
DEPARTMENT
部门:_____
DATE OF EVENT/INCIDENT
事情发生的时间:_____
GOOD THINGS THAT I HEAR
我听说的好事:

_____
_____
_____
_____
_____
_____
_____
_____

IF YOU NEED ASSISTANCE IN COMPLETING THIS FORM PLEASE
CONTACT HUMAN RESOURCES DEPARTMENT
如果您需要帮助,请到人力资源部

YOUR NAME
您的姓名:_____
DEPARTMENT
部门:_____

7.1.6 谨防将"个性化"退化为"机械化"服务

提供个性化服务,还要注意与客人沟通,并根据实际情况进行调整。否则,不但打动不了客人,而且还有可能让客人不满,甚至出现服务笑话。

【经典案例】

每次都忍着喝白开水

有一位客人住在某酒店,开会时感冒了,不想喝茶水,要了一杯白开水。服务员将其记入客史,每次他来开会,服务员总是跟他说:"李总,给您准备的白开水,请慢用。"看着员工用心的样子,这位客人不愿意打击员工,结果每次都忍着喝白开水……

7.1.7 客房个性化服务案例

1)客人的手机备用电池在充电,却把取电牌拿走了

服务员为客人打扫房间时,发现客人的手机在充电,却把取电牌拿走了,充电器处于断电状态,客人不在房间。分析客人可能因事情紧急外出,或者不知道插卡取电、拔卡断电的原理,随手带走取电牌,这时,服务员主动插上备用取电牌使电器处于工作状态,并做好交接班工作,待电池充满电后留下便条告知客人。

2)客房的遮光窗帘要留缝吗

绝大多数客人晚上休息时,喜欢将客房的遮光窗帘拉合好,才会睡得香甜,因而客房服务程序中规定对住客房间开夜床。然而有的客人却因一天的工作劳累,常常一觉到天明,为了不影响第二天的繁忙工作,希望将遮光窗帘中间留出一条缝,这就需要细心的服务员发现、分析、判断,在夜床服务时提供客人满意的服务。

3)服务员发现一张靠背椅靠在床边

服务员清扫房间时,发现一张靠背椅靠在床边,服务员不断地观察,才发现床上垫着一块小塑料布,卫生间还晾着小孩衣裤,服务员这才明白,母亲怕婴儿睡觉时掉到地上,服务员随即为客人准备好婴儿床放入房间。

4)清扫房间时,发现床单、床垫等处有不同程度的秽污

清扫房间时,发现床单、床垫等各处都有不同程度的秽污。服务员马上意识到,是客人外出游玩因饮食不慎引起肠胃失调,应将所有脏的物品更换一新,还应通过楼层主管及时与导游联系,并通知医生及时治疗,让客人得以康复。

5)服务员清扫住房时,发现暖水瓶盖开着

服务员清扫住房时,发现暖水瓶盖开着,不知是客人倒完开水,忘记盖好瓶塞,还是客人喜欢喝凉开水,故意打开瓶塞的?为满足客人的需要,服务员为客人送去凉水瓶装满的凉开水,并留下服务员亲笔签名的字条,向客人礼貌地说明情况;同时,暖水瓶照例更换好新的开水。

6）服务员发现客房中放有西瓜等瓜果

服务员发现客房中放有西瓜等瓜果，则主动为客人准备好托盘、水果刀和牙签。

以上事例虽小，但常常使客人惊喜万分。总之，要想为客人提供优质服务，做好个性化服务，必须走近客人，细心观察，只有站在客人的角度，去看待、分析、处理问题，才能收到实效。

7.2　客房贴身管家

一位两次到苏州接洽商务的外企老总，住到了曾经下榻过的新城花园酒店。刚走进房间，他吃惊地发现，眼前的一切，竟与上次自己提出过的要求完全吻合：桌上摆着他喜爱的康乃馨，床上特意放了两个枕头，电视设定的开机频道也是自己喜欢的 CNN……事先秘书并未与酒店沟通，这些细节安排，酒店是如何预先做到的呢？

原来，这一切都是"贴身管家"的功劳（图 7.2）。在欧美，很多大酒店都有贴身管家，为客人提供个性化服务。在中国，20 世纪 90 年代初"贴身管家"最早出现在北京、上海等中心城市，主要是为国外来的领导人配备的，不过，目前，越来越多的高星级酒店和追求卓越服务的酒店和度假村，也开始为 VIP 客人提供贴身管家服务。当客人首次踏进酒店大堂，事先指派的管家就会上前奉上名片（根据实际情况，贴身管家也会到机场、车站迎送客人）。

图 7.2　"黄金管家"——贴身管家中的精英
（感谢国际"黄金管家"严胜道先生提供图片）

1）贴身管家

贴身管家（Butler）服务源于欧洲贵族家庭的管家服务，演变到今天成为了一种专业化、私人化的一站式高档酒店服务。下榻酒店的贵宾将得到一位指定的专业管家专门为他（她）

服务(图7.3)。训练有素的贴身管家将为客人提供体贴入微的个性化服务,无论是商旅事务还是娱乐休闲,都会为客人安排得尽善尽美,让客人居住愉快,体验现代商旅的舒适与便捷。

图 7.3　苏州金陵花园酒店的
贴身管家(Butler)小吕在为客人提供专业、到位的贴身管家服务

简言之,酒店的贴身管家服务是一种高档酒店针对入住贵宾的更加个性化的服务方式,它通过为入住贵宾提供专业化、私人化的服务内容,极大地方便和满足了酒店贵宾的需求。

2)贴身管家的素质要求

贴身管家 24 小时为贵宾提供殷勤周到的服务,要求具备相当高的素质。

①流利的外语水平:很多贵宾来自国外,因此,贴身管家要能够用流利的英语与客人交流,为客人提供服务。特别是对一些西餐、酒水的翻译都达到相当标准。

②良好的沟通能力:良好的沟通能力和沟通语言是提高服务质量,使客人满意的前提条件。

③良好的礼仪、礼貌修养:这是贴身管家的必修课,为贵宾服务,必须要有良好的礼仪礼貌修养。

④良好的服务意识:为客人提供体贴、周到的服务,良好的服务意识是必不可少的。

⑤专业的服务技能(图 7.4):其中给客人沏茶、熨衣服也是非常必要的功课,甚至还要在短时间里了解客人的性格喜好。由于是 24 小时服务,贴身管家就住在离客人房间不远的套房里,听候客人随时通过电话要求的服务。

⑥宽广专业的知识面:包括了解各种洋酒的常识等。

3)贴身管家的服务内容

贴身管家主要负责客人在酒店的"生活起居"。诸如拆装行李、入住退房、客房服务、清晨叫早(图 7.5)、订餐送餐、洗衣、订票、安排旅游和秘书服务等,都由贴身管家负责。曾经有位笃信伊斯兰教的中东老板入住某酒店,为了"做礼拜",客人特别关注每日太阳升起的确切时间和方向。酒店的"贴身管家"便主动与气象局联系,查明每天日出的精确时间,还算出了"正东"的确切方位提供给客人,客人因此赞不绝口。

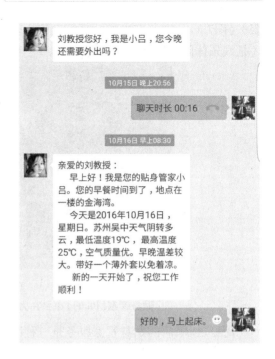

图 7.4 "贴身管家"要有专业的服务技能　　图 7.5 贴身管家是客人的生活秘书

除了照顾客人的生活细节,"贴身管家"还要兼当客人的"业务助理"。特别对于高档商务客人而言,初来乍到,可能不了解当地的情况,管家要替他们向工商、税务等部门沟通、咨询信息;推荐并预订地方特色餐厅以供客人商务洽谈。

总之,贴身管家要通过对客人体贴入微、周到、私密性的服务,使客人感受到生活起居的方便和酒店的特别关怀,从而使酒店的服务上一个档次。

4)贴身管家的服务标准和工作流程

北京 R 酒店是亚太区首个提供全店式专职管家的高星级酒店,其历史可以追溯到 1904 年,在纽约成立的第一家 R 酒店就有标志性的管家服务。下面以 R 酒店的案例说明贴身管家服务的服务标准和工作流程。

早班(6:30—15:30)管家工作内容和流程如下:

6:30—8:30:

①检查专职管家交接日志(主要是收集夜班管家的工作信息)。

②根据叫醒工作单准备叫醒饮品并按时送到客人房间里提供服务。

③根据 Opera 系统信息,更新所管辖楼层的工作间的白板提示信息(主要供白天客房服务员清理房间时使用)。

④收客人的洗衣、熨衣和擦鞋。

⑤查看所在楼层的牛奶、各类糖、咖啡和茶的储备量是否足够,通知客房部及时补货。

8:30—13:30:

①到客房办公室和管家办公室开晨会。

②向管辖范围内的楼层服务员告知特殊事宜(如早到的客人不要太早去打扰等)。

③查看楼层客梯间是否干净整洁,及时通知卫生清洁人员打扫。

④根据 Opera 系统查看当日预抵客人的信息(预抵时间、离店时间、是否是会员、有无特殊喜好等)。

⑤根据客史准备房间的设置。

⑥确保楼层服务员在规定的时间里清理干净1间客房。

⑦10:00—11:00 到所管辖的住客房间里检查是否有洗衣或熨衣,是否有需要擦的皮鞋,并把咖啡或茶的用具收回工作间等待清洗。

⑧在查看客房的同时留意客人屋内用品的放置,尽可能地收集客人的喜好。

⑨房间如果出现工程问题,及时通知工程部修理,确保每间房的设施都能正常使用。

⑩在客梯间欢迎每个入住酒店的客人,必要的时候去大堂迎接客人,并将客人引领到相应的房间,做相应的服务介绍。

13:30—15:30:

到管家办公室开午会,简要汇报上午的工作情况,与下午班的同事交接班次。

①把特殊水果送至需要的客房内。

②保持对楼层工作白板的信息更新。

③追踪上午未能解决的工程问题,并适时敦促工程部解决。

④将工作间的饮品用具归位放好。

⑤和下午班的同事交接,把未完成的工作告知下一班次的同事。

⑥作好交接记录。

5) 贴身管家的灵魂与精髓

(1) 贴身管家的"灵魂"

贴身管家的灵魂:容忍、含蓄、幽默。

(2) 贴身管家的"精髓"

个性服务,因人而异;预察主动,尽少骚扰;肢体语言,文雅得当;永不否定,给出选择;随机应变,处惊不乱;生活各行,熟练精通;随时记录,更新信息;他人财富,毫不动心;主人隐私,回避保密;意外惊喜,营造舒适;忠于职守,维护和谐。

6) 贴身管家的培训

贴身管家的培训内容见表7.3。

表7.3　贴身管家的培训内容

训练编号	培训内容
训练 1	贴身管家葡萄酒服务演练
训练 2	贴身管家雪茄服务演练
训练 3	贴身管家的角色意识训练
训练 4	贴身管家的形象意识训练
训练 5	贴身管家的饭店意识训练
训练 6	贴身管家服务意识训练
训练 7	贴身管家专业用语训练
训练 8	贴身管家服务行为训练
训练 9	贴身管家文化差异意识训练
训练 10	贴身管家卫生标准训练
训练 11	贴身管家服务用语训练
训练 12	贴身管家服务禁忌语言训练
训练 13	贴身管家套房检查训练
训练 14	贴身管家套房整理的训练
训练 15	贴身管家观察客人喜好的训练
训练 16	贴身管家联系客人的训练
训练 17	贴身管家内部客人意识训练
训练 18	贴身管家投诉处理训练
训练 19	贴身管家客人信息及入住记录内容训练

7）贴身管家服务的组织模式

由于涉及服务成本问题,贴身管家服务一般只有高档酒店才提供,三星以下的中低档酒店没有必要提供贴身管家服务。

贴身管家服务可以有以下两种组织模式:

（1）临时模式

对于偶尔入住酒店的贵宾(如高级政府官员、体育明星、演艺界人士、企业高级行政人员以及其他社会名人等),临时抽调酒店精兵强将,充当客人的贴身管家角色。这种模式主要适用于接待贵宾数量不多的中小型高档酒店。所抽调的"临时贴身管家",可以来自于客房部,也可以来自于酒店其他部门,关键是要求入选者综合素质比较高。

（2）固定模式

在客房部(管家部)设立专职贴身管家岗位,为入住酒店的贵宾提供贴身管家服务。这种模式主要适用于经常有各类贵宾入住的大型高档酒店或各类高档精品酒店。

【经典案例】

我做私人管家

5月份对于嘉华大酒店来说是有特殊意义的一个月,因为在这个月我们非常成功地接待了来自马来西亚前国王及皇室成员的团队活动。而作为国王的私人管家,我对这次服务接待的体会非常深刻:既感受到酒店高层领导的重视,又感受到酒店部门之间的相互协作、积极配合的团队精神。同时对我自己的工作也感到比较满意,虽然之前为了接待好国王,完成酒店安排的任务而付出了很多时间和精力,但看到国王满意的笑容,我深感欣慰。我非常感谢酒店领导对我的信任,感谢酒店各部门同事对这工作的支持和配合,以及我的英文老师对我不厌其烦的培训。我也很愿意把我这次马来西亚国王的接待经历和大家一同分享。

因为本店是第一次设有私人管家的服务项目,没有现成的培训资料和工作经验。我参照同行的资料,在总经理助理兼市场销售部总监乔少波先生的指导、关心下,以及在客房部的配合下,我多次熟悉总统套房的设备设施及客房的服务程序。针对本店的营业特点制订出这次接待国王的服务程序,并多次在总统套房现场练习,做到最好为止。

这次国王接待主要是用英文沟通。乔少波总监特地为我安排一位英语老师,还结合我的实际情况为我制订培训计划:每天上午培训酒店各部相关的英文,如客房的设备实施、中、西餐厅的菜单,厚街的商贸中心、交通情况、东莞旅游景区等;下午在总统套房现场练习实际操作;晚上进行针对性的口语练习。可谓一整天计划满满的,为了这次服务接待,我必须作好充足的准备。

服务接待是最艰巨、最关键的一个重要环节。从见到国王、王后要用非常流利、自然的英语问好"Good evening, your highness! Welcome to the presidential suite!"开始起,我就要慢慢地进入国王私人管家的这个角色。多次同皇室的总管家,国王、王后的贴身管家沟通、了解国王的饮食规律、喜好、禁忌、起居时间等细节。从当天入住本店到顺利离开,我基本上都严格按照制订的服务工作程序进行,接待过程相当顺利。其间有三个比较深刻的小插曲,虽然有的事情发生比较突然,但在各个部门的积极配合、本人的合理安排下,最后还是得以顺利解决,同时国王对本店也留下了深刻的良好印象。

记得在国王入住当天,因交通堵塞,到达本店时已比较晚。当时马来西亚团队负责人Sally小姐要求提供10人的中餐送餐服务,20分钟全部送到,并且当时就急着要点餐。这怎么可能?在完全确定人数及要求后,我向Sally小姐建议:若在中餐厅特别为国王安排一间豪华包房,有专业的服务人员服务,有更多的菜式供选择,这样安排会更好。于是Sally小姐询问了国王,在征得其同意后,我就同皇室总管家Dato Rahime、Sally在中餐厅了选择了一间豪华包房并点了菜。如果选择中餐送餐服务,时间是一个大问题,不可能在20分钟保证10人的食品全部送上,况且食品的温度和鲜度也会直接影响食品的质量。晚餐后,国王对本店的中餐出品非常满意,并称赞用餐包房豪华舒适。

5月22日下午6:00国王从深圳打完高尔夫球回来,我在电梯迎接他时发现他的右腿不方便,面部表情比较痛苦,当时王后、国王的总管家 Dato Rahime、贴身管家 Falisha 等皇室成员都比较紧张。本来我是准备好了欢迎茶水,看这个情景我知道他们需要帮助,于是我立刻向 Dato Rahime 建议为国王安排一名中药按摩师,所幸国王在接受按摩后,脚部疼痛减少了很多,可以参加当晚的宴会了。但在晚宴结束回房后,国王的右腿再度不舒服,Dato Rahime 非常紧张地说要热水袋。在我问清楚原因后建议给国王安排两名沐足技师,用本店的健康帝王包为国王消痛。在我通知沐足部杨经理不到 8 分钟后,两名技师及时赶来,认真地用熟练的手法为国王按摩了 2 个小时,国王感觉舒服很多,于是在晚上 12:00 又开始玩起纸牌至凌晨 2:30,心情非常好。

国王、王后每天晚上有个活动:喜欢在晚餐后同多人一起玩纸牌。第一天晚上在总统套房的客厅里从九点玩到十二点,但觉得餐桌有点摇晃,比较高,拿牌不舒服。国王要求第二天换一张矮一点的圆桌。可是这个餐桌是固定的,无法搬走。我只好在客厅靠近书房处另外摆了一张中餐 8 人台的餐桌,用马来西亚皇室颜色的台布装饰,并为国王、王后安排了特别的椅子。活动区域看起来比较小,我心里有点忐忑不安。没想到国王、王后看到我为他们的座位安排后,一阵惊喜,接连对我说了好几声"Thank you！Billy！"

我最能体会到国王在住店期间对本店的服务接待非常满意,特别是本店 5 月 22 日晚上在五楼宴会厅为皇室成员准备的盛大晚宴。国王非常欣赏本店别出心裁的现场布置、精心策划的节目程序、丰富多样的中国菜式以及井然有序的热情服务。国王特别要求把当晚的宴会场景拍摄下来带回马来西亚。国王在当晚玩牌时还同其他皇室成员提起晚宴的情景,盛赞本店中餐准备的一道香酥可口的食品:宫廷满生辉(美味萝卜酥)。并且在 5 月 23 日上午用午餐时又点了这道菜,分享给他的子孙。

常言道:天下无不散的宴席,相聚总有离别的一刻。5 月 23 日下午 12:00 国王就要回国了,酒店在大堂已经准备好了隆重的欢送仪式。我们没有忘记国王右腿的伤势,在国王用完午餐后,我递上前一天晚上为他准备的温暖的热水袋,把美丽留给国王、王后,让嘉华酒店的温情祝福他们一路顺风。

为期两天的紧张接待工作顺利完成,而我,作为私人管家的角色也暂告一段落。我有幸亲身体验了整个接待过程,这对我来说是一次难得的经历。我想,以后再有这样的机会,我一定更加乐于受命,并且接待得更好。(宾军成)

8) 国际酒店管家组织

(1) 英国爱博公司

1990 年在英国注册,与英国专业管家协会、世界上最大的荷兰国际管家学院、国际管家公司等专业机构有着长期的合作关系,致力于把英式管家的精髓与中国的具体实践相结合,并首次把英式管家引入中国。

(2) 国际白金管家酒店联盟

由"英国爱博公司""荷兰国际管家公司"和"国际酒店领袖机构"共同创立的服务品牌

联盟机构,以专业化资格认证培训、中国高星级酒店服务品牌打造、白金管家酒店联盟授徽为目的,通过建立白金管家服务标准及专业培训教程的推广,把管家服务理念与品牌服务相结合,树立五星级酒店特有的白金管家至尊服务形象。图 7.6 为国际白金管家酒店联盟图标。

图 7.6　国际白金管家酒店联盟图标

 本章小结

> 为客人提供个性化服务是未来酒店服务和管理的发展方向和发展趋势。
> 称呼客人姓名、将服务者的姓名留给客人以及了解、识别和预测住店客人的需求,则是客房部常用的为客人提供个性化服务的方法。
> 客房部为贵宾提供的贴身管家服务将个性化服务发展到极致。通常,只有四星级以上的高星级酒店及精品酒店才为客人提供这种服务。
> 作为客房贴身管家,需要很好的服务意识、很高的服务技能和很强的沟通能力,可看作是酒店最高级别的"服务员"。

复习思考题

1.解释下列概念:
　　贴身管家　个性化服务
2.如何为客人提供个性化服务?
3.客房贴身管家的服务内容有哪些?

【案例分析】

当规范化服务遇到了个性化需求
——客房服务员与客人之间的"拉锯战"

　　一位客人到某地出差做培训,在一家酒店住了一个星期,却与客房服务员展开了一个星期的浴巾"拉锯战"。原因是客人觉得酒店的枕头不合适,发现两个枕头显得高了些,一个枕头又觉得矮了点。于是在睡觉时就将卫生间里的浴巾拿过来对折两次,放在一个枕头下面,高度正合适。结果,第二天客房服务员整理房间时,把客人放在枕头下的浴巾拿回了卫生间。第二天晚上睡觉时,客人又把浴巾从卫生间拿回床上,服务员第三天整理房间时又把浴巾拿回了卫生间。服务过程就这样持续了一个星期。

问题:规范化服务与个性化需求——孰更重要?

【补充与提高】

贴身管家如何为客人提供剪点雪茄服务?

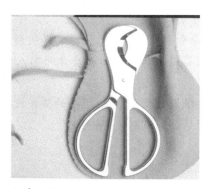

1.雪茄基础知识

(1)"雪茄"名称的由来

①什么是雪茄

雪茄起源于美洲,欧洲人一直到 1492 年哥伦布航海之旅发现新大陆后,才知道有烟草的存在。当时哥伦布的两名水手发现古巴的印第安人利用棕榈叶或车前草叶,将干燥扭曲的烟草叶捲起来抽,这即是原始的雪茄。抽烟的习惯于是快速传播到西班牙与葡萄牙本土,不久后又传到法国、意大利。

②雪茄名称的由来

雪茄的原文并不是英文,拼法也不是 Cigar。雪茄的原文是来自玛雅文(Mayan),原文是 Sikar,即抽烟的意思。

③"雪茄"中文命名的由来

1924 年的秋天,刚从德国柏林和第一任妻子张幼仪办妥离婚手续的徐志摩回到上海,在一家私人会所里邀请了当年诺贝尔文学奖得主泰戈尔先生。泰戈尔是忠实的雪茄客,在两人共享吞云吐雾之时,泰戈尔问徐志摩:"Do you have a name for cigar in Chinese?"徐志摩回答:"Cigar 之燃灰白如雪,Cigar 之烟草捲如茄,就叫雪茄吧!"

(2)雪茄的分类

雪茄分为手卷雪茄、半机卷雪茄和机卷雪茄三大类。

(3)雪茄的主要产地

世界上有许多地区种植烟叶,但种植和生产优质雪茄用深褐色烟叶的地区仅限于拉丁美洲和加勒比海、南中国海一带和西非等地。以下是各个地区之简介。

①古巴

古巴西部比尔那德里奥省(Pinar del Rio)内的武埃阿巴霍(Vuelta Abajo)地区是世界上最佳烟草种植区。

②多米尼加共和国

这一小岛国现已成为世界上最大的手卷上等雪茄生产国。

③洪都拉斯

洪都拉斯与多米尼加已被视为紧随古巴之后的上等雪茄生产国。

④尼加拉瓜

尼加拉瓜的雪茄工业集中在西北接近洪都拉斯边境的地方,早在1996年尼加拉瓜已超越牙买加及墨西哥而成为美国第三大的雪茄供应商(在多米尼加共和国及洪都拉斯之后)。

⑤墨西哥

墨西哥烟草种植区在南部接近海岸,生产填料叶及深褐色包扎叶,较突出的是一种苏门答腊种子烟叶,作为捆绑叶及包扎叶。

除上述国家以外,厄瓜多尔、巴西、美国康州、喀麦隆与中非共和国、印尼及菲律宾等,也是重要的雪茄产地。

(4)雪茄的抽法

包括毛泽东、丘吉尔、卡斯特罗、海明威、毕加索等在内的很多伟人都喜欢抽雪茄,他们或叼着雪茄,或手持雪茄,无不风度翩然,于人生得意中透着霸气。正如一位专业人士所言,"抽雪茄——感觉自己是世界之王"!

雪茄的抽法有很多讲究,抽雪茄者要用得体的方式:

①将雪茄在保湿箱里供上几个小时。

②从保湿箱取出加湿好的雪茄。

③用精致的雪茄剪或雪茄钳将尾部的包烟皮剪下。(注意,剪的时候不要一下子剪成齐头,否则,吸大号的雪茄时容易漏风。最好剪一个直径相当于雪茄直径3/4大小的圆孔,剪下来的只是一小张烟皮而不剪到芯叶。)

④给雪茄预热。用具可以是纯净植物油的油灯和榉木片,长支的无硫火柴,或是名贵的打火机。将雪茄放在火的上方,轻轻地转动进行加热,雪茄距离约2 cm为宜,根据雪茄粗细转动1至2圈即可。

⑤点燃雪茄。将雪茄从边缘至中央均匀点燃。

⑥对着雪茄轻吹两口。雪茄点好后,浓郁的香气已经扑鼻而来,现在要做的是轻轻反吹两口,为的是驱除点烟时吸入的杂气和热流。

⑦吸烟。待驱除杂气和热流之后,再稍等片刻,让味道稳定一下,平衡一下,然后就可以轻轻地吸入第一口了。

吸食过程中不必频频弹烟灰,因为留有一寸长的烟灰可以保持雪茄的温度以获得理想的味道,而且真正的好雪茄,烟灰可以保持在一寸至一寸半左右。所以,最好让烟灰自然断裂,整齐地跌落在烟灰缸里。

(5)雪茄的储藏

对于专业的雪茄客而言,储藏雪茄所需要的保湿盒和加湿器是必不可少的,而它们的造价同样不菲。雪茄的保存环境,需要保持70%左右的湿度,温度要控制在20℃左右,所以雪茄客需要配备一个或几个保湿箱——因为不同的雪茄需要分开存放,以避免口味发生变化。另外,定期检查保湿箱的温度和湿度是雪茄客必不可少的功课。正因如此,世界顶级雪茄客一般都有自己的雪茄窖,成熟的雪茄客也会选择在自己参加的雪茄俱乐部内订一个私人雪茄位。

2.剪点雪茄操作指南:贴身管家如何为客人剪点雪茄?

贴身客家进行剪点雪茄的过程是一种艺术表演的过程也是展现雪茄最迷人的时刻。这个过程表演得好不仅可以让客人感受到在享受雪茄文化,同时也显示了酒店贴身管家的专业服务。

以下是贴身管家必须掌握的剪点雪茄指南:

①一只手拿起雪茄剪(断头台)。把中指和大拇指穿在雪茄剪的握孔上,并用食指和无名指配合中指将雪茄剪固定,中指和大拇指相对并与地面平行,令雪茄剪的侧面与地面成90°直角。

②另一只手轻轻地拿起要剪的雪茄,掌心向上(千万不要掌心向下),用拇指、食指、中指、无名指托起雪茄,让雪茄与地面平行。

③两只手配合,把雪茄头放到剪刀孔里,拿雪茄的手的小指同时顶住雪茄剪的侧边的底部,固定雪茄跟雪茄剪的位置,使雪茄和雪茄剪不会在剪的时候摆动。注意这时由于雪茄剪与地面垂直成直角,平行于地面的雪茄也应与雪茄剪形成90°直角。

④正确的雪茄开剪方式只有一个原则:轻而少。通常是剪掉雪茄帽的三分之一。千万不可将雪茄帽都剪掉,这样导致雪茄的包扎叶损坏和松散。最重要的是切口剪得要平整。

⑤把剪刀放下,拿起点火器,把点火器垂直于地面,点火口向上。

⑥拿雪茄的手应把雪茄头脚调转,掌心仍然向上,用五个手指尖拿着雪茄,让雪茄与地面成45°角。

⑦打着点火器,让点火器顶端接触雪茄烟脚部的上半部分。千万不能点雪茄脚的下半部分,因为点下半部分,火苗很容易把雪茄的包扎叶烧坏,从而影响雪茄的外观。与此同时,利用五个手指尖转动雪茄,让火苗完全地点燃雪茄,要求燃烧面要均匀。

⑧用优美的姿势挥动雪茄,利用空气加速雪茄的点燃,并令其燃烧均匀,并且有意识把雪茄的香味散发到房间,让客人感受雪茄的香味。同时,自己也要露出陶醉的样子,使客人有一种迫不及待品尝雪茄的冲动。

⑨为了确保雪茄燃烧面均匀和完全点燃,通常都应在挥动雪茄后再补点还没完全燃烧的部分。

⑩很有礼貌地用双手将雪茄递给客人,注意雪茄头朝向客人,雪茄脚朝向自己。

酒店经理人对"经理的困惑"的答复

Re:"一样的"个性化服务:怎么不见好评如潮?

马宁宁:西安古都文化大酒店行政管家

酒店是给外出客人提供的临时的家,如何让客人花了钱还能在酒店感受到在家一样的体验和被受重视,这也是酒店管理上的压力,我认为要让客人"一样的个性化服务"好评如潮,主要体现在以下几个方面:

第一,给客人提供服务,就需要有足够的人手(现在酒店考虑用工情况,比如我们的考虑不是给每个部门增加人手,而是给主要部门增加人手,体现亮点)。

第二,主要体现酒店的文化特色,也能让顾客体验,例如:我们的秦始皇雕像。

第三,在操作上要细化且与激励机制挂钩。

第四,在酒店的个性化服务上也要注意各部门的紧密配合和信息的畅通。

第五,每个操作部门的职能要分配清楚,从客人进店到离店,各部门负责的项目大家相互要清楚。让客人接受到连贯贴心的服务,同时要注意不可过度服务,让客人感到厌烦。

第六,酒店要有个性化的产品。例如:本地的皮影、食物等,要让客人有独特的感受。

第七,要给部门及员工充分的授权,层层落实,有始有终。

第八,任何时候不要拒绝客人,即使解决不了,但是态度一定要好。

第九,能给客人留下美好的回忆并且让其有值得向亲人、朋友传颂的故事的服务,服务在客人开口之前,体现出酒店的标准化、规范化、基础之上的个性化、亲情化的服务。

面对面观看古都文化大酒店客房行政管家马宁宁谈:"一样的"个性化服务:怎么不见好评如潮?

方式一:请登录:刘伟酒店网—院校服务—视频—"一样的"个性化服务:怎么不见好评如潮?

方式二:扫描二维码

二维码 面对面观看古都文化大酒店客房行政管家马宁宁谈:"一样的"个性化服务:怎么不见好评如潮?

第8章
客房卫生管理

广州从化碧水湾温泉度假村客房服务员绝技:蒙眼铺床

客房卫生工作主要包括客房的日常清扫、客房计划卫生和酒店公共区域的清洁保养等几方面的内容。

卫生,是客人对酒店客房的最基本要求,也是客人决定是否选择某家酒店时首先要考虑的因素,因此,做好客房的卫生管理具有极其重要的意义。卫生管理是客房部管理工作的永恒主题,需要各级客房管理者常抓不懈。

通过本章学习,读者应该能够:
- 掌握客房清洁知识。
- 了解客房清扫程序及其相关管理问题。
- 熟悉客房计划卫生的组织和管理工作。
- 掌握对客房清洁质量进行控制的方法。

关键词:客房清扫;公共区域;计划卫生
Keywords:Housekeeping, P.A., Planned Sanitation

经理的困惑

——做房时,客房门应该开着,还是关上?

　　酒店一般都要求客房服务员在做房时要把房门打开,可是世界顶级的"四季"(Four Seasons)酒店集团却要求服务员清洁客房及工程部员工维修客房设施时都必须关上房门,说"这是出于酒店及员工的安全和客人的隐私考虑的"。打扫房间时,员工会门外挂上牌:我们正在为阁下打扫房间。

　　到底怎么做才对啊? 是关上房门打扫房间安全呢? 还是开着房门安全?

8.1　客房清扫作业管理

　　客房清扫是饭店每天要进行的工作。客房的清洁程度是客人入住酒店最关心的问题之一,同时也是客人选择酒店的标准之一。整洁的房间,优雅的环境能使客人心情舒畅、轻松愉快,因此服务员必须按时、按服务规程和和标准的要求,认真、高效地清扫客房。

　　清扫客房时要注意有些项目是每天都要进行的工作,如床铺的整理、地毯的除尘、写字台的干擦等。而有些项目则是隔一段时间才进行的工作,如翻转褥垫、换床罩、除污、维修等,其间隔有的是周期性的,有的则是不定期的,视具体情况而定。

8.1.1　不同类型房间的清扫要求

　　客房状况不同,对其清扫的要求和程度也有所不同。一般来说,对于暂时没人居住,但随时可供出租的空房(vacant),服务员只需要进行简单清扫或小扫除;对于有客人住宿的住客房间(occupied)以及客人刚刚结账离店、尚未清扫的走客房间(check-out),需要进行一般性清扫或中扫除;而对于那些长住客人离店后的客房以及将有重要客人(VIP)光临的客房则要进行彻底清扫或大扫除。

　　进行简单清扫,服务员只需要视具体情况每天擦擦灰尘;过几天吸一次地毯、检查一下设施设备是否管用,看看卫生间水龙头是否有锈水(如有黄色的锈水,则应打开水龙头1~2分钟,把它放掉);如室内空气不新鲜,也应打开窗户换换空气;调节温度,使室温比较适宜。

　　进行一般清扫,还需要整理床铺、撤换脏布草(床单、枕套、浴巾、毛巾等)、补充客房用品并较为全面地清扫客房(倒垃圾、倒烟灰缸、擦洗卫生间、整理衣物……)。

　　长住客人离店后,要进行彻底清扫,要仔细地刮地毯,进行地毯除污,认真擦洗客房内各个角落、设施设备的里里外外,如墙纸脱落或有污损,还应更换墙纸,翻转褥垫甚至撤换窗帘。此外,接待重要客人的房间也应进行大扫除,除污、打蜡、抛光,做到窗明几净,没有尘埃,床也要铺得整齐、美观、没有褶皱,床单上不留任何污迹。

8.1.2 清扫作业的标准时间

清扫作业的标准时间是客房管理者确定服务员工作定额和进行客房定员的依据。

打扫一间客房需要花费的时间,取决于:

①服务员体力的大小。

②服务员工作经验的多少。

③服务员劳动熟练程度的高低。

④服务员做床方法的科学与否。

⑤客房面积的大小。

⑥床的大小。

⑦客房状况的不同(空房、走客房、VIP 房……)。

⑧客房类型的不同(单人房、双人房还是套房)。

⑨住客素质的高低(外宾住过的房间易整理,而很多内宾住过的房间则需要较长时间去整理)。

一般而言,各种不同类型的客房所需要的清扫时间大致如下:

双人房:25~30 分钟

单人房:20~25 分钟

套　间:50~60 分钟

由此可见,清扫一间客房平均需要 25~30 分钟,按照这个标准,国际上,每个服务员每天清扫的房间数最少 14 间,而我国很多地方的酒店每个服务员每天打扫的房间数还不到 10 间,工作量明显不足。但近年来,情况已经发生很大变化,越来越多的酒店(特别是南方城市的酒店)为了提高工作效率,节约人力资源开支,适应竞争的需要,纷纷开始加大服务员的工作量,将服务员的工作定额提高到 15 间/人·天,已基本向国际标准看齐。

8.1.3 不同类型房间清扫的先后顺序

为了提高客房利用率和服务质量,客房清扫要根据实际情况,按一定的先后次序进行。客房清扫顺序应根据酒店淡旺季的不同而有所不同。

1)淡季时的清扫顺序

淡季时,应按以下顺序进行:

①总台指示要尽快打扫的房间。

②门上挂有"请速打扫"(Make Up Room Immediately)牌的房间。

③VIP 房。

④其他住客房。

⑤空房。

⑥走客房(Check-out)。

2）旺季时的清扫顺序

旺季时,酒店用房紧张,客房清扫顺序与淡季时应有所不同。一般来说,旺季时,要依照下列顺序进行:

①空房。空房可以在几分钟内打扫完毕,以便尽快交由总台出租。

②总台指示要尽快打扫的房间。

③走客房(Check-out)。旺季时,应优先打扫,以便总服务台能及时出租,迎接下一位客人的到来。优先打扫走客房的意义还在于可以及时发现是否有丢失或损坏室内物品,如有,则可以及时报告客房部或前台结账处以便酌情处理。另外,这样做还可以及时发现客房内是否有客人的遗忘物品以便及时送交客人。

④门上挂有"请速打扫"(Make Up Room Immediately)牌的房间。

⑤重要客人(VIP)的房间。

⑥其他住客房间。

以上客房清扫顺序还应根据客人的活动规律加以调整。客房清扫应以不打扰客人或尽量少打扰客人为原则,因此,应尽量安排在客人外出时进行。

【案例】

牙签的妙用

今天是我值夜班。在交接班时,上一班服务员告诉我,208套房住的是VIP,需要做好跟踪服务。我记在了心上,不停地在楼层巡视,因为208房间一直有客人在谈话。

到了18:00,应该是客人用晚餐的时候了,如果VIP客人出去,我是要及时做房间小整理和开夜床的。所以这个时候,我就在楼层静候客人。这时手中的报话机响了,售房中心通知我去给310房间配备水果。我听到通知刚要走,可转念一想,如果我去准备水果,208房间客人是否出来我可怎么确定呢? 可要去敲门询问,肯定又打扰了客人,我仔细想了想,对! 就用这个办法。

我疾步走回服务室,找来一根牙签,悄悄地来到208房间门口并将其插到门缝里,然后就去准备310房间的水果了。

等我送过水果回到208房间门口,低下头仔细看了看地面,果然有牙签在地上。我轻轻敲了门,房间无人应答。我以最快的速度整理了房间,并将晚宴卡放置在床头的明显处,然后退离房间。

做好这一切,我轻舒了一口气,既为没有打扰客人而高兴,更为自己能够在关键时刻想出的小小"妙计"而自豪。其实"用心服务"本应如此,只要我们一切本着"尽可能少打搅客人便是最好的服务"的原则,那么服务将会在规范化的基础上,更加富有创意,也会更加符合客人的心意!(田慧霞)

8.1.4 客房清扫的一般原则和卫生标准

1）客房清扫的一般原则

①从上到下。例如,抹拭衣柜时应从衣柜上部抹起。

②从里到外。尤其是地毯吸尘,必须从里面吸起,后到外面。

③先铺后抹。房间清扫应先铺床,后抹家具物品。如果先抹尘,后铺床,铺床而扬起的灰尘就会重新落在家具物品上。

④环形清理。家具物品的摆设是沿房间四壁环形布置的,因此,在清洁房间时,也应按顺时针或逆时针方向进行环形清扫,以求时效和避免遗漏。

⑤干湿分开。在抹拭家具物品时,干布和湿布要交替使用,针对不同性质的家具,使用不同的抹布。例如,房间的镜、灯罩,卫生间的金属电镀器具等只能用干布擦拭。

2）房间清洁卫生标准

①眼看到的地方无污迹。

②手摸到的地方无灰尘。

③设备用品无病毒。

④空气清新无异味。

⑤房间卫生达"十无"①。

8.1.5 客房清洁剂的种类及使用范围

清洁剂是客房部服务员在进行客房清洁和保养工作时所必需的用具和物品,选择和使用合适的清洁剂不仅可以增强工作效果,提高工作效率,而且对于做好客房设施设备的保养工作具有重要意义。客房管理人员应该熟悉各种清洁剂的性能和使用范围。

按照不同的划分方法,客房部使用的清洁剂可以划分为不同的类型。

1）按清洁剂的化学性质划分

按照化学性质,清洁剂可分为以下几种类型:

①酸性清洁剂。一般含有盐酸、磷酸、硫酸和醋酸等酸性化合物。可用于清洁茶渍、咖啡等碱性物质。另外,酸性清洁剂还可以用来还原氧化物,故常被用来去锈(将深咖啡色的高铁离子还原为浅绿色的亚铁离子)。清洗冷气机的蒸发器及冷凝器(将氧化铝或结在钢管内的氧化物还原)。含浓硫酸的清洗剂,则主要是利用其脱水性。

②碱性清洁剂。含氢氧化钾、氢氧化钠或其他碱类,可以清洁一切酸性污渍。另外,碱性清洁剂还可以用来清洁一切油污,因为它可以将不溶于水的油脂变成半溶于水的物质。

---

① "十无"为:天花板墙角无蜘蛛网;地毯(地面)干净无杂物;楼面整洁无害虫(老鼠、蚊子、苍蝇、蟑螂、臭虫、蚂蚁);玻璃、灯具明亮无积尘;布草洁白无破烂;茶具、杯具消毒无痕迹;铜器、银器光亮无锈污;家具设备整洁无残缺;墙纸干净无污迹;卫生间清洁无异味。

强碱(如氢氧化钠)非常活泼,故也常被用作起蜡剂,因为它能将蜡水中的金属链切断,令"亚力加块"浮于水面,从而起到起蜡作用。通常,碱性清洁剂的应用最为广泛。

③中性清洁剂。含合成化合物,呈中性,其"清洁"能力不是很显著,主要用于"保养"方面,一般不会损坏物体的表面。

2) 按用途划分

按用途划分,常用的清洁剂有以下几种:

①多功能清洁剂。这种清洁剂呈中性,多用于去除家具表面的污垢、油渍、化妆品渍,有防霉功效。原装的清洁剂为浓缩剂,使用前要根据使用说明进行稀释。此种清洁剂不能用来洗涤地毯,对特殊污垢作用也不大。

②三缸清洁剂。马桶清洁剂属酸性清洁剂,能去除马桶、便池上的污垢,有较好的除臭、杀菌功效。使用时必须在马桶、便池有水的情况下倒入少许,稍过片刻用毛球轻轻刷洗,再用清水冲净。日常清洁三缸最好选用碱性剂,以利于保养。

③玻璃清洁剂。客房内的玻璃和镜面,特别是卫生间内的镜面常有一些不易清除的污迹,像油渍、化妆品污迹等。清除这类污迹使用装在高压喷罐内的玻璃清洁剂效果最好。使用时对准污迹喷洒少许,然后用干布擦拭便可光亮如新。

④金属抛光剂。客房内有很多金属制品,像门锁把手、水龙头、浴缸配件、扶手、卷纸箱、毛巾架、浴帘杆等,容易染上手印和锈蚀。这种抛光剂只对金属制品除锈去渍有效。使用时用抹布蘸上抛光剂或将抛光剂直接喷在物件上,用干布反复擦拭直至光亮为止。

⑤家具蜡(家具保养蜡)。为使家具保持光洁,服务员按计划卫生的要求定期对家具物品上蜡保养。客房部选用的家具蜡多为浓缩乳蜡,家具蜡能较好地为木质家具、皮革制品去污除尘,并能在家具表面上形成保护膜,防尘、防潮、防污。使用时只需在家具物品上均匀喷洒,再用柔软的干布来回擦拭,即能光亮如新。

⑥空气清新剂。空气清新剂含有香精和杀菌成分,喷洒在客房内或大厅中,有灭菌和清新空气的作用,且芳香四溢。但有些客人不喜欢空气清新剂的香味,因此,在住宿客房中要慎用。

⑦杀虫剂。杀虫剂含除虫菊酯,能杀灭像蟑螂、苍蝇、蚊子等害虫。客房区内一旦发现虫类,应立即施放杀虫剂。杀虫剂属于易燃品,所以要谨慎使用和妥善保管。

8.1.6　客房清扫时的注意事项

在整理客房时,应注意下列问题:

1) 以不打扰客人为原则

做客房卫生时,应选择客人不在房间时进行,以免打扰客人工作或休息。此时,应正确判断客人是否在房间。假如敲开门后,发现客人在房间,需要问明客人现在是否可以整理房间,征得客人同意后,方可开始做房。

2) 敲门时,应报明身份

进入房间做卫生时,要报称:"Housekeeping",同时要注意敲门的声音大小适中,不可过急,不可力度过大,否则,不仅是没有礼貌的表现,而且还会使房内客人受到惊吓,或给客人带来不便。有些性急的服务员往往敲一下门进房,还有些往往从门缝里瞅,这些都是缺乏礼貌和修养的表现。

3) 不得在客房内做清扫之外的其他事情

不得在客房内吸烟、吃东西、看报纸杂志(特别是客人的书刊)。

4) 不得使用客房内的设施

服务员不得使用房内的厕所;不得接听客人电话,也不得使用客房内的电话与外界通话;除维修、检查外,不得收听或收看客房内录音机、电视机;也不许躺或坐在床上休息。

5) 清理卫生间时,应专备一条脚垫

服务员清理卫生间时,进出频繁,卫生间门前的地毯特别容易潮湿、沾污、发霉,日久天长,这一部位较之室内其他部位会提前损坏,破坏客房地毯的整体美观。因此,服务员在清扫客房时,应随车带上一小块踏脚垫,工作时,将其铺在卫生间门前,工作后收起带出客房,以保护房内地毯。

6) 清洁客房用的抹布应分开使用

客房清扫使用的抹布必须是专用的。一般应配备 6 块抹布,其中:房间 2 块(湿、干各 1 块);卫生间 4 块(擦马桶 1 块,擦浴缸、面盆 1 块,擦地面 1 块,擦镜布 1 块)。房间抹布及擦拭镜子的抹布应用平布,其余用毛巾。另外,根据不同的用途,应选用不同颜色、规格的抹布,以便区分,防止交叉使用。用过后的抹布最好由洗衣房洗涤消毒,以保证清洁的高质量。

7) 注意做好房间检查工作

服务员在做客房卫生时,特别要做好房间的检查工作。除了在抹尘时要检查房内电器设施设备以外,还要检查一下淋浴器、抽水马桶等设施是否好用。发现问题应记入"客房服务员工作日报表"里"备注"一栏。必要时,还要填写"维修通知单",并及时通知工程部进行维修(紧急维修可先用电话报修后再补开报修单)。由客人造成的设施设备的机械损伤,还要由客人负责赔偿。

如果是走客房间,服务员还应检查一下床上、枕头下、桌面上、抽屉里是否有客人的遗留物品。如钱、手表、手机、戒指、书、衣物等。如果发现有客人遗留的物品,则应在"工作日报表"上注明遗留物品的名称、发现地点以及发现时遗留物品的状况等事项,并立即上交客房部经理室或总服务台(视酒店不同规定而定),同时由接收遗留物品的有关人员填写客房"遗留物品登记卡",然后将遗留物品加以妥善保管。

8) 不能随便处理房内"垃圾"

清理房内垃圾时,要注意扔掉的瓶、罐必须是空的,而且要确认所扔掉的报纸、杂志一定

是客人废弃不用的。否则,不可将这些报纸、杂志随便扔掉或擅自留归己有。有些东西,如一份画报,服务员很难判断到底是客人遗忘在房内的,还是废弃不要的,这时也应上交或请示楼层领班加以处理。

【案例】

隐形眼镜不翼而飞

王先生夫妻俩来广州旅游,住进一家五星级酒店。第二天一早他们去吃早餐,准备回来后去越秀公园转一转。可是当他们回到房间时,王夫人发现自己的隐形眼镜不见了,她说:"刚才去吃早餐前还看见了呢。"于是他们四处寻找,哪儿都没有。无奈,王先生向酒店提出投诉。经核实,王先生夫妇二人去吃早餐,从出门到回房,准确的时间是 50 分钟,而在这一段时间内,只有实习生小平进入房间打扫卫生。小平回想当时的情景,发现自己不小心把杯子里的隐形眼镜和药水当作剩水给倒掉了。

9) 浴帘要通风透气

我们常常发现浴帘易长霉斑点,给人一种不洁之感。即使服务员擦干了清洗后的浴帘,也不可能十分干燥,此时若将浴帘束成条状拢在浴缸尾部,就会造成浴帘产生霉斑点的情况。因此,应适当地展开浴帘,让其通风透气。方法是将浴帘朝浴缸尾部方向较松散地展开(与卫生间门的宽度相当)。

10) 电镀部位要完全擦干

在打扫卫生间时,服务员必须要用干抹布(绝不能用湿布)将卫生间洁具上,特别是电镀部位的水迹擦干。否则,电镀部位很快就会失去光泽,甚至留下深色的斑块,严重的还会生锈。

11) 不得将撤换下来的脏布草当抹布使用

清扫卫生间时一定要注意卫生,绝对不能为了方便而把毛巾、脚巾、浴巾或枕巾、床单等撤换下来的脏布草当抹布使用,如擦拭浴缸、马桶、洗脸池甚至客房内的水杯。也不能把擦洗浴缸、马桶或洗脸池的不同抹布混用。

12) 拖鞋应摆放在床头柜下

国外的酒店一般在客房不提供拖鞋,但国内酒店通常都将拖鞋作为客房低值易耗品为客人提供。有的酒店将其摆放在床前;有的摆放在沙发前;有的摆放在写字台下;还有的则摆放在壁柜里。实际上,将拖鞋摆放在上述地方都不合适,因为摆放在壁柜里或写字台下不容易被客人发现,失去了摆放的意义;放在床前或茶几(沙发)前,虽然容易被发现,但不雅观。那么,到底应将拖鞋置于何处呢? 我们认为,将其放在床头柜下比较合适,既方便客人,也不影响房内整洁。

13) 房内物品的摆放,要注意将商标面对客人

房间物品的补充要按照酒店规定的品种、数量及摆放要求补足、放好,并注意商标面对客人。

14) 损坏客人的物品时

进行住房清扫卫生工作时应该小心谨慎,不要随意移动客人的物品,必要时应轻拿轻放,清扫完毕要放回原位。如万一不小心损坏客人的物品,应如实向主管反映,并主动向客人赔礼道歉,如属贵重物品,应由主管陪同前往,并征求意见,若对方要求赔偿时,应根据具体情况,由客房部出面给予赔偿。

15) 离开房间时,应要求服务员打开房内照明灯

服务员打扫完房间离开时,应打开房内台灯、落地灯、床头灯等主要照明用灯,这样,客人进房后,只要插上钥匙卡(牌),灯就会自动亮起,以免客人进房后在黑暗中摸索,给客人带来不便。

16) 不能在下午 2 点以前打电话进房要求清扫房间

房间的清扫,原则上要在不打扰客人的前提下进行,特别是不能在客人午休时间(下午 2 点以前)打电话进房,以免影响客人休息。酒店管理人员和服务人员要清楚:对于客人而言,午休比清扫房间重要得多!

8.2 客房计划卫生

客房的计划卫生是指在日常客房清洁的基础上,拟订一个周期性清洁计划,针对客房中平时不易或不必进行清洁的项目,采取定期循环的方式做彻底的清洁保养工作的客房卫生管理制度。

客房服务员每天的清洁整理工作的工作量一般都比较大。例如,一个卫生班的服务员平均每天要负责 14~16 间客房的清扫工作,到了旅游旺季,甚至更多,所以对客房的某些部位,如通风口、排气扇、天花板、门窗玻璃、窗帘、床罩等,不可能每天清扫或彻底清洁(有些项目也没有必要每天进行,如地毯的清洗等)。为了坚持清洁卫生的质量标准,使客人不仅对客房那些易接触部位的卫生感到满意,而且要对客房的每一处卫生都放心,同时又不致造成人力浪费或时间的紧张,客房部必须通过定期对清洁卫生的死角或容易忽视的部位进行彻底的清扫整理,以保证客房内外环境的卫生质量。

8.2.1 计划卫生的项目和清洁周期

针对不同的项目,客房的计划卫生应按不同的时间周期进行。

下面是某酒店楼层计划卫生项目及清洁周期安排(表8.1)。

表8.1 楼层计划卫生项目及清洁周期安排

每 天	3 天	5 天
1.清洁地毯、墙纸污迹 2.清洁冰箱,扫灯罩尘 3.(空房)放水	1.地漏喷药(长住逢五) 2.用玻璃清洁剂清洁阳台、房间和卫生间镜子 3.用鸡毛掸清洁壁画	1.清洁卫生间抽风机(味)机罩 2.清洁(水洗)吸尘机真空器保护罩 3.职工卫生间虹吸水箱、磨洗地面
10 天	15 天	20 天
1.空房马桶水箱虹吸 2.清洁走廊出风口 3.清洁卫生间抽风主机网	1.清洁热水器、洗杯机 2.冰箱除霜 3.酒精球清洁电话 4.清洁空调出风口、百叶窗	1.清洁房间回风过滤网 2.用擦铜水擦铜家具、烟灰筒、房间指示牌
25 天	30 天	一季度
1.清洁制冰机 2.清洁阳台地板和阳台内侧喷塑面 3.墙纸吸尘、遮光帘吸尘	1.翻床垫 2.抹拭消防水龙带和喷水枪及胶管 3.清洁被套(十二月至次年三月,每15天洗一次,四月至十一月一季度洗一次)	1.干洗地毯、沙发、床头板 2.干(湿)洗毛毯 3.吸尘机加油(保养班负责完成)
半年	一年	
清洁窗纱、灯罩、床罩△、保护垫△	1.清洁遮光布△ 2.红木家具打蜡 3.湿洗地毯(第2、第3项由保养班负责完成)	注:有△的项目由财产主管具体制订计划,组织财管班完成,注意与楼层主管在实际工作中协调

8.2.2　计划卫生的组织

客房的计划卫生通常有3种组织方式:

(1)要求客房清洁工每天大扫除一间客房

例如,要求客房清洁工在她所负责的14间客房中,每天彻底大扫除1间客房,14天即可对她所负责的所有客房做一次计划卫生。

(2)规定每天对客房的某一部位或区域进行彻底的大扫除

除日常的清扫整理工作外,可规定客房清洁工每天对客房的某一部位或区域进行彻底清洁。这样,经过若干天对不同部位或区域的彻底清扫,也可以完成全部房间的大扫除。其日程安排可参考表 8.2。

表 8.2　客房计划卫生安排表

星期	一	二	三	四	五	六
项目	门窗玻璃	墙角	天花板	阳台	卫生间	其他

(3)季节性大扫除或年度大扫除

集中在淡季对所有客房分楼层进行全面大扫除,一个楼层通常要进行一个星期,必要时可请前厅部对该楼层实行封房,并与工程部联系,请维修人员利用此时对设备进行定期的检查和维修保养。

在实践中,以上 3 种计划卫生的组织方式可配合使用。

8.2.3　计划卫生的管理

1)计划卫生的安排

客房管理人员可将客房的周期性清洁卫生计划表贴在楼层工作间的告示栏内或门背后,也可由楼层领班在服务员做房报告表上每天写上计划卫生的项目,督促服务员完成当天的计划卫生任务。

2)计划卫生的检查

服务员每完成一个项目或房间后即填上完成的日期和本人的签名(表 8.3)。

表 8.3　客房周期清洁表

姓名 项目 日期 房号	地毯	墙面	卫生间	家具	窗户	小酒吧			备注

领班等根据此表予以检查,以保证计划的落实和卫生质量。

3)计划卫生的安全问题

客房的计划卫生中,有不少是需要高空作业的,如通风口、玻璃窗、天花板等。因此,在做计划卫生时,一定要要求和提醒员工特别注意安全,防止出现各种工伤事故。清扫天花板、墙角、通风口、窗帘盒或其他高处物体时,要用脚手架或使用凳子;站在窗台上擦外层玻璃要系好安全带。

此外,在做计划卫生时,还应注意选择合适的清洁剂和清洁工具,以便提高工作效率,确保清洁卫生质量。同时,防止因清洁剂和清洁工具的选择和使用不当而损坏家具设备。

8.3　客房清洁质量的控制

如前所述,客房部的首要任务是生产干净、卫生、舒适的客房,旅游者(顾客)对酒店产品的需求主要表现在食、宿两个方面,无论是食还是宿,他们都有很高的卫生要求,从心理学的角度来看,整洁、卫生的酒店客房可以给客人一种安全感和舒服感。因此,搞好卫生管理对于提高客房产品质量、满足客人需要具有至关重要的意义。

搞好客房清洁质量的控制要从以下几个方面入手。

8.3.1　强化员工的卫生意识

搞好卫生管理,首先要求服务员及管理人员要有卫生意识,对于卫生工作的重要性要有足够的认识,为此必须经常强调、考核。此外,还要求管理人员及服务人员注意个人卫生,可以想象一位不修边幅、不洗衬衣的领班要求服务员搞好卫生,只能成为天方夜谭;同样,对于一位不勤剪指甲、不常洗澡的服务员来说,要他搞好客房卫生,也是不可能的。

其次,强化员工的卫生意识还要求客房员工要对涉外星级酒店的卫生标准有足够的认识,不能以自己日常的卫生标准作为酒店的卫生标准。酒店的卫生标准要与国际标准接轨,否则,很可能将国际旅游者正常的卫生要求视为"洁癖"。

8.3.2　制订卫生工作的操作程序和卫生标准

要搞好客房卫生,还应制订一些服务规程、操作程序和卫生标准,这是确保客房清洁卫生的基础,也是对客房清扫员的工作进行考核、监督的依据(图8.1)。

图 8.1　客房卫生工作要制订相应的操作程序和卫生标准

在制订操作程序和卫生标准时,要注意体现两个原则:一是要依据酒店的档次确定。酒店的档次不同,其清扫标准和服务规格应当有所区别。二是"双方便"原则,即方便客人和方便操作。

8.3.3 严格检查制度

酒店应建立完善的客房检查体系,应严格检查制度,这是搞好客房卫生,确保客房产品质量的关键。

1)建立客房的逐级检查制度

检查客房又称查房,客房的逐级检查制度主要是指对客房的清洁卫生质量检查实行领班、主管及部门经理三级责任制,也包括服务员的自查和上级的抽查。实行严格的逐级检查制度,是确保清洁质量的有效方法。

(1)服务员自查

要求服务员每整理完一间客房,要对客房的清洁卫生状况、物品的摆放和设备家具是否需要维修等进行检查。通过服务员自查不仅可以提高客房的合格率,还可以加强服务员的责任心和检查意识,同时,减轻领班查房的工作量。

不过,服务员自查的重点是客房设施设备是否好用、正常,客用品是否按规定的标准、数量摆放。自查的方式是边擦拭灰尘边检查。此外,在清扫完房间,准备关门前,还应对整个房间进行一次回顾式检查。

(2)领班普查

领班检查是服务员自查之后的第一关,常常也是最后一道关。因为领班负责 OK 房的报告,总台据此就可以将该客房向客人出租,客房部必须加强领班的监督职能,让其从事专职的客房某楼面的检查和协调工作。有的酒店既让楼层领班担负客房清扫的检查工作,又给规定一定数量的客房清扫任务,这是不合理、不科学的(个别情况,如用房紧张或人手不够时,领班帮忙清扫客房则另当别论),因为会影响其检查职能的发挥。

①领班查房的作用。领班查房不仅可以拾遗补漏,控制客房卫生质量,确保每间客房都属于可供出租的合格产品,还可以起到现场监督作用和对服务员(特别是新员工)的在职培训作用。

领班查房时,对服务员清扫客房的漏项、错误和卫生不达标情况,应出返工单,令其返工。

②领班查房的数量。领班查房数量因酒店建筑结构(每层楼客房数的多少)、客房检查项目的多少以及酒店规定的领班职责的多少的不同而有所不同。一般而言,日班领班应负责约 80 间客房的工作区域的检查工作(负责带 5~7 个服务员)。而夜班领班的查房数量一般为日班领班数量的两倍,要负责约 160 间客房的工作区域。需要说明的是,上述工作量标准基本上是满负荷的,比较大,酒店对领班的工作定额一般不应超过上述标准。

日班领班原则上应对其所负责的全部房间进行普查,但对优秀员工所负责清扫的房间可以只进行抽查,甚至"免检",以示鞭策、鼓励和信任。

③领班查房的顺序。一般情况下,领班查房时应按环形路线顺序查房,发现问题及时记录和解决。但对下列房间应优先检查:

- 首先检查那些已列入预订出租的房间。
- 尽快对每一间整理完毕的走人房进行检查,合格后尽快向总台报告。
- 检查每一间空房和 VIP 房。
- 检查维修房,了解维修进度和家具设备状况。
- 检查每一间外宿房并报告总台。

附:楼层领班查房表(表 8.4)

表 8.4　楼层领班查房表
(DAILY FLOOR SUPERVISOR REPORT)

FLOOR:＿＿＿＿＿＿＿＿　SUPERVISOR:＿＿＿＿＿＿＿＿　DATE:＿＿＿＿＿＿＿＿

ROOM. NO.	STATUS	TIME		REMARKS
		CHECKED	RELEASED	
01				
02				
03				
04				
05				
06				
07				
08				
09				
10				

STATUS:O＝OCCUPIED　V＝VACANT　OOO＝OUT OF ORDER　X＝RELEASED　SO＝SLEEP OUT　DL＝DOUBLE

LOCKED　LB＝LIGHT BAGGAGE　NB＝NO BAGGAGE　HL＝HIGH LIGHTED(EXPECTED DEPARTURE)

VIP IN HOUSE(已入住贵宾):＿＿＿＿＿＿＿＿＿＿＿＿＿＿＿＿＿＿＿＿＿

EXPECTED VIP(将入住贵宾):＿＿＿＿＿＿＿＿＿＿＿＿＿＿＿＿＿＿＿＿

GROUP ARRIVING(将入住团房):＿＿＿＿＿＿＿＿＿＿＿＿＿＿＿＿＿＿

LOAN ITEMS(借物):＿＿＿＿＿＿＿＿＿＿＿＿＿＿＿＿

JOBS TODAY(特别工作):＿＿＿＿＿＿＿＿＿＿＿＿＿＿＿＿＿

LOST AND FOUND(遗留物品):＿＿＿＿＿＿＿＿＿＿＿＿＿＿＿

HAND OVER(交班注意事项):＿＿＿＿＿＿＿＿＿＿＿＿＿＿＿＿

图 8.2　楼层主管在检查房间卫生情况

（3）主管抽查

楼层主管是客房清洁卫生任务的主要指挥者。加强服务现场的督导和检查,是楼层主管的主要职责之一(图 8.2)。

主管检查的方式是抽查。抽查的好处在于这种检查事先并未通知,是一种突然袭击,所以检查的结果往往比较真实。

主管抽查的意义在于:

- 检查督促领班工作,促使领班扎扎实实地做好工作。
- 进一步保证客房卫生质量。
- 确保客房部经理的管理方案落实。
- 为客房部管理收集信息。

楼层主管对客房清洁卫生质量进行抽查的数量一般可控制在 20 个房间左右。

①检查的内容。主管主要检查领班实际完成的查房数量和质量,抽查领班查过的房间,以观察其是否贯彻了上级的管理意图,以及领班掌握检查标准和项目的宽严尺度是否得当。主管在抽查客房卫生的同时,还应对客房楼层公共区域的清洁状况、员工的劳动纪律、礼节礼貌、服务规范等进行检查,确保所管辖区域的正常运转。

②检查的重点。主管检查的重点是:

- 每一间 VIP 房。
- 每一间维修房,促使其尽快投入使用。
- 长住房、住人房和计划卫生的大清洁房。

（4）经理抽查

楼层清洁卫生工作是客房部工作的主体。客房部经理也应拿出 1/2 以上的时间到楼面巡视和抽查客房的清洁卫生质量。这对于掌握员工的工作状况,改进管理方法,修订操作标准,更多地了解客人的意见,具有十分重要的意义。

经理抽查房间应每天保持一定的数量,应特别注意对 VIP 客房的检查。

客房的逐级检查制度应一级比一级严,所以,经理的查房要高标准、严要求,也被称为"白手套"式的检查。经理的检查宜不定期、不定时,检查的重点是房间清洁卫生的整体效果、服务员工作的整体水平如何,以及是否体现了自己的管理意图。

（5）总经理抽查

酒店总经理要控制客房的卫生和服务质量,也必须充分运用检查这一手段(图 8.3)。检查的方式为不定期、不定时,或亲自抽查,或委派大堂副理或值班经理代表自己进行抽查,以获得客房部管理水平和服务质量信息,激励客房部经理的工作。

除上述方式以外,酒店还可以组织其他方式的检查,包括:

①定期检查。定期检查是一种有计划的公开检查,一般事先有布置,有明确的检查时间

和检查内容。目的是制造声势,创造气氛,促进工作。饭店对客房的定期检查,一般采取由总经理办公室主任、质检部经理、工程部经理、客房部经理、前厅部经理及大堂副理组成检查小组,由总经理或住店经理带领,每月定期对客房清洁卫生进行检查,或选择重要任务来临前进行检查。

图 8.3　珠海御温泉酒店总经理带领管理
人员戴着白手套,用放大镜检查卫生

②邀请第三者检查。可聘请店外专家、同行、住店客人等,检查客房的清洁卫生质量乃至整个饭店的服务质量。这种检查看问题比较客观,能发现一些酒店管理者自己不易觉察的问题,有利于找到问题的症结。

2) 客房检查的内容和标准

检查房间时,除了检查房间整理、擦洗是否干净,是否合乎要求,用品配备是否齐全等卫生情况以外,还要检查客房设施设备及各类机器的完好情况,具体检查项目和内容如表 8.5 所示。

表 8.5　客房检查的内容和标准

项　　目	内容和标准
卧室	
门	是否擦洗干净,把手上有无污迹 门转动是否灵活,有无吱呀声 房间号码是否清楚,窥镜和安全链是否好用、安全 门锁后是否挂有"请勿打扰"("请速打扫")牌 门后磁吸是否起作用
壁柜	有无灰尘,衣架及衣架杆是否有积尘 门轨有无损坏,柜门是否好开 衣架、衣刷、鞋刷以及洗衣袋、洗衣清单是否配备齐全 柜内的自动开关电灯是否正常
天花板	有无蜘蛛网 有无裂纹和小水泡(如有,说明天花板漏水,应及时报修)
墙壁	墙纸有无不洁或脱落之处 墙上挂的画是否摆正,有无灰尘
窗户	窗框、窗台有无灰尘,窗玻璃是否已擦干净 窗帘有无破损,是否干净,窗帘轨、钩是否完好
灯	天花板灯、台灯及壁灯等灯具有无落灰 开关是否完好

续表

项　目	内容和标准
空调	运转是否正常 开关上有无污迹
床	床铺得是否匀称、平展 床罩、床单、毛毯、枕套、床头板及床架是否干净 床脚是否稳固
床头柜	有无灰尘 音响、灯光以及电视等的开关是否灵用 叫醒钟是否准时,电话机是否正常、干净 台面上有无放置禁止在床上吸烟的卡片("Please refrain from smoking in bed")
茶几	茶几部位是否擦净,烟灰缸是否清洁 火柴、茶叶有无配备,茶杯是否干净、足数 冷热水是否备好
写字台	桌椅及沙发各部位有无灰尘,抽屉内外是否干净 文件夹内的欢迎词、征求意见表、电报纸、饭店简介、疏散图、明信片、信封、信纸、圆珠笔等是否配齐 电话号码簿以及电视节目单等是否按规定放置
电视机	荧光屏、外壳及电视机架是否干净 音响是否良好,图像是否清晰、稳定
电冰箱	内外是否干净,工作是否正常 饮料是否按规定配齐,是否已备好饮料签单及开瓶器
行李架	是否干净、稳固
垃圾桶	垃圾有无处理,桶内外是否已清洗干净
地毯	是否干净,有无污迹或破损
卫生间	
门	门锁是否清洁、正常。
灯	天花板灯、镜灯有无落灰 开关、插头是否灵用,有无损坏
地板	是否清洁,有无打蜡
墙壁	瓷砖是否干净,有无破损
浴缸	缸内是否擦洗干净,有无污迹或毛发 冷、热水龙头及浴缸放水用塞子是否正常(由服务员检查)
淋浴帘	是否干净,有无异味 杆、钩是否好用

项 目	内容和标准
毛巾架	是否牢固、干净
抽水马桶	有无消毒、有无封条、有无异味 马桶盖、坐圈及桶内外是否刷洗干净
垃圾桶	垃圾有无处理,桶内外是否已清洗干净
洗面池	内、外侧有无污迹或水珠
化妆台	台面有无落灰,镜面有无污迹或水珠
排风口	是否干净
用品配备	手巾、脸巾、脚巾、浴巾、洗澡巾、香皂、卫生纸、卫生帽、浴帽、牙刷、牙膏、漱口杯、刀片盒等卫生用品是否配备齐全,是否按规定位置放置

以上是房间检查时的内容和项目。特别对于楼层领班而言,一定要严格检查制度,把好卫生工作的最后一关,卫生不合格的客房要重做,对此,不能心慈手软,"下不为例"。

8.4 免检房的实施

在酒店客房服务管理方面,客房清洁和物品摆放是一件重要的管理项目。如何提高客房免检率,是摆在每一位职业经理人面前的重要课题。

客房的"清洁"和"物品摆放"能否达到酒店服务的标准,与服务员的情绪、心态、技能、责任感和管理模式有着密切的关系。目前,大多数酒店的操作规则通常是服务员做好客房卫生后,由领班负责检查,卫生和其他指标合格,就是"OK 房",不合格就返工。酒店客房实行免检制度,不仅是客房部员工激励的好方法,同时也是提高酒店服务效率和经济效益的重要途径,是酒店客房管理的一种创新。

8.4.1 实施免检房的意义

首先,可以激励员工;其次,可以减少人力成本;再次,可减少人员流动,员工队伍相对稳定。一名员工获得拥有"免检房资格"后,将会得到在薪资、地位上的优势和个人发展上的关注。一个被企业重视的员工,通常是不容易流失的。最后,可增强企业凝聚力和员工责任感。经过上述过程,员工与员工之间、员工与上级之间沟通的机会增多,日常的讨论也增多。我们常常要求员工"做企业的主人翁"或是"发扬主人翁精神",其实,真正的"主人翁精神"是管理和机制的产物,而不是呐喊或呼吁的结果。只要企业的管理和机制有效了,"主人翁精神"必然得到发扬。

8.4.2　提高客房免检率的途径

1)制订《合格客房卫生与物品配置的标准》及《做房流程》

首先,酒店应该依据自己酒店的客房实际情况制订出《合格客房卫生与物品配置的标准》,这是保证服务质量的基本要素和评估依据。

其次,酒店应依据各自的客房实际情况制订一套完整、严谨、合理的做房流程。应多采纳执行者——员工的意见。管理者应该对意见进行评估和科学合理的优化,再将部门经理、主管、领班的意见进行汇总和提炼,最后将保证服务质量的细化要素一一罗列,拟订出切实可行的"卫生与物品配置合格房"的标准要素,既有文字描述,又有图片显示或样板,并传达给每一位员工,让他们充分掌握。

2)对员工进行必要的技能、技巧培训

培训的内容有"如何做客房卫生""客房清洁中要注意的关键与主要问题""自检的方法要领"等课程,教会服务人员客房清洁的基本知识和技能技巧,把制订好的客房清洁流程、方法和自我检查的要点让员工去执行。

参见本章末尾【补充与提高】:观看广州从化碧水湾温泉度假村客房部员工"蒙眼铺床"绝技。

3)应着重培养员工的责任感

责任感的培养不能是空洞无物的说教,那是做不到的,也是不实际、没有作用的。最好的方法应该是由企业制订一套合理的、有效的且充满激励的并有长远规划的运作模式,让员工自发地将个人利益与工作责任联系在一起。比如,将员工的工作效率和免检率的高低(绩效)与薪资和发展挂钩。

4)进行交叉查房

第一步,对全体客房服务人员进行"如何查房"的培训。教他们查房的方法、步骤和要素,培养他们用心、用思维去工作,此举可以使服务素质与技能得到进一步的提升。

第二步,交叉查房。可以采取服务员之间相互交叉检查的方法进行。在执行这一措施之前,应对所有服务人员灌输相互检查的好处。别人做房中的失误或疏忽的问题,往往又是自己下次做房时需要注意和检点的地方。员工相互检查出来的问题旨在发现不合格并进行改正,将鼓励和奖赏放在主位,不需要责罚。在实施这一措施的前期,领班和主管还是要对员工交叉检查完后的房间进行有序的检查,随着服务员查房技能的不断提高和完善,慢慢地再逐步进行抽查,到最后基本完全免检。

服务员的交叉检查,还可以提升服务员的服务素质。通过一系列的"挑毛病""找差距",既可以提升员工的个人素质,又可以提高服务员做房的眼界和理性思维,训练出一批长着"火眼金睛"的优秀员工,激励并培养他们用头脑、用心灵去工作,提高服务质量和工作积

极性,有效地将监督成本化成激励措施。

整个过程必须有一位开明、宽容、诚恳、公正而有魅力的部门经理实施有效的控制、协调、斡旋并循序渐进地推行,避免员工在互检中出现不必要的埋怨、争执、嫉妒,甚至仇怨、打击报复。实施交叉检查前的"洗脑"和实施过程中的控制及平衡能力,是保证这一模式有效运行的重要一环。

5)酒店要为具有"免检房资格"的员工合理地规划好未来的职业发展

这也是企业培养员工、为员工职业生涯做一个长远规划的负责任的行为。被评为"免检服务员"的员工应享有与众不同的荣誉、薪资、福利、地位、奖励和优先的晋级机会。

另外,需要说明的是,员工获得免检房资格,并不代表永久性地拥有免检房资格和待遇优先资格。主管、经理,要不定期、不定时地对其清洁后的合格房进行抽查,并设定免检率的最低底线,发现有超过一定的百分比的房间达不到免检标准时,应取消服务员的免检房资格和待遇,以保证服务员"免检资格"真实有效的"圣洁"性。

8.5　公共区域的清洁保养

除了客房以外,客房部还要负责酒店所有公共区域的清洁卫生工作。公共区域清洁卫生工作的好坏,常常是客人评价一家酒店服务质量和酒店水准的一个重要因素,特别是公共洗手间,是反映酒店卫生状况的一面镜子,常常是一些专家评价一家酒店卫生状况和档次的重要指标。"要了解一家酒店的卫生状况和档次,看它的公共洗手间就行了!"

酒店公共区域的清洁卫生工作通常由客房部的公卫班组负责,这样组织的好处在于能够使清扫工作专业化,提高劳动效率和工作质量。

图 8.4　PA 正在清洁楼梯

为了保持公共区域的清洁卫生,这项工作有时每天要进行数次,如厕所的冲洗、大堂的保洁以及烟灰缸的清洁、家具的复位等(图 8.4)。

8.5.1　公共区域的范围

凡是酒店内公众共同享有的活动区域都通称为公共区域。

酒店的公共区域可划分为室内部分和室外部分。室外公共区域是指酒店的外围区域,包括酒店的外墙、花园、前后大门等。室内公共区域又划为前台区域和后台区域两部分。

前台部分通常指专供宾客活动的场所。如大堂(Lobby)、总服务台(General Service Desk)、电梯(Elevator)、楼梯(Stair-way)、休息室(Lounge)、康乐中心(Entertainment Centre)、游泳池(Swimming pool)、餐厅(不包括厨房)(Dining Boom)、会议室(Meeting Room)、舞厅

（Ball Room）、公共洗手间（W.C.）等。

后台部分通常指为酒店员工设计的生活区域，如员工休息室、员工更衣室、员工餐厅、员工娱乐室、员工公寓等。

8.5.2　公共区域清洁卫生工作的特点

首先，由于公共区域涉及的范围相当广，因此，其清洁卫生的优劣对酒店影响非常大。

其次，公共区域的客流量非常大，客人活动频繁，这就给公共区域的清扫工作带来了不便和困难。为了便于清洁，同时尽量减少对客人的干扰，公共区域的清洁卫生工作应尽量安排在没有客人或客人活动较少的时间段进行。

最后，公共区域的清洁工作烦琐复杂，工作时间不固定，人员分散，因此，造成其清洁卫生质量不易控制。这就要求公共区域服务员在日常工作中必须具有强烈的责任心，同时，管理人员要加强巡视和督促。

8.5.3　公共区域清洁保养的内容

1）大堂的清洁

大堂是酒店客人来往最多的地方，是饭店的门面，往往会给客人留下第一印象。因此，这里的卫生工作显得非常重要。

大堂的清洁卫生工作主要在清晨或深夜进行，白天进行维护和保持。

（1）大堂地面的清洁

①每天晚上应对大堂地面进行彻底清扫或抛光，并按计划定期打蜡。打蜡时应注意分区进行，打蜡区域应有标示牌，以防客人滑倒。

②白天用油拖把循环迂回拖擦，维护地面清洁，保持光亮。拖擦地面时应按一定的路线进行，不得遗漏。每到一个方向的尽头时，应将附着在拖把上的灰尘抖干净再继续拖擦。

③操作过程中应根据实际情况，适当避开客人或客人聚集区，待客人散开后，再进行补拖。遇到客人，要请客人原谅，说声"对不起"（Excuse me）。

④客人进出频繁的门口、梯口等容易脏的地面要重点拖，并适时增加拖擦次数，确保整个地面的清洁。

⑤如在拖擦过程中遇有纸屑杂物，应将其集中堆在角落，然后用清扫工具将其收集起来妥当处理。

⑥遇有雨雪天气，要在大堂入口处放置伞架和脚垫，并竖立防滑告示牌，同时注意增加拖擦次数，以防客人滑倒。此外，还要根据实际情况，适时更换脚踏垫（图8.5）。

图8.5　清洁大堂、门厅等公共区域，要注意摆放防滑告示牌

（2）扶梯、电梯清洁

对大堂扶梯、电梯的清洁保养主要在夜间进行，白天只对其进行清洁维护，保持干净整洁。

①夜间对大堂内扶梯和电梯进行彻底清洁,如有观景电梯则应特别注意其玻璃厢的清洁,确保其光亮无指印、无污迹。

②夜间应注意更换电梯内的星期地毯,并对地毯或梯内地面进行彻底清洁。

③擦亮扶梯扶手、挡杆玻璃护挡,使其无尘、无手指印,如不是自动扶梯,还应对楼梯台阶上的地毯铜条进行擦抹,并使用铜油将其擦亮。

(3)大堂家具清洁

①夜间对大堂内所有家具、台面、烟具、灯具、标牌等进行清洁打扫,使之无尘无污渍,保持光亮,并对公用电话进行消毒、擦净,使之无异味。

②白天对家具等进行循环擦抹,确保干净无灰尘。

③及时倾倒并擦净立式烟筒,烟缸内的烟蒂不得超过 3 个。更换烟缸时,应先将干净的烟缸盖在脏的上面一起撤下,然后换上干净烟缸(图8.6)。

④随时注意茶几、地面上的纸屑杂物,一经发现,应及时清理。

图 8.6 酒店 PA 在倾倒并擦拭大堂烟筒

(4)铜器上光

除了对大堂的上述区域和设施进行清洁以外,还应对大堂等公共区域的铜器进行上光保养。

上光时,可准备好两块干净的软抹布及适量铜油,先用一块抹布抹去铜器上的灰尘和手印,然后将铜油滴在另外一块抹布上,接着用蘸有铜油的抹布轻轻地在铜器上反复擦拭,直至擦到又黄又光亮即可。

2)酒店门庭的清洁

①夜间对饭店大门口庭院进行清扫冲洗,遇有雨雪天气,应适时增加冲洗次数。

②夜间对地上停车场或地下停车场进行彻底清扫,对油迹、脏渍应及时清洁,并注意定期重新划清停车线及检查路标的清洁状况。

图 8.7 酒店 PA 在擦拭窗户

③夜间对门口的标牌、墙面、门窗及台阶进行全面清洁和擦洗,使其始终以光洁明亮的面貌迎接客人。

④白天对玻璃门窗的浮灰、指印和污渍进行抹擦,尤其是大门玻璃的清洁应经常进行(图8.7)。

3)餐厅、酒吧、宴会厅的清洁

餐厅、酒吧和宴会厅是客人的饮食场所,因此,卫生工作尤为重要。

餐厅的清洁工作主要是在餐厅营业结束后,做好对地毯的吸尘和对家具、电话等的擦拭和除尘工作,对于地毯上的污迹应及时予以清洁。

对于宴会厅而言,面积较大,一次就要接待数百人,人多步杂,每次使用后都要彻底清扫,主要进行以下工作:

①地毯吸尘。

②清扫板壁上的鞋印、指印及客人张贴的画和其他饰物。

③清扫大厅吊灯。这是一项需要定期进行的工作。这项工作费时费工,常常需要搭脚手架,还要将每一拼件洗净抹干(灯泡坏了要更换)。因此,需要一定的耐心。

④每月一次的通风口除尘。

此外,餐厅、酒吧、宴会厅或其他饮食场所,常常会有苍蝇出现(尤其是在夏季),公卫服务员应随时或定期喷洒杀虫剂,防止蚊蝇滋生。

4) 公共洗手间的清洁

公共洗手间清洁的主要内容有:

①按顺序擦净面盆、水龙头、台面、镜面,并擦亮所有金属镀件。

②用清洁剂清洁马桶及便池。

③擦洗手间内的门、窗、隔挡及瓷砖墙面。

④拖净地面,保持无水渍、无脏印。

⑤喷洒适量空气清新剂,保持室内清新,无异味。

⑥洗手台上摆放鲜花。

⑦按要求配备好卷筒纸、卫生袋、香皂、擦手纸、衣刷等用品。

⑧检查皂液器,自动烘手器等设备的完好状况。

5) 其他区域的清洁卫生

除了做好上述前台区域的清洁卫生工作以外,还应做好酒店后台区域的卫生工作,特别是员工食堂、服务通道等的卫生。这些场所的卫生状况会影响员工的思想和精神状况,进而对酒店的服务质量有重要影响。有些酒店把卫生工作的重点放在接待顾客的餐厅里,而对员工食堂的卫生情况、饭菜质量不予以重视,结果在寄生虫容易滋生的夏季,同时也是旅游旺季,由于食堂卫生不过关,使很多员工病倒,致使酒店连正常的接待工作也难以进行,更不用说提高服务质量了,这种教训是应当吸取的。

员工通道的卫生也常常被忽视,饭店正门前客人进出的通道一般打扫得比较干净,而员工通道则是另一个天地。有的酒店通往酒店大楼的员工通道甚至连水泥地面都没铺,一遇到雨天,员工便不得不踩着泥泞的路,拖着沉重的步伐,走向酒店的各个岗位,致使楼道地毯上沾满泥巴,这样不但影响卫生,而且会使地毯严重受损。

6) 绿化布置及清洁养护

（1）绿化布置

①对客人进出场所的绿化花草按要求进行布置,安排摆放位置。

②根据规定的调换时间,定期调换各种花卉盆景,给客人一种时看时新的感觉。

③重大任务前,如接待贵宾或举行圣诞晚会,则要根据酒店的通知进行重点绿化布置。

④接到贵宾入住通知单,应根据客人等级和布置要求,准备好摆放的鲜花,按房号送至楼面交服务员,切记客人所忌讳的花卉。

（2）清洁养护程序

①每天从指定的地点开始,按顺序检查、清洁、养护全部花卉盆景。

②捡去花盆内的烟蒂杂物,擦净叶面枝干上的浮灰,保持叶色翠绿,花卉鲜艳。

③对喷水池内的假山、花草进行清洁养护,对池内水中的杂物要及时清除并定期换水。

④发现花草有枯萎现象,应及时剪除、调换,并修剪整齐。

⑤定时给花卉盆景浇水,操作时溅出的水滴及弄脏的地面应用随身携带的抹布擦干净。

⑥对于庭院内的花草树木,应定期进行修剪整理和喷药灭虫,花卉盆景应按时调换。

⑦养护和清洁绿化区时,应注意不影响客人的正常活动,遇到客人礼貌问好。

【链接】

做 PA,说 PA

联系我自己从事 PA 工作的体会,有以下三点想法与同行共勉。

（一）主动性

我们 PA 服务员在思想上都认识到本职工作的重要性,明白自己的一言一行关系到整个酒店集体的声誉。我们反反复复地擦洗镜面、台面、地面、百叶门、厕位等,保持每个厕所的整洁卫生无异味,备足客厕用品,对损坏的设备及时保修,为的是给客人一个满意的"方便"环境。同时,我们还要来回奔波在大堂,擦玻璃、揩铜管、捡烟头、推地坪,做到玻璃明、铜管亮、烟缸空、地坪清。有时因为人手少、任务重,要负责两个楼层的厕所和大堂清洁工作,每天的来回走动达数千米之多。

（二）自觉性

PA 工作虽然不像做客房那样,有硬性指标,但是,从接班到下班的八小时内,除了每天规定的大 GC 清洁外,不停地打扫以保持厕所、大堂的清洁,这也是无形指标。我们要做到领导在与不在、检查与不检查一个样。要自觉做到不在大堂内同无关人员交谈,自觉遵守大堂纪律,有事暂时离开要向搭班讲明,并快去快回,服从领班的楼层安排、任务分配,并按要求做好交接班。

（三）服务性

我们要每天保持仪表整洁,精神饱满,使用礼貌语言,对每一位客人提供热情、周到的服务,根据不同客人的要求,提供个性化的服务。尤其要做好对年老体弱、残疾人的服务,搀扶一把,迎送一段。要提高外语水平,更好地为外宾服务。我们要耐心回答客人的询问,适当适时地介绍上海的旅游景点及酒店的餐厅、客房、娱乐特色,让每一位客人的吃、住、游都能尽兴满意。

(刘君标)

> 干净卫生,是住店客人对酒店客房的最基本要求,因而也是酒店客房管理的三大主要任务之一,无论是五星级的豪华酒店,还是经济型酒店,都应做好客房的卫生管理。
> 客房部的卫生工作主要是按照酒店的要求和标准,做好楼层客房及卫生间的清洁整理工作,确保出租给客人的客房、床铺、卫生间保持干净和整洁的状态。
> 房间清洁的具体卫生标准:眼看到的地方无污迹;手摸到的地方无灰尘;设备用品无病毒;空气清新无异味;房间卫生达"十无"。
> 为了确保楼层客房的卫生标准,除了做好日常清洁卫生工作以外,客房管理者还应组织和安排好客房的计划卫生工作,定期对一些卫生死角、难清洁的部位以及长住客人离开后的客房,进行彻底清洁。
> 除了做好楼层客房的卫生工作以外,客房部还要负责整个酒店公共区域的卫生工作,包括酒店大堂的日常保洁,电梯、门窗的清洁,以及酒店外墙的清洁等,甚至还要负责餐厅、厨房的除污工作。
> 为了确保客房的卫生质量,必须建立严格的卫生检查制度,包括楼层领班的全面检查、主管及客房管家的每日抽查以及酒店质管部门的不定期检查等。

复习思考题
1.如何做好客房计划卫生的管理?
2.怎样控制客房清洁质量?

【案例分析】

当 DND 灯亮着的时候

按照香格里拉的标准,每间客房每天至少要进入一次,以确保客房内的状况,而 DND 灯(请勿打扰)是无论房间内是否取电都可以亮的,而且 DND 灯亮的时候,门铃是不响的。在楼层服务员做房时,每天都会遇到有客房打 DND 灯的,这有可能是客人在里面确实不想被打扰,也有可能是客人不在房内,或是之前打的 DND 灯忘记关闭。对于这种情况,香格里拉的标准程序是要到下午 4 点,如果还是打 DND 灯的话,由客房部打电话到客房,确认是属于哪种情况,如果是客人不在忘记关闭的话,还是要进入打扫清洁的,同时必须要有主管或以上级别的人员一同进入。

在广交会期间,楼层服务员的工作量大,有时会遇上自己负责的客房有多间打 DND 灯的情况。在他们已经完成其他客房,但又没到处理打 DND 灯的客房时候,为了能早点完成工作任务,他们会自己打电话到客房,以确认客人是否在里面。如果客人在里面,他们会问有没有洗衣之类的话来混过去,有时是预退的房间,还会直接问客人什么时候走。对于那些还不能进入的房间,到了 4 点,客房部又会打电话到房内,这样就会很容易造成客人的不满,甚至投诉。

问题:

1.面对这种情况,该如何解决?

2.客房主管人员能否及时了解各服务员工作的进度,对于有多间 DND 灯亮的客房可否做必要的调整,以便减少上述不良状况的出现?

【补充与提高】

广州从化碧水湾温泉度假村客房部员工"蒙眼铺床"绝技

登录:刘伟酒店网—院校服务—视频—蒙眼铺床:广州从化碧水湾温泉度假村员工绝技。

或扫描以下二维码,观看广州从化碧水湾温泉度假村客房部员工"蒙眼铺床"绝技。

二维码:广州从化碧水湾温泉度假村客房部员工"蒙眼铺床"绝技

酒店经理人对"经理的困惑"的答复

Re:做房时,客房门应该开着,还是关上?

姜忠平:广州地区酒店行业协会副会长、碧水湾温泉度假村总经理

从高端酒店品牌形象及顾客体验感受出发,应像四季酒店一样关上客房门并在门外挂上明显的正在清洁或维修的温馨提示牌。

胡宏涛:广州香格里拉大酒店房务总监

香格里拉酒店集团在多年以前就由开门做房改为执行关门挂牌的操作流程,这主要还是从安全角度出发。一方面,开门做房或维修,会对房间内的物品(尤其是住客房的客人物品),产生较大的安全隐患。举例来讲,如果服务员在套房的卧室或卫生间工作,是无法察觉外面客厅里的任何活动的。另一方面,关门挂牌也是对员工安全的一种保护,可以避免不法分子随意进入房间,对员工安全造成伤害。

第9章
棉织品与洗衣房管理

      酒店棉织品又称为"布草",是对酒店经营所需床单、台布等各类布巾的总称。棉织品管理主要包括对这类物品的采购、保管和发放等工作。目的是减少浪费,降低酒店经营的成本费用。

      对棉织品的管理还包括对员工制服的定做、采购、保管、发放和更新补充等项工作。

      此外,大型酒店一般都设有洗衣房,承担着对客衣、布草及员工制服的洗涤任务。洗衣房不仅要按质保量地完成各项洗涤任务,保证酒店经营活动的顺利进行,减少客人投诉,还要厉行节约,降低洗涤费用,实现绿色环保型经营,为社区及旅游业的可持续发展作出贡献。

通过本章学习,读者应该能够:
- 了解棉织品的储备标准。
- 掌握棉织品储存与保养的方法。
- 掌握对员工制服的管理方法。
- 了解洗衣房的组织机构及员工的岗位职责。
- 熟悉洗衣房工作程序及质量标准。
- 掌握客衣纠纷的预防与处理技术。

关键词:棉织品;布草房;洗衣房
Keywords:Linion, Linion Room, Laundry Room

经理的困惑
——酒店洗衣服务对客人的赔偿是无底洞吗？

为客人提供洗衣服务是酒店洗衣房的主要任务之一，在此过程中经常会发生客房纠纷问题，主要是在洗涤过程发生客人损坏时的赔偿问题。按照行业的惯例，赔偿额不超过该客衣洗涤费用的10倍，这一点在客衣洗涤单中都有明示。可一旦发生纠纷，很多客人对此并不理会，声称自己的衣服价值昂贵，要求"照价赔偿"，否则，就要"向法院起诉""向媒体曝光"，对此，我们应该怎么办？曾有一次，我们也应诉过，但令人遗憾的是：地方法院并不承认"赔偿额不超过该客衣洗涤费用的10倍"这一国际惯例，认为没有法律依据，属于"店堂告示"，以违反《消费者权益保护法》为由，判我们败诉。难道我们的合法权益就没有保障吗？

9.1 棉织品管理

做好对棉织品的控制和管理，是酒店客房管理的主要任务之一。

【案例】

表9.1所列是一家拥有800间客房的酒店在6年内对客房床单盘存数字的真实记录。

表9.1 拥有800间客房的××酒店客房床单盘存清单
（2011—2016）

项　　目	2011年	2012年	2013年	2014年	2015年	2016年
现有床单	10 500	12 159	15 176	16 006	16 497	18 193
新采购	3 600	3 600	3 600	3 600	4 000	4 000
	14 100	15 759	18 776	19 606	20 497	22 193
损失	−1 941	−583	−2 770	−3 109	−2 304	−1 890
	12 159	15 176	16 006	16 497	18 193	20 303

2011年该酒店开业之初共有10 500条床单。在800间客房里，有床位1 200张，外加存放在楼层棉织品储存室的75张折叠单人床，共有床位1 275张。

该酒店每个床位床单的配备标准是5套，即6 375条床单(1 275床×5)已从储存室拿出来投入使用，剩下的4 125条储存在仓库里。

酒店开业第一年,棉织品的丢失数字高得惊人(1 941 条),这主要是由于酒店在开业前招收了许多临时工,而在正常运营前还没有制订管理措施,加上那种蓝色床单质地很好,所以偷窃现象非常严重。

除了偷窃现象以外,棉织品的损坏现象也很普遍,而且常常难以预料,因为管理阶层和部门负责人根本未料想到天气如此反常地潮湿,不知该如何处理。

此外,新的棉织品推车边沿锋利,极易钩破床单。加上缝纫室忙于制作桌布和赶制成百上千套制服,因此那些破床单要等很长时间才能得到缝补。再者,洗衣房棉织品滑槽底下堆放脏棉织品的混凝土地面在人们发现它有碍存放并铺上乙烯基石棉以前,已经使上百条床单遭到腐蚀沾染而过早地报废。加上服务员有时候把垃圾槽与棉织品滑槽搞混了,污染了许多彩色床单,使床单沾上各色斑点而无法处理。

另外,储存室的一角过于潮湿,当发现时,已经有上百条床单发霉。

第二年,酒店采取并加强了许多管理和控制措施,情形大为改观,原先存在的大部分问题得到了解决。缝纫室也赶上来进行缝补。因此,这一年的损失减少了一大半,不过也采购了同样数量的新床单。

直到 2013 年,常规的报损因素开始显露出来。大部分每天使用的床单预计仅可坚持 2至 3 年。酒店客房出租率上升了近 23%,达到 90% 以上,使棉织品得到了最大限度地使用。但由于新来的员工不能正确使用棉织品,使损失又上升到了 2 770 条。

2014 年,第一批使用的 6 375 条床单全部报废,而酒店客房出租率仍然很高。到了 2015年,高出租率持久不降,由此造成了饭店对 2016 年形势的乐观估计,客房管理人员唯恐床单不足,又订购了 4 000 条。

2016 年,缝纫室负责人辞职,酒店一直找不到像她那样能干的人来接替这一职位,导致破损床单不能及时得到缝补。加上对接待会议业务的乐观估计以及预测棉布和合成纤维织物将出现短缺从而有可能极大地影响床单的供应,客房管理人员又要求酒店有关方面订购了 4 000 条床单。

以上因素使这家酒店的棉织品严重供过于求,虽然,它远比供不应求要好,但在那种潮湿的季节,供应过剩将导致极大的浪费。

由此可见,客房部做好对酒店棉织品的管理,对于降低客房经营的成本和费用,具有何等重要的意义。遗憾的是,很多酒店往往在付出昂贵的代价之后才会意识到这一点。

9.1.1　布草房管理

1)布草房的职能

酒店对棉织品的管理,主要由布草房负责。布草房应发挥以下职能:
①发放客房供应物品;

②处理洗衣业务:发出棉织品的计数,送洗棉织品的清点检查;

③分发餐饮部棉织品;

④分发酒店员工制服(以脏换净)。

2)棉织品的储备标准

客房部棉织品的储备标准从 3 至 5 套不等,取决于营业状况、客房出租率、洗衣房运转状况、部门预算等因素。一般最低的标准是 3 套:一套在客房使用;一套在洗衣房洗涤;另一套则储存在棉织品仓库备用。但如果预算不是很紧的情况下,更现实一点的需要量则是 5 套:一套在客房内使用;一套在楼层储物室或工作车上;一套在中心棉织品仓库;一套已经脏了正送往洗衣房;另一套则正在洗衣房处理之中。

3)棉织品的储存与保养

对于棉织品的储存与保养应注意以下要点:

①棉织品必须避潮储存,如果棉织品仓库与洗衣房相连,那么相连处的门就必须具有较强的密封性能,而且应尽可能地少打开。

②棉织品仓库必须保持良好的通风。

③棉织品仓库的搁板、搁架边沿应光滑,不能锋利突出。

④棉织品(尤其是混纺床单)在洗涤完并经过烘干机烘干以后,应放在储存架上"休息"一下,而不要直接拿去使用,这样可以延长棉织品的使用寿命。

⑤不能将棉织品堆放在混凝土地面上(可放在乙烯基石棉地面上)。

⑥撤下的脏布草应得到及时洗涤。

⑦破损的床单等应得到及时缝补。

4)棉织品更新

酒店在经营过程中,会使很多布草因使用时间过长而改变颜色、破旧甚至破损,还有些布草由于管理不善,操作不当而出现斑斑点点的污迹,如黄色锈斑、黑色油污等,对于这类布草,饭店应及时更换,使其退出服务过程,而不应凑合着用,否则会严重影响服务质量,使饭店的利益遭受损害。

通常,各类棉织品使用到 8 成左右陈旧程度时就需要更换新棉织品。这时,棉织品的洗涤次数为:床单、枕套 130~150 次;毛巾类 100~110 次;台布口布 120~130 次。

布草的退换应由饭店布草使用单位与布草房(洗衣房)共同把关,对于退下来的旧布草、脏布草,饭店采购部门应及时如数予以补充,从而保证一定的周转量。

5)棉织品的盘点

布草房对棉织的管理,还应做好盘点工作。对棉织品盘点工作,每月进行一次(表9.2)。

表 9.2　楼层布草每月盘点表

_____年_____月

名　称	结存	进入	总数	房间	工作间	仓库	布草房	报损	遗失	合计	单价	金额	备注
特大床单													
中床单													
小床单													
枕套													
浴巾													
面巾													
脚巾													
……													

9.1.2　缝纫室

对于酒店来说,织物的修补总是一项合算的投资,因此,缝纫室的工作对于酒店节约成本费用而言,是相当重要的。

酒店可以根据需要,聘用一名非全日制的缝纫女工,也可以设立缝纫班组,负责改制制服或缝补棉织品织物(图 9.1)。

图 9.1　酒店缝纫女工的职责是
改制制服和缝补棉织品

缝纫室的主要工作包括:

①改做制服。

②修补台布、床单等。

③缝补窗帘、床罩、沙发套以及任何价格较高而又需稍作修补就能重新使用的物品。

④用报废的餐巾等制作厨师用工作布。

9.1.3　制服的管理

1)制服的设计和选购

制服是员工工作时穿着的服装,包括:套装、衬衫、领带(结)、厨师制服、厨师帽等。设计良好的制服不仅可以方便员工的工作,而且能够体现酒店的个性、风格和经营特色,因此,员工的制服之于酒店的形象、员工的士气及工作效率具有重要意义。制服设计差会有损于酒店的形象,制服不讲究则会损伤员工的工作干劲,影响员工士气,并最终危及酒店的服务标准。

设计和选购制服时,应考虑以下因素:舒适、实用、美观、耐用、易保养。

其中,"舒适""实用"是设计和选购制服时应考虑的首要因素。酒店应根据部门、各岗位的工作性质和特点来选购和设计员工制服,使员工便于操作。例如,客房服务员要经常弯腰做清洁工作,因此,其工作服的设计就应宽松一些,不能太紧、太短,以免弯腰时露出身体的一部分。

除了舒适和实用以外,员工的制服还应美观、耐用和易保养。此外,最好的设计还应使员工不会在家穿着,不应鼓励员工穿着制服从事酒店以外的工作,以减少对制服的过度损耗。

2)制服的订购量

一般来说,每位员工三套制服是最起码的订购量,但明智一点的酒店经理会要求额外再加一些,以备更换之用。

3)制服的日常送领

制服的收取和发放均在布草房的专用窗口进行。员工每天上、下班前,将制服送到布草房,制服管理员收取后,将干净的制服发放给员工(制服管理员在收取制服时,必须检查制服上的编号或姓名有无脱落,以免混淆)。

制服管理员在将收取的脏制服送洗衣房洗涤前要进行登记,洗净后再由制服管理员验收入库。

4)制服的入库保管

(1)分类保管

制服应按质料、使用部门等进行分类保管。例如,厨师制服为棉织品,洗涤频率高,应将它们放在最容易拿取的地方;而全毛套服保管要求高,换洗频率则较低,可悬挂在高处,既干燥又不易污染。

图9.2　制服的入库保管

(2)制服上架

洗净后的制服经检查和修补后,要用衣架挂起,衣架杆上最好有固定挂钩并标有员工工号或姓名,制服对号入座。工号和姓名可按姓氏的第一个字母顺序排列,以方便存取(图9.2)。

(3)统一修补

制服如出现破损,如开裂、绽线、脱扣等,由缝纫工统一修补。对于无法修补的制服,由主管检查确认后签字,从后备制服中补发。

5)制服的更新和补充

(1)建立制服消耗记录卡

对各部门的员工制服做好消耗记录,定期汇总。对于制服的非正常损坏、遗失等,应要求员工适当赔偿(表9.3)。因破损、丢失而补发的制服,要按部门登记入账,定期将账单交财务部。

表 9.3 制服/鞋损坏赔偿表
UNIFORM/SHOE COMPENSATION FORM

Date 日期	Name 姓名	Dept 部门	Items 物品	Reason 原因	Amount 金额
			1.Shoe 鞋 2.Uniform 制服	1.Under probation Period 未满三个月 2.Damage 损坏 3.Missing 遗失	

Checked By：＿＿＿＿＿＿＿(Linen -keeper)制服房主任
主任签名
Approved By：＿＿＿＿＿＿＿(Executive Housekeeper)客房部行政管家
部门经理
C.C. HRD
知会人事部

（2）制服的更新、补充

对于因洗涤、磨损等自然原因造成的更新需求,要按有关规定和程序,办理有关更新手续。对于损坏、丢失等原因而需要补充的,由部门主管查明原因,由员工本人填写"制服申领单",经部门经理签字后,由布草房负责报销和补充新制服。

9.2 洗衣房管理

9.2.1 洗衣房的任务

酒店洗衣房的主要任务是负责洗涤、熨烫酒店客房部、餐饮部(厨房、餐厅、酒吧等)的布草,保证客房、餐饮部门的清洁卫生,从而确保酒店经营活动的正常进行。

就客房布草而言,国际性旅游饭店,无论大小,一般每天至少清洗一次,也就是说,如果一家酒店有1 000间客房,共计2 000张床位,按每个床上两条床单计算,那么,在客满的情况下,该酒店洗衣房每天就担负着洗涤4 000条床单,4 000只枕套,2 000条洗脸巾,1 000条脚巾和2 000条浴巾的繁重任务,再加上餐饮部撤下的台布、餐巾等,其工作量之大是不言而喻的,不仅如此,洗衣房还要对这些布草进行整理和分类。

洗衣房的第二大任务是负责提供客衣的洗涤、熨烫服务。这既是酒店为客人提供的一项服务内容,同时,也是酒店取得经济收入的一个重要途径。

洗衣房的第三大任务是负责酒店员工制服的洗涤工作。

除了上述三大任务以外,一些大型酒店的洗衣房还对社会开放,接受市民的衣物以及其他小型酒店布草的洗涤要求,从而使洗衣房不仅是酒店的后勤保障部门,而且成为酒店重要的赢利部门。

9.2.2 洗衣房的组织结构及岗位职责

1)洗衣房的组织结构

洗衣房的组织结构如图9.3所示。

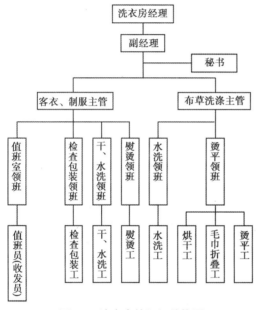

图9.3 洗衣房的组织结构图

还有些酒店的洗衣房分为水洗组、大烫组、干洗熨烫组、客衣组、布巾组、工服组等。其中:

水洗组:主要负责酒店各类布草以及适合水洗的客衣及员工制服的洗涤工作。

干洗熨烫组:完成客衣和工服的干洗和熨烫。

大烫组:负责经水洗后布草的烫平、烫干工作。

客衣组:负责客衣的核对、打号、包装和收发业务。

布巾组:负责布草的收发、分拣工作。

工服组:负责工服的收发业务。

2)洗衣房员工的配备标准

洗衣房的工作是比较繁重的,因而需要配备足够的人员。如果酒店洗衣房不对社会开放,则酒店客房数与洗衣房所需人员之间客观上存在着一定的比例关系,一般来说,这一比例为1∶0.12左右,也就是说,拥有1 000间客房的饭店,洗衣房所需人员为120人左右。而如果酒店洗衣房同时对外开放,则要根据洗衣房的大小和实际业务量的多少,适当增加人员。

3)洗衣房员工的基本素质要求

洗衣房员工应具备以下基本素质:

①有一定的工作经验。

②身体健康,能吃苦耐劳。相对于酒店其他部门而言,洗衣房的工作比较辛苦,劳动强度较大,工作环境则较差(温度高、噪声大),因此,要求员工必须具有健康的体魄和能够吃苦耐劳的精神。

③有强烈的工作责任心,工作耐心细致。

④熟悉洗涤设备的使用和保养,熟悉各种布料的洗涤要求和标准,熟悉各种洗涤化学药品的用途。

4) 洗衣房各主要岗位的职责

洗衣房的岗位职责是根据洗衣房设备和洗衣业务范围及其管理体制来制订的。

（1）洗衣房经理

在行政管家（客房部经理或客务总监）的领导下，全权负责洗衣房的日常运行和管理工作。

①制订本部门各类规章制度和各项工作程序与标准。

②制订本部门消防及生产安全措施，确保员工人身及公共财产安全。

③决定员工的奖惩，任免下层管理人员。

④督导并检查下属员工的工作及工作质量。

⑤计划并组织全部门员工的培训。

⑥处理客人投诉及各类洗涤差错和损坏赔偿事宜。

⑦选购洗衣原料，保证仓库合理的储备量。

⑧控制洗衣成本及其他开支。

⑨定期与客房、餐饮部门进行沟通，听取他们的意见。及时调整本部门的工作安排和工作程序，以满足他们的要求。

⑩与工程部协作，搞好设备的维修保养，督促工程部及时申购，储存易损设备部件。

⑪定期召开员工会议，做好与员工的沟通工作。

⑫负责做好员工的思想教育工作。

⑬不断地学习和研究国际有关纺织品及时装的洗涤知识，加强与国际上有关行业组织和协会的信息、工艺交流。

⑭根据酒店当年营销计划制订本部门经营指标，在保证酒店任务完成的同时，开拓市场，面向社会，为酒店创收。

（2）洗衣房主管（领班）

①督促下属员工遵守店规店纪及部门规章制度（包括安全操作制度、机器保养制度、清洁卫生制度等）。

②负责本组内员工考勤和工作分配。

③督促所属员工安全生产，按时、保质、保量完成当日任务。

④指导下属对机器设备的使用，控制原料成本。

⑤填报生产记录。

⑥对经理负责，按时向上级报告洗涤用品及消耗量。按月制作各类用品报表交有关部门，定期领取工作用品。

⑦对所属员工进行培训。

⑧对员工工作表现进行定期评估，向经理提出奖惩意见。

⑨与有关班组沟通，搞好工作协作。

⑩下班前检查洗涤熨烫设备、工作场地的环境卫生和安全情况。

（3）洗衣房文员

①记录员工每日出勤情况,做好每日生产统计(包括每日客衣收入统计与入账)及其他固定性记录工作,制作月经营报告等各类固定性报表。

②负责办公室各类文件的整理及存档。

③负责办公室的内务工作,如卫生、接听电话、接待来访客人等。

④管理部门财务及日常用品储存库。

⑤完成经理交给的其他工作。

（4）客衣收发员

①接听房务中心或楼区电话,迅速收取客衣。

②按时与楼区服务员清点客衣,检查待洗客衣情况,按清点交接单的内容签收。

③整理衣物并在所收衣物上打码编号。

④衣物洗熨后,在装袋前检查质量、核对件数。洗烫不合格的退回有关组复洗或复烫。

⑤及时将装袋或上架衣物分送楼区服务员签收。

⑥完成上级管理员指派的其他工作。

（5）洗涤工(干洗、水洗)

①清点收洗的客衣、布草,分类整理,洗前去污等,并做好洗涤记录。

②按程序和注意事项进行干、湿洗涤,并自查质量。

③搞好机件保养工作及环境卫生。

（6）熨烫工

①鉴定各类不同织物的质地,将未洗净衣物退洗涤组返工,并做好记录。

②按规定的工作程序与标准熨烫各类衣物。

③做好清洁卫生。

（7）织补工

负责拆、缝衣扣,织补客衣和缝补员工制服。

9.2.3　洗衣房的工作标准

1) 棉织品洗涤质量标准

①毛巾类。洗后的毛巾洁净、蓬松、柔软。

②床单枕套类。洗后的床单做到清洁、柔软、洁白。

③台布和口布类。洗后的台布和口布做到清洁、柔顺、有挺括感。无任何油迹、污迹。

2) 客衣洗涤质量标准

①干洗。洗涤后的客衣干净,无任何污迹、汗渍、掉色、脱扣等现象发生。

②湿洗。湿洗后的客衣干净、完好、不褪色、不染色,无任何污迹。

③熨烫。整个客衣洗涤做到衣物洁净无污迹、无异味,平整、挺括。折线清晰,裤线无双线。

3) 工服洗涤质量标准

洗衣房将不同种类和布料的工作服分类洗涤。洗后的工作服,做到清洁、美观,无污迹、开线等现象发生。需要补修的工作服,交工服房补好。

9.2.4 洗衣房的工作程序

1) 洗衣房文员的工作程序

①接听客人或其他部门的电话,将电话内容详细地记录下来。

②客人要求服务,应立即通知客衣收送员收取客衣。

③计算客人每天的洗衣费。

A.每天上午分批将客衣收发员打好的四联洗衣单,按洗衣类别和单价计算出每份洗衣单的总金额,再加收服务费。

B.将账单按房号摆放,并登在营业报表上。营业报表要求填写洗衣单号、房号、洗衣费和服务费。营业报表填写好后交前厅收银部。

C.四联洗衣单的第一联交给客衣收发员,以便交付客衣时使用,第四联交给客人作为收据,第二、三联交给前厅收银部。

D.将每日 10:00 以后收下的客衣按"急件"处理,接到客人电话,立即派收发员去客人房间收取客衣,按照规定的程序,加快洗涤,并收取加急费。立即开出洗衣账单,连同加急洗衣单送前厅收银部入账。

④特殊情况的处理程序。

经检查发现有破损、斑迹洗不掉或有洗衣设备无法洗涤的衣物,应退还给客人,并给客人写一封信,说明不能洗涤的原因,请客人谅解。同时,要在洗衣单上减去该衣物的洗涤费(图 9.4)。

致歉信

房号:

日期:

尊敬的贵宾:

阁下今天送洗的_____的污渍在清洗及特别去渍过程中未能被彻底去除,十分抱歉。

不便之处,尚希见谅。

××酒店洗衣部

年　　　月　　　日

图 9.4　致歉信

另外,如果遇到洗衣客人更换房间,要立即登记,并通知客衣收发员。

2) 店外客衣的处理程序

接收客衣时,请客人在洗衣单上填写姓名、电话、工作单位等内容,收发员将清点的件数和项目填入洗衣单。当着客人面点清衣物,发现客衣有破损或有不能清除的污渍,应向客人婉转地解释,经客人同意后,方可送洗衣房洗涤。客人对洗衣的特殊要求应注明在洗衣单上。

按客人洗衣件数和洗衣价格计算洗衣费用,并请经手人在洗衣单上签名。洗衣单共四联,第一联交给客人作为取衣凭证,第二、三联作营业报表后送交计财部,第四联随客衣交洗衣房,待核对客衣时使用。

客人取衣时应出示洗衣单,再请客人验收。

将取走的客衣账号和款额填入营业报表内,并注明客人取走的时间。

3) 各种投诉的处理程序

①耐心听取客人或酒店各部门的投诉,详细记录投诉的时间、客人姓名或部门名称、投诉内容。

②马上查找投诉原因,尽可能让客人或各部门满意。

③工作结束前写投诉报告,报告洗衣房主管。

4) 棉织品洗涤工作程序

(1) 棉织品的收发

①做好各项班前准备工作,检查室内的不安全因素。

②每次清点过数与发放要一次性完成,送来多少,领回多少,不积压,不拖欠。

③收发棉织品时,先审阅数据,当面办理交接手续。

④清点破损棉织品的数量,填写破损棉织品表,向行政管家报批。

⑤需补充的棉织品,由布草房领班报主管批准,从棉织品仓库领取。

⑥将收上来的脏棉织品分类,按照不同种类的棉织品和脏污程序分类打捆,送洗衣房洗涤。

⑦将洗涤后的棉织品进行检查,挑出破损的棉织品,然后将干净的棉织品分类折叠整理后打捆,存在布草房,准备交换。

(2) 棉织品洗涤、烘干、轧平

棉织品洗涤、烘干、轧平时要严格按照操作规程进行,另外要特别注意以下事项:

①开始工作前,应清洁机器及地面,检查机器运转状况,压缩空气是否正常。

②湿洗工要按棉织品分类进行洗涤。若餐厅用的台布、口布有污渍油渍,要用碱水、漂白剂洗涤。有颜色的台布、口布应选用合适的洗涤剂,防止掉色。

③布单棉织品洗涤后,要按照程序上浆、烘干;毛巾类棉织品洗涤后,要进行风干、打冷风,以保证柔软、手感好。

④定期给轧平机上蜡,随时更换断落的传送带。每周上蜡一次;旺季每2天上蜡一次,以保证机器运转正常。

⑤轧平前,机器应先预热,随时注意蒸汽温度,控制转速,床单与床单间隔为2寸。

⑥将各类棉织品轧平,不要有褶。枕套要抖平,床单要放正,未干或不平的布单要重轧。

⑦毛巾折叠要符合要求,正面向外,有脱边的要剪平。

⑧报损的棉织品按程序办理。

⑨轧平机排出潮气,需转动 15 分钟。

⑩毛巾、床单枕套、台布、口布等各类棉织品经洗涤、风干、轧平后,要分别打捆,清点数量,做到准确、规范,无差错发生。

5) 客衣洗涤工作程序

(1) 客衣收发

①洗衣房收发员每日 8:30 上岗,8:40 上楼层开始对客人进行服务,收取客衣(客人将要洗衣物装入洗衣袋,填写洗衣单,注明房间、姓名、洗衣件数、时间、要求。楼层服务员将本楼层的衣物收集到工作间)。在收客衣的过程中做到"三核对",即核对客人房间号、核对客人洗衣单、核对客人是否填写姓名,确认无误后,将客衣取回。

②如果客人要求加急洗衣,收发员接到客人电话后应在 10 分钟内到达客人房间收取客衣。加急洗衣应在 4 小时内送回客房,交给客人。

③取回的客衣拿到收发室立即进行编号、打号、清点核算,分类进行检查,然后分出湿洗、干洗、熨烫等类别。

④分好类的客衣,该修补的修补,该剪纽扣的剪下来用纸包好并作记录。

⑤收发员将客衣按不同类别送交车间进行洗涤、熨烫。

⑥客衣发出后,收发员开始逐份对洗衣单进行计价算账,登记汇总记账表,待送客衣后交前厅账务核对挂账。

⑦客衣洗、烫完后,收发员将剪下来的扣子按记录缝好,按编号、打号顺序逐份核清客衣,并进行质量检查,发现问题后马上返回进行特殊处理。

⑧收发员认真仔细地将核清后的客衣整理好,装入洗衣袋内,按楼层顺序码放在客衣车上,与楼层服务员同时送入客人房间,并核对签收。如果遇到客人离店或"请勿打扰"的情况,将客衣送入服务中心,并核对签收。

(2) 客衣检查打号

①将收回的客衣进行编号,连同房号、件数一起填写在查核本上。

②如果发现洗衣单上所填项目件数与实际不符,要马上通知主管和办公室予以处理。

③在洗衣单上注明衣服颜色、件数、编号并签名,以便查找。

④按照编号在衣服上打号。如有不能打号的衣物要用手写号,然后用别针别在衣服上。

⑤注意洗衣单是否列有客人所提的特殊要求。如有,应通知有关人员。

⑥检查客人是否有物品留在口袋里或别在衣服上。一经发现,应立即上交办公室处理。

⑦如果发现衣物有破损,在征得客人的同意后,予以缝补。

⑧打号时,随时注意打号机的温度。须待气压达到标准后,方可使用,否则会发生掉号现象。

⑨检查打号机的墨带,打号如不清晰,应及时更换,以免产生衣号混乱、衣服混杂现象。

⑩打好号的衣服可根据送交的时间和衣服的多少,分成几批交与有关人员进行洗烫。

⑪将已洗烫好的干净衣物按洗衣单的件数、编号进行核对并包装。同时检查衣物是否破损或洗涤不净。如有,立即通知有关人员返工或缝补。对于错包衣服要重新核对,直至找出为止。

⑫经过核查,确认无误后,将未打上号或打错号的衣物记在本上,连同洗衣单一起交与办公室处理。

（3）客衣的洗涤和熨烫

要严格按照客衣洗涤和熨烫的有关操作规程进行,并注意以下要点:

①将送洗衣物按湿洗、干洗和手洗进行分类,对于易掉色的衣物要单独处理。

②按衣物的种类选用最佳的洗衣粉,严格控制漂白粉的使用,确保质量。有污渍的衣物,要先去渍,再清洗。

③严格控制水温,一般衣物在 30~40 ℃,棉织品和衬衣的温度不得超过 65 ℃。毛织品、易掉色的衣物用凉水清洗,但时间不要过长。

④先洗涤快件衣物。丝织品一般用手洗。一些尼龙丝织品,要用网袋装上清洗或手洗。洗涤时,检查衣物内是否有其他物品,以免损伤衣物。

⑤将待干洗衣物按衣料的质地分类。

⑥检查衣物是否装有其他物品,以免损伤衣物。检查衣服纽扣、装饰品等是否是塑料制品及不宜干洗的东西。检查衣物是否有污渍或粘胶的地方(如有则要先去污渍)。

⑦按衣服的颜色,选用机内的干洗油(一般由浅到深)。按衣物的质地确定是否增加附加剂。

⑧洗涤开始前检查机器设备是否完好。

6) 工服房工作程序

①收回脏衣服,查看破损重污,点清件数,提醒衣主将东西掏净。

②发现衣物内有遗留物,交回本人或上交领班,并作记录。

③坚持交一件脏工服领一件干净工服的制度。发出的工服必须清洁、无污渍、无掉扣、无开线。必须以衣换衣、以旧换新、编号相符。

④11:00 前,将换洗脏工服送洗衣房,收回干净工服,以备更换。

⑤干净工服取回后检查工服有无破损,如有,要及时修补、修理、钉扣。

⑥取回已修补好的衣服,套上衣架,按编号挂到规定的位置。

⑦经常检查衣物的质量,核对账物,发现问题及时报领班。

9.2.5 客衣纠纷的预防与处理

1) 客衣纠纷的预防

对客人衣物的洗涤要求做到干净、整洁、送准、及时、不丢失、无损坏,否则,将可能引发客衣纠纷。

为了预防客衣纠纷的发生,洗衣房管理人员应从以下几方面入手,加强对客衣流通及洗涤各环节的管理:

①收取客衣时,认真细致地检查客人待洗衣物,发现可能洗不净的严重污迹、衣服破旧可能洗坏、口袋内有物品等应事先告知客人。

②分类处理。打号时要将客衣按干洗、水洗、熨烫和手洗等几种类型进行分类、登记,同时要严格检查,需要去扣、装袋洗涤、先去油污、机洗、手洗的客衣,严格分开。

③客衣洗涤、熨烫要严格按照操作规程办事。对不同质料的衣服,采用不同的洗涤方法,选用不同的洗涤剂,确保一定的洗涤时间,这样,既可保证洗净衣服,又可避免损坏衣物。

④将洗好的衣物按不同的楼层、客房进行分拣。

⑤工作细致,质量检查,分号装袋不发生差错。

⑥为了防止丢失衣物或出现其他差错,明确洗涤责任,客衣在流通过程中要做好交接记录,检查客衣的数量与质量。

⑦客衣在洗涤速度上可分为快洗和普通洗涤两种类型,无论是哪种类型,都要求洗衣房按时洗涤完毕并及时送还客人。

2) 客衣纠纷处理标准

(1) 纠纷原因分析

当客人提出投诉,引起客衣纠纷时,主管首先要认真听取客人的意见,态度要诚恳、耐心,接着迅速分析和查明具体原因,以便有针对性地处理。容易引起客衣纠纷的原因主要有:客衣丢失,衣物破损,污迹未洗净,纽扣丢失,客衣染色褪色等。

(2) 客衣纠纷的处理

对于客衣纠纷,要在查清原因、掌握事实的基础上区别不同情况进行处理。凡属客衣洗涤过程中由于酒店方面的原因引起的客衣丢失、洗坏、染色及熨烫质量差等客衣纠纷,应主动承担责任,该赔偿的赔偿,该修补的修补,该回收的回收,该回烫的回烫。若需赔偿,赔偿费最高不超过洗衣费的 10 倍,具体数量双方根据具体情况协商解决。凡属客人或客人衣物本身原因引起的洗坏、口袋物品丢失、污迹洗不掉等客衣纠纷,酒店不负赔偿责任,但应耐心解释。整个客衣纠纷处理过程中做到友好协商,事实清楚,原因明确,处理得当,让客人满意。

9.2.6 洗衣房与楼层职责的协调

为了保证能将客房布草,尤其是客衣按质保量,及时洗涤,并及时准确地送交客人,必须协调好楼层与洗衣房的职责。

一般来说,客房部可设专职布草取送员,负责取、送客房布草,将当日换下的旧床单、毛巾等布草,及时送交洗衣房洗涤,由洗衣房负责签收,同时,领回相同数量的干净布草,并将其分送各楼层,由楼层当值服务员负责签收。在从洗衣房领取布草时,布草取送员要检查布草是否洗涤干净,无论是床单、枕套还是脸巾、浴巾,有黄色锈斑或其他污迹的一律不得上楼。

客人的待洗衣物由客房服务员取出后置于楼层储物室或房务中心,再由洗衣房专职服务员来楼层(或房务中心)收取并签收,待衣物洗好后,再由该洗衣房服务员送回房务中心,房务中心服务员则根据洗衣登记表——核实、签收,填写楼层"客衣洗涤控制表"(表9.4)。

表9.4　楼层客衣洗涤控制表

日期:

编　号	房　号	客人姓名	件　数	收客衣经手人	洗衣房送回点数人	送房人	备　注

一般来说,收到洗好的客衣后应立即送还客人,为了便于客人查收,一般应将洗净的衣物置于该客人的床上,切忌将衣物直接放于衣柜内,以免引起不必要的误会与麻烦。

如果服务员送还客衣时,发现客房门上挂有"请勿打扰"牌,应将特制的说明字条,从门下空隙处塞进客房,告诉客人,"衣服已洗好,需要时通知楼层服务员"或为客人电话留言。

需要指出的是,酒店洗衣房的工作是很累、很苦的,工作环境、工作条件往往要比饭店其他部门差得多,尤其是在炎炎夏日,洗衣房机器运转嘈杂的声音,驱不散的"暖流",使得许多职工难以忍受,尤其是跟其他部门相比更觉低人一等,因此往往会产生自卑感,进而消极怠工,致使洗涤任务难以完成,严重的会影响饭店经营活动的正常进行。对此,饭店管理层及洗衣房管理人员必须具有足够的认识,教育员工树立以店为家的思想,同时,努力改善他们的工作环境,提高其待遇。此外,还要通过加强考勤,严格管理并采取必要的奖惩措施,使洗衣房管理严格化、正规化和科学化。

9.2.7　洗衣房营业报告

洗衣房每天都要制作营业报告表,月底还应制作月营业报告(表9.5、表9.6)。

表9.5　每日客衣营业报告表
GUEST LAUNDRY DAILY SALES REPORT

DATE 日期＿＿＿＿＿＿

单号VOUCHER NO.	房　号RM. NO.	房客姓名NAME	湿洗金额LAUNDRY CHARGE	干洗金额D/CLEAN CHARGE	快洗收费EXP. CHARGE	附加费SUR-CHARGE	总计TOTAL	备注REMARKS

续表

单号 VOUCHER NO.	房号 RM. NO.	房客 姓名 NAME	湿洗金额 LAUNDRY CHARGE	干洗金额 D/CLEAN CHARGE	快洗收费 EXP. CHARGE	附加费 SUR- CHARGE	总计 TOTAL	备注 REMARKS
总金额 GRAND TOTAL								

经手人:PREPARED BY _____

表 9.6　每月洗衣营业报告

GUEST LAUNDRY MONTHLY SALES REPORT

月份 MONTH:_____

日期 DATE	湿洗金额 LAUNDRY CHARGE	干洗金额 D/CLEAN CHARGE	快洗服务费 EXP. CHARGE	附加费 SURCHARGE	总计 TOTAL	备注 REMARKS
1						
2						
3						
…						
31						
总金额 GRAND TOTAL						

本章小结

➢ 酒店棉织品的管理主要是做好各类布草、员工制服等的采购、保管、洗涤和发放工作。此外,住店客人衣物的收取、洗涤和发放也是棉织品管理工作的重要内容。

➢ 棉织品储备的最低标准是 3 套:一套在客房使用;一套在洗衣房洗涤;另一套则储存在棉织品仓库备用。但如果预算不是很紧的情况下,更现实一点的需要量则是 5 套:一套在客房内使用;一套在楼层储物室或工作车上;一套在中心棉织品仓库;一套已经脏了正送往洗衣房;另一套则正在洗衣房处理之中。

➢ 一般大型酒店都设有自己独立的洗衣房,负责酒店各类布草、员工制服、客衣等的洗涤工作。如果条件允许,还可以对社区开放,为社区提供洗衣服务,从而成为酒店另一盈利点。

➤根据洗衣房的大小,可以将其划归客房部管理,也可以将其视为独立的经营部门。但无论如何,洗衣房要确保对布草,尤其是客衣的洗涤质量,尽量避免或减少客人的投诉。为此,要求洗衣房除了要与楼层做好客衣的交接工作以外,还应严格按照操作规程,认真、负责地做好客衣的洗涤工作。

复习思考题

1.洗衣房的任务有哪些?

2.如何预防客衣纠纷的发生?

【案例分析】

被套的最佳开口位置应在何处?

近年来,早期引进的客房西式铺床已经被很多酒店淘汰,改为中式铺床方式。但是,许多酒店仍然沿用的是传统的、家庭式的套被方式,其被套开口是在床尾,但经过多年的服务实践,发现被套开口在床尾的一些弊端:一是开口远离床头被角,不利于员工操作,被套尾部离被套头部的直线距离一般在 2.4 m 左右;二是无法前后使用,只能使用一面;三是为了将被套捆绳烘干势必要加大平烫的温度,平烫机温度一升高自然影响棉织品的使用寿命;有的洗涤部烫干捆绳则让捆绳呈半干半湿状态,为不合格产品。

经过摸索,本人将被套的开口方向调整在被套的腰部位,即床的中间部位。开口简单,开口部位呈上下两面,注意缝制时两面的整齐,可以缝制边框,也可以不缝制边框,无须缝装捆绳。

经过调整后的开口有如下几大好处:一是开口在被套的侧位(腰部)后,员工站立在床中间操作,员工手到被套各角的距离缩短了(直线距离前角为 1.4 m,后角为 1.2 m),较前一种减少长度近 1 m。此法方便了员工的操作,减轻了员工的劳动强度。二是被头和被尾都可以反复使用,不受限制。如果是 2 m×2 m 的大床,还可以三面使用,员工们称它为七巧多面被,这种开口方式延长了被套的使用周期,提高了使用率,减少了成本开支。本人计算过:一个开口在床尾部的被套,使用周期是开口在侧位部的三分之二,而开口在侧位的使用周期高出三分之一,如此下来,一至二年节省棉织被套的费用是惊人的。(汪国勤)

请问:被套的最佳开口位置应在何处?

【补充与提高】

<h2 style="text-align:center">布草的二次污染与预防</h2>

1)二次污染产生的原因

酒店布草管理中较为普遍的问题,是对布草的管理不善,造成布草损坏严重,洗涤成本增加。

二次污染是指布草及毛巾从客房、餐厅撤换下来之后,在收集、送洗过程中形成的新污染。这种污染主要表现在以下几个方面:

①布草随意乱扔,服务员不经意地在布草上踩踏,在布草上留下黑的鞋印。

②用面巾或者浴巾擦卫生间的台面,用口布、面巾擦玻璃转台,擦水龙头上的锈垢,在毛巾上留下黑色污垢和黄色锈渍。

③客房服务员在收集布草时,用床单打包,在地上拖,布草与地面摩擦,造成污垢;餐厅服务员用口布、毛巾擦玻璃转台、托盘等。

④布草在装卸、运送过程中,随意乱扔乱踩,形成新的脏痕。

⑤布草在运到洗衣房后,不按规定分类堆放,造成客房布草与餐饮桌布交叉污染,或洗涤不及时,产生霉变现象。

二次污染的根本原因是洗衣房缺少严格的管理制度,同时还有员工存在不正确的认识,认为布草反正是送到洗衣房去洗的,弄脏一点无所谓。因而,造成了二次污染的普遍性,形成了见脏不怪的现象。

2)二次污染的危害

二次污染给布草带来的损害是很大的。布草从客房撤出时,一般来说,床上用品实行的是一客一换,长住客一周至少换一次,污痕是不明显的。布草基本上不脏,只需轻柔洗涤就可以达到清洁的要求。但二次污染就不同了,二次污染的污垢都是不容易清洗的顽渍,如锈渍附着在布草上,不容易除去,必须用专用的去锈渍剂才能洗掉。又如布草在地上的拖拉过程中,纤维与地面强力摩擦,污垢已深深嵌入纤维之中,普通的洗涤方法很难洗掉,必须经特殊处理才能洗净。据一些酒店洗衣房的统计,因顽渍没洗净返工重洗的布草中,有近80%是二次污染造成的。洗净二次污染的顽渍,不仅加大了洗衣房人员的工作量,而且由于过多使用去渍剂,容易造成对布草纤维的损伤,增加布草破损报废率,加大客房用品消耗和酒店成本。

3)二次污染的预防

必须完善布草管理制度以预防二次污染。具体可采取以下措施:

①加强对员工的职业道德教育,增强客房、餐厅和洗衣房员工的工作责任心,使他们尽心尽责,爱惜布草。

②制订严格详细的操作规程,每一步操作都有规可循,避免操作中的不文明现象。

③加强日常管理中的检查力度。洗衣部经理要经常对布草情况进行检查,与客房、餐

厅、使用部门主动沟通协调布草的洗涤质量问题,保证对客营运服务。

④加大处罚力度,建立二次污染赔偿制度。各部门对造成二次污染的当事人,令其负赔偿的责任。

⑤改善工作环境与条件。改善工作环境,增加布草车,楼层二级库的布草摆放货架,餐厅和客房增设布草存放容器、布草袋等,尽可能地配齐设备,解决了布草存放、搬运中的具体困难,减少了二次污染发生的可能性。

酒店经理人对"经理的困惑"的答复

Re:酒店洗衣服务对客人的赔偿是无底洞吗?

刘继华:深圳东华假日酒店管理有限公司客房部经理

这种情况也是比较常见的,解决起来也非常棘手。我觉得最好的方法就是我们制订一套完整的检查程序并严格执行,避免发生类似的事情。我们这里有专业的客衣检查工,专门负责检查客衣是否有问题,如是否破损、脱线、缩水等。一旦有任何可能的隐患和问题出现,我们都会及时和客人取得联系,或返回客衣并给客人留言,征询客人的意见再作处理。这样绝大多数的问题都能在第一时间发现和解决。如果客人衣物没有任何问题,而是由于我们的疏忽导致一些问题的话,就只能怪我们自己没有做好了。当然我们也要及时知会客人,争取主动权,由大堂副理去和客人进行沟通,争取找到双赢的解决办法。

Robert Zhou:香格里拉大酒店行政管家

1.首先要求工作人员具备专业的酒店客衣洗涤经验,能及早在洗前判断出洗涤过程中可能发生的洗衣问题。将问题解决在事故发生前。

2.本人提供一个较好的方法。因为洗涤行业是再加工行业,不像餐饮业,如果不满意就可以免单,而这是不满意就赔偿。所以要有健全的风险意识——购买保险。

3.让客人尽可能出示购买凭证及购买公司,许多时候是制造商的责任,不具备所建议的洗涤方式而损坏衣服。

第10章
客房部成本控制

**每月对客房库存和客用品进行盘
点是客房成本控制的重要环节**

客房成本控制是客房管理的主要任务之一。客房成本控制主要是在严格执行客房预算的基础上,做好客房设备用品的采购、保养和管理工作。

客房各种设施设备及客用品是为客人提供服务的物质基础。做好客房设备用品的管理,不仅是提高对客服务质量的保障,同时,也是节约客房部经营成本费用的重要途径。

通过本章的学习,读者应该能够:
- 了解客房成本控制的主要途径和方法。
- 了解和掌握客房物品与设备管理的任务和方法。
- 掌握客房设施设备清洁保养技术。
- 掌握对客用品进行控制的方法。

关键词:客房设备;客房用品
Keywords:Room Equipment,Room Supplies

经理的困惑

——聘用社会劳务公司做客房卫生工作,靠谱吗?

近年来,酒店业竞争十分激烈,降低客房部人工费用无疑是酒店成本控制的重要途径。听说上海等一些发达城市的酒店已经开始使用社会劳务公司进行客房清洁卫生工作。这样做能够保证高星级酒店的服务质量吗?这样做靠谱吗?

10.1 客房物品与设备管理

10.1.1 客房物品与设备

客房物品与设备主要包括以下几种内容:

①电器和机械设备。包括空调、音响、电视、电冰箱、传真机等。

②家具设备。如床、写字台、沙发、衣柜等。

③清洁设备。如吸尘器、吸水机、洗衣机、烘干机等。

④房内客用品。如客房免费赠品、客房用品(包括床单等布草、衣架、烟茶具等)以及宾客租借用品(吹风机、熨斗、熨衣板等)等。

⑤建筑修饰品。如地毯、墙纸、地面材料等。

以上内容基本上可分为两大类:客房设备和清洁设备。加强对客房设施设备的管理工作,对于提高客房服务质量,降低客房经营成本和费用,具有重要意义。

10.1.2 客房物品与设备管理的任务

客房物品与设备管理的任务主要有:

①编制客房物品与设备采购计划。

②制订客房物品与设备管理制度。

③做好物品与设备日常管理和使用。

④对现有设备进行更新和改造。

10.1.3 客房物品与设备管理的方法

1)编制客房物品与设备采购计划

客房部要根据实际工作需要,及时做好要求增加物品与设备的计划,报酒店采购部门及时采购所需的各种物品与设备,以保证客房经营活动的正常进行。

酒店客房设备及清洁设备一般在开业之初就已准备就绪,但作为客房管理人员,如果你在酒店开业之初就参与管理,你就要提出客房设备及清洁设备的采购计划。或者,你虽然是在酒店开业后才介入酒店客房管理工作的,那么,当客房更新改造计划需要制订与实施之际,你也必须要参与其中。

下面,介绍一下客房设备选择的基本原则和选择清洁设备时应考虑的因素。

(1)客房设备选择的基本原则

客房设备的选择应遵循以下基本原则:

①协调性。设备的大小、造型、色彩、格调等必须与客房相协调,从而使客房显得轻松、柔和、舒适、美观。此外,要特别注意,在选择床单、毛毯、床罩等床上用品时,一定要与床的大小相适应,很多酒店在采购上述物品时,采购部门与客房部沟通不够,结果采购回来的床上用品与床的大小不匹配,包不住床,给服务员的做床工作带来很大困难,也影响了床铺的美观。最后,客房设备的豪华程度还应与酒店的档次相协调。

②实用性。应选择使用简便、不易损坏的设备,此外,还要考虑其清洁、保养和维修是否方便。

③安全性。如客房电器的自我保护装置,家具、饰物的防火阻燃性。

④经济性。既要考虑设备的价格,又要考虑其使用寿命,同时还要考虑售后服务的便利程度和价格以及零部件修配的可靠性。

(2)清洁设备的选择应考虑的因素

清洁设备在一定程度上决定着客房部清洁保养的工作能力和效果。清洁设备的选择除了应遵循以上基本原则以外,应特别注意以下要点:

①安全可靠(电压是否相符? 绝缘性如何?)。

②操作方便。

③易于保养。

④使用寿命长。

⑤噪声小。

2)做好设施设备的审查、领用和登记编号工作

设施设备购进以后,客房管理人员必须严格审查。同时,设立物品与设备保管员,具体负责物品与设备的分配、领用和保管工作。保管员应建立设备登记簿,将领用的设备按进货时的发票编号分类注册,记下品种、规格、型号、数量、价值以及分配到哪个部门、班组。低值易耗品也要分类注册,凡来库房领取物品都要登记,每个使用单位一本登记簿,以便控制物品的使用情况。

3)分级归口管理

客房物品与设备应实行分级归口管理,专人负责,将物品与设备管理同部门、班组的岗位职责结合起来,在确保服务质量和合理限度的情况下,实行增收节支有奖,浪费受罚的奖惩措施。

客房设备的日常管理和使用是由客房管理系统各部门、各班组共同完成的,各部门、班组既有使用这些设备的权利,也有管好、使用好这些物品与设备的责任。因此,必须实行分级归口管理。分级就是根据客房部门的管理制度,分清这些设备是由部门、班组或个人中的哪一级负责管理。归口是按业务性质,将物品与设备归其使用部门管理。分级归口管理使客房设备的管理由专门的部门和个人负责,从而使客房设备的管理落到实处。

对客房设备分级归口管理的关键:一要账面落实,各级各口管理的物品与设备数量、品种、价值量要一清二楚,有案可查;二要完善岗位责任制、维修保养制和完全技术操作制等规章制度;三是要和经济利益挂钩。

4) 做好客房物品与设备的日常保管和使用

客房物品与设备分级归口以后,班组和部门要设立物品与设备管理员,他们在客房部领导下,与服务员一起共同负责本班组或部门的物品与设备的日常管理和使用。班组管理员一般由班组长兼任,在物品与设备的使用过程中,班组管理员要定期和客房物品与设备保管员核对,发现问题,及时解决。

客房物品与设备在日常使用中,要特别注意严格遵守维修保养制度。

客房设备在使用中要努力防止事故发生,一旦发生事故,要立即通知工程部及时修理或采取措施,使设备尽快恢复其使用价值。事故的发生,如果是由于个别员工玩忽职守,要严肃处理。如果是由于客人的原因造成的,必要时,应要求客人赔偿。

5) 建立设备档案

设备档案主要有客房装修资料(记录客房家具、地毯、建筑装饰和卫生间材料等)和机器设备档案。内容包括设施设备的名称、购买日期、生产厂家、价格、维修记录(时间、项目、费用等)。这是对设施设备进行采购和管理的依据。

6) 及时做好客房物品与设备的补充和更新工作

酒店是高消费场所,客人对酒店及客房物品与设备的要求很高,不仅要干净卫生,而且要常变常新,从而使客房物品与设备具有折旧快、更新期短的特点。因此,要求客房管理者必须事先作好计划,根据物品与设备的品种、规格、质量等规定各种物品与设备的使用周期,并定期检查设备性能和使用效果,提出设备更新计划,报酒店批准,及时做好物品与设备的补充和更新工作。

客房设备的更新,依据其类型的不同而具有不同的特点和要求。清洁设备的更新往往要根据其质量、使用和保养情况决定。通常,只要机器不出现明显问题,如老化、严重磨损、清洁效果不佳和维修费用过高等,就可以照常使用,而不实行强制性淘汰。而其他设施设备,特别是各类家具及装修设施则有所不同,为了酒店的规格、档次,保持并扩大对客源市场的吸引力,酒店一般都要对客房进行计划中的更新改造,并对一些设备用品实行强制性淘汰。这种更新按其更新周期的不同,分为以下两种情况:部分更新和全面更新(表10.1)。

以下更新计划应根据各酒店的具体情况提前或到期进行,如果延期,则应警惕可能出现补漏洞式的跑马工程和饭店规格水准的下降或不稳定。

表 10.1　客房设备用品的更新周期

部分更新 (客房使用 5 年左右,即应对部分设施进行更新)	全面更新 (一般 10 年左右要对客房设施进行一次全面装修,并对客房设备进行更新)
①更换地毯 ②更换墙纸 ③更换沙发布、靠垫等装饰品 ④更换窗帘 ⑤更换床罩	①衣柜、写字台的更新 ②床垫和床架的更新 ③椅子、床头板的更新 ④灯具、镜子、画框等装饰品的更新 ⑤地毯的更新 ⑥墙纸和油漆的更新 ⑦卫生间设施设备的更新(包括墙面和地面材料、灯具和水暖器件等)

10.2　客房设施设备的清洁保养

对酒店客房的设施设备保养不善是我国酒店业的一大问题,很多酒店设施设备很豪华,但因为缺乏保养,很难正常运转。对设施设备保养不善不仅会缩短设备的使用周期,还会直接影响对客服务质量,引起客人投诉。因此,客房员工必须掌握各种设施设备的保养知识,养成良好的使用和保养习惯,做好对各类家具、设备的保养工作。

客房设施设备的保养主要在于平时的清洁和计划保养工作能够按规定的操作程序和有关要求顺利进行。

10.2.1　保养的意义

做好客房前期保养和设备前期保养工作,日常维修和紧急维修将会明显减少。我们面临的问题是怎样从无休止的维修和紧急维修中摆脱出来,有步骤地实施保养计划。我们可以把设施设备的前期保养工作看作一项纳税工程,它要求以小时为单位进行计算,每周缴纳。只要是酒店在营业,"税"就得交。

做好客房设施设备的保养工作,不仅能够延长使用寿命,降低经营成本,维持酒店档次,提高客房利用率,增加酒店利润,还可以提高客房服务质量,减少客人投诉,增加客人的满意度。

10.2.2　保养的方法

1)门窗的保养

在开、关门窗时,平时应养成轻开轻关的习惯,这样不仅可以延长门窗的使用寿命,还能减少干扰,保持客房及楼层的清静。此外,雷雨天以及刮大风时,应关好客房窗户,以免雨水溅入客房,或被大风损坏窗户玻璃。

2) 墙面的保养

酒店客房的墙面大都使用墙纸,对墙面经常进行吸尘,可以减少大清洗的次数。对于墙纸的清洁,应用比较干的软布拭抹,如有油污,可用汽油、松节油或不易燃的干洗液去擦,而小块油迹则可用白色吸墨水纸压住,用熨斗熨烫几分钟就能去除。

如果需要对墙面进行清洗,则在清洗前要用湿布在小块墙纸上擦一下,查看墙面是否掉色或渗色。若掉色或渗色就表明该墙纸不能水洗,在这种情况下,可试用膏型去污剂清洗。如果墙纸耐水性能好,可用海绵纤维物和不加漂白剂的中性合成清洁剂去污,方法是将湿海绵绞一下,使它含有适当水分,擦洗时,随时挤去海绵上的污垢,保持海绵干净,然后再用清洁的水和干净的海绵把墙纸冲洗干净。

另外,如发现墙壁潮湿,天花板漏水的现象,应及时报工程部维修,以免墙壁发霉,墙皮脱落,房间漫水。

3) 地毯的清洁与保养

地毯是房间的装饰品。由于客人使用卫生间后,容易将卫生间的水迹带进客房,造成对房内(特别是卫生间门口)地毯的损坏,为了便于对房内地毯的保养,降低客房经营成本,除个别有特殊需要的酒店以外,包括五星级酒店在内的大部分酒店都应考虑只在卧室保留地毯,而在客房卫生间门口用大理石等高级石质装修材料取代地毯。

客房内地毯一般有两种类型:一种是羊毛地毯;另一种是化纤地毯。羊毛地毯高雅华贵,但造价很高,故一般只铺设在豪华客房。而化纤地毯则有易洗涤、色彩丰富和价格低廉的特点,为我国大多数酒店所欢迎。

无论哪种地毯,服务员都应采用科学的方法使用和保养,要坚持每天吸尘一次,并对地毯进行定期清洗。地毯上如出现污迹应及时除去,否则,时间一长将很难去除。除污时,要先了解地毯中化学纤维的成分和污渍的性质,然后选用合适的清洁剂清除污迹。

一般来说,酒店应每年清洗一次地毯,清洗地毯的方法有两种,即干洗和湿洗。干洗的方法是将清洁剂均匀地洒在地毯上,然后用长柄刷将清洁剂刷进地毯里,过一小时后,用吸尘器彻底吸尘,地毯即被清洗干净。干洗的优点:

①不影响使用。

②地毯不变形,不缩水。

③简单易行,不费时。

除干洗以外的另一种方法就是水洗(湿洗)。水洗时先将清洁剂溶于水中,然后使用喷水器均匀地将溶液喷洒于地毯表面,再用毛刷刷洗,用抽水机吸去水分。最后,等地毯完全干了以后,再彻底吸尘,这种清洗方法的优点是洗得干净、彻底,缺点是工序复杂、费时。一般来说,比较脏的羊毛地毯采用这种方法清洗比较好,但要注意,无论哪种方法,都要选用不损坏地毯纤维的清洁剂。

另外,要注意在一些重要通道(如建筑物入口、近楼梯的地方以及客房卫生间门口等)放置尘垫,防止污物进入地毯组织。同时,要注意经常将地毯使用的位置转移,使磨损的地方变得均匀。

4) 空调设备的保养

客房使用的空调一般分为室内小型空调和集中送气的中央空调两种。

小型空调在使用时要注意不能让水溅到开关上,以免发生漏电,造成触电事故。在使用中如发出异常声音,应关闭电源,通知工程部进行检查修理。

中央空调由专人负责管理操作,集中供应,按季节供应冷、热风,各房间有送风口,设有"强、中、弱、停"四个挡位,可按需要调节,要定期对鼓风机和导管进行清扫,此外,每隔 2~3 个月清洗一次进风过滤网,以保证通风流畅,电机轴承传动部分,还要定期加注润滑油。

5) 电器设备的保养

(1) 电梯

电梯内外应经常擦洗(图 10.1),梯内地毯要每天吸尘清洁。此外,还要防止服务员、不良客人或小孩用刀具等在电梯内乱划、乱画。

(2) 电冰箱

三星级以上酒店通常在客房内安放有电冰箱,以方便客人。电冰箱应放在通风干燥、温度适中的地方。一般来说,其背面和侧面应距离墙壁 100 毫米以上,以保证空气自然对流,并使电冰箱能够更好地散热。要切忌将电冰箱放在靠近暖气管、干燥箱,有热源或阳光直射,或易受水浸、发潮的地方。

冰箱背面机械部分,温度较高,切勿将电源线贴近,此时,电源线应避免卷束使用。

电冰箱的门封胶边,尤其是门下面的胶边是容易弄脏的部位,要注意经常清洗干净,保持清洁,当冰箱门溅到水或弄污时,应及时用干布抹干,以免金属件生锈。

图 10.1　电梯内外应经常擦洗

冰箱在使用一段时间后,要注意定期清理内部,以免积存污物,滋生细菌。

(3) 电视

清扫客房时,每天应用干布擦去电视机外壳上的灰尘。电视机要避免安放在光线直射的位置,切忌暴晒,否则会使显像管加速老化,机壳开裂。此外电视机也不能放在潮湿的地方,要防止酸、碱气体侵蚀,引起金属件生锈和元件断脚,产生接触不良等毛病。因此,在雨季,除应注意放置以外,最好每天通电使用一段时间,利用工作时机器自身散发的热量驱潮。

(4) 照明设备

照明设备主要指门灯、顶灯、台灯、吊灯、床头灯等。这些设备的保养,首先是电源,周围要防潮,插座要牢固,以防跑电漏电,擦拭灯罩,尤其是灯泡、灯管要断电,且只能用干布擦,绝不能用湿布擦。

（5）电话

每天用干布擦净电话机表面的灰尘,话筒每周用酒精消毒一次。

（6）电线

客房内的电线主要是电视机线、电话线和落地灯线。电线应保持表面无破损,此外,电线的安装要相对隐蔽,要整理好,否则容易把人绊倒,甚至损坏电器。

6) 卫生设施及设备的保养

卫生设施要勤擦洗,对于洗脸盆、浴缸、马桶等设施,在擦洗时既要使其清洁,又要防止破坏其表面光泽,因此,一般选用中性清洁剂,切记不能用强酸或强碱。国内某新开业的度假村,客房服务员由于经验不足,缺乏必要的专业知识,用盐酸清洁卫生间的大理石地面,结果使几乎所有的客房卫生间原本非常漂亮的黑色大理石地面变花、发白,不仅严重损坏了卫生间设施,而且降低了客房的档次,使卫生间地面设施与客房其他设施设备极不协调。强酸或强碱性质的清洁剂不但会破坏瓷面光泽,对釉质造成损伤,还会腐蚀下水管道。

对浴缸、洗脸盆、马桶等卫生设施的保养,还应特别注意要防止水龙头或淋浴喷头滴、漏水,如发生类似现象,应及时报工程部维修,否则,久而久之,会使卫生洁具发黄,难以清洁。

除了卫生设施以外,还应做好对客房清洁用具及卫生设备的保养工作。

客房清洁设备种类较多,价值也比较大,因此,做好对客房清洁设备的保养工作对于控制客房经营的成本费用具有重要意义。

对客房清洁设备的保养要做好以下工作:

①所有使用人员都必须了解和掌握清洁设备的操作要求,并严格按操作要求使用。

②所有清洁设备在使用后都应进行全面的清洁和必要的养护。

③设备使用前后都应检查其状况是否完好,发现问题要及时处理。

④要有良好的存放条件,并按要求摆放。此外,还要有供存放所有附件的柜子、抽屉、架子和挂钩等。

在客房所有清洁设备中,吸尘器的使用是最为频繁的,因此,做好对吸尘器的保养具有重要意义。

吸尘器的使用和保养要注意以下要点:

①检查各部件的连接是否严密,如有漏风的地方要及时修理。

②检查有无漏电现象,防止发生危险。

③吸尘器在使用时,要避免吸入硬物或尖锐的东西,以免蓄尘袋破裂,喉管堵塞或机件失灵。另外,也要防止吸入大片纸张、布片、棉花团等物,以防堵塞吸管和吸头。

④将电源插头拔下前,要先把吸尘器开关关掉。

⑤避免让吸尘器在电线上碾过。

⑥吸尘器使用完毕后,要定期清理蓄尘袋,弄干净刷子和吸尘器的外壳。否则,不仅不卫生,还会影响吸尘器正常工作,严重的还会使吸尘器停止工作,甚至会烧坏电源。

7) 木器家具的保养

木器家具的保养,除了要经常除尘,保持表面清洁以外,还要注意"四防",即防潮、防水、防热和防蛀。

①防潮。木器家具受潮容易变形、开胶、腐朽,因此房间应保持干燥,要经常打开门窗进行通风。潮气较重的房间,家具放置一般不要紧挨墙壁,以保持空气流通。平时擦洗时,也不能使用带水的抹布,而要用绞干的抹布,然后用软质干布擦干。

②防水。防水与防潮的道理是一样的。此外,油漆家具如溅上水珠,家具表面的油漆还会起泡、发霉,使油漆面失去光泽,因此,如不慎将水溅到家具上,应立即用干抹布擦净,对于铺有玻璃的桌子、茶几及床头柜等家具,要注意不要让水浸入玻璃下面,如不小心被水浸入时,应及时掀开玻璃擦干家具,以免被水浸泡而破坏桌面、柜面油漆。

③防热。油漆家具一般不要放在阳光直射的地方,如有阳光照射,应拉下窗帘,以防色泽减退。此外,一般家具的油漆表面怕烫,因而在放开水杯时,应使用垫盘(如不慎烫出白痕,可用酒精擦拭,即可消失)。

在有暖气设备的房间里,家具的放置应远离水、汽散热片,以防家具被烘干变形而破裂。

④防蛀。为了防止蛀虫繁殖,在橱柜抽屉层一般应放置一些樟脑丸或喷洒杀虫剂。

除上述要点以外,还要经常检查家具榫头、螺丝是否松动,五金零件有无丢失等,发现这些问题应及时报修,否则,时间一长往往会使损坏程度扩大,甚至无法维修而报废。因此,对于木器家具来说,及时维修也是日常保养的重要一环。

8) 织物的保养

客房部的织物主要表现为客房枕巾、面巾、脚巾、手巾、浴巾、澡巾以及床单等各类布草,布草的保养要注意以下几点。

首先,要教育客房服务员严格按操作规程办事,现代化酒店一般要求服务员在清扫客房及卫生间设施时使用专用的清扫用具,以卫生间为例,马桶、面池及浴缸都有各自的专用抹布,但为了方便起见,在一些管理不善的饭店里,有些服务员常常使用客房内撤下的毛巾甚至床单来擦洗卫生设施、设备,他们以为反正这些布草都要送洗衣房洗涤,所以有一种"不擦白不擦"的思想,有的甚至使用床单擦皮鞋,岂不知这样做危害极大:①当然是减少了布草正常的使用年限。②这样做会使布草沾上各种不同性质、不同颜色的污迹,不易或根本无法洗涤干净,因而也就不能再次投入使用。一些酒店的大量床单就是因此而报废的。

其次,换下来的脏布草最好要用专用的袋子装好送洗,不要乱堆乱放,或在脚下踩来踩去,更不要用床单包起来在地板上或水泥地上牵拖送洗。否则,不但会磨损床单,而且布草织物还会与水泥摩擦起反应,所生成的碳酸物无法清除。

最后,撤换下来的棉织品,干燥的与潮湿的最好能分开放置,潮湿的应及时洗涤,否则容易生霉变质,不但影响使用期限,而且洗出来的效果也不好。

除上述要求以外,棉织品在使用和保管时应注意防潮、防闷热、防虫蛀、防日晒、防灰尘和防酸碱,它们都会在不同程度上影响织物的寿命与质量。

10.3　客用品的管理

客用品指客房各类客用低值易耗品。客用品的使用和消耗量伸缩性比较大,因此,做好对客用品的控制是客房成本控制的重要环节。

10.3.1　客用品的选择

【案例】

宾馆牙刷刺破住客牙龈

消费者林先生近日来广州出差,在机场路的某宾馆入住,结果发现宾馆所提供的免费洗护用品质量很差,香皂没有香味,牙刷在使用时会掉毛,牙膏连生产日期和保质期都没有,是典型的"三无"产品。

林先生向广州市消费者协会投诉说,该宾馆提供的洗漱用具的质量都很差,尤其是牙刷,他刷牙时竟然被刷伤了牙龈,导致第二天早上吃饭都很困难。

市消费者协会有关人士表示,质监部门曾经对广州酒店的一次性洗护用品进行过多次质量抽查,结果发现合格率一直较低。主要是淋浴液、洗发液有效物偏低,清洁效果不明显,细菌总数超过标准要求,对人体皮肤造成刺激。另外,牙膏菌落总数超标,牙刷磨毛粗糙、未磨毛的牙刷尖端有锋利毛刺,显现锋利锐角;顾客使用时会严重损害牙齿,也会造成牙龈出血等问题。

消费者协会提醒消费者,根据《产品质量法》规定,宾馆饭店的经营者所经营使用的产品应当符合国家相关标准。如果宾馆酒店在经营过程中使用了假冒伪劣产品,按照法规定,宾馆要承担相当于销售假冒伪劣产品的责任。

由此可见,酒店客用品的选择必须慎重,酒店要么不提供客用品(俗称"六小件"),要提供就必须保证客用品的质量。

客用品的选择应考虑以下因素。

1)质量

酒店没有义务为客人免费提供"六小件"(国外的酒店大都不提供),但为了方便客人,也为了竞争的需要,如果选择提供,就要确保客用品的质量,以免给客人造成伤害,引起客人的投诉,甚至法律纠纷。

2)实用

客用品是为方便客人的住店生活而提供的,因此,必须符合方便、实用的原则,所选购的客用品必须是客人所真正需要的,同时,要方便使用。一些酒店提供给客人的洗发液、淋浴液等卫生用品装在玻璃瓶或硬质塑料瓶内,客人使用时,半天倒不出来,也无法挤压,结果,不仅给客人造成极大的不便,也造成了很大的浪费。而有的酒店考虑到客人对卫生的重视和防止各种传染病对客人造成的威胁,则在卫生间内为客人提供一次性塑料浴缸罩,受到客人的欢迎。

3) 美观

客用品应该精致、美观,避免给客人以粗糙、廉价之感。

4) 适度

选择客用品的适度原则是指客用品质量和种类必须与酒店的档次相适应,此外,客用品的量也应与客人的实际需要量相适应,避免造成浪费。

5) 价廉

客用品的选择除了要实用、美观、适度以外,还要考虑价格问题,这是客用品成本控制的关键因素之一。

考虑到以上原则,在选择客用品时,应注意以下要点:

①牙具应选用牙膏、牙刷配套包装的,嵌装式接柄牙刷因不便使用而应予以避免。另外,牙刷不应太硬,以免造成客人牙龈出血。

②香皂的质量一般应在 20 g 以上,最好能在 30 g 左右。此外,应选用质地细腻、无刺激性及不易受潮发软的香皂。

③垃圾桶应选用拒水、阻燃材料制作的。

④烟灰缸宜选用直壁式浅烟缸,以方便清洗。

⑤火柴划着后不应有烟尘飘浮。

⑥梳子不应过尖,以免刺伤客人头皮。

10.3.2　客用品的控制

1) 确定消耗定额

客房管理人员应按照客房总数、客房类型及年均开房率,确定各类客用品的年均消耗定额,并以此为依据,对各班组、个人的客用品控制情况进行考核。

由于团体客人和散客对客用品的消耗量有所不同,所以,也可以根据酒店每年接待的团体客人和散客的比例和数量,分别计算团客和散客的消耗定额,然后加总,即为客房部客用品总的消耗定额。

2) 确定储备定额

这是实施客用品控制的基础之一。应将其列成书面材料,以供日常发放、检查及培训之用。

（1）中心库房储备定额

客房部应设立一个客房用品中心库房,其存量应能满足客房一个月以上的需求。

（2）楼层布草房储备定额

楼层布草房往往需要备有一周的用品。储备量应列出明确的标准贴在布草房的门后或墙上,以供领料对照。

（3）工作车配备标准

工作车上的配备往往以一个班次的耗用量为基准。

3) 做好客用品的日常管理工作

（1）客用品发放的控制

客房用品的发放应根据楼层布草房的配备定额明确一个周期和时间。这不仅是方便中心库房的工作,也是促使楼层日常工作有条理、少漏洞的一项有效措施。

在发放日期之前,楼层领班应将其所辖楼层的库存情况了解清楚,并填写领料单。凭领料单领取货物之后,即将此单留在中心库房,以便统计(表10.2)。

表 10.2　日常消耗品申领单

楼层：_____　　　　　　　　　　　　　　　　　　日期：_____

物品名称	申领数	实发数	物品名称	申领数	实发数
普通信笺			湿洗单		
航空信笺			洗衣袋		
普通信封			卫生袋		
便笺纸			垃圾袋		
宾客意见书			枕套		
住客预订表			浴帽		
迷你酒吧酒水单			浴液		
圆珠笔			大香皂		
服务指南			小香皂		
门把菜单			航空信封		
房内用膳菜单			明信片		
干洗单			门后指示图		

续表

物品名称	申领数	实发数	物品名称	申领数	实发数
卫生纸			空气清洁器		
面巾纸			除虫器		
水杯			鞋刷		
烟缸			鞋油(黑)		
火柴			鞋油(棕)		
(下列为服务员用的清洁用品)			鞋油(棕黄色)		
拖把			鞋油(自然色)		
什物					

申领者＿＿＿＿＿＿＿　　　　　　　　　　发放者＿＿＿＿＿＿＿

(2)做好客用品的统计分析工作

①每日统计。服务员在做房时,应填写"客房服务员工作日报表"(表10.3),并在做完房后,对主要客用品的耗用情况加以统计。最后,由房务中心文员对整个客房部所有楼层的客用品耗用量作汇总,填写"每日楼层消耗品汇总表"(表10.4)。

表 10.3　客房服务员工作日报表

房号	状况	清扫时间		人数	补充物品																	备注
		入	出		肥皂(大)	肥皂(小)	卷纸	浴帽	洗发液	沐浴液	牙具	梳子	剃须刀	指甲刀	卫生袋	圆珠笔	拖鞋	购物袋	火柴	针线包	擦鞋纸		
01																							
02																							
03																							
合计																							

表10.4　每日楼层消耗品汇总表

文员_____　　　　　　　　　　　　　　　　　　日期_____

项目＼楼层	卷纸	洗发液	淋浴剂	擦鞋纸	圆珠笔	小铅笔	明信片	箱贴	梳子	牙具	针线包	香皂
餐饮层												
四层												
五层												
⋮												
合计												
金额												

备注:_____　　　　　　　　　　　　　　　　　当日做房数_____

②定期分析。一般情况下,客房部应每月对客房客用品的耗用情况做一次定期分析。其内容有:

● 根据每日耗量汇总表制订出月度各楼层耗量汇总表(表10.5)。

表10.5　楼层日常消耗品月度用量汇总分析表

____年____月　　　　　　　　制表人_____　　　　　　　审核者_____

楼层	开房数(间天)	香皂		卫生纸		圆珠笔		购物袋		……	
		总耗量(块)	平均量(块/间天)	总耗量(卷)	平均量(卷/间天)	总耗量(支)	平均量(支/间天)	总耗量(只)	平均量(只/间天)	……	……
总计											

● 结合住客率及上月情况,制作每月客用品及物资消耗分析对照表(表10.6)。

表 10.6　每月客用品及物资消耗分析对照表

品　　名	单　位	单价(元)	上月消耗	金额(元)	本月消耗	金额(元)	与上月相比	
							增%	减%
圆珠笔	支							
夹纸笔	支							
开瓶扳手	个							
卫生袋	只							
针线包	个							
擦鞋纸	张							
杯垫	张							
行李牌	张							
意见书	张							
维修单	张							
店卡	张							
明信片	张							
塑料提包	个							
牙具	个							
服务指南	本							
洗发液	袋							
沐浴液	袋							
洗衣粉	袋							
洗衣单	本							
电传纸	张							
剃须刀	个							
擦铜油	瓶							
矿物油	瓶							
筷套	支							
菜单	本							
橡皮圈	个							

续表

品　名	单　位	单价(元)	上月消耗	金额(元)	本月消耗	金额(元)	与上月相比	
							增%	减%
早餐卡	张							
奇妙	听							
家用蜡	支							
合　计								

上月住客率	本月住客率	与上月相比		上月 每间房消耗额(元)	本月 每间房消耗额(元)
		增%	减%		

制表人_____　时间_____

● 制作每月客用品盘点及消耗报告

除了对客用品的消耗情况进行理论上的统计以外,还要在月末对客用品进行盘点,如两者不符,且差距较大,要分析原因,找出对策(表10.7)。

表10.7　客房部每月客用品盘点及消耗报告

ITEM 项目	单　位	上月库存	本月领货	本月消耗	本月盘点	与统计 结果差额	备　注
TOILET ROLL 厕纸							
TISSUE 面纸							
SHOWER CAP 浴帽							
SHAMPOO 洗发液							
BATH FOAM 淋浴液							
SHOE SHINE PAPER 擦鞋纸							
SANITARY BAG 卫生袋							
SOAP 香皂							

续表

ITEM 项目	单 位	上月库存	本月领货	本月消耗	本月盘点	与统计结果差额	备 注
LAUNDRY BAG 洗衣袋							
PAPER CUP 纸杯							
TEA-BAG 茶叶袋							
ASH TRAY 烟灰碟							
MATCHES 火柴							
SLIPPER 拖鞋							
DOOR CARD 门卡							
FOLDER 文件夹							
PEN 圆珠笔							
LETTER HEAD(L) 信纸							
LETTER HEAD(A) 信纸(航空)							
MEMO PAD 记事纸							
SEWING KIT 针线包							
HANGER(L) 衣架(女)							
HANGER(G) 衣架(男)							
SHOPPING BAG 购物袋							

续表

ITEM 项目	单　位	上月库存	本月领货	本月消耗	本月盘点	与统计结果差额	备　注
FLASK 水壶							
ENVELOPE(A) 信封(航空)							
ENVELOPE(L) 信封							
GLASSES 杯							
LAUNDRY LIST 水洗衣单							
VALET LIST 干洗衣单							
TOOTH-BRUSH 牙刷							
COMB 小梳子							

● 结合年初预算情况,制作月度预算执行情况对照表(表 10.8)。

表 10.8　月度预算执行情况对照表

部门_____　　　　　　　月份_____　　　　　　　年份_____

费用项目	编　号	预　算	支出总数	所占比例	上月支出	结　余

4)控制流失现象

客用品的"流失"是造成客用品失控的重要原因,有两种情况:一种是一些客人在服务员做房时从工作车上"顺手牵羊",拿走部分客用品;第二种情况,也是更普遍、更严重的现象,则是服务员利用工作之便,经常且大量拿走客用品以供自用或提供给他人使用。在管理不善的酒店,甚至常常被大量带出酒店,形成客用品流失的"无底洞"。针对上述情况,客房部可采取以下措施:

①要求服务员在做房间卫生时,将工作车紧靠在房门口停放,以便监督。

②加强对服务员的职业道德教育和纪律教育。

③要求服务员做好客用品的领取和使用记录,以便考核。

④与保安部配合,做好对员工上、下班及员工更衣柜的检查工作。

5)落实奖惩政策

年末要根据消耗定额、年初预算及其执行情况,落实奖惩政策。通过奖惩,严格管理制度,强化服务员对客用品的节约意识。

除上述客用品的控制方法以外,还应努力做好客用品的节约工作。一方面,对于住客房内客人没有用过的客用品,应继续使用,不应随手扔掉。另一方面,客房管理工作应紧随"绿色潮流",尽量使用固定的罐装容器盛放的卫生用品,以减少不必要的浪费和对环境造成的污染。

➤ 客房成本控制是提高酒店经济效益的重要途径和客房管理的主要任务之一,客房成本控制的主要途径是做好客房预算及客房设备用品的采购和管理工作。做好客房设备用品管理不仅可以降低客房经营成本,还可以保障客房服务质量。

➤ 客房设备用品管理的主要任务:编制客房物品与设备采购计划;制订客房物品与设备管理制度;做好物品与设备日常管理和使用;对现有设备进行更新和改造;做好对酒店"六小件"等客用品的控制工作。

➤ 酒店"六小件"的配备在为客人提供方便的同时,也造成了大量浪费和环境污染,同时为管理工作增加了难度。一些酒店为了节约成本,为客人配备的低质伪劣客用品还常常对客人造成伤害,引起客人投诉甚至法律诉讼。从发展的趋势看,这种"中国式传统"做法将逐步被淘汰,取而代之的是不在客房摆放,而是在客人提出要求时,由客房服务中心随时为客人提供。

复习思考题

1.试述客房物品与设备管理的任务和方法。

2.如何做好对客房设施设备的清洁保养工作?

3.怎样选择客用品?

4.如何做好对客用品的控制工作?

【案例分析】

客房"财产清单"的去与留？

安徽省淮南市某一酒店总经理在一次向客人索赔之后，引起了对客房放置"ast.Cn"管理工作增加了难度。一些酒店为了节约成本，为客人配备的低质伪劣客用品还常常对客人造成伤害，引起客赔事件。

一天，一位客人在床上一边看电视一边喝着茶，不小心将茶水洒到了床单上。这位客人立即将床单受污部分自行洗涤，但就是洗不干净。客人主动找到客房服务员说明情况并表示愿意赔偿。赔偿多少钱，服务员做不了主，于是请来大堂副理处理。大堂副理找出放置于客房的《服务指南》，按照相关规定，要求客人赔偿损失 120 元。话音一落，就引起了客人的不满反应："那么贵！宰人呢？就是一条新的床单也不值这么多钱嘛。再说，这床单也用旧了，是不是赔 20 元意思一下呢？"大堂副理拿不定主意，只好将此事直接向总经理作了汇报。

总经理接到报告后陷入了沉思：若按规定，要收客人 120 元，但客人无法接受。勉强索赔，有可能因此断了与这位常客的关系，而稳住老客户比发展新客户更重要；其次，现在使用的这种规格的床单确实不必花 120 元就能买到，清单中的定价无形中给客人的印象是带有处罚性质的。再细看财产清单中其他物品价格也普遍高于实际价格。很显然，清单中"照价赔偿"的规定不合理，有损客人对酒店的感情，必须改正；再者，客人说的不无道理，床单折旧后的价值肯定低于原价格，况且受污床单还可以改作他用。即便向客人收取一定的补偿费用也算合理，但酒店未免显得小气。于是该酒店总经理除了就这一事件指示大堂副理免予向客人索赔外，同时通知客房部：将《服务指南》中的"财产清单"全部撤下！

试问：总经理将《服务指南》中的"财产清单"全部撤下，这种做法妥当吗？

【补充与提高】

客房成本控制的基本思路

(1) 采购管理方面

合理、有效地确定最佳采购数量、价格、地点、时间等。如：一次性用品属用量较大且有储存时限性的物品，确定其合理采购时间和数量就尤为关键。一次购量太大，既积压流动资金，又容易造成物品超期使用；若购量太少，虽加强了资金的流动，但这种化整为零的采购方式，在运输保管等采购时所消耗的费用上，又出现了重复浪费现象，况且这些物品都具有酒店的标志，包装较为独特，在生产制作中又存在着制板问题，频繁地采购和更换厂家，仅在制板包装上，本身就是一个很大的浪费。再如：棉织品的采购，一次购置多大量，特别是床上用品，是采购成品，还是采料自加工，这就存在着成本计算问题。此外，进货质量（包括设备质量），如灯泡、水阀、吸尘器的使用寿命等都决定着成本的高低。由此可见，如何结合实际需要，实行优质采购，批量进货，以确保客用品成本有效控制，显得尤为重要。

（2）人力资源管理方面

其失控原因主要表现在：

①人员的劳动效率不高。由于人员素质欠佳，缺乏严格的岗位培训，加之一些布局设施不合理，先进设备使用量不够等，使劳动力的潜能得不到很好的挖掘，造成人力资源的浪费，使得经营成本加大。作为经营管理者应该看到，提高员工的工作效率是控制人工成本的关键。

②管理水平欠佳。由于缺少完善的操作步骤和明确的岗位职责，使部门内出现了低效率区域，加之定员定额的不合理，不能根据需要实行满负荷工作量定员法以及劳动力调配的欠灵活性，导致不能根据劳动力市场的变化和淡旺季业务的需要。酒店必须合理进行定员，安排班次和实行弹性工作制。

③员工流动频率加大而产生人工成本提高。由于人员流动频繁，使客房在招聘、培训、督导等方面增加资金投入，也使得客房成本费用上升。人工成本的控制难度较大，必须认真落实、严格遵守各项经营管理制度，充分调动员工的积极性，发挥人的主观能动性，挖掘人的潜能，达到降低成本的目的。

（3）物品控制方面

大多数酒店对一次性物品都是按照标准用量进行发放，虽然满足了客人的需求，但却存在着隐性成本浪费。因此，对一次性物品必须实行按实际用量发放，否则，就会造成物控失效，物品流失。

（4）设备设施的保养方面

客房部的设备不但种类多，数量大，使用频率高，而且设备的资金占用量也居酒店前列。在设备保养中，如果不坚持以预防为主的原则，不加强日常的保养和定期检修，不能做到小坏小修，随坏随修，势必加剧设备的损坏速度，减少使用周期，增加设备更换频次，既会造成大量的成本浪费，又会严重影响酒店的服务质量。另外，客房部应注意在本部门中培养兼职维修人员，通过专业知识培训，可对一些设备设施进行简单的维护、保养及需要小修小补的设备，进行及时处理。这样，既提高了工作效率，又减少了维修费用的支出，还有利于延长设备设施的使用寿命。

（5）能源管理方面

客房部每日需消耗大量的能源，其中有些是必需的（客人的正常使用），有些则是因失控造成的，如面盆、浴盆、坐便器的长流水；房间、卫生间的长明灯；空房空调等；服务员清扫卫生间时，房间内的灯没及时关闭等，在无形的能源消耗中，也随之产生了无形成本浪费。

（6）备品管理方面

客房的备品管理是加强成本控制的一个重要环节，每日有数以千计的用品流动、使用和保管，稍有疏忽，便会出现如交叉污染、保洁不当，运送、洗涤过程中的划伤，保存过程中出现的潮湿发霉等问题，造成经营成本的加大。报废物品可否再利用？如废弃床单改成枕套，单面破损枕套合二为一等。备品管理对成本的影响也是我们不可忽视的方面。

酒店经理人对"经理的困惑"的答复

Re:聘用社会劳务公司做客房卫生工作,靠谱吗?

张谦:南宁邕州饭店管理有限公司　总经理

在酒店行业,对酒店客人的满意度产生影响的诸多因素中,干净、整洁项排名第一。可见客房的清洁工作在酒店管理中的重要性,在客房的成本控制中,客房员工数量的多少,也是影响成本浮动的重要因素之一。

因此,为了提高客房的服务质量和出于降低成本的动机,已有个别酒店悄悄地开始尝试一种新的管理模式——客房清洁外包模式。

其优势有以下几点:

①首先能大大降低招聘成本,酒店不用再担心招工难,不用到处打广告、拉人头了。招聘工作由外包公司做了分担。

②可以大大降低福利成本。对于外包员工,酒店不需要负责他们的社保、奖金,甚至住宿费,这笔费用的降低,几乎占了酒店原同样薪酬水平的30%以上。

③外包服务公司出于利益的驱动,提供的员工基本上以熟练工为主,大大节省了酒店培训新员工的时间成本,同时员工做务效率大大提高,缩短了清洁房间的时间,房间将会在最短的时间内重新预售,客房销售的工作就能抢占到先机。

④酒店的管理成本可以大大降低。不用担心员工流失,员工工作的积极性、服从性也会较原来的模式大大提高。

但客房清洁外包模式也有其短板,主要表现为:

①管理标准需要有一个较长时间的磨合,清洁标准的落实程度、管理者管理尺度的把握,都需要时间来相互适应。

②如果酒店与外包公司发生矛盾,短时间内酒店因无自己的团队,招聘和培养需要假以时日,酒店可能会遭受较大的损失。

③一旦有临时性的加班和突击任务,是很难获得外包员工克服自身困难来帮助的。

④由于楼层主力员工改外聘,房务部的员工企业文化将较难开展。

⑤外包模式只能降低部分成本,毕竟外包公司还是需要获取利润的,两相对冲,能降多大成本还是要看具体酒店情况。

⑥请外包公司从事清洁,可以量化的酒店客房清洁一般不会出现争议,但涉及酒店公共区域及无法量化的工作内容,易出现扯皮的情况。

酒店业中,任何一种管理模式都有自己的优势、劣势,从没有一个放之四海而皆准的真理,关键看我们的管理者如何取舍。最终必然是:舍鱼,而取熊掌者也!

面对面观看南宁邕州饭店管理有限公司张谦总经理谈:聘用社会劳务公司做客房卫生工作,靠谱吗?

方式一:请登录:刘伟酒店网—院校服务—视频—张谦:聘用社会劳务公司做客房卫生工作,靠谱吗?

方式二:扫描以下二维码

二维码 面对面观看南宁邕州饭店管理有限公司张谦总经理谈: 聘用社会劳务公司做客房卫生工作,靠谱吗?

第11章
客房预算与经营分析

　　编制客房部预算是确保客房部经营活动正常进行,以及对客房经营的成本、费用实施控制的重要手段。而客房保本点则是客房营业收入等于总支出时的"点",它是判断客房部经营效果的重要指标。客房管理者应该懂得如何编制客房预算,并对预算实施控制。此外,还应了解并能够确定客房"保本点"(盈亏平衡点)。

通过本章学习,读者应该能够:
- 了解"保本点"概念,并能确定客房经营的保本点。
- 掌握客房预算编制方法。

关键词:预算;保本点
Keywords:Budgeting,Break-even Point

经理的困惑
——如何编制客房预算?

又到年末了,酒店要求各部门根据经营需要,编制明年的预算,而我是新上任的客房部经理,不知编制预算应该注意哪些问题? 预算中是否要确定优先项目? 编制预算时,是否一定要虚报(多报)预算额才能确保客房部实际预算额获得批准? 还有,本年度我们客房收入是 2 100 万元,而客房部发生的成本和费用(人员工资、客房低值易耗用品)只有 1 200 万元,财务部却告诉我们客房部经营还没有达到"保本点"水平! 真不知道他们是怎么算的!

11.1　客房部预算管理

预算是管理人员用来控制和指导经营活动(特别是采购设备、用品,图 11.1)的依据。制订房务预算是客房管理者的基本职责之一。通过制订房务预算,可以有效地控制客房部的各项成本、费用,提高客房部的经济效益。同时,也能使客房管理人员为今后一段时间的工作作好详细的规划。不仅如此,预算管理也是评定各部门、各职工工作绩效的一个重要准绳。

图 11.1　客房设备用品是编制客房预算的重要内容

预算的制订应力求谨慎,一旦制订出来,就必须成为指导开支的纲领。可以说,预算是整个客房经营管理工作的基础。

11.1.1　制订预算的原则

1)轻重缓急原则

制订预算时,所有预算项目必须分清轻重缓急,按以下先后次序排列:

第一优先:来年绝对必须购置的项目。

第二优先:增加享乐程度和外观的新项目。

第三优先:未来两年内需要添置的项目。

酒店在开业三年以后,总有必要对某些设施进行更新、改造和重新装饰,这些更新项目往往占了预算开支的一大部分,但是如果能将过去所购物品的购买时间和使用时间记录在案,那就会给客房管理人员的年度资金预算计划提供方便。

2)实事求是原则

预算必须实事求是,按照客房部的实际状况和经营需要确定,否则,如果客房管理人员为了得到预期的金额而在预算上报了多出两倍的金额,那么,将来的实际开支就将是实际预算的两倍。事实上,如果按轻重缓急序列制订预算,也没有必要做这种"预算外的预算"。

3)充分沟通原则

在绝大多数酒店,客房部门要负责整个酒店的家具配备工作。因此,客房管理人员必须与其他部门负责人(特别是工程维修部)保持联系,以便协商确定客房部与这些部门预算有关的统一开支款项。

11.1.2 预算编制的程序与时间

1)预算编制的程序

与其他部门一样,客房部管理人员首先自行编制部门的预算,然后由财务部门会同各部门反复研究、协商、修订和平衡,再送总经理审查,最后送交饭店董事会审核批准。这种从基层开始,广泛吸收各部门管理人员(预算的执行者)亲自参加编制的预算比由上级编好再交由下级强制执行的预算容易得到贯彻。而且,负责成本控制的基层主管人员与业务直接接触,他们编制的预算往往比较切合实际,经过努力可以达到。总之,这种预算编制程序能较好地得到广大预算执行者的支持,提高他们完成预算所确定的目标和任务的自觉性与积极性,从而最终使预算充分发挥其应有的作用。

2)预算编制的时间

预算编制的时间应与饭店其他部门预算同步进行,具体可根据每个饭店的具体安排而定,但宜早不宜晚。常见有些饭店在年度开始以后好几个月,预算指标才下来,这样就影响了预算作用的发挥。一般来讲,应从本年度下半年开始,就着手准备下年度的预算编制工作。全年各项预算一般在上年的11月份便全部编制完成。这样做既不影响年终结算又不妨碍年度开始后预算指标的执行,从而在时间上保证预算管理能够真正发挥作用。

11.1.3 预算的编制

1)客房部预算总表

客房部预算所包含的项目及预算表的格式如表11.1所示。

表 11.1 2017 年客房部预算总表

单位:元

项 目	上年实际/元	上年预算/元	本年预算/元	备注(原因)
第一优先项目:				预计今年出租率上升 9%;补齐缺编 10 名员工
工资	338 400	340 000	430 560	增加物价上涨因素(按 15% 计)
工作服	16 920	17 000	26 000	增加员工:今年需发皮鞋每人一双(70 元/双)
医药费	25 560	27 960	27 960	240 元/人·年×104 人+3 000 元重病超支保险费
床单			57 600	补充两套,30 元/床,急需补,否则会影响周转
洗衣房洗涤剂	36 000	35 000	45 000	业务量增加,洗涤剂价格上调 15%(已接到通知)
客房、PA 洗涤用品	15 000	18 000	9 600	部分改用国产产品替代合资、进口产品
客房易耗品	245 000	230 000	226 000	去年还有一部分。3.3 元/间×240 间×82% 出租率×365 天×95% 消耗率
维修保养费	70 000	75 000	38 000	去年增加烘干机一台 4 万元
第二优先项目:				
清扫工具等	9 000	15 000	11 000	考虑上涨因素
临时工工资	12 000	10 000	6 000	去年人手不足用得多,今年旺季用些临时工(5—10 月)
差旅、培训费	4 800	5 000	4 500	去年批量实习,今年少数骨干学习培训
邮电通信费	2 100	2 000	2 100	
第三优先项目:				
办公用品及印刷品	4 000	5 000	3 000	有些报表已够用
员工生日及生病等	2 700	3 000	2 800	每个员工生日及病假达三天者的探望
奖金	293 280	280 000	330 000	增加员工,业务增加,争取增长 10%

续表

项 目	上年实际/元	上年预算/元	本年预算/元	备注(原因)
劳保用品	16 920	18 000	18 720	104人×15元/人·月×12个月
		累计	1 238 840	

说明:①第一优先中,床单须在旺季之前(3月底之前)解决;工作服中夏季服装及皮鞋在5月份前解决,冬季服装在9月底前解决。

②共需资金壹佰贰拾叁万捌仟捌佰肆拾元,当否,请审批。

2)预算总表的分解

为了做好预算的控制,还应对预算的有关项目按月进行分解(表11.2)。

表11.2　月度预算表

项 目	一月		二月		三月		……		十二月	
	本年	去年	本年	去年	本年	去年	本年	去年	本年	去年
工资										
客房用品										
清洁用品										
……										

11.1.4　预算的执行与控制

客房部年度预算一经批准,客房管理人员应严格执行,将经营活动控制在预算范围之内。为此,客房管理人员必须对预算执行情况进行检查,一般每年检查不得少于两次,最好是每月都检查一次,并填写预算执行情况控制表(表11.3)。

表11.3　预算执行情况控制表

项 目	本月实际		本年累计		
	本年	去年	本年	预算	去年
工资					
客房用品					

续表

项　目	本月实际		本年累计		
	本年	去年	本年	预算	去年
清洁用品					
……					
直接开支合计					

由于预测不可能准确无误,所以预算指标与实际业务运行发生较大误差是不足为奇的,可以通过修订预算进行弥补。

在预算与实际状况发生较大误差时,客房部负责人应立即召集所有管理人员通报情况,寻找现实可行的办法来消除因开支过大造成的赤字;或是寻找利用剩余资金提高效益的其他途径。

11.2　客房经营分析

11.2.1　客房保本点

客房商品的成本分为两大类:一类是正常经营条件下与客房出租间数无关,即使出租间数为零也必须照常支付的费用,这部分称为固定成本(F),如固定资产折旧、间接管理费、土地资源税、利息、保险等;一类是随客房出租间数的变化而变化的,如低值易耗品、物料用品、客房员工的工资、直接管理费和水、电等消耗,这部分称为变动成本(V)。变动成本在营业收入中所占的比率为变动成本率(f)。

所谓"保本点"(Breakeven Point)(又称"盈亏平衡点"),是指营业收入总额与成本总额相等时的商品销售量。在固定成本、价格及变动成本率不变的情况下,保本点也保持不变,是个常量,它不会因每月(季)营业收入或总成本的变化而变化,更不是计划期内固定成本与变动成本的简单相加。

就酒店客房而言,保本点可以用客房收入与客房成本总额相等时的客房出租数来表示,也可以用该点出租率及客房营业收入表示。在这一点上,客房的利润为零,既不亏损,也不盈利(图 11.2)。

设房间价格为 P,客房总数为 N,计划期天数为 n,客房固定成本为 F,变动成本率为 f,

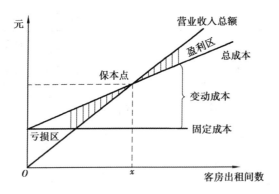

图 11.2　客房保本点

保本点时的营业收入、客房出租间天数和平均客房利用率分别为 y, x, r,则根据保本点定义,有:

$$y = F + fy$$

$$y = \frac{F}{1 - f} \qquad ①$$

$$x = \frac{y}{P} = \frac{F}{P(1 - f)} \qquad ②$$

平均每天出租客房数 $x' = \dfrac{x}{n} = \dfrac{F}{P(1-f) \cdot n}$

$$r = \frac{x'}{N} \times 100\% = \frac{F}{P(1 - f) \cdot n \cdot N} \times 100\% \qquad ③$$

上列式①、②、③分别为以营业收入与客房出租间天数和客房出租率表示的客房保本点。

例:假设某酒店共有客房 300 间,平均房价为 100 美元,2016 年 10 月份客房营业收入为 80 万美元,固定成本为 30 万美元,变动成本率为 40%,则该酒店客房部以月营业收入、月客房出租间天数和客房出租率表示的盈亏平衡点分别为:

$$y_{10} = \frac{F_{10}}{1 - f} = \frac{30 \times 10\ 000}{1 - 40\%} = 500\ 000(美元)$$

$$x_{10} = \frac{y_{10}}{P} = \frac{500\ 000}{100} = 5\ 000(间天)$$

平均每天出租数 $x'_{10} = \dfrac{5\ 000}{30} = 167(间)$

$$r_{10} = \frac{x'_{10}}{N} \times 100\% = \frac{167}{300} \times 100\% = 55.6\%$$

由此可见,客房保本点只与客房固定成本和变动成本率有关,而与客房实际营业收入无关。

11.2.2　客房保本价

客房保本价即客房保本(客房利润为零)时的价格。假定客房出租率为 r,保本价为 P 则,由式③可知:

$$P = \frac{F}{r(1-f) \cdot n \cdot N}$$

即,在客房固定成本、客房出租率、客房变动成本率等一定的情况下,当客房的实际平均房价达到 $F/r(1-f) \cdot n \cdot N$ 时,客房经营才能保本。

11.2.3　保本点分析

如图 11.2 所示,客房盈利区的大小与保本点的位置有很大关系。保本点的位置越低,盈利区就越大,亏损区则相应缩小,所以保本点的位置越低越好,那么,客房部如何降低保本点呢?

如图 11.2 所示,在营业收入一定的条件下,保本点的位置取决于总成本的大小。总成本增加,盈利区便缩小,亏损区相应增大。所以,酒店应通过对固定成本和变动成本的控制,改变保本点的位置,缩小亏损区,扩大盈利区。

一般来说,客房的固定成本是相对固定的,但是,如果酒店的固定成本总额增加,则客房的固定成本数额必然要相应增加,从而使客房总成本增加,这时,原保本点位置就改变了,亏损区增大,盈利区缩小。反之亦然。所以,酒店在日常经营活动中必须努力降低固定成本和费用,加强对固定资产的管理,减少损失报废,延长对固定资产的使用年限。

就客房可变成本而言,管理人员要加强对客房笔、信纸、拖鞋、牙膏、牙刷、洗发液、淋浴液、梳子、香皂等低值易耗品及清洁用品的控制,减少损失浪费现象。另外,客房用品配备的档次也不能一味求高,必须与酒店的档次相适应。

下面,继续以上例为例,分别讨论一下固定成本和变动成本变化对保本点位置的影响。

①在上例中其他条件不变的情况下,假定 11 月份该酒店客房部的固定成本(F_{11})减少到 26 万美元,试问保本点位置如何变化?

②在上例中其他条件不变的情况下,假定 11 月份该酒店客房部的变动成本(V_{11})减少到 45 万美元,试问保本点位置如何变化?

③在上例中其他条件不变的情况下,假定 11 月份该酒店客房部的固定成本和变动成本分别减少到 26 万美元和 45 万美元,试问保本点位置如何变化?

④在上例中其他条件不变的情况下,假定 11 月份该酒店客房部的固定成本减少到 26 万美元,而变动成本增加到 60 万美元,试问保本点位置如何变化?

解:①假定保本点位置以营业收入 y 表示,则:

$$y_{11} = \frac{F_{11}}{1-f} = \frac{26 \times 10\ 000}{1-40\%} = 433\ 333\ (美元)$$

$$y_{10} - y_{11} = 500\ 000 - 433\ 333 = 66\ 667 > 0$$

因此,保本点向左下方移动,盈利增加。

②因 $V_{11} = 45 \times 10\ 000\ (美元)$,故:

$$f_{11} = \frac{V_{11}}{营业收入} = \frac{45 \times 10\ 000}{80 \times 10\ 000} = 56.3\%$$

$$y_{11} = \frac{F_{11}}{1-f_{11}} = \frac{30 \times 10\ 000}{1-56.3\%} = 686\ 499\ (美元)$$

$$y_{10} - y_{11} = 500\ 000 - 686\ 499 = -186\ 499 < 0$$

因此,保本点向右上方移动,盈利减少。

③因 $F_{11} = 26 \times 10\ 000\ (美元)$;$f_{11} = \frac{V_{11}}{营业收入} = \frac{45 \times 10\ 000}{80 \times 10\ 000} = 56.3\%$,故:

$$y_{11} = \frac{F_{11}}{1-f_{11}} = \frac{26 \times 10\ 000}{1-56.3\%} = 594\ 966\ (美元)$$

$$y_{10} - y_{11} = 500\ 000 - 594\ 966 = -94\ 966 < 0$$

因此,保本点向右上方移动,盈利减少。

④因 $F_{11} = 26 \times 10\ 000\ (美元)$;$V_{11} = 60 \times 10\ 000\ (美元)$,故:

$$f_{11} = \frac{V_{11}}{营业收入} = \frac{60 \times 10\ 000}{80 \times 10\ 000} = 75\%$$

$$y_{11} = \frac{F_{11}}{1-f_{11}} = \frac{26 \times 10\ 000}{1-75\%} = 1\ 040\ 000\ (美元)$$

$$y_{10} - y_{11} = 500\ 000 - 1\ 0400\ 00 = -540\ 000 < 0$$

因此,保本点向右上方移动,盈利减少。

11.2.4 盈亏平衡点率

盈亏平衡点率是指客房盈亏平衡点(保本点)时的出租间天数与实际出租间天数之比。

设盈亏平衡点率为 γ,客房实际出租间天数为 Q,盈亏平衡时的出租间天数为 X,则:

$$\gamma = \frac{X}{Q} \times 100\%$$

盈亏平衡点率的值越小越好。结合我国实际情况,一般可用下列数值来判断酒店客房经营的好坏(表11.4)。

表 11.4　盈亏平衡点率与酒店经营状况的关系

	新酒店	老饭店	理想程度
盈亏平衡点率	<70%	<65%	良好
	70%~80%	65%~75%	正常
	80%~90%	75%~85%	警惕
	>90%	>85%	危险

本章小结

➤ 预算管理是客房管理人员应该掌握的一项技能。制订预算的原则是分轻重缓急,讲究实事求是,进行充分沟通。

➤ 客房部制订预算的依据:酒店在计划期内的经营预测;酒店经营的历史资料;客房部设施设备及人员现状;计划期内物价及劳动力成本水平。

➤ 预算一经批准,客房管理人员应严格执行,将经营活动控制在预算范围之内。为此,客房管理人员必须对预算执行情况进行检查,并填写预算执行情况控制表。

➤ 作为客房管家等客房部高级管理人员,还应学会对客房经营情况进行盈亏平衡分析("保本点"分析),掌握客房经营的保本点,同时学会计算在客房赢利和价格水平一定的情况下应出租的客房间数。

复习思考题

1. 解释下列概念:

　预算　盈亏平衡点　盈亏平衡点率

2. 编制预算的依据有哪些?

3. 如何编制客房经营预算?

4. 怎样确定客房保本点?

【案例分析】

某酒店共有客房400间，平均房价为100美元，2016年4月份客房营业收入为110万美元，固定成本为40万美元，出租每间客房的变动成本为20美元，则该酒店客房部：

①以月营业收入表示的盈亏平衡点是多少？

②以客房出租率表示的盈亏平衡点是多少？

③如果该酒店每月要取得80万美元的赢利，则平均每天的客房出租率应达到什么水平？

【补充与提高】

制订预算的依据

客房部制定预算的依据主要有以下几点：

①酒店在计划期内的经营预测。（重点考虑市场的变化情况，包括：国家公布的当地游客人数、新建饭店的数量及原有饭店的改造等情况）

②酒店经营的历史资料（见下表）。

③客房部设施设备及人员现状。

④计划期内物价及劳动力成本水平。

在分析了以上情况之后，便可大致确定每月客房出租率是多少。然后根据本饭店客源结构分别来制订平均房价，进一步分解计算出各类客源的住房率，最后确定整个饭店的收入预算指标。

客房部其他部门，如洗衣房、康乐中心的收入预算指标的编制，可根据以往的历史资料来确定占客房收入的比例，在考虑了价格指数变动以后，就可以确立其收入的预算指标。

客房费用预算的编制是在出租率和收入预算的基础上进行的。但在饭店经营的实际工作中由于市场形势的变化或季节性等原因，往往会使各月份的实际销售量水平起伏波动，致使实际的月份费用开支与原预算的每月费用开支不能互相比较。为了解决可比性的问题，客房费用的预算可采用弹性预算。所谓弹性预算就是在编制费用预算时，考虑到计划期间销售量（出租率）可能发生的变动，编制出一套能适应多种销售量的费用预算，以便分别反映在各该销售量情况下所应开支的费用水平。由于这种预算是随着销售量的变化作机动调整，本身具有弹性，故称为弹性预算。

有了费用的弹性预算就可以根据实际的客房出租率，选用相应的费用预算数与实际支付进行对比，这样便于管理人员在事前据以严格控制费用开支，也有利于在事后细致分析各项费用节约或超支的原因。

一家有 120 间客房的美国酒店的

客房部(Rooms-Department)收支情况一览表

	美元	百分比/%
客房销售收入(Room sales)	2 555 110	100.0
部门费用(Departmental expenses)		
工资	355 160	13.9
员工用餐	10 220	0.4
工资税与员工福利	76 653	3.0
洗涤费用	38 327	1.5
瓷器、杯具、银器、布草等	25 551	1.0
佣金	38 316	1.5
预订费	17 886	0.7
其他支出	84 312	3.3
客房部总支出 (Total rooms expenses)	646 425	25.3
客房部利润 (Rooms-departmental income)	1 908 685	74.7

注:以上费用项目中不包括行政管理费用(administrative and general expense)、酒店营销费用(marketing and guest entertainment)、资产经营费用(property operation)、维修和能源费用(maintenance and energy costs)等酒店未分配之经营费用(undistributed operating expenses)以及折旧和摊提费用(depreciation and amortization)、利息(interest)等资本成本(capital costs)。

酒店经理人对"经理的困惑"的答复

Re:如何编制客房预算?

Robert Zhou:香格里拉大酒店行政管家

　　编制预算,首先要从成本控制、人员和所有开销着手。尤其是人员编制,我们要根据当地的市场需求量去预算。客房收入有 2 100 万元,除了人员工资,客房低值易耗品是 1 900 万元,而在我们的收入当中,房费中包含的餐饮(含早餐费)收入要划给其他部门,还有的是固定资产折旧费用。所以财务部说客房未达到"保本点"水平。

　　作为 HSKP 预算注意成本控制,表现在劳动力、清洁剂消耗、布草织物的清洁、客房易耗品及供应品更新、印刷及办公品等直接费用。编制预算时,是依据当年 3Q 及去年的实际发生作为依据产生第四季度费用。依此全年数据按3%通货自然增长率计算递增来年成本,前提是在来年收入持平情况下,如果来年收入增长,则成本也应上涨。

戴显坚:广州新大地宾馆前厅部经理

管理包括四大职能:计划、组织、领导、控制。编制预算是计划职能的一部分。新上任的客房部经理要编制好预算,首先必须找资料,了解清楚整个部门今年全年的各项成本、费用,结合部门的明年计划,哪些支出必须提高,哪些支出可以减少,哪些支出可以删除,哪些支出要新增,还有哪些支出保持不变。每一项在备注中写明原因。比如,客房用的低值易耗品,假如今年全年是35万元,由于今年有部分客人投诉房间配置的低值易耗品质量太差,那么做明年的预算时,就要与采购部门协商,找到更好的产品,按明年的开房率预测,算出明年的低值易耗品的预算支出。

做预算时每项支出都要有理有据,自己心中有数,不是光靠"拍脑袋"决定的,就不存在要虚报的问题了。

客房的"保本点",是能满足客房经营所带来的各项费用支出的营业额。客房收入21 00万元,减去人员工资、客房低值易耗品1 900万元,再减去5%(常规比例)的能源费用105万元,再减去广告费、折旧费;客房经营必须设置的保安部门、销售部门、动力工程部门等的各项费用,肯定没达到保本点。

第 12 章
客房部安全管理

2015 年 12 月 31 日,在迪拜盛大的跨年夜活动中,世界最高楼迪拜哈利法
塔附近的阿德里斯酒店突然发生大火,造成 1 人死亡、16 人受伤。
熊熊大火瞬间吞噬了大楼的一侧,现场火光冲天,浓烟滚滚。

　　安全,是住宿业的大前提,也是客人对酒店的最基本要求。而客房是酒店建筑的
主体,酒店的安全问题也主要发生在客房部,因此,做好客房的安全管理对于保护客
人生命财产的安全及酒店财产的安全具有极其重要的意义。安全管理是客房管理的
主要任务之一。同时,酒店及客房管理人员还应了解酒店对顾客人身和财物安全问
题的责任问题,以及酒店与此相关的权利和义务。

通过本章学习,大家应该能够:
- 了解客房部主要安全问题及其防范措施。
- 掌握火灾预防、通报和扑救的方法。
- 了解酒店对顾客人身和财物安全问题的责任问题,以及酒店与此相关的权利和义务。

关键词:安全;偷盗;火灾;权利;义务
Keywords:Safety,Burglary,Fire,Rights & Obligations

经理的困惑
——有人冒充"房客"盗窃怎么办?

住在我们酒店 302 房的刘小姐,见到隔壁 304 房间的客人衣着光鲜、穿戴时尚,遂起歹意。当她看到并确认该房客人离开房间,房内无人后,就佯装成 304 的客人,站在 304 门口给服务中心打电话,要求楼层服务员送一瓶开水到 304 房。

服务员很快将水送到 304 房,见该小姐站在门口,就将水瓶递给她,刘小姐谎称,房卡忘带出来,请服务员开一下门。该服务员见状,立即为该小姐微笑着打开 304 房间的房门,然后离去。刘小姐进房后,立即将房内客人携带的贵重物品拿走,并马上到总台办理了退房手续。

304 房客人回来后,发现自己的贵重物品不见了,便打电话问服务中心,是否有人进他房间,服务中心告知,曾有一位小姐说 304 房要开水,该客人立即明白她的东西已经被该小姐偷走,严厉要求酒店承担责任。

面对这样的问题,我该如何处理?还有,作为客房管家,我应该采取哪些措施,防止类似事件的发生?

12.1　客房部主要安全问题及其防范

客人对酒店的要求是:提供热情周到的服务,舒适优雅、干净卫生的客房。但这些都是以安全为前提的,安全需要是客人的第一需要,一位日本酒店管理专家曾经指出:"酒店经营者应当记住:住宿业的大前提是旅客的生命、财产。安全第一,饭菜、服务、设施第二……如果一名旅客遇难,饭店就会受到致命的打击。"因此,安全管理是酒店,特别是客房管理的主要内容之一。

发生在客房部的安全问题,主要有以下几种类型。

12.1.1　各类事故

客房部所发生的各类事故通常因客房设施设备安装或使用不当而引起,经常发生的这类事故有:

①浴室冷、热水供应不正常,烫伤客人。

②设施设备年久失修或发生故障而引起的各种伤害事故,如天花板等建筑物掉落、倒塌,砸伤客人。

③地板太滑,楼梯地毯安置不当以及由于走廊、通道照明不良而使客人摔伤。

对于以上事故,饭店应给予足够的重视,要采取措施,确保浴室冷、热水供应正常,同时经常检查维修饭店的设施设备,消除隐患,如地板太滑可铺设地毯,照明不良可更换灯泡。如由于地毯铺设不当,经常绊倒或摔伤客人,就应考虑对其重新安置、调整。

此外,客房部员工在工作时,还要严格按照操作程序和操作规程进行操作,防止出现各种工伤事故。

12.1.2 传染病

传染病会危害客人和员工的健康,它的产生和传播大都与饭店的卫生工作有关,主要是食品卫生和环境卫生,有些饭店食品卫生工作搞得很差,经常发生顾客食物中毒的现象,轻则拉痢、传染,重则因此而丧生,给饭店的财产和声誉都带来不可估量的损失。有些饭店只重视客人餐厅卫生,而不重视员工食堂的卫生,岂不知员工因此而患病后,不但会影响日常的接待服务工作,而且还会将病菌通过客房服务而传染给客人,显然,这种态度是不可取的。

如果说食品卫生是餐饮部的责任的话,那么,环境卫生则主要是由客房部负责的。一般来说,客房部应该从以下几个方面着手搞好环境卫生,防止传染病的发生和传播。

①按预定的清扫频率,组织正常的清扫工作。如果饭店所在地气温较高就应注意潮湿问题,应对潮湿的角落经常检查,并定期或不定期地喷洒杀虫剂。另外,要避免灰尘的堆积,角落、家具的底部时间一长就会成为灰尘积聚的场所,因而要组织系统有效的行动来清除灰尘。

②布草的清洁。无论是客人使用的布草还是员工使用的布草都应保持清洁卫生,无懈可击,对于那些可能感染上病菌的布草应尽可能放在沸水里去煮。

③卫生间设施的特别清扫。浴缸、淋浴器、便器以及洗脸池是客人身体直接接触的物体,病菌容易通过这些设施传染给随后租房的其他客人,因此搞卫生时应特别予以关注,尤其是那些患有传染病的客人使用过的客房,客人离店之后,要对其卫生间设施使用消毒剂,进行彻底的清扫。

④消灭害虫。我国很多旅游饭店老鼠成灾,饭店以及上级有关部门经常收到来自国际旅游者在这方面的投诉,他们气愤地说:“我不能与老鼠同住一屋!”有的甚至在回国后有意无意地写文章,投书新闻界,诉说他们在这方面的“经历”,对我国旅游饭店业的声誉造成不良的影响。

事实上,像蟑螂、蚊子、苍蝇以及老鼠、蚂蚁、蜘蛛、跳蚤等害虫,不但影响环境卫生,而且往往也是各种病毒的传播者,因此,稍一露头就要进行控制,在害虫容易出没的地方经常喷洒杀虫剂和毒药。在此,做好客房的计划卫生具有重要意义。

此外,为了防止传染病的蔓延,保障住店客人的安全与健康,饭店方面也有权拒绝患有传染病的顾客留宿。

【经典案例】

长水痘的客人

我曾经处理过一件事情,是一个长水痘的外国客人,让店医看了后,店医让他去医院,他死活不肯去。好话说了一箩筐。他觉得这是他的事,"It is not your business!"酒店当局很重视这事,立场是怎么样都得让他去看病。我登门拜访了他三次(他住的是酒店公寓)。他烦了,我也腻了。他说自己打电话问过澳大利亚的医生,这种症状会在几天后消失。但这怎么能让酒店放心,酒店情愿出钱让他去医院,他也不理。说让医生来给他看,他也拒绝。后来想出个折中的办法,通知防疫站。防疫站很重视这件事,几乎全体出动,还来个刚从澳大利亚做访问学者的这方面疾病的博士医生。在对他晓之以理,动之以情后,他终于看了这个医生。医生说没事,就叫别出去吹风,但他用过的寝具要严格消毒。

除了各类事故及传染病以外,客房部的主要安全问题是偷盗及其他刑事案件,见下一节内容。

12.2 偷盗及其他刑事案件

12.2.1 偷盗类型

偷盗现象在酒店里时有发生,尤其在管理不善的酒店更是如此,它是令酒店管理者非常头疼的一个问题。失窃物小到一盒火柴、一包香烟,大到一颗戒指,上万元巨款。偷盗的对象既有住店客人,又有店方本身。一些酒店成箱的名酒、成套餐具、成包的卫生用品等经常不翼而飞。

从窃贼的构成上来看,发生在酒店的偷盗现象一般有以下四种类型:

①外部偷盗。外部偷盗即社会上的不法分子混进酒店进行盗窃,这些人往往装扮成顾客蒙骗店方,盗取住店客人及饭店的财物。要防止这种类型的盗窃行为发生,饭店只有靠加强管理,提高警惕性。

②内部偷盗。内部偷盗指酒店职工利用工作之便盗取客人及饭店的财物,这种类型的偷盗在整个偷盗事件中占很大比例,像前面提到的酒品、餐具以及卫生用品的盗窃大都是饭店内部员工所为,由于他们对于饭店内部的管理情况、活动规律以及地理位置都了如指掌,因此,作案也最容易,一般来说,饭店如发生失窃现象应先从内部入手进行侦破调查。

③内外勾结。这种类型的盗窃,一般是由酒店内部的员工向社会上的同伙提供"情报"及各种方便,由其同伙作案、销赃,这种作案方式手段"高明",容易成功,给酒店造成较大的威胁。

④旅客自盗。这种方式是指相识或不相识的旅客同住一屋或住在相近的房间,其中一位旅客利用这种"地利"与"人和"的方便,伺机窃取另一位旅客的财物,这种方法虽然少见,但也时有发生。

12.2.2　客房常见盗窃案件

1) 采用撬门、扭锁、插片的方式进房作案

犯罪分子往往借助于套管、塑料卡片或电话磁卡等工具进入客房行窃。针对这种作案手段,饭店应当加强对楼层的巡查。有条件的,要购买防撬且具备防插片功能的锁,安装安全闭路电视监控系统等。有一年国庆节期间,大连市相继有二十几家饭店的客房遭窃,失窃金额达数十万元。警方在排除了内部员工作案的可能性后,经过多次现场勘查分析,抓获了一个由 13 人组成的盗窃团伙。原来,犯罪分子利用假身份证到饭店开好房间后,以客人身份作掩护,再根据饭店的房门特点,利用铁丝、尼龙绳一类的物品,现场制作开锁工具。作案时,先用胶带或挂衣钩粘住"猫眼",再用塑料片插开防盗舌,最后通过房门与地毯间的缝隙将工具伸进房内,打开房门后行窃。为了避开饭店的监控系统,犯罪分子还精心地选择了有墙壁遮挡或不利于闭路监控的死角房间作案。

2) 伺机进入房内盗窃

犯罪分子在楼层徘徊时,利用客房门未锁死或门未关的空隙,趁客人、服务员不备,乘机进入房间盗窃。也有的作案分子乘服务员在客房内打扫卫生时,谎称是该房间的客人,混入客房。

【案例】

场景一:将服务员骗离进行盗窃

客房服务员小张正在打扫客房。这时,一位身穿西装的男子进来说:"小姐,我是房主,请你暂时不要搞卫生了,我着急准备一些资料,你过一会儿再来好吗?"小张在未核实其身份的情况就离开了。

下午,真正的房主回来后发现自己的行李不见了。

场景二:溜进来的小偷

某饭店女服务员正在打扫客房卫生间。她一边轻声哼着流行歌曲,一边用刷子清洗恭桶。门敞开着,工作车放在走道中。这时,一个西装革履、留着长发的小偷,绕过工作车,轻手轻脚地溜了进来,并坐在床上,背对房门,假装打电话。服务员清洗完毕,走出卫生间。她看见有一个人坐在床上打电话,以为客人回来了,不宜打扰,于是关上房门,便到其他房间做清洁整理。小偷乘机将房内客人财物洗劫一空。

场景三：以貌取人，认贼为宾

某饭店客房服务员小张正在 809 房间打扫卫生，房门开着，这时一位男子走了进来，此人身材魁梧，衣着讲究，一副生意人的派头，一进来就冲小张喊道："怎么我的房间卫生还没搞好？一会儿我的客人要来，快点打扫！"说着随手打开冰箱，拿出一瓶饮料泰然自若地喝了起来。在这位"客人"催促下，小张急急忙忙搞完卫生就离开了房间。下午，住在 809 房间的客人前来报案，说在客房内丢失了 5 000 元人民币和一件高级名牌 T 恤衫。通过饭店内部的监控录像发现有一男子曾多次在饭店大堂和客房闲逛，最后在 8F 客房找到了偷盗作案的目标。经服务员小张辨认，此人正是她碰到的那位"客人"。

场景四：骗开房门

某日早晨，客房服务员小杨正在 5014 房打扫卫生。"服务员，送一包茶叶到 5018 房间，快点！"突然从门外传来一客人的声音。"马上就来。"小杨一边应答客人，一边放下手中的工作。这时她看见一男士在 5018 房门旁打电话，并向小杨挥手示意。她马上从工作车上拿来一包茶叶，看见 5018 房关着门，便拿自己的楼层卡将门打开并把茶叶放在茶几上，门口的男士也随后进了房间。"先生，你好，这是您要的茶叶，请问还有什么需要吗？"小杨有礼貌地询问客人。"不用了。"客人说道。小杨礼貌地与客人道别……等 5018 房的一对老年夫妇用完早餐，回到房间才发现钱物被盗。

场景五：冒充服务员的盗窃案

王先生入住某饭店 1202 房间，行李员安顿好行李退出后，大约间隔不到 2 分钟，一位穿着饭店员工制服的青年男子按门铃。王先生开门后，此人自称是客房服务员，一面与客人寒暄，一面拉开窗帘，并用茶包为客人冲了一杯乌龙茶，然后去浴室放水，让客人洗澡。就在客人进入浴室后，他掏空了客人衣袋里的全部财物后逃走。

场景六：粘在房门上的口香糖

刘先生和夫人入住某饭店 1118 房。上午出去购物回到饭店后，中午又去当地有名的菜馆品尝美食。晚上，二人回到房间时，却发现房内一片狼藉，丢失价值超过 2 万元的物品。监控录像显示，两名陌生男子是推门而入的。经保安人员仔细检查，又发现房门上有口香糖的痕迹。由此推断刘先生上午回来时就被小偷跟踪，趁刘先生开门后不注意，在客房门锁上粘上了一团口香糖。刘先生出门吃饭时，认为饭店门上有复位器，就随手带上门，没有确认是否关上就急匆匆地离开了。犯罪分子乘机进入客房行窃。

3）翻窗入室行窃

犯罪分子在作案前，往往会对客房周边进行踩点、观察，待客人外出时，利用客房相连、容易攀爬或门窗没有关严而入室行窃。为防范此类客房失窃案件，饭店保安人员要做好巡查，遇到可疑人员要主动盘问，对非住店人员要及时进行劝离，同时监控中心要时刻注意客房外围情况,尤其是度假饭店,对客人门窗没有关紧的要及时提醒或关闭。此外,饭店服务员在平时工作也一定要时刻保持安全防范意识,增强岗位责任心,适时地提醒客人注意关好门窗,应具有安全的预见性。尤其是在打扫客房,给客房通风时,条件允许,要派专人时刻进行巡视,最后,饭店的建筑设计尤其要注意客房的窗户下最好不要留有小平台。如果已经建成,可以安装红外线防盗报警装置,只要有人在窗外出现,防盗报警装置就立即报警。

4) 采用其他手段的客房盗窃案件

作为服务员来讲,对于一般的犯罪行为都较为警惕,但如果犯罪人利用服务人员的服务意识,采用一些非常规的行为,服务员就很难判别了。早晨,服务员在楼层碰到一位男士,该男士很匆忙地要求服务员马上送两袋茶叶到 1607 房间去。服务员答应后马上回工作间领取茶叶,按照服务程序,服务员进入了 1607 房间,房内没有客人。就在这时,那位男士返回房间,声称有东西忘记了,并在房间内找了找,随后同服务员一同离开了房间。看起来这仅仅是一次平常的补充消耗品的服务行为,但仅仅过了半个小时,1607 房的两位客人回来后却发现房间的笔记本电脑和现金不见了。原来,在服务员送茶叶进房间的瞬间,进入客房的是两个人,而服务员仅注意了在楼层上碰到的那个人,另一个人则趁服务员不备,躲进了卫生间。服务员与那位男士一起出来时,却把另外一个人留在了房内。事后从监控设备中发现:留在卫生间的犯罪分子得手后大摇大摆地离开了房间。

从这起精心设计的偷盗案件来看,犯罪分子相当熟悉饭店客房部的服务流程,如果直接要求服务员为其打开房门,服务员将按规定程序要求他们出示房卡,并会询问姓名与总台核对身份。他们为了躲避身份核实这一程序,便上演了前述一幕。

客人需要茶叶,这是一个很合理的要求,并且客人并不进房,服务员无须防范;客人返回客房寻找东西,也是合乎常理的事情。犯罪人正是利用这种心理上"合乎常理"的惯性思维,使服务员被误导,并认为对方就是此房间的客人,没有对其进行身份核实,一时失去判断力,从而给了罪犯分子一个入室偷盗的机会。

12.2.3　偷盗及其他刑事案件的防范

除偷盗行为以外,客房部有时还会发生以谋财害命为主要特征的抢劫、凶杀案件,有效地防止盗窃及其他刑事案件的发生,是客房安全管理的主要任务。

客房部盗窃及其他刑事案件的防范可从以下几方面入手:

1) 提高员工的安全意识,不能用"服务意识"代替安全意识

客房安全管理中的一个常见问题是服务员经常会用服务意识代替安全意识,从而给高智能犯罪分子以可乘之机。我们看下面的案例:

【案例】

事情发生在某星级酒店,一天早上 8 时 30 分客房服务员正在做房,有两个男子嘱咐其

给1303房加两条浴巾,这两人并未进房,而是告知服务员他们要去餐厅用早餐了,从服务员身边擦身而过。服务员则遵照其指示,到1303房为其增配两条浴巾,并顺手清理床上凌乱的东西,此时这两位男子又忽然返回,看见服务员正在清理,忙对服务员说:"不用麻烦你了,我们自己整理就行了。"这时候,服务员看他们已在收拾他们的物品了,就暂时退出。

这两个男子3分钟后从房间走出,刚离去不到一会儿,又来了两位男子,自己持IC卡进入房间后,即发现房间被盗,他们损失了相当多的财物,原来前两个是小偷,后两位才是真正的客人。

2)严格核对客人身份

以上案例告诉我们,小疏忽也会酿成大错,作为服务员,首先是要记住每一位住客的外貌和房号;其次,在遇到类似情况时,不能放松警惕,要多记忆、多思考、多观察、多质疑,一定要先委婉地核对客人的身份,验证房卡或请其出示有效证件,切忌过于主观,盲目判断。

3)加强对员工的职业道德教育

针对内部偷盗现象,客房部首先应做好员工的思想工作,对员工进行职业道德教育。其次,还应采取各种有效的办法、手段(如合理排班、加强员工出入的管制检查以及设置检举控告箱等)堵绝管理漏洞,严格管理制度,不给作案者以可乘之机,同时,一旦发现有人偷窃,应予以严厉打击,严肃处理,轻则留店察看,重则开除,直至诉诸法律程序。

为了使酒店具有良好的店风、店纪,酒店在对外招工时也要注意把那些流里流气、不三不四或有犯罪前科的应聘者拒之门外。

4)做好客房钥匙管理

酒店的钥匙通常有以下几种:
- 住客用钥匙(Guest Key)。只能开启该号房门,供客人使用。
- 通用钥匙(Pass Key)。供客房服务员打扫房间使用,可开启十几个房门。
- 楼层总钥匙(Floor Master Key)。供楼层领班使用,可开启该楼层所有房间。
- 总钥匙(Housekeeper Master Key)。可开启各楼层及公共区所有房门,专供客房部及工程部经理使用。
- 紧急万能钥匙(House Emergency Key Or Great Grand Master Key)。只供总经理使用,也称饭店总钥匙。
- 楼层储藏室钥匙(Floor Pantry Key)。供楼层服务员使用。
- 公共区总钥匙(Cleaning Master Key)。供公共区领班使用。

酒店的钥匙是关系到客人生命财产以及酒店本身安全的一个重要因素。钥匙管理是楼层安全管理的一个重要环节。一般应采取以下几个措施:
- 做好钥匙的交接记录。
- 因公需用钥匙时必须随身携带,不得随处摆放。
- 禁止随便为陌生人开启房门,其他部门员工如需要进入房间工作(例如行李员收取行李,餐饮服务员收集餐具,工程部员工维修房间设施设备等),均须客房服务员开启房间。

●勿将房号印在门卡上。一些酒店为了方便客人,而将房间号码印在门卡上,殊不知,与此同时,也为小偷作案提供了"方便"。

许多酒店为什么要在门卡上贴上房号标签呢?主要是怕客人忘了自己房间的房号,打上房号便于客人辨认,等等。其实,房号已在欢迎卡或钥匙袋上注明,何况客人开一两次房门后对房号应当也熟悉了。与方便客人相比,客人的安全应该是第一位的。至于一些酒店管理人员说一般不会因此而出问题,那是侥幸心理。"不怕一万,就怕万一",这一案例告诫我们:在门卡上标有房号的做法潜伏着危险!

5) 做好对"双锁房"的管理

(1)有下列情况需双锁门:

●长住客暂离外出,要求双锁门。

●宾客遗失房间钥匙事宜尚在处理之中,为确保宾客物品安全,酒店将门双锁。

●宾客账单额度超过酒店规定且不与饭店合作时,酒店将门双锁。

●因宾客房内物品、家具、地毯、设备等被破坏,与宾客联系不上时,酒店将门双锁。

(2)对双锁门的管理

●接到宾客要求双锁门或开双锁门报告时,要到现场了解原因,根据实际情况提供相应服务。

●如果宾客要求打开酒店双锁门,在与宾客接触前,要查清双锁原因,然后与宾客接触,根据酒店政策妥善处理。

●因酒店处理客务,需要双锁宾客房间门时,值班经理要给宾客留下书面通知,与宾客预约时间。

●凡双锁门开锁,都要在登记本上作记录备查。

●将处理过程详细记录在值班经理的工作日记上备查。

6) 从来访客人和住店客人身上发现疑点

在日常工作中,应注意从来访客人和住店客人身上发现疑点,如表 12.1 所示。

表 12.1

从审查证件中注意	①证件上的照片与本人面貌不符 ②印章模糊不清或有涂改迹象 ③证件已过期失效
从言谈中注意	①交谈中神态不正常,吞吞吐吐,含糊其辞 ②谈话内容、方式与身份不相符合 ③口音与籍贯不一致 ④说话自相矛盾,或说东道西、夸夸其谈

续表

从举止打扮中注意	①进出频繁,神情异常,行动鬼鬼祟祟 ②服装式样、质量与职业身份不符 ③用小恩小惠拉拢、腐蚀服务员 ④经常走串其他客人房间 ⑤打探馆内其他客人情况 ⑥携带麻醉剂、凶器等危险品
从日常生活中注意	①住宿旅客客房内有凶器或麻醉剂之类的物品 ②只登记一人住宿的房间住了两个人 ③住宿中的旅客没有行李或行李极少时 ④外来客人进出过多的客房 ⑤在走廊或其他地方发现可疑的人或物(如行李)时 ⑥与不相识的人乱拉关系 ⑦用钱挥霍 ⑧起居不正常 ⑨终日闭门不出,神态不自然 ⑩匆匆离馆,原因不明

遇有上述情况,服务员应向管理人员报告。但以上仅是可疑之处,客房服务及管理人员只能对有以上特征的人提高警惕,注意观察,而不能主观臆断,以免得罪、冤枉好人,而给坏人以可乘之机,使我们的工作处于被动状态。

7)抓好"三个重点、三个控制、六个落实"

三个重点:重点部位、重点时间、重点对象。
三个控制:楼面的控制、电梯的控制、通道的控制。
六个落实:开房验证;住宿登记;来访登记;跟房——客人退房离去或来访者走后要入房进行安全检查;掌握客情;保管行李。
此外,还要加强对门卫及大堂保卫工作的管理,保卫人员应密切注意大堂内客人的动态,发现可疑的人或事应主动上前盘问、处理,及时消除各种隐患。

8)其他安全事件的防范

客房还可能发生的一种不安全事件,是某些客人可能对应客人要求进入客人房间为客人提供服务的服务员进行非礼或性侵。对此,酒店管理者也要做好防范工作。比如,可要求服务员为客人提供服务时,要把房门开着;深夜应客人要求进入客人房间为客人提供服务时,最好安排男性服务员,如为女服务员,则最好安排两个人,其中一个人(最好为保安人员)在房外等候,以防不测。另外,还可采取其他防范措施。比如,为进入客房服务的服务员设置紧急报警按钮,以方便他们在遇到紧急状况时呼救。

最后,酒店一旦发生不安全事件,作为客房员工,要在报告领导及保卫部门的同时,注意保护好现场,不准无关人员无故进入现场,更不许触动任何物件,这对调查分析、追踪破案极为重要。此外,案发后,在真相未明的情况下,不能向不相干的宾客等外人传播,如有宾客打听,应有礼貌地说:"对不起,我不清楚"。

12.2.4　发生偷盗案件时的处理程序

【案例】

一天,在长富宫,两位美国人找到大堂经理,满脸怒气地说:"我放在房间茶几上的 300 美元不见了,请立即给我查清,赔给我。"大堂经理向客人表示:"此事我们要先调查一下,进出客房是两位服务员同进同出,并有时间记录。"同时他委婉地提醒客人再仔细查找一下,并且确认是否需要报案。

发生任何偷盗案件均需首先报酒店保安部。接到通知后,同保安人员一起赶到现场,若发生在房间内,则同时通知客房部的管理人员一同前往,请保安部通知监控室注意店内有关区域是否有可疑人员。查询被盗物品的客人是否有客人来访的相关资料,并作记录。专业问题最好由保安人员询问,大堂经理作好翻译。要视客人要求由客人决定是否向公安机关报案。

发生偷盗案件后,最好由保安部与大堂经理同时出面与客人交涉。

基于酒店作业规则,若客人有物品遗失,酒店不应轻言赔偿,在饭店的住房手册及客人签字确认的登记卡上,都有明确说明,"请将您的贵重物品保存在房间或前台的保险箱内,否则遗失饭店恕不赔偿。"

通常情况下,酒店不开具遗失证明,若客人信用卡遗失,可由大堂经理代为联络银行支付。

12.3　火灾的预防、通报及扑救

【案例】

"我带队在验收优秀旅游城市时,去饭店重点检查了安全,总共查了几十家饭店,80%的泡沫灭火器都是过期的;接着问员工怎么使用,员工说不上来;我们在房间里对着报警器吹烟,把它吹亮了,但是没有一个消防员工能够按时到达;有的响了 10 来分钟了还没有人来,或者是两手空空地上来了,惊慌得不知道是怎么回事……"

除了上节所述的客房部几种安全问题以外,客房部还有一种安全问题:火灾。实际上,火灾是客房部的头号安全问题。一位饭店总经理曾经深有感触地说:"作为饭店老总,我最为关心的,而且常常使我坐卧不宁的就是'防火',客人的财物丢失,我可以经营利润照价赔偿,可是一旦发生火灾,建筑物付之一炬,客人被烧死,那么,我坐监狱是小事,国家将遭受难以估量的巨大损失"。客房部员工应该具有火灾的防范意识,掌握火灾的预防、通报和扑救知识。

12.3.1 火灾发生的原因

火灾发生的直接原因很多,据美国有关方面对 487 起饭店的火灾原因分析:

①因吸烟点火不慎者占 33%。这是酒店火灾发生的主要原因。国外火灾多发生在深夜到黎明这一段时间,其原因就是国外旅客大都习惯夜生活,在酒醉和疲劳时,深夜卧床吸烟,容易引燃被褥、床单等物,或者乱扔烟头、火柴,使地毯、纸篓等起火。北京有一家饭店,一位日本外宾因饮酒过量,又有睡觉前躺着吸烟的习惯,结果,人睡着了,小小的烟蒂致使这位客人丧生。

图 12.1 "情人节"因电线老化而使义乌一家酒店付之一炬

②因电器事故占 21%。2008 年 2 月 15 日,在浙江义乌一家酒店共度"情人节"的一对青年男女连同其他 9 位住客因酒店起火而丧命,据调查,火灾是由于酒店总服务台电脑电线老化造成的(图 12.1)。2005 年 6 月 10 日发生在广东汕头市华南宾馆,造成 31 人死亡、21 人受伤的特大火灾事故也是因为电线短路故障引起的。近年来,很多饭店在客房内放置电热水器,因热水器使用不当,也成了客房火灾的诱因之一,个别酒店因客人热水器使用不当,已经引起重大火灾和伤亡事故。

③因取暖、炊事用具占 10%。

④因锅炉爆炸引起火灾。1986 年 12 月 31 日 15 点 30 分美国波多黎各杜蓬大饭店地下锅炉爆炸,火势凶猛,使这座 21 层豪华饭店变成一片火海。1990 年,我国深圳也有一家饭店因锅炉爆炸引起火灾,使一人丧生。

⑤因火炉上的食物和烟道的油占 6%。

⑥因碎屑物着火占 3%。

⑦自燃占 2%。

⑧煤气泄漏占 1%。

⑨纵火占 17%。

⑩其他占 7%。饭店在建筑和大修时也常发生火灾,这主要是由于使用电气焊而引起的。

由此可见,饭店火灾主要发生在客房。其中,吸烟和电器事故不仅是引起客房部火灾的主要原因,而且也是整个饭店火灾事故的主要诱因。

发生火灾的直接原因虽然很多,但更重要的是酒店经营者对消防工作重视不够。消防意识不浓,思想麻痹,存在侥幸心理,总认为火灾只是偶尔发生的,一般不会出现,即使出现,"倒霉"的也不会是自己的饭店,因而在日常经营和管理中,措施不力,结果导致"引火烧身"。

12.3.2　火灾的预防

火灾的预防可从以下几方面入手：

1) 在酒店的设计建设中,安装必要的防火设施与设备

为了防止火灾的发生,饭店在建设时就应选用适当的建筑材料,设计安装必要的防火设施、设备,如自动喷水灭火装置及排烟设备等。像太平门、安全通道在一般酒店都是必不可少的,需要强调指出的是,在紧要关头,设置在楼房外面的露天楼梯往往会起特别的作用,可以想象,饭店的封闭式楼梯在这种情况是起不了多大作用的,尤其是假如酒店自己发电的强制排烟设备失效,封闭式楼梯就更显得力不从心、无济于事。除安全通道以外,大酒店还应在客房部安装急用电梯,并在客房内安装烟感报警器(Smoke Detector)。因为客房中被褥等物起火时,开始多产生大量浓烟,旅客往往在熟睡中就中毒昏迷,这时,烟感报警器就会发挥作用。

针对电器设备起火这一现象,酒店在各种电路系统中应设保险装置,并安装防灾报警装置。

2) 搞好职工培训,增强防火意识

酒店建成开业后,要对新上岗的员工进行安全培训,增强他们的防火意识,教会他们如何使用消防设施与设备,并使他们懂得在火灾发生的非常时刻,自己的职责是什么,同时,组织消防知识竞赛,必要时,还可利用淡季组织消防演习。

当然,为了搞好这项工作,酒店经营者本身必须统一思想,提高认识,这样才能给防火工作以足够的重视。否则,将会出现本节开头描述的现象。

3) 在日常经营中采取必要的管理措施

- 新落成的大型酒店一律设立防灾中心,整日执行警戒任务。
- 制订并贯彻执行消防安全制度、防火岗位责任制度。
- 专职消防和群众性的消防组织相结合,对于重点部位和隐患要定期检查评比。
- 经常检查、维修线路,防止因漏电而引起火灾。
- 经常检查各种报警装置是否正常。
- 定期检查消防设施是否良好,如消防用具、烟雾感应器等失效者要及时更换。
- 针对客人躺在床上吸烟这一习惯,应在床头柜上放置"请勿在床上吸烟"的卡片,提醒客人务必将未熄的火柴或烟头扔进烟灰缸。
- 对于因酗酒过度而醉的客人以及烟瘾大的客人所住房间要经常检查。
- 注意观察客人所携带的行李物品,如发现有易燃易爆等危险品,要立即向上级或总服务台报告。
- 服务员打扫房间时,注意不要把未熄灭的烟头扔进纸篓。
- 统计资料表明,饭店火灾多发生在夜间,因此,夜间值班员应切实负起责任,加强夜间巡逻。
- 对维修人员因工带进的喷灯、焊接灯、汽油以及作业产生的火花等要充分注意,并对

工作人员加以提醒。

- 发现客人在房内使用电热器时,要及时向总服务台报告。
- 太平门不能加锁,如发现太平门、急用电梯等处堆有障碍物,应及时排除。

以上是关于火灾的预防。为了把火灾所造成的伤亡减少到最低限度,客房部还应利用时机,通过适当的方式向客人宣传安全常识,并向他们指出在非常情况下紧急疏散的路线等(一般饭店都有印制好的紧急疏散图,见图 12.2。通常都贴在客房门内侧。有的饭店则放在写字台上的文件夹内,但这样做不方便使用)。

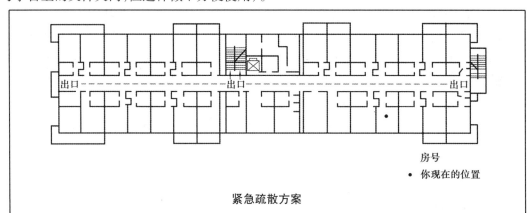

紧急疏散方案

您的安全对我们是很重要的,请花一分钟时间读完下面的安全建议:
(1)请您一定要熟悉放置在写字台的《旅客须知》内的紧急疏散方案
(2)熟悉您客房内的窗户
(3)请将您的钥匙放置在您容易找到的位置,离开房间时要随身携带,因为烟火阻碍出口时,您可能需要用您的钥匙回到您的房间
(4)当起火或有紧急情况时请按以下步骤进行:

- 找到您房间的钥匙并随身携带
- 在开门前试一试客房门是否烫手
- 到达最近的可用的出口楼梯,并立即下到底楼

(注意:不要使用电梯)

- 如您不能平安到达出口楼梯口,应回到您的房间,立即拨"0"通知电话员
- 在等待援助时,按您的最佳判断来操作窗户
- 放置一块湿毛巾在客房门底部
- 设法吸引楼房外面人们的注意

图 12.2　紧急疏散方案图

12.3.3　**火灾的通报**

1) 酒店内部通报

发生火灾时,酒店有关部门(如防灾中心)应立即向消防部门报警,同时,要向客人发出通报,要求客人迅速撤离客房,但考虑到在这种情况下人们特殊的心理状态,因此通报应采用一定的艺术方法和步骤,以免因大恐慌而造成更多的伤亡。一般来说,火灾发生时,最好

能够按以下步骤进行通报：

①一次通报。应由酒店保卫人员及服务员对各客房逐个通知。为了使疏散工作顺利进行，通报应按步骤进行：首先向起火层报警；再向其上一、二层报警；然后通报上面其他楼层；最后通报起火层以下各层。

②二次通报。鸣警铃，进行全楼报警。

2) 报警

如火情严重，应立即打 119 报警。报警时要讲清以下事项：

①酒店的名称、地址。

②什么东西着火。

③哪一层楼着火。

④报警人的姓名和电话号码。

报警后应派人到门口或路口等候并引导消防车。

12.3.4　火灾发生时客房员工的职责

火灾发生后，客房员工的职责是：

①向酒店防灾中心报警（如火势大，应同时向消防部门报警）。

②按次序向客人发出通报。

③提醒客人有关注意事项，包括：

● 要求客人保持镇定，防止火未烧身人已跳楼身亡，或由于恐慌、拥挤而造成其他意外伤亡事故。

● 提醒客人穿好衣服或睡袍，勿将身体直接暴露在火焰之中，以免烧伤。

● 提醒客人随身携带房门钥匙，以便在无法从安全通道出去时返回房间，等待救援或采取其他措施。

● 最好能将一件针织衫用水浸湿，蒙在头上，当作"防毒面具"使用。

● 如整个通道已被浓烟迷漫，可提醒客人匍匐前进，在火灾中，浓烟比烈火往往更危险，而浓烟较轻，所以一般先上升后下降，因而，爬行有可能逃生。

● 提醒客人不要乘坐电梯，以免突然停电、电梯失控而被堵在电梯内。

④向客人指示安全通道，疏散客人，引导客人迅速撤离现场。

⑤协助消防人员进行灭火，力争将酒店财产损失减少到最低限度。

12.3.5　灭火的方法

1) 火灾的种类

依照国家标准，火灾分为四大类：

普通物品火灾（A 类）。由木材、纸张、棉布、塑胶等固体所引起的火灾。

易燃液体火灾（B 类）。由汽油、酒精等引起的火灾。

可燃气体火灾(C类)。如由液化石油气、煤气、乙炔等引起的火灾。

金属火灾(D类)。由钾、钠、镁、锂等物质引起的火灾。

以上不同类型的火灾,应用不同类型的灭火方法和灭火器材进行灭火。客房部的火灾通常属于A类,即普通物品火灾。

2)常用的灭火方法

常用的灭火方法有以下几种:

冷却法。即通过使用灭火剂吸收燃烧物的热量,使其降到燃点以下,达到灭火的目的,常用的这类灭火剂是水和二氧化碳。

窒息法。即通过阻止空气与可燃物接触,使燃烧因缺氧而窒息,常用的这类灭火剂有泡沫和二氧化碳等,也可采用石棉布、浸水棉被来覆盖燃烧物。

化学法。即通过使灭火剂参与燃烧过程而起到灭火的作用,包括易安龙灭火剂、惰性气体灭火剂等。

隔离法。即将火源附近的可燃物隔离或移开,以此中断燃烧。

灭火的方法很多,但具体采用哪种方法,要视当时的实际情况、条件而定。

3)灭火器种类及使用方法

常用灭火器种类及使用方法如表12.2所示。

表12.2　灭火器种类及使用方法

类　　别	适用范围	使用方法
酸碱灭火器	扑灭一般固体物质火灾	①将灭火器倒置 ②将水与气喷向燃物
泡沫灭火器	用于油类和一般固体物质及可燃液体火灾 （注意:不可使用于C类火灾。另外,由于容易造成污染,现已逐步淘汰）	①将灭火器倒置 ②将泡沫液体喷向火源
二氧化碳灭火器	用于低压电气火灾和贵重物品(精密设备、重要文件);易燃液体和可燃气体 （注意:不适用于A类火灾）	①拔去保险锁或铝封 ②压手柄或开阀门 ③对准燃烧物由外圈向中间喷射
干粉灭火器	与二氧化碳灭火器适用范围相同,但不宜用于贵重物品的灭火	①拔去保险锁 ②按下手柄 ③将干粉喷向燃烧物

4)火灾现场的急救

灭火时,如身上衣服着火,要立即躺倒打滚,使火熄灭,不可惊慌奔跑,如有人受烟熏窒息,或发生头昏、恶心、呕吐、失去知觉等症,应立即将其抬到空气新鲜的地方,解开上衣,在胸前脸上稍喷冷水,如仍不清醒,应做人工呼吸,或急送医院抢救。

【经典案例】

用智慧赢回生命
——吉林中百商厦特大火灾逃生记

据央视《时空连线》报道,吉林省吉林市 2004 年 2 月 15 日那场火灾对于亲历者来说无疑是一场噩梦,但还是有人成功地利用自己的智慧赢回了生命。记者采访了一位成功的逃生者李明。事发的时候,他和他的妻子正在商厦的三楼洗澡,现在他们俩都在医院接受治疗。

记者:李明,你好,我想知道你最早怎么知道着火了?

李:着火的时候,当时是有服务员在喊,说是有火灾了,让浴客赶紧穿衣服离开场地,这个时候就知道外面有情况了。

记者:你当时的第一反应是什么?

李:我当时的第一反应是赶紧穿衣服离开场地,当时想马上找到我的妻子,因为她正在对门的女浴室里洗浴。

女浴客闯到男浴室里来

记者:你后来找到她了吗?

李:后来我出来正在穿衣服的时候,有几个女浴客,其中还有一两个小孩,至少有一个小孩,已经闯到男浴室里来了,我没发现我的妻子在这个行列中,我就非常着急,随便捡了几件就穿上了,出去找她的时候,正好她在外面喊我,我就把她喊进屋,这样我们在屋里会合到一起。

记者:当时其他的工作人员或者是浴客有没有明确的想法,怎么逃生?

李:当时听到有人喊赶紧把被子弄湿,找一些床单,大家拧起来,从窗户往外跳,当时窗户没打开,我认为从窗户跳非常危险,我的第一想法是从楼梯通道冲出去,但是出去以后一看烟已经很浓了,而且呛人的味道非常强烈,我感觉顺着楼梯往下走肯定不行了。所以我就返回来,想法打开窗户,却找不着工具,最后找了一个竹枕头一样的东西,费了很大的劲,把所有窗户的玻璃全都打碎了,这样大家才相继往下顺人,往下跳,这个场面就比较混乱了。

记者:当时你们结起来这个浴巾、床单有多长,能从三楼顺到地下吗?

李:当时好像整个的长度还不到三米,不能顺下去,但是手里有一些抓的东西,能够缩短跟地面的距离,而且当时我也记不住是第几个,把我的妻子放下去的时候,刚放到窗户口,她已经和浴巾脱落了,就摔下去了,所以也就不能成为救助的一个工具了,只能是往下跳了,因为浓烟已经很强烈了,再不跳的话,人已经承受不了。

从窗口跳下去是唯一选择

记者:当时在窗口,距离地面有多高?

李:这个距离大概有六七米。当时为了生存,为了脱离这种险境,从这个高度跳下去是唯一的选择了。

记者:为什么你不在窗口求救,等着消防队员来救你,你要自己跳下去呢?

李:等着消防队员来救援,这个时间已经没有了,如果我们继续等下去,就没有生路了。

记者:你怎么判断没有时间了?

李:因为浓烟已经顺着窗户呼呼地往上冲,人在窗户上已经承受不了。当时呛得非常难受,有马上要窒息的感觉,要想活命必须跳下去,没有别的选择了。

大家相继拥向窗口

记者:浴室里当时有多少人?

李:当时大概也就20人左右,好像是这个数字了。

记者:有没有人提出其他的逃生方式?

李:当时都是慌作一团,我离窗口比较近,把玻璃砸开之后,人相继都拥向窗口,有的用毛巾和浴单拧成绳子往下顺,有的干脆往下跳,当时地面已经有十多个人,我爱人已经摔下去了,我就扶着她顺着梯子往下下了。

记者:你当时,我听说你是跳到二楼的平台上,然后再跳下去的,是吗?

李:对,当时这些人都是跳到二楼的平台,然后通过武警官兵搭的梯子,从这个渠道逃离危险境地的。

记者:消防战士已经把云梯搭到二楼的平台了?

李:对,搭在侧面的平台上了。

记者:当时浴室里20多人都是用这种方法下来的吗?

李:从那个窗口下来的都是那样的,当时的情况挺慌乱,我喊大家不要慌,大家有秩序地往下下,先有一些女同志,当时觉得男同志应该后下,因为先救助弱者,妇女和儿童下来之后,男同志就陆陆续续都下去了。短短一分多钟的时间,一两分钟的时间。

成功地救了一个孩子

记者:你说浴室中还有一两个孩子?

李:至少有一个孩子,大约十岁的小男孩。

记者:那个孩子最后怎么样了?

李:等我把爱人送下去之后,我顺着梯子也下去了,下到一半的时候,就听到上面在喊"救救孩子",结果我一看上面也不知道是个男的还是女的,叫孩子顺着梯子往下下,这个孩子当时非常慌张,不知道怎么下,我一看这种情形,我马上上去托着孩子的腿,往下顺这个孩子。这个孩子下到一半的时候,因为上面的人员很慌张,下的速度比较快,这个孩子配合得比较慢,上面的人下来的时候,要伤到这个孩子。当时下来大约有一半的时候,这个孩子就不动了,两手死死抓住梯子不撒手,不往下挪了,我一看这个情况就抓住他的后腰,连腰带带衣服就拽下来,那时候离地面也就是三四米的高度,然后就顺着下来,底下救援的人就把他接住了,这时候我也下来了。

记者:你们从窗户跳的时候,楼底下的消防员有没有叫你们不要跳,等着救援?

李:没有,因为下面的情况比较乱,我分析那个情况,当时消防员刚到,刚展开工作,没有力量顾及这些人,四面八方逃生的人,还没有达到能够组织起来的程度。

记者:事后有没有人跟你说过,你这种逃生的方式对吗?

李:事后有一些人来看望我,说这种逃生方法还是挺果断的,如果说顺着楼梯下去,恐怕这些人都窒息了,没有逃生的可能了。

经历了一场生与死的考验

记者:你现在回头想起这件事,印象最深的是什么呢?

李:印象最深的是,在面临生与死的抉择的时候,人是需要保持冷静的,需要对其他人伸出救援之手。所以在这次火灾经历中,我觉得我经历了生与死的考验,我不后悔,我做了我该做的事情,所以说通过这次死里逃生,我有很多人生的感慨。

本章小结

➢ 安全是客人在酒店住宿的前提条件,保障客人在酒店人身、财物的安全是客房管理的主要任务之一。

➢ 客房部的安全问题主要涉及因客房设施设备的安装和使用而引起的各类工伤事故和对客人造成的伤害;各类传染病;偷盗及其他刑事案件;火灾等。

➢ 客房员工要有安全意识,针对不同的安全问题,采取不同的防范措施。客房管理人员不仅要教育员工洁身自好,还要防止店外犯罪分子入室盗窃和伺机作案,要教育员工做好客房钥匙的保管和管理工作,制定客房安全管理制度,并教育员工严格执行。对重点区域重点防范,对可疑人员严格盘查和重点关注,不给其造成可乘之机。

➢ 火灾是饭店最严重的安全问题,直接危及客人的生命和财产,因而也是客房管理人员最需要重视的。客房员工不仅要在平时做好火灾的防范工作,而且要在火灾的消防方面训练有素,一旦火灾发生,能够正确履行自己的职责,迅速灭火。

➢ 客房管理人员还应具备一定的法律知识,了解顾客人身和财物安全的责任问题以及饭店的相关权利和义务,保护顾客和饭店双方的利益。

➢ 目前,有关饭店权利和义务的法规主要包括:国际饭店业普遍承认的、由国际饭店协会执委会于 1981 年 11 月 2 日在尼泊尔的加德满都通过的《国际饭店规章》(International Hotel Regulations);由中国旅游饭店业协会颁布的《中国旅游饭店行业规范》;由公安部发布的《旅馆业治安管理办法》以及我国《消费者权益保护法》和《合同法》等。

复习思考题

1.解释下列概念：

　　C类火灾　窒息灭火法　国际饭店规章

2.客房部主要安全问题有哪些？如何防范？

3.饭店火灾发生的原因有哪些？如何防范？

4.饭店的权利和义务有哪些？

5.对于本章开始时引入的案例,你认为应该如何防止类似问题的发生？

【案例分析】

迪拜阿德里斯酒店可能的起火原因？

　　2015年12月31日,在迪拜盛大的跨年夜活动中,世界最高楼迪拜哈利法塔附近的阿德里斯酒店突然发生大火,造成1人死亡、16人受伤。熊熊大火瞬间吞噬了大楼的一侧,现场火光冲天,浓烟滚滚。

　　上网搜索,观看《阿德里斯酒店大火》

　　查找相关资料,了解阿德里斯酒店的起火原因。

【补充与提高】

从一起赔偿案看酒店的安全管理细节①

周小刚

　　某酒店的一份质检通报这样记载:某某号房间客人现金被盗,处罚前厅部××元、客房部××元、保卫部××元、人力资源部××元、总经理办公室××元。客人现金被盗这类治安案件怎么牵扯酒店那么多部门,而且还处罚总经办、人力资源部这类二线保障部门？对此,笔者进行了调查研究。

　　该酒店管理人员是这样叙述的:一天下午两点左右,客人退房时报案说,他放在包里的几千元现金不在了。酒店考虑到这位是VIP客人就立即报案,公安人员到酒店马上查看报失人的资料,结果酒店没有提供出该客人的名字,而且在酒店的现场和监控录像带上都没有看到明显的作案痕迹,建议酒店自己先调查处理。面对客人着急离店又很生气的样子,酒店管理人员在客人面前只好又是赔礼又是解释,还给了赔偿金。随后,酒店主管安全领导、安全部会同相关部门继续调查了解,并作了以上处理。我就了解到的几个情节,简述如下:

---

　　①　摘自《饭店世界》,2009年1月。

情节一：客人入住没有登记单，前厅总台只接到总经办"上级重要客人入住"的电话通知，总台排好房将房卡准备好。随后，总办人员将房卡取走。

情节二：客房卫生班员工进行住人房清洁，主管对 VIP 房进行查房验收。

情节三：当询问保卫部何时查过总台登记单时，得到的回答是没有看过，也不知 VIP 客人入住情况。

情节四：监控录像中发现穿着主管工装的人员频繁出入该事主房间，但在酒店内却找不到此人，而且在出事前一个多小时得不到呼叫应答。出事后就再也找不到此人。

情节五：从监控录像中看到的身着工装的人，正是酒店招聘的客房部主管，但在人力资源部没有该员工的身份证复印件和本人照片，拨打其留下的电话，只有"你拨打的电话是空号，请查证后再拨"的回音。

情节六：客房做卫生的员工回忆：当时我正在该房间清扫，主管进房说："你要把卫生做好，我要检查。"并在房间里看了一下就出去了，又进来了一下，又出去了。过了几分钟后我做完了清洁，他进来检查，并说："你地毯没有做干净，把吸尘器拿来吸干净。"于是我就出去拿吸尘器，大约只有 2 分钟我回房他就不在了。做完清洁后，我让房务中心呼叫他来检查，却始终找不到他了。

情节七：事发当天，酒店正举行中餐宴会摆台竞赛。酒店大多数管理人员和部分员工到场。

情节八：在事后监控录像中还发现：该主管靠墙脚走，并尽量躲避监控摄像头。

从以上这些情节中，可以勾勒出整个事件的大致过程：此人凭借曾经在酒店客房工作过、熟悉客房特点及操作流程，通过酒店招聘的正常渠道进入酒店客房部，应聘客房部主管一职。因为酒店客房部主管的主要职责之一就是检查房间卫生、设施设备、物品等状况，包括 VIP 房。他为了不留痕迹，一是借口照片过两天回家拿来补交；二是说身份证放在另一件衣服口袋里了，过两天连同照片一起补交。就在他应聘进入酒店的第 3 天，有 VIP 入住，次日他正好当值，于是就利用客房部主管检查重点房的机会，实施了偷盗行为，得手后迅速逃离酒店。这是一起典型的酒店内盗案件。

我们不难看出这起事件发生的原因。该酒店在管理及几个关键的操作细节上出了严重问题，从而导致客人财物被盗，引发了酒店赔偿事件。

细节一：人力资源部招聘员工时，违反了招聘规定。此人在应聘时没有提交身份证及复印件、照片，也就没有按规定查验身份证，为不法分子钻进酒店作案打开了方便之门，无疑给酒店带来了一个祸根。应聘的人形形色色，抱着各种动机，一时难以判断。但是，如果按照招聘程序和规定，不提交身份证、照片，那么求职申请就没有具备基本条件和手续，就不能入店试用。如果把住酒店用人"入口关"，哪里还会让他"堂堂正正"进入酒店行窃呢？

细节二：酒店到人才市场招聘时不止一个工作人员，同时还有两位酒店管理人员。三个人员都没有向应聘人员索取证件，这是很危险的。酒店要保证客人和酒店的安全，首先酒店自身不能有隐患。不可靠的或有风险的操作怎能保证安全呢？

细节三：总台接待没有要求入住客人登记，也没有要求总经办及时补办客人入住登记信息资料，致使该房客人在酒店总台没有记录，严重违反了公安机关、行业规范以及酒店前厅入住验证登记制度,也给解决酒店与客人之间的纠纷带来难度。坚持"入住验证登记""一客一登",是总台的基本接待程序和规范,也是制度,更是对酒店安全负责,对客人生命安全、财产安全负责的基本原则。

细节四:酒店对入住客人没有尽到"提醒并要求客人贵重物品及现金寄存总台贵重物品保险箱或客房保险箱里"的义务和责任。当客人入住酒店后,酒店总台接待和总经办负责该VIP接待的人员也没有尽到告知义务,致使大量现金在客房内"唾手可得"。

细节五:总台是酒店客房的大门,客人入住验证登记制度是通过"入住登记单"来实现的。这份登记单是酒店和客人双方之间的有效经济合同,也是解决双方纠纷的法律依据。因此,总台接待、收银以及总台的入住登记单等就是酒店的重点保卫部。而该酒店保卫部未对总台进行例行检查,安全"四防"中的防盗措施未得以执行,至少这项安全防范工作被遗漏了。

细节六:客房部一个多小时没有找到当值主管,而且是客房部管理的中枢——"房务中心"的员工呼不到当值的直接上级,也没有及时向部门经理汇报。如果各个部门管理都如此缺乏警惕心,那么如何应对突发事件?

细节七:总经办用电话订房,并得到房卡时,没有与住客取得联系,更没有协助总台完成客人的登记手续,这也是酒店没有客人入住资料的主要原因。其实对入住酒店的VIP客人采用酒店大堂副理或前厅经理上房登记等方式,既体现对客人的尊重,又能保证酒店规范操作。为什么不做呢?再说,收集客人信息资料,特别是VIP客人资料,对酒店经营同样有积极的意义。

细节八:酒店总台没有按规定给公安机关传送客人身份证信息。按现行规定,酒店应及时通过公安专用电脑系统传送入住酒店的客人身份证信息。只是一个电话通知,拿什么传?总台如果不能坚持按照规定操作,一旦公安追查的在逃犯在你酒店犯事引发新案件,而公安专用电脑传送系统中查不到资料,酒店是要承担责任的。

上述这些涉及这起案件的细节环环相扣,在哪一个节点上漏掉、缺失、留空都会造成险情,都会留下安全事故祸根。操作靠员工,检查督导靠管理者。为了保证酒店安全运行,从总经理到每一个员工,都需要关注酒店安全管理链条上的每一个细节。

酒店经理人对"经理的困惑"的答复

Re:有人冒充"房客"盗窃怎么办?

Grace Yu:大连香格里拉大酒店　前厅部经理

以上案例说明员工没有接受到酒店正规的培训,抑或是部门管理程序不严谨。首先,作为客房管家面对此类问题应冷静配合保安部或公安机关调查,尽快破案,以减少客人损失;

其次,了解此事为员工个人失误还是部门管理、培训的问题,相信酒店对于给客人开门一定有相关的严谨程序(在任何情况下都必须核对清楚客人身份才可以开门);今后应针对此事加强对员工的培训,加强内部检查、管理力度。

姜东皓:北京中旅大厦客务部经理(北京客务经理协会理事)

毫无疑问,遇到这种情况要马上报警,即以酒店的名义要求警方介入调查,因为这种情况已经属于刑事犯罪,酒店要从入住登记资料、客户档案、监控录像留存、前台接待员和当事客房服务员口供等方面配合警方的侦查。酒店的客房房门开启程序有问题,主要是核查申请开房门人身份的步骤没有做好,给犯罪分子留下了可乘之机,建议程序制度要严格明确核查身份的职责由前台人员履行,前台人员在核查时应采取多重手段,比如:核对登记人居住地址、开房人生日、联系电话等,客房服务人员要加强培训,尤其是涉及客人生命、财产安全方面的安保制度,要严格执行不打折扣。对于受损失的客人在警方没有破案以前主要以沟通、安抚为主,如果对方有意协调解决并且所开具的赔偿额度酒店方能够接受,可以考虑协商解决,但是要出具书面证据作为留存,书面证据上建议不要出现赔付、赔偿等字句,以安慰、慰问、感谢等字语出现比较稳妥。

第13章
客房服务与经营管理的发展趋势

未来,3D影院将走进酒店客房(感谢美豪酒店集团提供图片)

　　随着社会的发展和科学技术的进步,21世纪酒店客房的经营管理和服务将发生一些重大的变化,及时准确地预测和把握这些变化趋势,对于指导并搞好酒店客房部的经营管理工作具有重要意义。

通过本章学习,读者应该能够:
- 把握21世纪客房经营管理的发展趋势。
- 了解酒店客房绿色经营管理的趋势和内容。

关键词:发展趋势;绿色管理
Key words:Development Trends,Green Management

经理的困惑
——"七小件"到底撤不撤？

近日，由中国饭店协会制定的中国首部饭店行业"绿色宝典"——《绿色饭店标准》终于正式出台了，这个《标准》尽管历时长久，千呼万唤始出来，但伴随着它的出台，平时毫不为人所重视的饭店"七小件"，顿时吸引了众多人的眼球。于是乎，近期以来，北京、上海、广州等城市的一些酒店和宾馆纷纷喊出了要撤销提供"七小件"，与国际接轨的口号。可当一些酒店取消后，又收到很多人投诉，认为酒店这样做是"偷工减料"，也给客人带来不便。我们真不知道如何是好？要不要撤掉"七小件"，我们陷入了两难……

13.1　客房服务的发展趋势

13.1.1　客房服务将走亲情化道路

近年来，越来越多的酒店开始走亲情化道路，而且已经取得巨大成功，成为东方酒店（特别是中国酒店）区别于外资酒店及国际酒店集团管理的酒店的一大特色，也将成为旅游行业"中国服务"的标志（图 13.1）。

13.1.2　客房服务将更加突出个性化

客人的需求是千差万别的，既有共性的部分又有个性化的部分，因此要使服务质量上一个台阶，不仅要为客人提供

图 13.1　亲情化服务将成为未来酒店客房服务的发展趋势

标准化服务，满足客人的共性需求，还必须为客人提供个性化服务（Personalized Service OR Individualized Service），满足客人的个性化需求。如果说服务的标准化、规范化是保障酒店服务质量的基础，那么，"个性化"服务就是服务质量的灵魂，是服务质量的最高境界。

13.1.3　"管家服务"将成为酒店服务新潮流

管家式服务是个性化服务的极致，是未来酒店服务的发展趋势。不管是从东京到纽约，还是从北京到上海，采用管家服务的顶级酒店都呈现上升趋势，酒店培训机构也正在为酒店培训出越来越多的优秀管家，管家的服务内容也更加全面，包括商务型专职管家服务、生活型专职管家服务等。

13.1.4 客房服务智能化

进入 21 世纪,高科技在酒店客房服务与管理中将得到广泛的应用。入住酒店的客人在打开电视时,首先映入眼帘的是写有其名字的酒店真诚、热情的欢迎词,可以看到酒店特制的开机欢迎画面,酒店服务、设施和信息化服务内容可一览无遗。客人所需要的一切服务只要在电脑或电视屏幕上按键选择即可(如点播电影、查询留言、账单等),更可坐在屏幕前与异地商家进行可视的面对面会议或洽谈,从而可真正使客人"运筹帷幄之中,决胜千里之外";房内拥有可视电话,电动按摩椅,使客人真正体会到方便和舒适。客房内的设施设备也将完全由电脑控制,出现智能型客房:客人在客房内可以随心所欲地变换四季景色,也可以将"窗户"按照自己的意愿通过遥控器切换为美丽的沙滩,或是绿色的草原……;客房叫醒钟将由叫醒光代替;甚至连席梦思床都可以由客人遥控弹性和硬度……

13.1.5 WiFi 服务普及化

免费 WiFi 将成为酒店的"标配",酒店不再是是否有 Wi-Fi,是否收费的问题,而是 Wi-Fi 连接是否方便?是否快速的问题。

13.1.6 客房为客人提供足够多且方便使用的电源插座

未来酒店客房要为客人提供足够多,且安装位置方便、合理的电源插座,以满足住店客人手机、相机等越来越多的电器设备的充电需求(图 13.2)。为了满足客人躺在床上玩手机、发微信的需要,床头一定要有方便使用的不间断电源插座,方便客人手机充电使用。

13.1.7 客房越来越追求舒适感

为此,很多酒店开始在床上做文章,先是将毛毯改为棉被(这当然无可厚非),床也随之变得越来越宽(无疑给服务员做房增加了难度),接着开始在床垫上做文章,床垫变得越来越厚,越来越松软(一些酒店的床看上去像只大面包),床上枕头的数量也变得越来越多,一些豪华酒店一张床上甚至放了多达 8 只枕头(图 13.3)。床的厚度和松软度、床上摆放的枕头数量似乎已经成为当今豪华酒店和豪华客房的标志。

图 13.2 未来酒店客房要为客人提供足够　　　图 13.3 有 8 只枕头的某豪华酒店的床
　　多且安装位置方便、合理的电源插座

　　其实,床并非越松软越好,这种床可能对欧美客人比较适用,但包括政府官员以及企业老板在内的很多国内客人并不喜欢(在这样的床上,他们会失眠的),他们更习惯于睡硬一点的床,有的甚至要求酒店更换硬板床。至于枕头,不知道哪位客人晚上睡觉需要 8 只? 这不仅给服务增加了很多工作量(意味着劳动成本以及酒店经营成本的增加),也给客人带来很多麻烦——他们在睡觉之前必须先把多余的枕头扔掉! 而且还不知道往哪里扔!

　　因此,酒店追求舒适感本无可厚非,但具体做法则要适可而止,那些华而不实的一时"时尚",最终会被市场和消费者所淘汰,就像当年所有星级酒店要求用毛毯铺床被当今的棉被铺床所取代一样。

13.2　客房经营管理的发展趋势

　　进入 21 世纪,酒店客房的经营管理和服务将发生如下变化。

13.2.1　客房管理的高科技化

　　①客房空调将由总台控制。当客人办好入住手续后,总台可通过电子遥控开启客房内的空调,以方便客人入住,为客人带来舒适的入住体验。

　　②酒店客房将采用智能门锁。就门锁系统而言,将发生很多革命性的变化,"会说话的门锁"、视网膜门锁、指纹门锁、密码门锁等很多新概念门锁将相继出台(图 13.4)。我国一家公司推出一种"会说话的门锁",不仅完全保留了传统 IC 卡门锁所有的保安和管理功能,而且增加了服务的功能:可以针对不同的情形用中英文进行提示和问候:当客人初次开门时,会向客人表示"欢迎光临";当客人插卡方向错误时,提示"您插入卡片的方向错误";当客人在晚上 7:00—12:00 开锁进房,会提示"请您反锁房门";当房门虚掩时,提示"请关好门"……

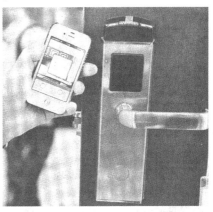

图 13.4　可以用手机开门的"手机门锁"

　　③客房内将安装电子识别器,并在服务台安装电子屏幕,当客人外出时,信息可及时传达至服务台电子屏幕上。如何判断客人是否在客房,以便在不打扰客人的情况下,提供客房清扫服务,一直是困扰很多酒店的难题。未来,越来越多的酒店将在客房内安装电子识别器,并在服务台安装电子屏幕,这样,当客人外出时,信息可及时传达至服务台电子屏幕上。从而大大方便服务员的整理打扫,同时也避免了打扰客人休息的情况,客房清扫员不用去推测客人是否出门,现在打扫是否合适,也不用因进入时间不当而受到客人抱怨。让客人在不知不觉中体会到酒店无微不至的服务。除了自动显示客人进出客房外,酒店还可运用这套系统通过与住宿单的对比,防止排房错误的情况发生。

④客房内将安装扩音设备,将客人自带的手机等电子设备与房内音响系统相连,为客人提供个性化的音响娱乐体验服务。

【链接】

21 世纪的酒店客房

根据美国休斯敦大学酒店和餐饮管理学院的专家们的研究成果,"21 世纪的酒店客房"将具有如下特征:

- 光线唤醒。由于许多人习惯根据光线而不是闹钟来调整起床时间,新的唤醒系统将会在客人设定的唤醒时间前半小时逐渐增强房间内的灯光,直到唤醒时刻时灯光亮得如同白昼。
- 无匙门锁系统。客房将以指纹或视网膜鉴定客人身份。
- 虚拟现实的窗户。提供由客人自己选择的窗外风景:他看到的将不再是千篇一律的停车场或是没有任何特色的城市街道,而可能是自家的小院,森林草地,绿色的田野,迷人的沙滩或其他任何能够使他感到宁静舒适、赏心悦目的风景。
- 自动感应系统。光线、声音和温度都可以根据每个客人的喜好来自动调节。
- "白色噪音"。客人可选择能使自己感到最舒服的背景音响。
- 客房内虚拟娱乐中心。客人可在房间内参加高尔夫球、篮球等任何自己喜爱的娱乐活动。
- 客房内健身设备。供喜爱单独锻炼的客人使用。
- 电子控制的床垫。客人可根据自己的喜好随意调整床垫的硬度。

13.2.2 客房的设计经营和服务将走向无障碍化

图 13.5 方便残疾人使用的卫生设施

21 世纪,人类社会将进入老龄化社会。日本社会超过 65 岁的公民已占全国总人口的 20%;超过 65 岁以上的老年人已占美国总人口的一半以上。中国是世界上老龄化人口最多的国家,中国 60 岁以上的老年人口已接近 1.4 亿,在总人口中的比例突破 10%,按照联合国的划分标准,我国已进入老龄化社会。另据预测,到 21 世纪中叶,中国的老年人口将超过 4 亿,占全国总人口的 1/4 左右。因此,21 世纪的酒店客房在其建设、经营、管理和服务等方面必须考虑老年人的需求,除了为残疾人提供无障碍服务以外,将充分考虑老年人的需求特点,向他们提供能够满足其特殊需要的服务设施和服务项目,同时调整客房部的服务内容和服务方式(图 13.5)。

13.2.3　行政楼层(EFL)将在未来酒店中大行其道

行政楼层也叫"商务楼层",是专门接待酒店商务客人及公司高级行政管理人员,并为他们提供特殊服务的楼层。

一般来说,商务客人希望所住客房内的设施、物品等适合办公及洽谈。虽然各酒店都为商务客人设有商务中心,但是这些人为了有效利用时间,希望在离客房较近的地方办公。并且也很想避开那些混乱的观光旅游客,寻找幽静而舒适的环境,并且想从内心感觉一下自己与普通游客不一样的心理。为满足他们的要求,酒店要努力做好以下几方面的工作:第一,为 EFL 客人提供与众不同特殊服务(如为客人提供受过专门训练的秘书服务、私人管家服务、委托代办服务以及免费早餐、下午茶、健身等);第二,为他们提供更好、更便利的生活以及办公用设施设备和物品等。

13.2.4　客房管理中将更加注重客人的人身安全和健康问题

在 21 世纪,消费者将更加注重自身的安全与健康,因此,客房服务和管理中将充分考虑客人的这一需求,采取各种有效的措施和手段,防止恐怖活动、各类犯罪分子、艾滋病,以及各种新、旧类型传染病等对客人的袭击,确保客人在酒店住宿期间的安全与健康。

为了确保楼层的安全,防止闲杂人员进入客房楼层,越来越多的酒店,将采用电脑控制的客房电梯自动识别系统。只有持房卡的客人才能开启通往住客楼层的电梯(图 13.6)。

图 13.6　酒店楼层电梯通过房卡识别住店客人的身份

【资料】

新型卫生用品进入客房

如今客人入住酒店,最关心的就是卫生状况,最不放心的地方莫过于容易形成性病和皮肤病传染源的浴缸、恭桶以及洗面盆了。酒店用品厂家在这方面动了许多脑筋,生产了不少新型卫生用品,并已悄悄地进入酒店客房。

最容易成为卫生用品"新宠"的恐怕要数恭桶的一次性坐垫了。以往酒店客房恭桶盖上披有一条写着"已消毒请放心使用"的纸条,但有多少客人能真正放心呢?很多客人选择撕几段卫生纸自制成坐垫铺在圈上以防不测。

一次性坐垫的形式有多种。高级的当然要算那种通过特制设备,可自动撤走已用过又能将新的纸垫移动到位的,使用起来十分方便,但成本自然也高,不太可能普及。比较实用的还是普通型坐垫。通常有平铺式、套装式和粘贴式三种。平铺式易滑动移位,使用不太理想,套装式和粘贴式解决了移位问题,不过套装式在使用时装入、退出较为麻烦。相比之下,较方便使用而成本又不高的是不干胶粘贴式一次性坐垫。

13.2.5　客房的装修和布置将更加注重文化品位，客房的结构、家具的设计和摆设、色彩和灯光的运用将突破传统，更为大胆

酒店的竞争将从低层次的价格竞争逐渐转向高层次的文化和品牌竞争。有文化品位、有鲜明的个性和特色的酒店将受到顾客的青睐，因此，酒店客房在装修、布置和服务方面，将注重文化、艺术品位，追求个性和特色（参见第2章"客房设计与装修"开章导图），与此相适应，客房的结构、家具的设计和摆设、色彩和灯光的运用等将突破传统，更为大胆。那种千篇一律的、毫无个性和特色的酒店客房将被市场所抛弃。

13.2.6　酒店单人房的比例将大幅增加

进入21世纪，从事商务旅游活动的旅游者人数将空前增加，商务旅游在旅游业中所占的比重将大幅提高。而商务旅游者的基本需求特点之一，就是喜欢住单人房。这一方面是为了不受他人干扰，保护个人隐私和追求安全感；另一方面，公务性质的商务旅游也决定了他们与观光旅游者相比，不太在乎客房的价格。在这种背景下，客人对单人房的需求将大幅增加，酒店（尤其是以接待商务客人为主的商务型酒店）在建设和改造中，应大量增加单人房的数量和比例。

我国酒店业是在1978年改革开放后才真正开始发展起来的，当时，为了接待潮水般涌入的外国旅游者，修建了一批旅游饭店，其中90%以上的房间都是双人房，这对于接待观光旅游者还是比较适合的，但是，近年来，随着经济的发展和国内外商务客人的增多，这种房间结构已越来越不适应市场需求的特点，满足不了市场需要。国内很多酒店都是双人房大量闲置，而客人所需要的单人房却总是供不应求，尽管客人也可以将双人房"包"下来，作为单人房使用，但是，谁又愿意出双人房的价格住"单人间"呢？

13.2.7　"绿色客房"将大受欢迎

"可持续发展"是未来人类所追求的自然、社会、经济、文化等的发展模式和发展目标，社会进入21世纪，符合可持续发展思想的绿色酒店、绿色客房将受到酒店经营者及顾客的普遍推崇和欢迎。

13.2.8　客房市场将进一步走向细分化

21世纪，客人对酒店服务的要求将越来越高，这将迫使酒店市场细分化，以最大限度地满足不同类型客人的不同需求。传统的一家饭店以一种模式接待所有客人的时代将一去不复返，酒店市场将被分割为商务酒店、旅游观光酒店、度假酒店、青年旅馆、经济型酒店、豪华酒店、精品酒店、特色酒店等多种类型，不仅如此，同一家酒店和客房还会被划分为商务楼层、行政楼层、女性楼层以及儿童客房、长者客房等。不仅客房的硬件会发生变化，而且服务的内容和方式也会发生重大变化。

13.2.9　客房将营造成为人们的"家外之家"

为提高收益,美国的饭店经营者们想出了许多方法来吸引住客,如提供望远镜、配备娱乐器具、安装休闲设施、赠送奶酪食品等,使客房越来越贴近顾客的生活需求,而不是个除了"靠着枕头、躺在床上"外便无所事事的地方。

针对越来越多的健身爱好者,Colarossi 公司为其所管理的饭店客房内配备了橡皮绳和伴奏用的 CD 音响,以供客人在房内做健身操用。

而华盛顿特区 Rouge 饭店则推出了多种房型供不同的顾客选择。该饭店原是个公寓,每个房间都有一个宽约 3 m,用作厨房的区域,经营者们即对此进行了改造:有的房间里安装了自行车健身器;有的房间里铺设了瑜伽练功毯并配套了可调灯光系统和瑜伽音乐伴奏;有的房间则成了办公室,有宽大的办公桌、宽带接口和传真机;当然还有的房间保留了厨房,但更新了设备。尽管这类客房的价格较贵,但出租率却明显增长。

本着"家外之家"的想法,有一些饭店则加强了娱乐设施的配备。如在客房内增添了带闹钟的 CD 音响,古典音乐或爵士乐的 CD 等。

房间内供客人阅读的杂志也发生了明显变化。以往,客房桌子上放置的都是一些介绍饭店所在地的旅游宣传杂志,而现在都变成了像《时尚》《旅游与休闲》等引导社会潮流的时尚刊物。在中央公园的丽嘉酒店(The Ritz Carlton),房间里配备的书籍和杂志可以铺满 4 个桌面,另外,还提供获奖电影的 DVD、带夹子的阅读灯等。最别出心裁的是,该酒店还在其面向中央公园的 92 间客房内放置了公园的鸟瞰图和黄铜制作的望远镜,以供住客观赏公园时使用。

要想让客人留下深刻的印象,就必须要有特别的东西。对于现代的旅行者尤其是商务旅行者来讲,每天总要留一段时间放松一下自己。

Aveda 集团在其所管理的 150 家饭店中,除了提供护肤、护发用品外,还在浴室里提供柔软光滑的擦身用具,并在客房里添置了安神的香茶,安装了蜡烛形的灯具。当蜡烛亮起,房间内便充满了温馨与宁静。

芝加哥的一家饭店则更绝。通过与一位草药师的合作,该店推出了一批据说能让人做不同美梦的用纯天然草药制作的香袋。客人只需简单地看一下目录,电话通知前台,一袋能让他享受特别梦乡的草药香袋便会送到客人房间。

因为考虑身体健康,睡前吃巧克力的习惯已渐渐被人忘却了。可要是能有像巧克力一样可口而又低热量的产品呢?凤凰城度假村正同它的比利时巧克力供应商研究、开发一种新的睡前食品。据该度假村发言人介绍,这种新食品将是一种特制的奶酪,可以帮助人们睡眠,因为经过一天的忙碌,人们最需要的就是睡眠。

【链接】

客房特色设计与经营点滴

为了吸引客人,改变酒店客房千篇一律的形象,很多酒店经营者在酒店客房的装修和经

营方面大做文章,取得了良好的效果,赢得了客人的赞赏。下面是一些酒店的做法:

● 深圳威尼斯大酒店在每间客房的卫生间浴缸边都放上一只逗人喜爱的塑料小鸭子,浴缸一放水,鸭子水上漂,平添几分童趣。而当你要上床就寝时,会发觉枕边有一只穿着酒店员工服装的憨态小熊,并配放了几块巧克力,默默而又温存地向客人传递着"晚安"的问候。

● 某酒店客房内的所有电器设备(供冷和供暖设备、所有灯具、电脑、电视等)除了设有局部控制开关外,还专门配备了一个智能无线遥控器来进行控制,操作起来既简单又方便。客人静卧在床上,一切事情就可以轻易搞定。

本章小结

➢ 客房经营管理的发展趋势是:服务和管理智能化和高科技化;客房服务个性化;商务楼层在酒店设计和经营中将更为普遍;客房装修和布置将更加突出特色,注重文化品位。

➢ 未来酒店将实施绿色管理,与可持续发展和节约型社会相适应的"绿色客房"将大受欢迎。

复习思考题

1.解释下列概念:

　绿色管理　"一步到位"服务

2.简述酒店客房经营管理的发展趋势。

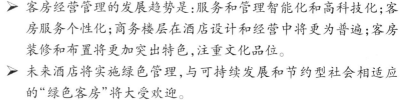

【案例分析】

温馨的酒店——女性客房与女式服务

在一个寒冷的冬日下午,乔小姐提着沉重的行李箱来到了公司为她预订的蓝天酒店,坐了几个小时飞机的她真的快累坏了,全身更是冷得直打战。一想到要在这陌生的酒店里度过一个星期的时间,她的眉头就皱了起来。她是多么渴望家的温暖呀!

怀着沮丧的心情,乔小姐跨进了蓝天酒店的大门。这时,一个甜美的嗓音传入耳中,"您好,欢迎您来到蓝天酒店,请问您是否预订了房间?"乔小姐转过头,只见一位面带天使般笑容的女孩迎上前来,她一脸和煦灿烂的笑容让乔小姐仿佛感到了春天的气息。

乔小姐点了点头。

"请您随我到这边来登记一下好吗?我想您一定累了吧,我们会尽快带您到客房休息的。行李很重吧?我替您提吧。"女孩轻声询问着。

"好的,麻烦你了。"乔小姐忽然间觉得也许在这里待上几天不会太糟吧。

办完登记手续之后,当她还在吃惊于服务员办理登记手续效率之高时,她已经被服务员带到了自己的房间。

房门一打开,她在心里忍不住要惊叹:鹅黄色的厚重落地窗帘阻隔了外面的严寒,同一色系的地毯从门口延伸到整个房间,宽大柔软的杏仁色丝绒床褥,衬上床上那几个柔软舒适的抱枕,给整个房间带来了一种温馨如家的氛围,房间的灯光十分柔和。房间茶几上摆放的那几盆绿意盎然的小巧盆栽,一看就知道是经过了精心搭配,让整个房间充满春天般的气息。还有床头旁边那精致的粉红色梳妆台上摆满了各种女性保养品及整套的化妆品,让乔小姐感到自己走进了一个纯女性化的世界。台面上的一个粉红色的信封上写着:欢迎您来到本酒店,这是我们送给您的小小礼物,希望您在本酒店过上愉快的一周生活!

"请问您现在需不需要用晚餐呢?我们可以为您送到房间来。"服务员带着亲切的笑容询问着。

"哦,好的。但我想先看一下你们酒店的菜谱可以吗?"乔小姐说。

"哦,当然可以。"服务员立刻把菜谱递给乔小姐。

"嗯,我就要这份套餐吧。请你们八点钟的时候再送来吧,因为我想好好洗个热水澡。"乔小姐面对服务员的亲切态度,语气也不自觉地放缓了。

"好的,那我不打扰您了。如果有什么需要的话可以随时找我们,我们很乐意为您服务。"服务员接着就退出了房间。

乔小姐拿着换洗衣物随后走进了浴室。按下电源开关,整个浴室顿时被笼罩在一片柔和的粉红色灯光之中。当她调好水温,躺进浴缸时,她惊喜地发现,原来浴盆还安装了一套自动按摩仪器。她把按摩仪固定在肩膀上,接着按摩仪就自动按摩她的肩膀和脖子。按摩仪按摩的力度适中,让她感到自己的全身神经都得到了放松,差点就想美美地在浴室里睡上一觉了。

在浴缸里泡了半个钟头后,她披上柔软的浴巾精神焕发地走出了房间。她赤脚踏着柔软的地毯走到了浴室门口,换上摆放在门口旁边的毛茸茸的可爱拖鞋,忽然之间觉得自己又仿佛回到了纯真的少女时代。

问题:你如何评价这家酒店的女性客房?作为女性客房,还有有待改进的地方吗?

【补充与提高】

酒店"七小件"收费,长沙挑战行业惯例

7月1日起,长沙市的所有宾馆、饭店、招待所的牙刷、沐浴液等一次性客房用品将彻底告别无偿使用的历史,客人如要使用,则要自掏腰包。

政府动议,"七小件"撤出酒店客房

2008年初,长沙市政府办公厅下发了《关于宾馆酒店招待所等场所不主动提供一次性日用品的通知》,明确要求从2009年3月1日起,长沙所有宾馆、酒店、招待所及相关单位,将停止主动提供一次性牙刷牙膏、拖鞋、梳子、洗发水、沐浴液、香皂、浴帽等日用品,而由客房服务中心统一配备,并在总服务台与客房内予以提示,仅在客人提出需要时提供配送。2010年1月1日前,酒店客房"七小件"改为有偿消费。

为了推行此措施,长沙市要求各大旅行社:在组团出行前向客人倡导自带有关日用品、在接待外地团队时提前向组团社说明,请客人自带日用品。同时,倡导长沙市民要带头宣传并从自身做起,减少使用一次性日用品。

多管齐下,促使新举措顺利实施

事实上,近几年来,酒店撤出客房一次性用品的尝试并不鲜见,北京、上海等地都曾试验过,但面对络绎不绝的顾客投诉,酒店只能纷纷选择放弃。

长沙旅游局的黄洁平坦言,长沙撤出"七小件"的工作,也并非没有阻力。对酒店而言,工作量增大了不少,特别是一些度假型酒店,由于客房分散,一旦客人有需求,酒店要开着电瓶车去送,成本也相应增加。住店客人方面也有一个接受过程,据了解,相关投诉中,来自高星级酒店客人的相对多些。而像长沙运达喜来登酒店这样的五星级酒店,在完全支持政府这个举措的同时也表示了顾虑———作为一个国际品牌的酒店,如何保持全球酒店服务品质的一致性?

但是,长沙的这一行动还是比人们预料的要顺利,3份长沙市政府督查组专项检查结果显示,星级宾馆、酒店执行率达到90%以上。而长沙市旅游局相关负责人透露,"这一举措并没有影响酒店的入住率"。

为什么同样的举措,别的地方行不通而在长沙却能奏效?宁乡通程温泉大酒店公关部经理罗丹认为,如果是部分酒店自己的行为,客人会觉得酒店是为了节约成本而克扣客人从而产生不满,酒店也怕因此而失去客人。但此次是市政府牵头,全行业统一行动,所以酒店的顾虑就打消了。而且,酒店为了执行这项措施,做了很多工作,比如在大堂、前台等设立广告牌,前台人员主动向来店客人介绍相关情况,这样客人比较容易接受。黄洁平也持这一观点,她说,如果是小范围地将"七小件"撤出,会导致同级别的酒店在方便程度上不如别家,客人会因此分流。

其实,长沙此次行动较为顺利的原因还有赖于市能源办、市旅游局、市经委等相关部门做的大量铺垫、宣传、指导工作。据黄洁平介绍,为了配合此次活动,长沙市做了大量的宣传工作,包括户外广告、媒体宣传以及酒店内的宣传、提示。长沙市能源办、旅游局等几个相关政府部门还联合举办了由市民、网友,来自市内各酒店、宾馆、招待所、旅行社、饭店的代表,以及一些酒店用品生产商,共同参加的研讨会,目的是听取各方意见,完善今后的工作。对于酒店在实施过程中所遇到的问题,旅游部门也给予了指导。

有偿使用,能否过得了消费者的关

长沙市将"七小件"有偿使用的时间确定在了 7 月 1 日。从不主动提供,到有偿使用仅仅用了几个月时间,长沙这一创举步伐是否太快了? 因为,酒店虽然不主动提供,但客人还是可以无偿使用,一旦需要付费,客人是否还能理解,毕竟价格是个敏感话题。

对于这一点,长沙的旅游部门、酒店似乎并不担心,"现在人们的环保意识也在不断提高,更何况前期已经有了比较充分的宣传和较长的过渡期,客人对此项措施接受程度较高"。

应对收费,生产商忙为产品"变脸"

"七小件"将收费,受影响最大的恐怕还是生产商。市场反应快的厂家能够正视现实,并采取了积极的应对措施。据了解,日前,两面针(扬州)酒店用品有限公司的一次性牙刷、牙膏、拖鞋等"七小件"用品全部明码标价,并在长沙的酒店与消费者见面。某厂家新开发的"七小件"自动售卖机也将出现在酒店。另外,长沙限制的是一次性客房用品,某些酒店采用的大包装产品就值得提倡。

"七小件收费",客人、酒店怎么看

绿色、环保是酒店业发展的大趋势。不过,要"复制"长沙的做法,却不能一蹴而就。在采访中,一位经常出差的张先生告诉记者,他基本会自带洗漱用品,但以前酒店的房价里是包含了"七小件",用不用客人自便,现在需要收费,不就等于变相提高了房价吗,尽管也许不太多,但感觉不好。

一位国际知名品牌酒店的资深人士则表达了这样的观点:倡导绿色、环保是酒店业义不容辞的责任,但酒店的环保行为不能以降低客人的舒适度为代价,毕竟,酒店是服务行业,要在环保与客人舒适度之间寻找到一个平衡点。有的酒店业人士建议,酒店、宾馆可尝试给不使用客房一次性用品的客人房价打相应的小折扣、赠送果篮、小礼物等奖励,鼓励房客自带洗漱用具。

一次性用品撤出酒店客房也许是不可避免的,作为先行者的长沙正在进行一次有益的尝试。

(李玲)

酒店经理人对"经理的困惑"的答复

Re:客房"七小件"到底撤不撤?

刘继华:深圳东华假日酒店管理有限公司客房部经理

首先,需要弄明白的是:"七小件"究竟会在多大程度上影响环保? 酒店是服务行业,对高品质服务的追求是每一个酒店,尤其是星级酒店不懈努力的目标。因此,与取消"七小件"给客人带来的不便相比,其环保上的意义似乎就大打折扣了。在我看来,要更好地达到环保、节约的目标,与其硬邦邦地取消"七小件",还不如温馨地提示客人,不要让热水哗啦哗啦地流着,不要让电灯一刻不熄地亮着。

其次,需要弄明白的是:酒店在取消"七小件"之后,有没有担当起告知消费者、教育消费者的责任? 很多事情决定起来是容易的,执行起来却是困难的。我丝毫不怀疑酒店当初取消"七小件"的初衷是好的,问题是,它有没有让消费者也认同并实践这个行动。换句话说,虽然酒店取消"七小件"的政策出来了,但它相应的配套措施是不是也跟进了。因此,当很多消费者对五星级酒店没有牙刷表示很不理解时,这不能怪消费者在环保理念上的"无知"和"落后",只能怪酒店在告知、教育消费者上做得还不够到位。

最后,需要弄明白的是:酒店取消"七小件"是不是借"环保、节约"之名行"跟风、作秀"之实? 当今提倡节约、讲究环保的确是刻不容缓,但我们追求的应该是科学、理性的节约观和环保观,既要实事求是,还要具体问题具体分析,而不是简单地做些表面文章,更不是哗众取宠地抛几个噱头。事实上,不经过可行性分析,不经过缜密思考,就匆匆"问世"的政策、措施,往往是经不起现实的考验而不得不"夭折"的。

姜东皓:北京中旅大厦客务部经理(北京客务经理协会理事)

既然行业协会有明确要求那还是要执行,况且这是绿色环保等级评定中重要的一项,房间都换成三合一的大包装,但是行政楼层和套间可以考虑摆放高档一些的非一次性个人卫具,最好不要带酒店的标志,这样客人可以拿走继续使用,肯定可以赢得客人的好感;对于普通房间的住客还是要备有一些一次性的用具,当客人提出要求时无偿提供,这一点可以通过服务指南、欢迎信、节能提示牌等方式告知客人,时间长了也就习惯成自然了。

第14章
手机移动端客房管家系统

　　随着互联网和移动通信技术的发展,将使酒店管理,特别是酒店房务管理产生革命性的变化。未来手机移动端将进入酒店管理系统,改变传统的酒店沟通和管理模式,并将极大地提高房务管理的效率和对客服务的质量,同时,加强对客房部员工考核的力度,提高客房管理的科学性。

通过本章学习,读者应该能够:
- 了解手机移动通信技术在酒店客房部经营管理中的应用模式。
- 掌握利用手机移动通信技术对客房进行管理的方法。
- 学会利用移动通信技术对酒店客房管理进行变革。

关键词:手机;移动端;管家系统
Keywords:Cell Phone,Mobile Terminal,Housekeeping System

经理的困惑
——手机移动端的使用对酒店客房管理会产生哪些影响？

移动互联网的发展对酒店业产生着越来越大的影响，我们是即将开业的高星级酒店，想知道我们是否有必要采用手机移动端进行管理，手机移动端的使用对酒店客房管理会产生哪些影响？还有，目前酒店行业有哪些好的手机移动端管理系统？

14.1　房态管理

房态管理是客房客家系统的重要内容，做好房态管理对于提高客房利用率和对客服务质量都具有重要意义。移动终端技术的应用使得客房房态管理更为及时、便利，很多情况下，不再需要房务中心文员进行操作，而直接由客房清洁人员以及主管直接在手机上操作就可实现房态的即时转换，前台对客房部的各种指令也不用通过房务中心，而直接发到客房服务员的手机上，从而大大提高了员工的工作效率。

14.1.1　房态系统

客房管家系统中的房态管理主要针对空房、在住房、VIP 房、未住脏房、在住脏房、维修房、预留房等房间类型进行转换和管理（图 14.1、图 14.2）。

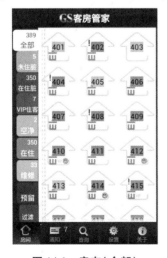

图 14.1　房态（全部）

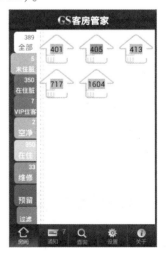

图 14.2　房态（未住脏）

14.1.2　管家系统

点击上图中任何一个房号，即可进入客房管家系统，主要包括图 14.3 所示的内容。

1）入账

以客房小酒吧的酒水入账为例，服务员补充客房小酒吧酒水时，不需要填写纸质做房报表，只需要在手机移动端客家系统中点"+"号即可。这样，系统会自动计入客人账单中，并自动统计酒店消耗情况，而无需人工统计，大大降低了客房管理的人工成本（图 14.4）。

2）设为净房

领班检查完服务员打扫过的房间，如合格，则按手机上客房管家系统上的"设为净房"，该房就在总台房态表中显示为可出租房（"OK"房）。

图 14.3　客房管家系统

图 14.4　房务入账操作

3）设为脏房

客人结账后，客房服务员查房时，就可将该房设为脏房（即"离店房"）。另外，尚未清洁的住客房也都属于脏房。

4）查房

客人结账离店时，需要查收，此时，服务员只需要点击移动端相关消费项目或赔偿项目及数量，保存后，按"查房完成"键即可，相关查房信息及客人消费信息将即刻进入前台账户（图 14.5）。

5)报修

如做卫生或查收时发现有些项目需要报维修,服务员或主管可直接选需要报修的项目,并对报修项目作补充说明。酒店工程部便可第一时间收到报修申请表,从而安排人员去楼层对所报项目进行维修保养(图14.6)。

图 14.5　查房

图 14.6　报修申请表

图 14.7　易耗品报表

6)录易耗品

采用移动端客家系统,客房清洁员也不用填写纸质"客房用品使用报表",只需要在移动直接点击"+"即可,不仅方便操作,也方便统计和客房部成本核算(图14.7)。

14.2　服务通知系统

服务通知系统:可由总台或客房服务中心通过移动端向楼层服务员发出服务指令。

14.2.1　离店查房通知

有客人离店时,总台通过移动端通知客房服务中心或直接通知相关区域的楼层服务员查房(图 14.8)。

14.2.2　客人入住通知

有客人入住时,总台通过移动端直接通知相关区域的楼层服务员(图 14.9)。

14.2.3　客人借物通知

有客人借物时,房务中心可通过移动端通知相关区域的楼层服务员(图 14.10)。

14.2.4　卫生通知

需要做房间卫生时,房务中心可通过移动端通知相关区域的楼层服务员直接去相关房间做卫生(图 14.11)。

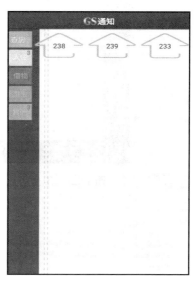

图 14.8　查房通知

14.2.5　其他通知

前厅及客房服务中心有其他通知也可在移动终端显示(图 14.12)。

图 14.9　有客人入住时,总台通过移动端
　　　　直接通知相关区域的楼层服务员

图 14.10　借物通知

图 14.11　卫生通知

图 14.12　其他通知

14.3　房务查询系统

房务查询系统主要包括入账历史、查房历史、报修历史、房态历史以及免打扰等每个房间历史信息的查询(图 14.13)。

14.3.1　入账历史查询

客房管理人员或服务员需要查询某个房间的入账历史,可在查询系统中直接点击"入账历史",接着输入房号,按"查询"键,即可查询该房入账历史(图 14.14)。

图 14.13　房务查询系统

图 14.14　客房入账历史查询

14.3.2　查房历史查询

客房管理人员或服务员需要了解某个房间的查房历史,可在查询系统中直接点击"查房历史",接着输入房号,按"查询"键,即可查询该房查房历史(图 14.15)。

14.3.3　报修历史查询

如需了解某个房间的报修历史,可在查询系统中直接点击"报修历史",接着输入房号,按"查询"键,即可查询该房报修历史(图 14.16)。

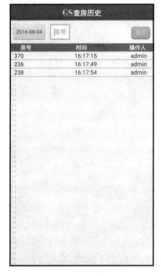

图 14.15　查房历史查询

图 14.16　客房报修历史查询

14.3.4　房态历史查询

出于管理的需要,管理人员如需查询某个房间的房态操作历史,可在查询系统中直接点击"房态历史",接着输入房号,按"查询"键,即可查询该房房态历史(图 14.17)。

图 14.17　房态历史查询

本章小结

➢ 移动通信技术正在改变传统的酒店经营和管理模式,手机移动通信技术的应用可以极大地提高客房管理效率和顾客满意度,同时,是激励客房员工的有效工具和手段。

➢ 手机移动端的使用是未来客房管理的发展趋势。

复习思考题

1.手机移动通信技术在哪些方面可以改善客房管理?

2.为什么说手机移动端的引入可以对客房部员工起到激励作用?

【补充与提高】

以智能手机为代表的移动互联网如何改善客房管理?

智能手机可以通过系统储存任务,派发任务到员工手机,并可以进行自动记录,经过统计分析,就可以对比生成管理与服务过程各种数据。下面从几个维度来看数据的形成及它的作用。

Part 1　客房清洁质量与放房速度

客房清洁质量是酒店的一项核心指标。在实际工作中,客房服务员的房间清洁质量与主管检查工作的互动关系用传统的方法难以进行记录统计。通过移动互联网的智能手机,

主管可以根据查房情况,给予通过或要求重做,责任清楚。

　　所得的数据可评估每位客房服务员和主管工作质量的总体情况,从而有效控制房间清洁质量。通过手机操作,主管可清楚服务员做房的速度,可依据最有效率的原则进行查房,提高放房速度。上述所有数据对工作质量、工作效率分析非常有帮助。

清洁卫生 Cleanning

序号 No.	酒店名称 Hotel Name	日均清洁人员人均清洁房数 Avg. Room Cleanning per day	日均清洁人员人均工时 Avg. Work Time per day	酒店检查率 Cleanning check rate	酒店检查一次通过率 Cleanning One-time Pass Rate	计划完成率 Periodic Tasks Completion Rate	任务反馈 Guests feedback				
							住中投诉数(个/周) Weekly Complaint During staying	高频投诉关键词 Key word of Complaint		网络差评数(个/周) Weekly OTA negative comment	差评数/一同入住房数 Negative comment/ weekly Occupancy
1	酒店A	17	7.7	88.56%	88.56%	76.33%	3	垃圾桶不干净	房间有异味	毛巾不干净	6	0.48%
2	酒店B	16	7.3	87.45%	87.45%	82.65%	2	毛巾不干净	垃圾桶不干净	房间有异味	3	0.26%
3	酒店C	15	7.1	90.24%	90.24%	76.53%	6	房间有异味	毛巾不干净	垃圾桶不干净	3	0.47%
4	酒店D	15	6.8	82.43%	82.43%	67.83%	5	垃圾桶不干净	房间有异味	毛巾不干净	3	0.26%
5	酒店E	15	7.3	79.43%	79.43%	62.34%	3	毛巾不干净	房间有异味	垃圾桶不干净	3	0.16%
6	酒店F	16	6.9	87.45%	87.45%	87.63%	5	房间有异味	毛巾不干净	垃圾桶不干净	6	0.47%
7	酒店G	16	7.6	87.45%	87.45%	85.24%	8	垃圾桶不干净	房间有异味	毛巾不干净	12	0.71%
8	酒店H	13	7.2	90.24%	90.24%	73.42%	4	垃圾桶不干净	垃圾桶不干净	房间有异味	5	0.40%
9	酒店I	13	6.6	82.43%	82.43%	81.32%	9	毛巾不干净	房间有异味	垃圾桶不干净	8	0.71%
10	酒店J	13	6.2	79.43%	79.43%	84.72%	11	房间有异味	垃圾桶不干净	毛巾不干净	16	0.95%
备注 Note	优秀	≥14	≥7.5	≥90%	≥90%	≥85%	≤3				≤3	≤0.2%
	合格	14~12	7.0~7.5	90%~85%	90%~85%	85%~75%	5~10				5~10	0.2%~0.5%
	中等	12~10	6.5~7.0	85%~80%	85%~80%	75%~65%	10~15				10~15	5%~10%
	不合格	<10	<6.5	<80%	<80%	<65%	>15				>15	>10%

Part 2　员工工作任务节点控制

　　有部分任务对完成的时间有较高的要求,譬如顾客在住房提出的各种要求,如不能及时处理或漏掉任务,这将引起客人投诉,所以此类任务的时间因素变得很重要。又如工程报修,因纸质几联报修单,容易出现漏单、推诿,而且事后还很难查证。运用移动互联网智能手机可以准确记录,不漏单,可计算完成任务所需时间,从效率上保证了服务质量。

Part 3　工作效率的衡量

　　在酒店,特别是服务工作,相当部分可进行量化。如工程部的计划维保,报修,客房部的清洁房间,计划卫生,主管的查房,对顾客的输送服务都可以根据酒店的标准进行量化。有了系统,可以进行自动记录并统计,衡量每名员工及每个酒店的工作效率情况。

服务效率 Service

序号 No.	酒店名称 Hotel Name	平均耗时 Average Time Cost Per Order		退房到房间可售平均耗时 Avg Time Cost Per Room for sale		异常比例 Abnormal Rate	退房检查率 Check-out Rate	住客反馈 Guests Feed Back			
		查房 Check-out	服务输送 Room Service	总用时 Total Time Cost	房间清洁用时 Cleaning Time Cost			住中投诉数（个/周）Weekly Complaint During Staying	高频投诉关键词 Key word of Complaint	网络差评数（个/周）Weekly OTA negative comment	差评数/一周入住房数 Negative comment/ wely Occupancy
1	酒店A	3.5min	5.8min	64 min	34.3min	6.22%	96.45%	3	退房检查等待时间长　送毛巾慢　入住等待时间长	6	0.48%
2	酒店B	5.5min	6.4min	75 min	27.5min	2.54%	94.34%	2	入住等待时间长　退房检查等待时间长　送毛巾慢	3	0.28%
3	酒店C	2.7min	4.5min	85 min	32.4min	3.45%	95.31%	6	送毛巾慢　入住等待时间长　退房检查等待时间长	6	0.47%
4	酒店D	3.2min	13.4min	97 min	44.5min	5.64%	83.43%	5	退房检查等待时间长　送毛巾慢　入住等待时间长	3	0.28%
5	酒店E	3.7min	18.min	121 min	46.2min	2.57%	98.74%	5	送毛巾慢　退房检查等待时间长　入住等待时间长	2	0.18%
6	酒店F	4.5min	10.1min	59 min	35.8min	4.32%	93.46%	5	入住等待时间长　送毛巾慢　退房检查等待时间长	6	0.47%
7	酒店G	6.6min	30.4min	60 min	42.min	1.98%	96.43%	8	退房检查等待时间长　送毛巾慢　入住等待时间长	12	0.71%
8	酒店H	2.9min	8.9min	110 min	22.5min	7.43%	91.37%	4	入住等待时间长　退房检查等待时间长　送毛巾慢	5	0.40%
9	酒店I	4.5min	25.3min	79 min	36.4min	4.57%	97.38%	9	入住等待时间长　送毛巾慢　退房检查等待时间长	8	0.71%
10	酒店J	11.2min	23.5min	88 min	31.3min	8.01%	98.92%	11	送毛巾慢　退房检查等待时间长　入住等待时间长	16	0.9%
*注释 Note 优秀		<3min	≤5min	≤60 min	≤25min	≤2%	≥98%	≤3			0.2%-0.5%
良好		3min-5min	5min-15min	60 min-90 min	25min-35min	2%-5%	98%-95%	5-10		......	5%-10%
中等		5min-10min	15min-30min	90 min-120 min	35min-45min	5%-10%	95%-90%	10-15		10-15	5%-10%
不合格		>10min	>30min	>120 min	>45min	>10%	<90%	>15		>15	>10%

Part 4　住客服务管家

住客服务管家是全方位提升客人体验的有效工具。帮助酒店快速响应客人需求,有效预防和处理顾客投诉,提升顾客满意度。系统自动统计客人的相关数据,生成客人偏好档案,为酒店的个性化服务建立基础数据。

对客服务输送的流程优化

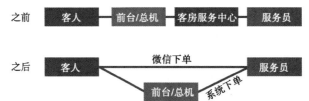

客人微信下单/前台一键下单,批量下单,点对点发送,免除中间转接;

形成任务记录,超时自动提醒;

针对赶房,打扫房间,遗留查找等场景,不同的服务类型,适配不同的流程;

落实服务标准,重要任务自动抄送主管,不同任务,不同超时时限;

移动化管理,手机实时查询对客服务工单,方便管理。

使用效果数据

每年节省 **10** 万余元

节省客房服务中心中晚班 **两个班次** 的人力成本

因服务输送的投诉下降 **90%**

前台每天节省了 **2小时** 的电话时间

报表统计 **自动** 进行,节省人力时间

Part 5 客房管家

客房管家致力于帮助酒店快速处理客房的日常性任务,全面落实周期卫生,实现对人力和物料的系统管理,高效落实酒店客房事务的每一个细节,保证客房设施完善、卫生达标及顾客体验完美。

信息化提高做房效率,分房结果和主管清洁检查实时通知;

支持区域抢房,减少服务员等待时间,使其在一天内可以做更多的房;

管理层可在手机查询部门工单状态、房态,进行任务调度等;

量化管理客房部,日报/月报数据多维度呈现客房工作,减少管理人员工作量。

客房清洁				退房检查		
脏房数 120	分配 97	完成清洁 96 99.0%	完成检查 96 100.0%	退房数 50	建单数 36 72.0%	完成数 36 100.0%
客房清洁工作效率: 人均完成清洁房间13.7间				查房单平均耗时:5.1分钟 最长耗时:18.4分钟		
住客服务		客房维护			汇总	
建单 73	完成服务 73 100.0%	报修单数 18	计划卫生完成 17 65.4%	验收单数 27	工作人数 14 85.7%	
服务单平均耗时:11.4分钟 最长耗时:7小时16.6分						

酒店经理人对"经理的困惑"的答复

Re:手机移动端的使用对酒店客房管理会产生哪些影响?

朱靓:南沙大酒店总经理助理

客房部的工作主要由客房清洁、周期计划工作、对客服务和一些临时的工作任务组成。

传统的客房管理中主要通过对讲机、电话等工具来沟通联系,员工亦总是需要通过电话询问来了解和传达信息,这种口头沟通的方式,既耗时耗力,降低效率,又无证可循,稍有不慎就会导致信息传达有误,甚至引来客人投诉。同时,通过手工分配工作任务和填写纸质报表,人工追踪每一项任务落实,既烦琐又消耗大量时间、人力,且难以统计分析。没有客观数据的支撑,淡旺季明显的酒店,更是难以实现最优人力资源配置。

因此,传统的客房管理模式让我们的管理人员总是纠结于工作效率低,客房质量难以监控,周期卫生由于责任不清、问责困难,难以完全落实,影响房间清洁质量、客人投诉以及人工成本上升等几大问题。

随着互联网技术在客房管理的全面应用,借助手机移动终端的新型客房管理方法使我们以往的这些困惑终于得以一一解开。

首先,从清洁房间来说,客房管理系统最大的特点是智能做房。

①做房任务自动统计,便捷分配,以有效平衡员工工作量。

②面对做房任务,员工可抢房,多劳多得,员工每一步的清洁状态均可同步显示(如清洁中、待检查、已完成等)。

③做房任务自动分配。

其次,在酒水管理方面,员工在做房过程中可在手机端录入酒水消耗,查询酒水消耗历史记录及数量统计,避免酒水漏入账。

同时,发现客房有工程问题时,手机端同步每间客房的报修历史以及便捷报修,避免重复报修或者漏报。

除客房清洁外,周期卫生也是客房管理中很重要的一项工作,但是客房的点对点任务繁多,如果通过纸质记录很容易遗留。客房管家可将周期卫生任务一次性录入系统,按周期自动提醒执行,所有执行对象均可便捷分配,每一项的进度可视化,员工通过手机接收任务,按照清单逐项处理。

而作为客房的管理人员,我们的经理主管也可以直接通过手机管理房务工作,房间清洁完成后,自动提醒主管检查,如检查不通过,录入原因通知服务员重新处理,检查通过则直接通过手机放房。同时,管理层可在手机查询部门工单状态、房态、进行任务调度等,实时处理房态,合理分配人力。每一间客房的历史记录均永久保存,可随时查询客房历史住客、客房清洁记录、客房报修记录、计划卫生执行记录等。

在对客服务方面,客人需求可通过酒店微信公众号自助下单,系统自动匹配跟进,员工在手机上接收任务,完成后即时回复,节省转接环节,前台/总机的话务量减少45%以上,且准确率大大提高。系统会自动记录客人的每一次服务需求和投诉事件,并生成客史档案,管理者可以实时了解每一宗投诉的内容和相应的处理情况,投诉处理责任落实到人,保证处理高质高效,从而有效防止客人流失。

同时,移动客房管家支持多种场景下的工单,保证服务质量的同时,提高服务效率。

客房管理系统另一大特色是报表功能,统计分析数据可多维度评估客房工作,将关键指标生成日报、周报,有效实现员工工作量、工作效率统计,部门任务执行情况统计,布草、酒水等物料消耗统计。

　　当然除了我以上介绍的蓝豆云移动客房管家以外,现在 PMS 厂商像绿云、西软、千里马、捷信达都陆续推出手机版 PMS。总而言之,客房管家系统不仅能帮助酒店快速处理客房的日常性任务,全面落实周期卫生,同时实现对人力和物料的系统管理,高效落实酒店客房事务的每一个细节,从而保证客房设施完善、卫生达标及顾客体验完美。

　　面对面观看广州南沙大酒店总经理助理朱靓谈:手机移动端的使用对酒店客房管理会产生哪些影响?
　　方式一:请登录:刘伟酒店网—院校服务—视频—手机移动端的使用对酒店客房管理会产生哪些影响?
　　方式二:扫描以下二维码

面对面观看广州南沙大酒店总经理助理朱靓谈:手机移动端的使用对酒店客房管理会产生哪些影响?

附　录

附录1　客房部常用英语

(1)酒店各部门、各岗位名称英汉对照

董事总经理	Managing Director
总经理	General Manager
副总经理	Deputy General Manager
驻店经理	Resident Manager
总经理行政助理	Executive Assistant Manager
总经理秘书	Executive Secretary .
总经理室	Executive Office
机要秘书	Secretary
接待文员	Clerk
人力资源开发部	Human Resources Division
人事部	Personnel Department
培训部	Training Department
督导部	Quality Inspection Department
财务部	Finance and Accounting Division
成本部	Cost-control Department
采购部	Purchasing Department
电脑部	E.D.P.
市场营销部	Sales & Marketing Division
销售部	Sales Department

公关部	Public Relation Department
预订部	Reservation Department
客务部	Rooms Division
前厅部	Front Office Department
管家部	Housekeeping Department
餐饮部	Food & Beverage Department
康乐部	Recreation and Entertainment Department
工程部	Engineering Department
保安部	Security Department
行政部	Rear-Service Department
商场部	Shopping Arcade
人力资源开发总监	Director of Human Resources
人事部经理	Personnel Manager
培训部经理	Training Manager
督导部经理	Quality Inspector
人事主任	Personnel Officer
培训主任	Training Officer
财务总监	Financial Controller
财务部经理	Chief Accountant
成本部经理	Cost Controller
采购部经理	Purchasing Manager
采购部主管	Purchasing Officer
电脑部经理	E.D.P. Manager
总出纳	Chief Cashier
市场营销总监	Director of Sales and Marketing
销售部经理	Director of Sales
宴会销售经理	Banquet Sales Manager
销售经理	Sales Manager
宴会销售主任	Banquet Sales Officer
销售主任	Sales Officer
客务总监	Director of Rooms Division

前厅部经理	Front Office Manager
前厅部副经理	Asst. Front Office Manager
大堂副理	Assistant Manager
礼宾主管	Chief Concierge
客务主任	Guest Relation Officer
接待主管	Chief Receptionist
接待员	Receptionist
车队主管	Chief Driver
出租车订车员	Taxi Service Clerk
行政管家	Executive Housekeeper
行政副管家	Assistant Executive Housekeeper
办公室文员	Order Taker
客房高级主管	Senior Supervisor
楼层主管	Floor Supervisor
楼层领班	Floor Captain
客房服务员	Room Attendant
洗衣房经理	Laundry Manager
餐饮总监	F & B Director
餐饮部经理	F & B Manager
西餐厅经理	Western Restaurant Manager
中餐厅经理	Chinese Restaurant Manager
咖啡厅经理	Coffee Shop Manager
餐饮部秘书	F&B Secretary
领班	Captain
迎宾员	Hostess
服务员	Waiter, waitress
传菜	Bus Boy, Bus Girl
行政总厨	Executive chef
中厨师长	Sous Chef(Chinese Kitchen)
西厨师长	Sous Chef(Western Kitchen)
西饼主管	Chief Baker
工程总监	Chief Engineer
工程部经理	Engineering Manager
值班工程师	Duty Engineer

保安部经理	Security Manager
保安部副经理	Asst. Security Manager
保安部主任	Security Officer
保安员	Security Guard
商场部经理	Shop Manager
商场营业员	Shop Assistant

（2）客房部常用术语

A

adjoining room	相邻房
adapter	插座
advanced deposit	预付定金
all-purpose cleaner	多功能清洁剂
arrival time	抵达时间
air conditioner	空调
ash tray	烟灰缸
attendant	客房服务员
average room rate	平均房价

B

baby sitting service	照看婴儿服务
bath tub	浴缸
bath mat	脚巾
bath robe	浴袍
bath room	卫生间
basin	洗脸盆
bed board	床头板
bed pad	床褥
bedstead	床架
bedspread	床罩
bed-side table	床头柜
bed-side lamp	床头灯
bell boy	行李员
black tea	红茶
blackout drapes	厚窗帘
blanket	毛毯

booking	预订
brochure	小册子
bulb	灯泡
business center	商务中心

C

cancellation	取消预订
captain	领班
carpet	地毯
cashier	收银员
check-in	入住登记
check-out	结账离店
chemical fabrics	化纤服装
cleaning bucket	清洁桶
cloak room	衣帽间
clothes hangers	衣架
comb	梳子
complain	投诉
commercial rate	商务房价
connecting room	连通房
confirmed reservation	确认类预订
cotton cloth	棉布服装
coupon	票证

D

day use	非全天用房
DDD(Domestic Direct Dial)	国内直拨电话
departure time	离店时间
dining room	餐厅
DND(Do Not Disturb)	请勿打扰
double room	双人房
double-double room	两张双人床的房间
deluxe suite	豪华套房
double locked(DL)	双锁房
door bell	门铃
door lock	门锁
dry cleaning	干洗
desk lamp	台灯

E

electric shaver	电动剃须刀
executive floor	行政(商务)楼层
eiderdown	鸭绒被

F

fadeless	不褪色的
FIT	散客
Front Office	前厅部
Front Desk	总台
full house	房间客满

G

group	团队
guaranteed reservation	保证类预订
guest history record	客历档案

H

hair dryer	吹风机
handkerchief	手绢
house credit limit	赊账限额
house use	酒店内部用房

I

IDD(International Direct Dial)	国际直拨电话
iron	熨斗
ironing board	熨衣板

J

| jasmine tea | 茉莉花茶 |
| job description | 工作说明书 |

L

lamp shade	灯罩
laundry service	洗衣服务
laundry bag	洗衣袋
laundry list	洗衣单
late check-out	逾时离店
lobby	大堂
log book	工作日记
long staying guest(LSG)	长住客
lounge	休息室

M

maid's cart	客房清扫工作车
MUR(make up room)	请速打扫房
message	留言
mop	拖把
mattress	床垫

N

night audit	夜核
night table	床头柜
no show	没有预先取消又无预期抵店的订房

O

occupied(Occ.)	住客房
Out of Order（OOO）	待维修房
over-booked	超额预订

P

package	包价服务
pick up service	接车服务
pillow case	枕套
plug	插头
presidential suite	总统间
pressing	熨烫

Q

| quilt | 被子 |

R

rack rate	客房牌价
razor	剃刀
registration	住店登记
room forecast	住房预测
rooming list	团体分房名单
rollaway bed	折叠床
room attendant	客房服务员
room status	房间状态
room change	换房
room number sign	门牌
room power socket card	取电卡
rotary floor scrubber	洗地机
rubber glovers	防护手套

S

Safty chain	安全链
sewing kit	针线包
service directory	服务指南
sheer curtain	纱窗帘
sheet	床单
shirt	衬衫
shoe shine paper	擦鞋纸
shoe polishing	擦鞋服务
shower curtain	淋浴帘
shower head	淋浴喷头
shrinkable	缩水的
silk fabrics	丝绸织品
skipper	逃账者
skirts	裙子
sleep out	外宿客人
slippers	拖鞋
single room	单人间
socks	袜子
socket	插座
soiled linen	脏布草
sprinkler	花洒
spy hole	门镜
stain	污迹
stationery folder	文件夹
suit	西服
supervisor	主管
sweater	毛衣
switch	开关

T

tap	水龙头
tariff	房价单
tea table	茶几
tie	领带
towel rail	毛巾架
twin room	双张单人床的双人房
transformer	变压器
triple room	三人房

U

| unshrinkable | 不缩水的 |
| underpants | 内裤 |

V

vacant dirty	未清扫的空房
vacuums	吸尘器
VIP（very important person）	贵宾

W

wake-up call	叫醒电话
wall lamp	壁灯
wet vacuums	吸水机
woolen fabrics	毛料织品
water heater/kettle	热水器

附录 2 客房部常用管理表格

楼层主管/领班工作报告（FLOOR TEAM LEADER'S REPORT）

Floor：_____ Team Leader_____ Date：_____ Shift：_____

Room Attendant	In Charge of	Room Attendant	In Charge of

VIP Arrivals：

Room No.								
Arrival Time								
Remark								
Room No.								
Arrival Time								
Remark								

In House：

Room								
Time to Check								
Room								
Time to Check								
Room								
Time to Check								

Long Stay Guest：

Room No.							
Time to Check							

Long Stay Guest Preference：

_____

_____

Trace/instruction/special assignments to follow up：

Follow up	YES/NO	Follow up	YES/NO	Out of Order Room	YES/NO

Things need next shift to follow up：

Things need next shift to follow up	Transfor to PM TL

Total Check Vacant Room：

每周培训计划(Weekly Training Forecast)

DATE 日期	TIME 时间	TOPIC 主题	TRAINER 培训员	NO.OF TRAINEES 学员人数	VENUE 地点

Please submit to Training Dept. _____请于_____缴至培训部

Prepared by 填表人：_____

Approved by Division/Dept. Head 部门总监/经理核准：_____

VIP 客人接待:标准与程序
(VIP RECEPTION:STANDARDS & PROCEDURE)

OBJECTIVE 目的：

为此程序制定清晰方针的目的在于确保酒店对客服务保持一致性；

为酒店的贵宾赠品配送提供统一规范的标准。

PROCEDURE 程序：

1.VIP 根据客人的重要程度,分为 A、B、C 三类

1.1 A 级标准:政府官员,大集团总经理级以上,协议价行政套房；

1.2 B 级标准:经理,媒介,演艺界明星,市政府,酒店同行,协议价套房；

1.3 C 级标准:回头客,长住客,大型活动的协调人。

2.VIP 赠品等级须总经理、副总、部门总监及经理签字方可赠送

2.1 须总经理签字；

2.2 须副总经理、销售总监或房务总监签字；

2.3 须销售经理或前厅部经理签字。

3.控制成本

4.接待 VIP 客人

4.1 A 级由总经理、副总经理、销售总监、房务总监在前台接待做房间 Check-in 时；

4.2 B 级由总监级以下的部门经理在做房间 Check-in 时；

4.3 C 级由大堂副理在做房间 Check-in 时。

5.所有 VIP 房间每日都加《××日报》。

月度客房计划卫生安排表（GENERAL CLEANING SCHEDULE）

FLOOR	01	02	03	04	05	06	07	08	09	10	11	12	13	14	15	16	17	18	19	20	21	22	23	24	25	26	27	28	29	Remarks
1.FURNITURE SPOT 所有家具去黑印			▨																											
2.CLEANING IF CARPET EDGES & WOODEN SKIRTING 清洁所有地毯边和墙裙边				▨																										
3. VACUUMING OF BEHIND & UNDER THE FURNITURES 家具下和后面清洁						▨																								
4.DUSTING TOP OF DOORS & ALL WOODEN FRAMES 大门及卫生间门顶, 多余门框擦尘										▨	▨																			
5.BED BOARD CLEANING 床头板皮面清洁												▨																		
6.CLEANING OF TELEPHONE CORDS 清洁电话螺旋连线														▨	▨	▨														
7.SHOWER STALL GLASS CLEANING 淋浴间玻璃底边清洁皂渍																		▨	▨											
8.SHOWER STALL WALL CLEANING 淋浴间墙面清洁																				▨	▨	▨								

续表

FLOOR	01	02	03	04	05	06	07	08	09	10	11	12	13	14	15	16	17	18	19	20	21	22	23	24	25	26	27	28	29	Remarks
9.RUBBER MAD CLEANING 防滑垫清洁																														
10.DEEP CLEANING THE PIPES UNDER THE VANITY COUNTER 面台下水管擦尘																														
11.DEEP CLEANING WATER TAP FILTER 水龙头底部的清洁																														

年度客房计划卫生
GUEST ROOM GENERAL CLEANING RECORD (YEARLY)

Item	Description	01	02	03	04	05	06	07	08	09	10	11	12	13	14	15	16	17	18	19	20	21	22	23	24	25	26	Remarks
	Floor Number																											
	Room Number																											
	ITEM (Bed Room)																											
1	Dusting Surface Top of Doors & All Wooden Frames 大门及卫生间门顶、门框及门面去渍																											

楼层

序号	内容								
2	Wardrobe & Luggage Bench cleaning 壁柜及行李柜面清洁								
3	AC Vents in corridor cleaning 走廊空调清洁								
4	Writing Desk drawer cleaning 写字台面及抽屉清洁								
5	Telephone Cords cleaning 电话螺旋线清洁								
6	All of the lamp shade cleaning 所有的灯伞清洁								
7	Dusting under the TV stand spot clean wooden suface 电视架下擦尘，木面去渍								
8	Mini-bar Fridge Cleaning 冰箱内外清洁								
9	Cleaning of Back & under the all furnitures 电视柜床头柜及所有家具下清洁								
10	Cleaning all of the sofa and sofa mattress 清洗所有的沙发及沙发靠垫								
11	Strip sheer curtains and send laundry 清洗所有的窗帘								

续表

Item	Description	01	02	03	04	05	06	07	08	09	10	11	12	13	14	15	16	17	18	19	20	21	22	23	24	25	26	Remarks
	Floor Number													楼层														
	Room Number																											
12	Cleaning of inside window galss and window sill 清洁内窗玻璃及窗台、窗框																											
13	Strip bed skirtings and send laundry to spot clean & press 清洗熨烫床裙																											
14	Vacuum carpet under the beds 床下地毯吸尘																											
15	Place back beds and cleaning bed legs 清洁放床床腿																											
16	Wash the wall paper 壁纸清洁																											
17	Clean ceiling light 清洁卧室天花灯																											
18	Cleaning of carpet edges & wall skirting 清洁所有地毯边和墙裙边																											
19	A/C Vent cleaning 空调清洁																											
20	Carpet:shampooing 清洗地毯																											

公共区域卫生月度计划（中班）

（Housekeeping department PM shift working schedule）

Month _____　　Made by _____　　Cheked by _____

DATE		01	02	03	04	05	06	07	08	09	10	11	12	13	14	15	16	17	18	19	20	21	22	23	24	25	26	27	28	29	30	31	BY
每天清洁计划																																	
1.清洁1,2号楼梯及扶手擦尘	每天																																
2.墙纸去渍,所有木框擦尘	每天																																
3.楼道挂画擦尘	每天																																
4.消防柜灭火器擦尘	每天																																
5.客梯门及呼叫板擦尘	每天																																
6.清除客梯烟灰桶垃圾,清洁白沙	每天																																
7.清洁客梯间电话、电话线	每天																																
8.楼道警铃及报警器擦尘	每天																																
每周两次清洁计划																																	
1.清洁楼层地脚板	每周两次																																

DATE		01	02	03	04	05	06	07	08	09	10	11	12	13	14	15	16	17	18	19	20	21	22	23	24	25	26	27	28	29	30	31	BY
2.客梯灰盘更换白沙	每周两次																																
3.清洁楼道墙裙板及所有木器擦尘	每周两次																																
每周清洁计划																																	
1.豪华阁大清洁	每周一次																																
2.清洁壁灯	每周一次																																
每月一次清洁计划																																	
1.清洁所有铜牌、铜片	每月一次																																
2.清洁1,2号楼空调口	每月一次																																
3.清洁前区所有管道井	每月一次																																
4.清洁客梯轨道	每月一次																																
5.清洁服务区出口木门	每月一次																																

楼层布草交收记录

FLOOR LINEN REPLENISHMENT BOOK

楼层服务员＿＿＿＿＿＿＿＿＿　楼层＿＿＿＿＿＿
Rm.Attendant　　　　　　　　Floor

　　　　　　　　　　　　　　日期＿＿＿＿＿＿＿
　　　　　　　　　　　　　　Date

种类　Item	污秽　Soiled	领回　Returned	备注　Remarks
床单（大）　Bedsheet（L）			
床单（小）　Bedsheet（S）			
枕袋　　Pillow case			
浴巾　　Bath Towel			
手巾　　Hand Towel			
面巾　　Face Towel			
脚巾　　Bath Mat			
毛毡（大）　Blanket（L）			
毛毡（小）　Blanket（S）			
床垫（大）　Bed-pas（L）			
床垫（小）　Bed-pas（S）			
床盖（大）　Bedspread（L）			
床盖（小）　Bedspread（S）			
纱窗帘　　Day-curtain			
窗帘　　Night-curtain			
浴帘　　Shower-curtain			
镜布　　Glass cloth			
尘布　　Dust cloth			

客房鲜花申领单
FLOWER ORDER REQUEST FORM

Date	Room No.	Guest Name/ Staff Name	VIP Code	Rate	Flower Type	Cost	Remark

Assistant Manager Sign.＿＿＿＿＿＿   Resident Manager Sign.＿＿＿＿＿＿

楼层布草盘存（GUEST FLOOR LINEN INVENTORY）

盘点人：

Room Type \ Room No.	1	2	3	4	5	6	7	8	9	10	11	12	13	14	15	16	17	18	19	20	21	22	23	24	Item 布草种类	In-room 房间数	Trolly 工作间	Total 总数
Bed sheet-K 大床单																									大床单			
Bed sheet-D 小床单																									小床单			
Duvet cover-K 大被套																									大被套			
Duvet cover-D 小被套																									小被套			
Pillow case 枕袋																									枕袋			
Pillow-feather 羽绒枕																									羽绒枕			
Pillow-foam 抗过敏枕																									抗过敏枕			
Bed Spread (K) 大床罩																									大床罩			
Bed Spread (D) 小床罩																									小床罩			
Bed-pad (K) 大床垫																									大床垫			
Bed-pad (D) 小床垫																									小床垫			
Bed-skirt (K) 大床裙																									大床裙			
Bed-skirt (D) 小床裙																									小床裙			
Duvet Feather (K) 大羽绒被																									大羽绒被			
Duvet Feather (D) 小羽绒被																									小羽绒被			

续表

Room Type \ Room No.	1	2	3	4	5	6	7	8	9	10	11	12	13	14	15	16	17	18	19	20	21	22	23	24	Item 布草种类	In-room 房间数	Trolly 工作间	Total 总数
Blanket(K) 大毛毯																									大毛毯			
Blanket(D) 小毛毯																									小毛毯			
Bath Towel 浴巾																									浴巾			
Hand Towel 中巾																									中巾			
Face Towel 方巾																									方巾			
Bidet Towel 垫巾																									垫巾			
Bath Mat 地巾																									地巾			
Towel Shaving 剃须巾																									剃须巾			
Bath Rug 厚毛垫																									厚毛垫			
Bathrobe 浴袍																									浴袍			
Foot Mat 夜床脚巾																									夜床脚巾			
Yukata 日式浴袍																									日式浴袍			
Cotton Quilt Bag 塑料被袋																									塑料被袋			

Extra linen in room：多加布草的房间

Remarks：备注

客房物品申领单
GENERAL STORE REQUISITION FORM

部门
Department：＿＿＿＿＿＿　Printing & Stationary　Supplies　Cleaning Materials

日期
Date：＿＿＿＿＿＿

申请数量 QTY Requested	部门库存 QTY On Hand	每周用量 Usage Per Week	单位 Unit	名称 Descpt	仓库专用 STORE USE ONLY			金额 AMOUNT						
					库存号 Stock No.	实发 Issued	单价 Unit Price	万	千	百	十	元	角	分

申请人　　　　　　　　　　　　发货人
REQUESTED BY：＿＿＿＿＿＿＿　ISSUED BY：＿＿＿＿＿＿

批准人　　　　　　　　　　　　收货人
APPROVED BY：＿＿＿＿＿＿＿　RECEIVED BY：＿＿＿＿＿＿

DEPT/DIVISION HEAD

Original（原件）：Cost Control（成本）1 st Copy（一联）：Store（库房）2 nd Copy（二联）：Requisition Dept.
（提货部）

客房部每周未完成工程情况

从　　月　　日至　　月　　日

报修口	工作单号	工程部接单人	事发地点	报修内容	未完成原因	主管签名

管家　　月　　日下班时总结本周未完成工程并填写本表,

中班管家　　月　　日下午6点交本表给工程部值班工作人员,请工程部　　月　　日下午4时前回复。

客房部每月加班统计表
(MONTHLY OVERTIME REPORT)

部门_____　　　分部_____　　　班组_____　　　月份_____
Dept.　　　　　　　　　Section　　　　　　　　Group　　　　　　　　Month

员工编号 Clock No.	姓名 Name	上月累积 Last Accum.	加班日期 Date	加班时间 Time	加班时数 Hours	补修日期 Date	补修时数 Hours	累计余额 Accum. Balance	加班原因 Remarks

员工编号 Clock No.	姓名 Name	上月累积 Last Accum.	加班日期 Date	加班时间 Time	加班时数 Hours	补修日期 Date	补修时数 Hours	累计余额 Accum. Balance	加班原因 Remarks

填报日期:＿＿＿＿＿＿　　制表:＿＿＿＿＿＿　　分部主管:＿＿＿＿＿＿　　部门经理:＿＿＿＿＿＿

附录3　酒店客房部年终工作总结及下年度工作计划(范例)

酒店客房部年终工作总结

2016 年即将成为历史,我们又将迎来崭新的一年,虽过去但却不能忘记,在过去的一年里,我们究竟做过哪些具体有益的工作? 又有哪些工作我们做得还不完善? 我们又从哪些事件中得到启发? 为了在 2017 年开创一个好的局面,更为了比 2016 年工作做得有进步,我们应该未雨绸缪,总结 2016 年的工作经验,吸取教训,推动下一年工作的开展。

一、2016 年客房部工作回顾

2016 年客房部完成了以下工作:

1.规范各管区、各岗位的服务用语,提高对客服务质量

为了体现酒店人员的专业素养,在 2016 年 1 月,针对我部各岗位服务用语存在不规范、不统一的现象,我部号召各管区搜集本管区各岗位的服务用语,留精去粗,然后装订成册,作为我们对客交流的语言指南。同时,也作为我们培训新员工的教材。自规范服务用语执行以来,我部人员在对客交流上有了显著提高。但到了后期,很多员工对此有所松懈,对自身要求不严,有回到原来的迹象,这也是较遗憾的地方,但好东西贵在坚持,贵在温故而知新,我部将对此加大督导、检查方面的力度。

2.为确保客房出售质量,严格执行"三级查房制度"。

酒店的主营收入来自客房,从事客房工作,首要的是如何使客房作为一件合格的商品出售,它包括房间卫生、设施设备、物品配备等,为了切实提高客房质量合格率,我部严格执行"三级查房制度",即员工自查、领班普查、主管抽查,做到层层把关,力争将疏漏降到最低,并且还增加了《返工单》分析和《主管查房记录》,对客房各项指标的检查用数据来反映存在的问题更直观,据统计,我部在2016年客房质量达标率为98%。

3.执行首问责任制

实施首问责任制要求处在一线岗位如前厅、总机、服务中心所掌握的信息量大,如海陆空的交通信息、旅游资讯、各重要单位的电话号码等等,还有员工处理事情的灵活应变能力,对客服务需求的解决能力。首问责任制是在正式执行前,已做好各项准备工作,要求各岗位广泛搜集资料,加强培训学习,扩大自己的知识面,以便更好地为客人提供服务。首问责任制从2016年1月份正式执行以来,工作较去年有了很大的进步,2015年有多起因转手服务而耽误客人时间使客人生气、投诉事件,2016年无一起。

4.开展技术大练兵,培养技术能手,切实提高客房人员的实操水平

为了做好客房的卫生和服务工作,管家部从2016年8月起利用淡季,对楼层员工开展技术大练兵活动,对员工打扫房间技能和查房技巧进行考核和评定。从中发现员工的操作非常不规范、不科学,针对存在的问题,管区领班级以上人员专门召开会议,对存在的问题加以分析,对员工进行重新培训,纠正员工的不良操作习惯。通过考核,取得了一定的成效,房间卫生质量提高了,查房超时现象少了。

5.建立"免查房制度",充分发挥员工骨干力量,使领班有更多时间与精力将重心放在管理和员工的培训工作上

为了使员工对客房工作加深认识,加强员工的责任心,2016年10月,管家部与各班组的员工骨干签订《免查房协议》,让员工对自己的工作进行自查自纠,并让员工参与管理,负责领班休假期间的代班工作,充分体现出员工的自身价值和酒店对他们的信任,使员工对工作更有热情。到目前为止,4人申请免查房中无一人出现过大的工作失误。如此一来,减轻了领班在查房上的工作量,有更多的时间与精力放在员工的管理和培训工作上,真正发挥了作为基层管理人员的工作职能。

6.开展各种"兴趣班",丰富员工的业余生活,从而提高员工的素质

近两年,随着我店客源结构的不断扩展,经常会有一些境外团,如日本团、东南亚一些国家的团队入住我店,与客人在语言交流上的障碍成为我们做好外宾服务的最大难题。为了与时俱进,我们利用来店实习的外语专业的实习生,办起了"外语兴趣班",给我们的员工进行日常(英语、日语)用语培训;考虑到酒店商务楼层的开发增配了计算机以及开通了网络,员工对计算机均较陌生,我们同时办起了"计算机班",还开办了"美术班",此举一方面体现了有特长的员工在酒店的价值;另一方面扩大了员工的知识面,丰富了员工的业余生活。

7.开源节流,降本增效,从点滴做起

客房部是酒店的主要创收部门,同时也是酒店成本费用最高的一个部门,本着节约就是创利润的思想,我部号召全体员工本着从自我做起,从点滴做起,杜绝一切浪费现象,同时在员工技能考核中,节能也作为考核项目,目的是增强员工的节能意识,主要表现在:

①客房部一直要求员工回收客用一次性低值易耗品,如牙膏可作为清洁剂使用,牙刷、梳子回收后可卖给废品收购站。

②每日早晨要求对退客楼层的走道灯关闭,中班六点后再开启;查退房后拔掉取电牌;房间空调均在客人预抵前开启等节电措施,这样日复一日地执行下来,为酒店节约了一笔不少的电费。

③为了做好物品的成本控制,客房物管针对酒店给部门下发的预算指标,对各管区的物品领用进行了合理划分,各管区每月申领的物品均有定额,且领货不得超出定额的85%,如确因工作需要需超出的,由部门经理批示后方可领取,且客用品领用责任到人。

8.坚持做好部门评优工作,努力为员工营造一个良好的工作氛围

部门以《优秀员工评选方案》为指导,坚持每月评出5名优秀员工,每人奖励30元,并在《内部资讯》上公布,以激发员工的工作热情,充分调动他们的主动性、自觉性,从而形成鼓励先进、鞭策后进的良性竞争局面,避免干好干坏一个样。

为了使管家部的管理工作更加规范化和更具创新力,充分发挥领班真实的管理水平,并以带动班组员工工作积极性为主旨。在2016年11月,酝酿已久的《管家部班组评优方案》开始实施。通过评优,让一些先进的班组脱颖而出,一些在队伍中混日子的人员不再有栖身之地,不再得过且过,而是奋起直追。每月将班组评优结果张榜公布,让各班组领班、员工更直观地了解到自己班组的成绩和所处的名次。通过一个月的运行,取到了预期的效果。

9.对外围进行绿化改造,努力为酒店装扮一张美丽的脸。

我部先后对酒店正门口"店徽绿化带",啤酒花园外墙及B、C栋侧门处进行全面改造,共栽种了黄金梅500株、七彩扶桑300株、九里香200株、紫贝万年青1 000多株、剑麻12株、木瓜树10株等,使外围绿化有了一定程度的改善。

10.建立工程维修档案,跟踪客房维修状况

从2016年开始,服务中心建立了工程维修档案,对一些专项维修项目进行记录,便于及时跟踪、了解客房维修状况,从而有力地保障了待出售客房的设施设备完好性,同时更便于了解一间客房的设施设备在一段时间内的运转状况。

11.组织部门内审,使客务部工作逐步向ISO 9001质量管理体系靠近

自从酒店推行ISO 9001质量管理体系以来,我部坚决贯彻执行,要求各分部依据酒店和部门的"质量目标"制订出各分部的"2010年质量目标",并根据每月服务情况汇总和工作记录,制作出《每月质量目标分析报告》,为部门和酒店的服务质量分析提供了数据,为服务质量的改进提供了有利的帮助。

我部分别在2016年的4月、6月开展了两次内审,主要目的是检验各分部的工作是否按

照 ISO 9001 质量管理体系的要求认真执行,也为酒店认证工作做好准备。审核通过召开首次会议,确定审核目的、依据、范围,将内审员分成两组,进行交叉审核,对审核不合格的出具不合格报告,限期整改。两次内审共查出 63 项不合格项,均已整改。通过组织实施这样的活动,对我部内审员是一种锻炼,同时更是对客务部工作的开展是否按《运行手册》程序操作的一种检验。

在理论与实践结合过程中,让我们感到有些运行程序存在漏洞和不规范,不适用于现行工作,如不加以修正,会造成不良后果,在 2016 年 6 月,管家部对《钥匙管理规定》作了重新修订。同时,也有一些我们未考虑到的工作程序,鉴于此,前厅部根据自身业务的开展需要,新增了《参观房管理规定》《排房的注意事项》《空房管理制度》《扫描服务工作程序》《房间办理延住的工作程序》,配送中心新增了《客衣核对程序》《客衣服务中的特殊事项处理》《客衣核对程序》《客衣打码程序》《送还客衣程序》《客房、餐厅布草收发程序》。以上工作程序的修订、出台,使客务部 ISO 9001 质量管理体系工作更加趋于成熟、完善。

12.规范留言服务,使客人感到我们专业的管理水平和酒店服务档次

服务体现于细节,小小的一封留言信,写得恰当、温馨会给人留下难忘的美好感觉。我部以前的留言存在格式不统一、礼称不统一、同样的一件事不同人留言却是千差万别,为了规范我们的留言服务,2016 年,前厅、服务中心集中人员讨论如何将"留言服务"做得更好,最后形成了统一的写作模式,同类型的事,在给不同客人留言时,能保持一致,也许客人察觉不到这一点,但是只有我们自己知道自己的进步。

13.改变以往的开夜床方法,使我们的服务更具个性化、人性化

在以往开夜床的基础上,我们又将自己制作的天气预报卡片和一些温馨提示卡片放置在客人的床上,如在欧洲杯、狂欢节期间给客人送上一些当日的节目预告片,为在店客人的起居生活和出行提供了方便,多次受到客人的表扬。

总之,为客人提供超出客人期望值的服务一直是我们努力的目标。为此,号召员工做一个有心人,注意留心观察客人的生活习惯,掌握客人更为翔实的资料,包括是哪里人、来的目的、民族等,才能提供有针对性、有特色的服务。同时服务创新需要发散思维,并懂得什么样的服务才能打动客人。2016 年我们这项工作做得虽然比往年有起色,但离创新服务还有距离。

14.提高散客房价,增加客房销售收入,前台实施 UP SELLING 方案。

为拓展散客市场,带动商务客房的销售,前厅部出台了散客增销方案,得到了店领导的支持,并于 2016 年 9 月正式开始实施,由于这钟销售方式将接待员的销售业绩直接与奖金挂钩,员工的积极性很高,截至目前,顺利为酒店在散客上额外增收人民币 18 000 元。

15.确保查退房及时、准确

保证查房及时性、准确率高一直是我部的一大难点,如果做得不好,不仅会给客人留下不好的印象,而且会给酒店带来经济上的损失。我们通过不断摸索,根据酒店入住的以会议团、旅游团为主的特点,在没有确切退房时间的情况下,我们会主动找有关负责人或

向总机打听有无叫醒时间,了解客人的叫醒时间后推算客人的退房时间,提前做好人员安排,每次接到第二天退房量大且较集中时的通知,中班员工都主动留下和夜班员工一起查房,同时还要继续当日的工作,工作非常辛苦,但这样避免了客人投诉办理退房时间长,也确保了查房的及时、准确性,员工毫无怨言,据统计,今年查退房及时、准确性较去年有了明显提高。

但有些退房上的问题,还未能与前台达成共识,但本着维护酒店利益为原则我们还将继续努力。

16.与宅急送公司合作,为客人提供更为方便、快捷的邮寄及行李托运业务

目前客人委托我们邮寄的业务增多,为了使这项业务的开展更方便、更快捷,满足我店客人需求,我部与广州宅急送快运公司海口分公司合作,在前厅部设立代办点为客人办理各项邮寄、托运业务。自10月底签订协议试行一个月以来,效果比较明显,也随之为酒店增加了一份额外收入。

17.提倡环保,创绿色饭店

为提倡环保,创绿色饭店。我店从2016年初在客房摆放"环保卡",提示住店客人若需要更换床上用品,即将"环保卡"放置在枕头上或床上;卫生间摆放环保筐同样意为如此,这样既为国家节约了水能源,也为酒店节约了2.4万元的布草洗涤费。

二、2016年度尚未完成的工作

在2016年里,由于各种原因,还有许多在计划之内但未完成的工作,它们是:

1.将塑料洗衣袋更换成布制洗衣袋搁浅

从环保、经济角度考虑,准备将2016年所有客房都换成布制洗衣袋,起初是用报废床单加工而成,但不耐用、不美观,若购买新的布制洗衣袋,一次性投入会很大。

2.商务楼层客用品未更换

为提高商务客房的档次,酒店曾对其商务楼层装修一番,重新装修过的客房其配置的客用品还是老式的,原本从现代酒店发展趋势及经济角度但又不失档次的客用品考虑,如将客用洗发水、沐浴液换成盒装挤压式,但这一计划因价格原因未能与供应商谈妥而搁浅。

3.技能大赛由于人员变动频繁,只在管家部举行

4.部分酒店岗位制服未更换

根据计划,2016年预备将餐饮、客务部、销售部一线部门及保卫部、工程部二线部门的员工制服进行更换,但遗憾的是由于酒店资金问题,根据紧轻重原则,只更换了餐饮的厨师服、迎宾服,客务部的前台接待员服、行李服、商务中心文员服,销售部销售代表服、文员服,工程部工程人员服装,其他岗位的未更换。

5.设施设备维保计划未落实到位

按照工作计划,2016年大型的维保计划在淡季时节落实,虽然小规模、小范围的设备保养我部各个管区都在做,如大堂地面的保养、客房不锈钢制品抛光、马桶水箱清洁、热水壶除垢等,但由于客务部的清洁与维护范围相当广泛,各项设施设备种类繁多,仅此还是相当不

够的,但是由于历史原因,年初,我部欠员工累计存休达 1 562 天,如不加以解决,恐会影响员工工作情绪,同时会给酒店带来经济上的损失,为此,我部利用淡季时间加紧安排员工补休,目前我部员工累计存休仅为 297.5 天,消耗掉了 1 264.5 天。

三、工作上的不足之处及体会

1.“请即打扫”牌数量不够,造成客人要求打扫无法及时告知服务员;客人洗手时,戒指和饰物没有专门存放的地方,易造成丢失。

2.员工的受训面狭窄,只局限于管区和部门,希望能得到更专业、水平更高的酒店人才来作培训。

3.IC 制卡系统老化,使接待员的工作效率降低。

4.卫生防疫不得力、不投入、不专业,导致“四害”防治工作不尽如人意。

5.外围植物养护不到位,室内摆放不协调,品种单调。

客房部 2017 年工作计划

作完 2016 年工作总结,我们对 2017 年有了更多的期许,希望一年胜似一年,为此,我们将以前好的方面坚持做下去,对于存在的不足,我们有深刻的认识并加以改进,并在 2017 年重点做好以下几个方面的工作:

一、成立房务中心,提高服务效率

服务效率是服务的一个重要环节,很多投诉都是因为服务缺乏效率而引起。客人提出的任何要求和服务都是希望能尽快帮助其解决,而不是被推来推去,因此推行“一站式”服务势在必行。

客人入住酒店以后,对各种服务电话均不清楚,虽然我们在电话上制作了一个小小的电话说明,但大多数客人都不会认真看,需要服务时都是拿起电话随便拨一个电话号码,而电话也总会被转来转去,如此很不方便客人,使客人对我们的服务满意度大打折扣。我部将从减少服务环节来提高服务效率。

目前,总机和服务中心均是通过电话为客服务的两个岗位,有很多客人需要服务都是将电话打到总机或其他分机上,总机或其他分机接到服务后再转给服务中心,这样很容易造成服务延缓或服务信息丢失,因为其他岗位根本不了解客人的需求,若手头工作忙就会将服务指令延缓传达或忘记传达,给我们的服务带来极大的不便,很容易遭到客人的投诉。只有接听电话的人才了解客人焦虑的心情,清楚客人真正的需求,更清楚哪个服务应最急于去办,合理地去通知服务。为了减少服务环节方便客人,将总机和服务中心合并成立房务中心,酒店所有的服务和查询只需拨电话号码“0”,一切均可解决。

1.房务中心的职能

房务中心也是酒店的信息中心,收集酒店所有的信息和外部对酒店有关的信息,并进行分拣、传递;统一接收服务信息,并准确传递服务指令,确保服务能及时提供。

2.房务中心的工作内容

①接听电话并提供服务。总机和服务中心合并以后,酒店所有的外线电话和服务均由房务中心接转,特殊情况时可亲自为客人提供服务,如此一来不仅提高了服务效率,保证了服务的准确性,还减轻了楼层服务员的工作量。

②接受电话预订和查询。前台接待处目前有电话分机 3 部,据数据统计:9 至 11 月接待处平均每天仅接听的外线电话的话务量就达 20 余起,加上内部打进的电话每天的话务量达 70 余起,如此高的话务量使接待员根本无法全力去接待客人。客人从外面赶到酒店办理入住手续时均希望越快越好,但接待员接待客人时,往往要被电话打断好几次,使我们的服务无法保障。若房务中心电脑与前台联网,所有的电话预订和电话查询均可由房务中心操作,不仅方便了客人,还给前台接待员更多的时间去对客服务。

③及时更改房态,确保房间出租。楼层领班查完房后可致电房务中心进行电话更改房态,房务中心接到通知后可立即更改房态,确保房间能及时出租。

④钥匙的管理。客房所有的钥匙均由房务中心来保管、分发,并进行登记。

⑤失物处理。房务中心负责整个酒店遗拾物的保管与招领,并根据规定作出处理。

⑥对电话进行统计分析。房务中心每月对所接的电话进行统计分析,分析我们的不足,更好地了解客人的需求,提高我们的服务水平。

二、充分利用工资杠杆,调动员工积极性

目前部门工资分××元、××元、××元三个级别,员工工资是根据员工日常表现、业务技能等方面考核后提升,一般只升不降,一些员工工资得到提升后,工作不卖力、懒散,酒店暂无规定作工资调整,其他员工工作表现好但没有指标提升工资,显得很不公平,容易打击员工的积极性。为打破传统做法,更好地利用工资杠杆,调动员工的积极性,部门建议工资不再一成不变,而是灵活调整,实行"能者上、庸者下"的政策。

(一)员工工资调整方法

1.员工工资基数为××元,技能工资为××元和××元,根据员工的考核成绩做工资调整,成绩好的技能工资就高,可达××元,往下就是××元,成绩差的只能领基本工资××元。

2.部门根据员工日常表现、业务技能、综合能力等方面,每季度对员工进行一次考核,考核成绩公布于众。拿技能工资的员工若在考核中成绩不理想,达不到技能工资的标准,工资即可调整到××元而无技能工资。

3.有技能工资的员工若在一个季度出现三次有效投诉,即使考核成绩优秀,也不允许继续享受技能工资。

4.有技能工资的员工若连续三个月不在工作岗位,如病事假、孕假,员工不享受技能工资。

(二)领班工资调整方法

1.领班工资基数为××元,岗位工资为××元和××元,根据领班的考核成绩,相应地作岗位工资调整。

2.根据领班的业务水平、员工培训、团结协作、综合能力等方面每季度进行一次考核,连续三次考核最差的领班,取消领班资格。

3.连续三个月不在工作岗位的领班,只享受基本工资。

三、培养员工的观察能力,提供个性化服务,创服务品牌

随着行业发展,饭店业的经营理念与服务理念在不断更新,仅仅让顾客满意是不够的,还需让客人难忘。这就要求在规范服务的基础上,提供个性化服务。酒店服务讲究"想客人之所想,急客人之所急"。服务人员要注意观察,揣摩客人的心理,在客人尚未说出要求时,即以最快的速度提供服务,就像我们常说的"刚想睡觉,就送来一个枕头"。试想顾客对这样的服务是不是难忘?

部门将重点培训员工如何根据客人的生活习惯,来提供个性化服务。在日常工作中通过鼓励培养、搜集整理、系统规范和培训奖励等,使之成为员工的自觉行动,从整体上促进服务质量的提高。

1.鼓励培养:对于工作中有优秀表现和受到客人表扬的服务员,部门会将他们列为骨干进行培养,使其服务意识和服务质量更上一层楼,立足本岗位,争创一流服务。

2.搜集整理:部门管理人员在日常工作中加强现场管理,从一线服务中发现个性化服务的典型事例,进行搜集整理,归纳入档。

3.系统规范:将整理的典型事例进行推广,在实践中不断补充完善,从而形成系统化、规范化的资料,并作为衡量服务质量的一个标准,使模糊管理向量化管理过渡。

4.培训奖励:整理好的资料可以作为培训教材,让新员工一开始就了解工作的要求及学习目标,使老员工通过对比找差距、补不足,以此提高员工的认识。对于工作中表现突出的员工,部门以各种形式进行表彰奖励,使员工能形成争先进、比贡献的良好氛围。

商业的核心在于创造产品,酒店的核心在于创造服务。日常服务中要求员工按照简、便、快、捷、好的服务标准,提供"五心"服务。

简:工作程序尽量简化,工作指令尽可能简单明了,意见反馈要做到简明扼要。

便:要让客人从进店到出店,处处感受到方便。

快:让客人的需求要以最快的速度得到满足。

捷:服务员的反应要敏捷,对客人的言谈举止能迅速地理解并作出应对,然后进行服务。

好:让客人接受服务后有"物"有所值的感受。物就是酒店产品,即服务。

五心服务:

为重点客人精心服务、为普通客人全心服务、为特殊客人贴心服务、为挑剔的客人耐心服务、为有困难的客人热心服务。

四、外围绿化环境整治,室内绿色植物品种更换

自2016年月10月底酒店与兴源绿化公司终止合同后,外围绿化一直是由PA员工自行管理,由于缺乏技术和经验,有些绿色植物养护得不太好,加上海南2016年缺雨水,已出现枯死的现象。2017年将更换枯死的植物,尽量种植一些开花的植物,并在外围适当补栽一些南方果树,给酒店增添一些喜庆氛围。

现在酒店存在室内植物品种单一、档次不高的问题。明年将联系一家合适的绿化公司,

达成协议,彻底解决这一问题。

五、商务楼层客用品的更换

目前商务楼层的客房重新装修以后,给客人感觉档次较高,但房间的客用品一直未做更换,且档次一般,很不协调。酒店打算将商务楼层的客用品进行更换,如将袋泡茶更换成散装茶叶,将卫生间用品的包装盒更换成环保袋等,以此提高房间档次。

以上各项计划的实施,需要全体员工的共同努力,需要其他各兄弟部门的协助与配合,更需要店领导的鼎力支持,希望 2017 年我们再回顾 2016 年的工作时,收获的不仅是信心满满,还有丰硕的成果。

附录 4　2016 年度全球饭店集团排行榜(按房间数)

排名	集团名称	总部所在国	饭店数(家)	房间数(间)
1	万豪国际 Marriott International	美国	4 424	759 330
2	希尔顿全球 Hilton Worldwide	美国	4 556	753 777
3	洲际饭店集团 InterContinental Hotels Group(IHG)	英国	5 032	744 368
4	温德姆国际 Wyndham Hotel Group.	美国	7 842	678 042
5	上海锦江酒店国际酒店集团 Shanghai Jinjiang International Hotel Group	中国	5 408	565 558
6	雅高集团 Accor	法国	3 873	511 517
7	精选国际 Choice Hotels International	美国	6 423	507 484
8	喜达屋国际 Starwood Hotels & Resorts Worldwide	美国	1 297	369 967
9	最佳西方 Best Western International	美国	3 745	293 589
10	华住酒店集团 China Lodging Hotel Group	中国	2 763	278 843

参考文献

[1] 刘伟.酒店前厅与客房部运行与管理[M].北京:中国旅游出版社,2017.

[2] 刘伟.酒店管理[M].北京:中国人民大学出版社,2014.

[3] 刘伟.前厅与客房管理[M].3版.北京:高等教育出版社,2012.

[4] 刘伟.前厅管理[M].2版.北京:高等教育出版社,2012.

[5] 刘伟.客房管理[M].2版.北京:高等教育出版社,2012.

[6] 刘伟.现代饭店前厅运营与管理[M].北京:中国旅游出版社,2009.

[7] 刘伟.现代饭店房务运营与管理[M].北京:中国旅游出版社,2009.

[8] 刘伟.现代饭店前厅部服务与管理[M].广州:广东旅游出版社,1998.

[9] 迈克·L.卡萨瓦纳,理查德·M.布鲁克斯.前厅部的运转与管理[M].6版.包伟英,译.北京:中国旅游出版社,2002.

[10] 王更力,等.客房实务[M].广州:中山大学出版社,1996.

[11] 国家旅游局人教司.饭店客房部的运行与管理[M].北京:旅游教育出版社,1991.

[12] 乔治娜·塔克尔,等.旅游饭店客房管理[M].杭州:浙江摄影出版社,1992.

[13] 余炳炎.现代饭店房务管理[M].上海:上海人民出版社,1998.

[14] James A. Bardi . *Hotel Front Office Management*[M].3rd ed. New York:John Wiley & Sons,Inc., 2003.

[15] Tom Powers. *Introduction to Management in the Hospitality Industry*[M].8th ed.New York:John Wiley & Son, Inc.,2007.

[16] Margaret Kappa, CHHE, Alita Nitschke, CHA, Patricia Schappert. *Managing Housekeeping Operations*[M].2Rd. ed. Orlando:The Educational Institute of the American Hotel & Motel Association,1997.

[17] 刘伟酒店网.

[18] 微信公众号:旅游饭店内参.

[19] 美国饭店协会教育学院官方网站.